www.tredition.de

D1665437

Für alle, denen die Heimat zu eng,
das Leben zu langweilig
und die Freunde zu nah geworden sind.

Michael Jansenberger

Kolumbianische Krawatte

Ein Tatsachenbericht

www.tredition.de

Das Werk, einschließlich aller seiner Teile, ist urheberrechtlich geschützt. Jede Verwertung ist ohne Zustimmung des Verlages und des Autors unzulässig. Dies gilt insbesondere für Vervielfältigungen, Übersetzungen, Mikroverfilmungen und die Einspeicherung und Verarbeitung in elektronischen Systemen.

© 2008 Michael Jansenberger
Verlag: tredition GmbH
www.tredition.de

Printed in Germany

ISBN: 978-3-86850-809-3

Bibliografische Information der Deutschen Nationalbibliothek
Die Deutsche Nationalbibliothek verzeichnet diese Publikation in der Deutschen Nationalbibliografie; detaillierte bibliografische Daten sind im Internet über http://dnb.d-nb.de abrufbar.

Inhalt

Vorwort

Diese sechs abenteuerreichen Jahre haben mein Leben verändert. Die Sorglosigkeit meiner Jugend ist endgültig vorbei. Ich habe begriffen, dass diese schöne Welt von vielen Menschen bewohnt wird, denen ein Leben nichts bedeutet, für die nur Macht und Geld zählen. Aber ich habe auch Männer und Frauen kennen gelernt, die durch ihren selbstlosen Einsatz, mir und meinem Freund Ben die Freiheit erkämpft haben.

Ich danke den Mitarbeitern des Bundesministeriums für auswärtige Angelegenheiten in Wien, der österreichischen Botschaft in Bogotá und dem österreichischen Konsulat in Panama. Mein Dank gilt Frau Dr. Benita Ferrero-Waldner (damals Staatssekretärin), dem Botschafter Herrn Dr. Horst Dieter Rennau, Herrn Generalkonsul Robert Zauner und ganz besonders Frau Reinhilde Monsberger (damals Konsulin), die uns mit ihrem Einsatz mehrmals das Leben gerettet hat.

An dieser Stelle danke ich auch allen Freunden und Freundinnen, die mir in der schwierigsten Zeit meines Lebens die Treue gehalten und mich zum Durchhalten motiviert haben.

Herzlichen Dank sage ich auch meiner Mutter – ohne sie hätte ich mit Sicherheit weder dieses Abenteuer überlebt, noch die Ausdauer gehabt, dieses Buch zu schreiben.

Alle Ereignisse, die ich in diesem Buch beschrieben habe, entsprechen der Wahrheit. Geringfügige Änderungen wurden zum Schutz der beteiligten Personen vorgenommen.

Die Verhaftung

Schon seit Stunden waren wir unterwegs von Panama zur kolumbianischen Küste. Unser Ziel war kein Hafen, keine Insel, sondern einfach ein Punkt im offenen Meer. Das trübe, regnerische Wetter passte zu dieser Reise ins Ungewisse. Der Regen rieselte ununterbrochen vom grauen Himmel ins ebenso graue Meer. Ich starrte in diese triefende Nässe und dachte dabei an die Seefahrer früherer Zeiten, die noch nicht wussten, dass die Erde eine Kugel ist. Wie mochten sie sich bei so einem Wetter gefühlt haben, noch dazu wenn sie die Orientierung verloren hatten? Die Vorstellung, von der „Weltscheibe" ins Bodenlose zu stürzen, musste sie ganz schön in Panik versetzt haben. Ich war mir aber zurzeit nicht sicher, ob so ein Absturz für uns nicht die bessere Lösung gewesen wäre. Die Tatsache, auf einem Luxuskatamaran in Äquatornähe herumzufahren, tröstete uns kaum. Zu sehr war uns bewusst, in welch missliche Lage wir geraten waren.

„Verdammter Mist!", schimpfte Ben neben mir. Ich nickte nur.

„Ich grüble mir das Hirn aus dem Kopf, um eine Lösung zu finden", setzte er fort. „Aber seit mir dieser Kerl das scheußliche Foto des Toten mit der ‚Kolumbianischen Krawatte' gezeigt hat, fällt mir nichts Vernünftiges mehr ein."

Ja, das war wirklich schlimm. Kurz bevor wir ablegten, hatte uns dieser Mafiatyp ein Foto gezeigt, auf dem eine grässlich zugerichtete Leiche abgebildet war. Man hatte ihr den Hals über dem Kehlkopf aufgeschlitzt und durch den Schnitt die Zunge herausgezogen.

Das sollte für uns eine Warnung sein. So würden sie wohl auch mit uns verfahren, wenn wir die Befehle des Drogenkartells nicht ausführten.

Durch unsere Naivität waren wir in diese gefährliche Falle getappt und nun mussten wir sehen, wie wir wieder herauskamen. Wir wurden auf die elegante „Michelangelo" beordert und sollten da draußen, in diesem undurchdringlichen Grau einen Auftrag ausführen, von dem wir nicht viel mehr wussten, als dass er in die Kategorie schweres, organisiertes Verbrechen gehörte. Wahrscheinlich sollten wir eine größere Menge Kokain an einen uns noch unbekannten Ort bringen.

Als Treffpunkt hatten wir nur Koordinaten, einen mit Zahlen definierten Punkt, den wir mittels GPS-Navigationssystems auch in der Nacht finden konnten. Wie wir an Hand der Karte festgestellt hatten, befand sich dieser Punkt ziemlich genau 25 Meilen vor der kolumbianischen Hafenstadt Buenaventura. Das bedeutete, dass wir bereits in internationalen Gewässern des Pazifiks auf die Leute von Cali stoßen müssten. An dieser Stelle würde unser Schiff mit der „Ware" beladen werden. Zur Beruhigung hatte man uns erklärt, dass solche Aktionen in Internationalen Gewässern völlig legal seien und gegen kein Gesetz verstießen.

Ben deckte im Wohnraum den Tisch. Das gute Essen tröstete uns nur kurze Zeit, aber der beste Kaviar wird zur Brombeermarmelade degradiert, wenn die Angst vor der Ungewissheit überall lauert. Die folgenden beiden Tage verliefen nervtötend eintönig. Der Regen wollte nicht aufhören und mit jeder weiteren Stunde sank unsere Stimmung noch tiefer. Wir sprachen wenig miteinander, dafür rauchten wir eine Zigarette nach der anderen. Am zweiten Tag sichteten wir auf dem Radar eine Fischerflotte mit ungefähr fünfzehn Schiffen. Wir mussten uns überlegen, auf welcher Seite wir vorbeifahren sollten. Dieses Problem löste sich bald von selbst, weil auf der Seite zum offenen Meer hin ein amerikanisches Kriegsschiff auftauchte.

„Ich hab' ein ungutes Gefühl mit diesem Stahlmonster", knurrte ich in mich hinein. Ben schüttelte den Kopf und bestätigte meinen Verdacht: „Ich fürchte, die beobachten uns."

Da unser Kat nur wenig Tiefgang hatte, war es nicht gefährlich, in einem großen Bogen zur Landseite hin der Flotte und auch dem mutmaßlichen Navy-Schiff auszuweichen. Erleichtert atmeten wir auf, als alle Fahrzeuge aus unserem Blickfeld verschwunden waren. – Höllisch erschrocken waren wir allerdings, als knapp über unseren Köpfen ein viermotoriges Flugzeug der kolumbianischen Küstenwache hinwegdonnerte.

„Das ist kein Zufall mehr!", stöhnte ich und Ben brachte mir zur Beruhigung einen Seelentröster aus der gut sortierten Bar.

Der Tag X war angebrochen. Um 24.00 Uhr sollten wir am vereinbarten Punkt erscheinen. Wir waren eine halbe Stunde vorher am Ziel. Es war eine optimale Nacht um „dunkle Geschäfte" abzuwickeln. Wir schaukelten antriebslos in absoluter Finsternis hin und her. Unsere Nerven waren zum Reißen gespannt. Schließlich störte uns dieses unkontrollierte Schwanken, wir starteten abermals den Motor und fuhren Kreise um den Treffpunkt. Bis kurz vor Mitternacht war nichts zu bemerken und wir begannen schon leise auf ein Scheitern der Mission zu hoffen. Aber pünktlich, zur Geisterstunde, blinkte ein Licht aus der Dunkelheit. Mein Herz begann noch etwas schneller zu klopfen und die Angst kroch wieder in mir hoch. Und wenn wir uns einfach nicht bemerkbar machen? Blöder Gedanke! Die haben uns doch schon längst ausgemacht und mittels Radar ohnehin ständig beobachtet. – Wir antworteten, wie vereinbart, mit drei kurzen Lichtsignalen. Kurz darauf hörten wir Motorengeräusche, die rasch lauter und dröhnender wurden. Schließlich legte ein zehn Meter langes Schnellboot neben uns an. Diese Wasserraketen sieht man normalerweise nur im professionellen Renn-sport. Natürlich ist es so gut wie unmöglich, ein Wasserfahrzeug wie dieses mit irgendeinem anderen Schiff einzuholen.

„Ob das das Schiff der Cali-Leute ist?", fragte ich zweifelnd.

„Könnten auch die Leute von der Gegenseite sein", meinte Ben.

„Wir werden es bald wissen."

Mit Handzeichen wurden uns Kommandos zum Beilegen gegeben. Wir befestigten mit den zugeworfenen Leinen das laut blubbernde Ding an unserer Seite. Drei Männer sprangen zu uns herüber. Sie waren kräftig gebaut und wirkten gut durchtrainiert, jeder hatte eine UZZI um die Schultern gehängt. Ich fragte mich wieder, ob das die erwarteten Leute waren, irgendwie hatte ich sie mir anders vorgestellt. Die Spannung in mir war fast unerträglich. Einer der Männer trat vor und musterte uns aufmerksam, dann kam er auf Ben zu und reichte ihm die Hand.

„Hallo, ich bin José", sagte er freundlich grinsend. Er war mittel-groß, kräftig und unverkennbar hatte er auch indianische Vorfah-ren, dementsprechend schütter war sein Schnurrbart. Nachdem er auch mich begrüßt hatte, gab er seinen Leuten ein paar kurze, ener-gische Befehle, die wir nicht verstanden. Dann wandte er sich wie-der an uns und erklärt ohne Umschweife, dass sie nun mit dem Umladen der Ware beginnen würden. Wir standen noch immer wie zwei Statuen am selben Fleck.

„Ihr müsst mithelfen! Räumt das Cockpit frei!", befahl er und wir bewegten uns mit steifen Beinen an den genannten Platz. Schwei-gend entfernten wir die beiden Tische und machten soviel Platz wie möglich. Die Männer auf dem Schnellboot und jene auf unserem Schiff begannen jetzt große, prall gefüllte Reissäcke herüberzu-schaffen. Diese Aktion erwies sich als äußerst schwierig, da die Wellen dafür sorgten, dass die beiden Bordkanten immer wieder ein Stück auseinanderklafften. Ein paar Mal plumpste ein Sack ins

Wasser und die kräftigen Kerle fischten ihn unter Fluchen mit einem Enterhaken wieder heraus. Sie hatten offensichtlich Übung mit dieser Art von Arbeit, trotzdem schien uns die Verladung endlos lang zu dauern. Wir zählten die Säcke mit und starrten fassungslos auf den immer größer werdenden Haufen in unserem Cockpit. Bei 84 Stück waren die Männer endlich fertig. Erschöpft setzten sie sich auf die Ladung und begannen zu rauchen.

„Kommt mit! Ich zeig' euch, wo die Ware versteckt werden muss", sagte José. „Diese 5.000 Pfund werden euch noch eine Weile beschäftigen."

Ich schnappte kurz nach Luft. 5.000 Pfund Kokain! Dass wir zum Drogentransport missbraucht werden sollten war mir bewusst, aber diese Menge nahm mir den Atem. José grinste mich nur an und ging voraus in den rechten Rumpf des Katamarans. Er zeigte uns die raffiniert angelegten Verstecke für die Drogen. Im Stauraum unter einem Bett befanden sich Werkzeuge und Farben zum Verschließen und Tarnen der Hohlräume.

„Ihr müsst die Öffnungen unsichtbar machen, indem ihr die Ritzen sauber mit Kitt verspachtelt", erklärte José, „dann schleift ihr die Flächen glatt und lackiert sie." Wir nickten gehorsam. „Damit der neue Anstrich nicht auffällt, färbt ihr ihn mit schwarzem Tee", fuhr er mit seinen Anweisungen fort. Als wir kein Wort sagten, fragte er: „Gibt es noch ein Problem?"

Probleme gab es für uns wahrlich mehr als genug, aber wir schüttelten nur eingeschüchtert die Köpfe.

„Die ‚Michelangelo' fährt schon seit einiger Zeit zwischen Kolumbien und Mexiko ohne Ladung hin und her. Die Amis haben sie mehrmals kontrolliert, aber nie etwas gefunden. Inzwischen beachten sie dieses Schiff gar nicht mehr. Ihr habt nichts zu befürchten." Nach dieser beruhigenden Auskunft gab uns José die Koordinaten für den nächsten Zielpunkt unserer Mission.

„Dieser Punkt ist in der Nähe von Acapulco, fünfundzwanzig Meilen von der Küste entfernt, also noch immer in internationalen Gewässern. Dort wird wieder umgeladen und ihr bekommt die nächsten Anweisungen", teilte uns José mit. Er vergewisserte sich noch einmal, ob wir alles begriffen hatten. Wahrscheinlich war unser Gesichtsausdruck nicht der intelligenteste. Nach diesen letzten Belehrungen verabschiedete er sich und ließ uns mit der heißen Fracht allein.

Als sich das Motorengeräusch wieder entfernte, kehrten wir langsam in die Realität zurück. Wir starteten den Motor, stellten den Autopilot auf 270 Grad und ließen das Schiff, sich selbst steuernd, mit sechs Knoten nach Westen fahren. Danach setzten wir uns eine Weile schweigend und Zigaretten rauchend auf unser Drogenproblem. Plötzlich sprang Ben wie elektrisiert hoch und rief: "Das Zeug muss auf der Stelle weg!" Ich sah ihn erschrocken an und fragte: „Wie meinst du das? Sollen wir es über Bord werfen?" Er schüttelte energisch den Kopf: „Unsinn! Wir machen alles so wie José gesagt hat." Und schon schulterte er den obersten Sack von dem höllischen Zeug und schleppte ihn zum Motorraum. Schweigend und verbissen füllten wir alle Verstecke, bis sie knallvoll waren. Auch ich fühlte mich etwas erleichtert, als die Säcke nicht mehr herumlagen. Nun gönnten wir uns eine Verschnaufpause, tranken ein Bier, rauchten ein paar Züge und weiter ging es mit dem zweiten Teil des Auftrages: Tarnen und täuschen. Wir verschlossen die Öffnungen, glätteten sorgfältig die verspachtelten Ritzen, lackierten sie und kochten anschließend eine große Kanne Tee. Einen Teil des starken Getränks leerten wir in zwei Tassen für uns, den Rest pinselten wir auf die Lackstellen. Befriedigt stellten wir fest, dass die so behandelten Flächen tatsächlich nicht mehr auffielen.

Der Tag war schon angebrochen, als wir endlich mit allem fertig waren. Wir bereiteten uns ein Frühstück, hatten aber keinen Appetit. Der Schock über die große Ladung lag uns zu schwer im Magen. In den folgenden Stunden waren wir recht schweigsam, jeder hing seinen Gedanken nach. Da ließ uns ein seltsamer Knall im Cockpit erschrocken hochfahren. Wir eilten hinaus und staunten nicht schlecht über den neuen Besucher. Ein Reiher war bei uns gelandet. Es dauerte eine Weile, bis der Vogel den Knoten aus langem Hals und langen Beinen gelöst hatte und sich auf die Bank stellte. Anscheinend hatte das Tier in Wolken und Regen, gut 150 Meilen von jedem Land entfernt, die Orientierung verloren und sich mit letzter Kraft auf dieses Schiff gerettet. Der doch sehr große Vogel war uns unheimlich, er aber stand ganz ruhig auf seinem Platz und beobachtete uns mit seinen hellen Augen. Er schien nicht im Geringsten scheu zu sein.

„Wer hat uns wohl diesen eigenartigen Spion geschickt?", fragte Ben.

„Das waren sicher die Leute von der US-Drogenfahndung", überlegte ich. „Die sind mit ihrer Technik der Mafia immer einen Schritt voraus." Ben wiegte nachdenklich den Kopf und meinte lachend: „Wenn du dich nur nicht täuschst! Auch die Kolumbianer sind nicht auf den Kopf gefallen. Wir werden den Kerl auf alle Fälle sehr höflich behandeln." Der Reiher sah uns an, als ob er jedes Wort verstanden hätte und rückte sogar etwas näher. Der seltsame Gast war eine Abwechslung und lenkte uns kurze Zeit von den Sorgen ab.

In der folgenden Nacht sprangen viele kleine Tintenfische, anscheinend vom Licht unserer Beleuchtung angezogen, auf das Deck und verendeten dort. Am Morgen sammelte ich sie ein, gab sie in einen großen Topf mit Meerwasser und bot sie dem Vogel zum Frühstück an. Er fraß mit gutem Appetit.

Das Wetter war in den nächsten Tagen weiterhin schlecht und es gab auch keinen Wind, so waren wir gezwungen weiterhin den Motor zu verwenden. Wir sprachen mit Viktor, so hatten wir den Reiher getauft, er starrte uns aber nur verständnislos an, nickte hin und wieder mit dem Kopf oder breitete die Flügel aus und schüttelte das Gefieder. Er schien nicht verletzt zu sein und wir wunderten uns, dass er so lange bei uns blieb. Wahrscheinlich war er nur erschöpft und brauchte einige Zeit Erholung.

„Was meinst du, sollten wir den Katamaran versenken? Wir setzen uns ins Beiboot und warten, bis uns jemand findet", schlug ich vor, da mich der Gedanke an die 5.000 Pfund Kokain nicht losließ. Ben sah mich beinahe so starr an wie der Reiher und begann dann schallend zu lachen. Beleidigt fragte ich, was an diesem Vorschlag so komisch wäre. Er aber wurde wieder ernst und begann zu erzählen: „Heute Nacht hatte ich einen Albtraum: Wir saßen im Rettungsboot und rund um uns schwammen die Kokspakete. Der Katamaran war verschwunden, alles war wie in den vergangenen Tagen – Grau in Grau. Wir versuchten aus dem Kreis der Pakete herauszurudern, aber sie begleiteten uns hartnäckig. Wir schwitzten und keuchten vor Anstrengung, wurden aber das Zeug nicht los, im Gegenteil, es wurden immer mehr Pakete und wir konnten bald nicht mehr rudern. Bevor wir von ihnen erdrückt wurden, erwachte ich."

Ich sagte nichts mehr und dachte nach. Auch mein Freund war in Gedanken versunken. Nach einer Weile meinte er: „Wir müssten die Pakete aufschneiden und das Zeug ins Meer schütten." Jetzt war ich dran, mich über seine Äußerung lustig zu machen: „Die armen Fische! Du kannst sie doch nicht vergiften oder süchtig machen! Greenpeace würde keine Freude mit uns haben."

„Na, im Ernst! Sollten wir die Ladung auf irgendeine Weise vernichten, was würden die Kolumbianer dann wohl mit uns tun?", fragte ich.

„Die beobachten uns ununterbrochen. Irgendwo da draußen im Nebel lauern die Kerle und sitzen vor ihrem Radar. Außerdem sind wir nirgendwo mehr sicher. Denk bloß an die ‚Kolumbianische Krawatte‘! Auch wenn wir Selbstmord begehen würden, wissen wir nicht, ob sie unsere Familien ungeschoren lassen. Du darfst nicht vergessen, unsere Fracht ist gut eine Milliarde Dollar wert."

Ja, so hoffnungslos war unsere Situation im Moment. Trotzdem diskutierten wir weiter, einmal ernsthaft, dann wieder voll Galgenhumor.

„Lassen wir alles an uns herankommen. Vielleicht ist das Glück auf unserer Seite und wir kommen heil aus dieser Sache heraus", versuchte ich die Spannung, in der wir uns befanden, zu lockern.

Am Abend des vierten Tages nach der Beladung der „Michelangelo", wir befanden uns in der Nähe der Isla del Coco, sahen wir plötzlich die Umrisse eines großen Schiffes auftauchen. Kurz danach konnten wir die für ein Kriegsschiff typischen Aufbauten erkennen. Die Antennen und Radarmasten sahen auf die Entfernung wie ein großes Kreuz aus. Das Schiff hielt direkt auf uns zu. Ich hatte wieder den dringenden Wunsch, den Katamaran samt seiner Ladung zu versenken. Wir waren uns ziemlich sicher, dass wir von Drogenfahndern beobachtet wurden. Das US-Navy-Schiff in der Nähe der Fischerflotte, dann das Flugzeug dicht über uns und jetzt ein weiteres Kriegsschiff der Amis, das war kein Zufall mehr: Wir saßen in der Falle. Mit Herzklopfen betrachteten wir die große Kriegsmaschine, als sie nahe an uns vorbeiglitt. Problemlos konnten wir ohne Fernglas den Namen des Schiffes lesen: „Antrim 52". Gespannt warteten wir auf einen Funkspruch, aber es kam keiner und der Gigant verschwand in die Richtung, aus der wir gekommen waren. War das alles oder würde das Schiff wieder umkehren und uns verfolgen? Wie sollten wir uns verhalten, wenn es zurückkam?

Wir verbrachten eine schlaflose Nacht, in der wir alle Möglichkeiten durchdiskutierten. Als der Morgen anbrach, machten wir ein ausgiebiges Frühstück, um den Tag mit neuer Kraft zu beginnen. Die gute Stimmung war bald verflogen, als am Horizont hinter uns abermals das Kriegsschiff auftauchte.

„Jetzt sind wir dran!", rief mir Ben zu. Die Nervosität in mir stieg, meine Hände wurden feucht. Viktor spreizte seine Flügel, faltete sie wieder zusammen, spreizte sie wieder und stieß sich von der Bank ab. Mit eleganten Flügelschlägen verschwand er im Dunst.

„Das war's! Er hat wohl seine Mission erfüllt und holt sich nun seinen Lohn", sagte ich und beneidete ihn um seine Flügel. Das wäre die Lösung – einfach davonfliegen! Wir starrten noch einige Zeit in die Richtung, in die unser Gast verschwunden war.

Inzwischen war das Kriegsschiff näher gekommen, es holte uns bald ein und fuhr auf Parallelkurs neben der „Michelangelo" her. Wir konnten problemlos die Menschen an der Reling erkennen, die uns beobachteten.

Nach einer endlos erscheinenden Stunde des Nebeneinanderfahrens bekamen wir den ersten Funkspruch; unser Gesprächspartner stellte sich als Mitglied der US-Coastguard vor. Er wollte wissen, wer sich an Bord befand, von woher wir kamen und wohin wir wollten. Da unsere offiziellen Papiere von Panama nach den Galapagos-Inseln ausgestellt waren, gaben wir diese Daten an. Auf die Frage, warum wir diese Reise machten, antworteten wir, wie mit den Kolumbianern vereinbart, dass wir das Schiff für eine Charterfirma überstellen würden.

„Und wenn wir jetzt die Wahrheit gesagt hätten?", fragte Ben voll Zweifel.

Nach einer längeren Funkstille wurden wir gebeten, einige Guards an Bord zu lassen, die das Schiff durchsuchen sollten. Wir wussten jedoch, dass in internationalen Gewässern niemand das Recht hatte, ein anderes Schiff ohne Erlaubnis zu betreten. Die „Michelangelo" fuhr unter englischer Flagge und war auf die Caiman-Islands zugelassen. Vom Seerecht her galt die Jacht, solange wir uns in internationalen Gewässern befanden, als englisches Territorium. Ben antwortete daher, dass es keinen Grund gäbe, US-Autoritäten zu uns auf das Schiff kommen zu lassen. Er fügte noch hinzu, dass wir diese Erlaubnis nur geben würden, wenn die englische Regierung mit einer Durchsuchung einverstanden wäre. Daraufhin war wieder Funkstille.

„Ist doch klar, dass sie die Erlaubnis zur Durchsuchung bekommen", knurrte ich, die Gesetze anzweifelnd, wenn Amis an einer Sache beteiligt waren. Jetzt konnten wir nur hoffen, dass die Verstecke nicht gefunden wurden. Wir kontrollierten noch einmal die Stellen und klopften an den Wänden herum. Wenn sie einen Hund dabei hatten, konnte es für uns kritisch werden.

Von der „Antrim 52" kam der erwartete Funkspruch: Man habe mit den Engländern gesprochen und diese hätten die benötigte Bewilligung erteilt. Da wir der Übermacht ausgeliefert waren, baten wir die Herren höflich an Bord. Wir ersuchten die Guards ohne schwere Militärstiefel und ohne sperrige Geräte, wie Gewehre, auf unser Schiff zu kommen, um nichts zu beschädigen, da wir die Verantwortung für den wertvollen Katamaran übernommen hätten. Während wir auf die Männer warteten, überlegten wir, wie wir uns in dieser Situation verhalten sollten.

„Wir werden die Guards sehr höflich empfangen und sie suchen lassen", schlug Ben vor. Ziemlich sicher würden sie die Verstecke finden, da sie bestimmt nicht das erste Schiff nach Drogen durchsuchten. Am besten war, einfach alles auf uns zukommen zu lassen.

„Vielleicht ist es ohnehin Glück im Unglück, von den Amis aufgegriffen zu werden. Ich nehme an, wir bekommen eine faire Verhandlung, und nachdem wir zu diesem Deal vom Cali-Kartell gezwungen worden waren, können wir vielleicht mit einem Freispruch rechnen", sinnierte ich optimistisch vor mich hin. Ben sah mich skeptisch an und meinte: „Dein Wort in Gottes Ohr! Aber auch ich bin der Meinung, dass wir so am saubersten aus der Sache herauskommen. Damit müssen die Kolumbianer rechnen, dass nicht jede Fracht durchkommt. Das ist eben ihr Risiko." Nach einer Denkpause sagte ich: „Stell dir vor, uns würde irgend eine südamerikanische Diktatur aufgreifen. Nicht auszudenken, was da auf uns zukäme."

Nach all diesen Überlegungen fiel es uns nicht schwer, die Guards, brav in Turnschuhen und nur mit Faustfeuerwaffen ausgerüstet, freundlich zu empfangen. Mir fiel auf, dass in diesem Moment auf der „Antrim" die Navy-Flagge gegen die der Coastguard ausgetauscht wurde. Die Herren verlangten die Papiere und stellten die üblichen Fragen nach dem Woher und Wohin und dem Zweck der Reise. Nachdem diese Formalitäten erledigt waren, baten die Guards, das Schiff durchsuchen zu dürfen. Die Männer durchschnüffelten jeden Winkel, schauten in jede Lade, öffneten jeden Schrank, sie arbeiteten sehr gründlich. Nach einer Stunde, wir hatten mit Herzklopfen festgestellt, dass sie nicht fündig geworden waren, fragten wir, ob sie nicht endlich fertig wären.

„Wir müssen noch genauer suchen. Es tut uns leid, aber das wird ohne Beschädigung des Schiffes nicht gehen. Wir müssen ein paar Löcher in die Verkleidungen machen", kündigte der Anführer der Männer daraufhin an.

„Das Schiff gehört nicht uns. Wir haben nicht das Recht, Ihnen dazu die Erlaubnis zu geben. Der Eigentümer wird uns zur Verantwortung ziehen", versuchte ich noch einmal das Unvermeidliche zu verhindern. Nun schlug ich ihnen vor, sie sollten eine Stelle aussuchen, an der sie nachsehen wollten und ich würde höchst persönlich das benötigte Loch machen. So wollte ich auch unseren guten Willen demonstrieren. Außerdem interessierte es mich inzwischen, wie lange sie noch brauchen würden, um endlich fündig zu werden.

Der Kommandant der Gruppe zeigte auf die Treppe, die in den Backbordrumpf hinunter führte. Ich holte Schraubenzieher, Hammer und Meißel und begann die Trittbretter abzumontieren. Ganz leise machte sich in mir die Hoffnung breit, dass uns das Schicksal doch hold sein könnte, denn hier war nichts versteckt. Im Moment sah es so aus, als hätten wir das Spiel gewonnen.

Die Guards setzten sich mit uns ins Cockpit und begannen Formulare auszufüllen. Nachdem wir die Papiere unterzeichnet hatten, warteten wir darauf, dass man die Männer wieder abholen würde, aber es kam niemand. Es wurde eifrig hin und her gefunkt und schließlich erklärte uns der Anführer der Gruppe, dass der Motor des Navy-Beibootes nicht anspringen wollte. Das kam mir seltsam vor. Sollte ein Kriegsschiff der US-Army mit 240 Soldaten an Bord wirklich nur ein Beiboot haben? Oder war das ein Hinweis darauf, dass die Männer doch noch einen Verdacht hegten? Nach einer halben Stunde kam das Beiboot, aber nicht um die drei Guards abzuholen, im Gegenteil, es kamen noch vier weitere Männer zu uns aufs Schiff. Sie kamen mit großen Koffern und Werkzeugen. Die Angst kroch wieder in mir hoch. Jetzt wurde es ernst! Wir versuchten noch das Unheil abzuwenden, indem wir die Männer darauf aufmerksam machten, dass ihre Tätigkeit illegal wäre. Einer dieser Kerle mit besonders aufgeblasenen Muskeln schnauzte uns an, wir sollten uns ruhig verhalten und keine Schwierigkeiten machen. Wir durften das Cockpit nicht mehr verlassen, ein Wächter mit entsicherter Glock stellte sich mit grimmigem Blick neben uns auf.

Aus dem Inneren der „Michelangelo" drangen laute Geräusche, die mir einen Kälteschauer über den Rücken jagten. Ich hatte das Gefühl, als ob die Männer das ganze Schiff zertrümmern würden. Schade um diese wunderschöne Luxusjacht! – Und es dauerte nicht lange, bis der erste Kerl grinsend auftauchte.

Bald darauf versammelten sich alle um uns. Mir wurden Handschellen angelegt und sie verfrachteten mich in das Beiboot. Ben musste auf der „Michelangelo" bleiben, da er in den Papieren als Kapitän eingetragen war und zur Bedienung des Katamarans gebraucht wurde.

Vom Beiboot aus musste ich nun mit den gefesselten Händen eine Strickleiter hochklettern. Das war äußerst schwierig und ich fragte mich, ob sich diese bulligen Muskelmänner wirklich so vor mir fürchteten, dass sie mir diese Dinger nicht abnehmen konnten. Fluchtmöglichkeit bestand in dieser Situation ohnehin keine. Oben angekommen, wurde ich von mehreren Soldaten empfangen. Im Laufschritt durchquerten wir endlos lange Gänge. Alles hier war aus Metall und unsere Schritte hallten durch das Schiff. Ich wurde bis zum Hubschrauberlandeplatz am Heck gebracht und musste dort in der Mitte des Platzes stehen bleiben. In einem Kreis von etwa zehn Metern Radius waren etliche Soldaten aufgestellt, um mich mit ihren M 16 zu bewachen. Irgendein Spaßvogel schaltete eine Musikanlage ein, die nun laut den Song „Cocain" von J. J. Cale ertönen ließ. Ich befand mich in einem ganz sonderbaren Zustand, ich hatte das Gefühl ein paar Meter neben mir zu stehen und diese Szene nur zu beobachten, so als ob ich einen Film anschauen würde. Nach längerer Pause, ich hatte jeden Zeitbegriff verloren, erschienen zwei Männer, von denen einer sogar etwas Deutsch sprach. Er stellte sich vor und erklärte mir, dass ich mich nun in Gewahrsam der US-Coastguard befände, die mit einer Gruppe von neun Mann auf dem Navy-Schiff „Antrim 52" vertreten wäre. Nach seiner Ansprache wurde ich von ihm aufgefordert mich vor all den Männern nackt auszuziehen. Ich musste eine Leibesvisitation über mich ergehen lassen, die mir furchtbar peinlich war und ich versuchte ein paar Späßchen zu machen, um meine Verlegenheit zu überspielen. Als ich grinsend meinte: „Ich glaub', es ist nicht so gut, mich vor all den strammen Jungs auszuziehen, da doch allgemein bekannt ist, dass es in der Navy eine Menge Schwule gibt!", wurde ich mit einem schroffen „Shut up!" zurechtgewiesen. Nachdem sie in all meinen Körperöffnungen- und ritzen nachgeschaut hatten, ob ich „sauber" sei, warfen sie mir einen blauen, viel zu großen Overall zu, den ich anziehen musste. Der Chef der Guards erklärte mir noch, dass sie den Auftrag vom Kapitän des Schiffes hätten, uns von der Besatzung fernzuhalten. Die Bewachung würden ausschließlich sie übernehmen, da sich die Army von dieser Sache distanzieren wollte. Nun brachten sie mich in den Helikopter-Hangar. Einer der Kerle entdeckte meinen kleinen goldenen Ohrring und wollte ihn abmontieren. In diesem Moment ging das Licht aus und kurz darauf stürzten sich mindestens fünf Männer auf mich und warfen mich zu Boden. Ich brüllte vor Schreck und Angst, da ich glaubte, die verrückte Bande wolle mich umbringen. Aber da wurde es auch schon wieder hell und der Knäuel über mir löste sich auf. Sie stellten mich auf die zitternden Beine und montierten meinen Ohrring ab. Dann musste ich mich genau in die Mitte des Hangars auf eine Bodenmatte setzen; an Hand- und Fußgelenken wurden mir Schellen angelegt, von denen Ketten in je eine Ecke des Raumes führten. Ungefähr zwei Stunden lang lag ich hier wie betäubt auf dem Rücken, kaum fähig einen vernünftigen Gedanken zu fassen. Endlich wurde Ben hereingebracht, nachdem man mit ihm denselben Zirkus aufgeführt hatte. Nun lagen wir zwei Schwerverbrecher nebeneinander auf den verschwitzten Matten.

„Bevor sie mich hier her aufs Schiff brachten, reichte mir einer der Guards die Jack-Daniels-Flasche, damit ich meinen für lange Zeit letzten Schluck Whisky genießen könnte. Mir war nach einem kräftigen Zug zumute, das kannst du mir glauben", erzählte er.

Da man uns auch die Uhren abgenommen hatte, wussten wir nicht, wie spät es inzwischen geworden war. Aber an Schlafen war ohnehin nicht zu denken. Wir sprachen die Ereignisse des Tages durch und versuchten uns gegenseitig Mut zu machen. Ben fragte mich nach einer längeren Gesprächspause: „Sind dir deine Rechte vorgelesen worden?" Ich dachte kurz nach, ich konnte mich nicht daran erinnern. Vielleicht gab es das nur in den Krimis.

„Nein, das gibt es nicht nur in den Krimis, das ist amerikanisches Recht", erklärte er mir. „Diese Aktion war absolut nicht korrekt und irgendetwas ist daran oberfaul."

„Was meinst du damit? Sie haben einfach mit dem Recht des Stärkeren gehandelt", entgegnete ich. „Die Amis haben anscheinend in dieser Gegend immer Recht."

„So kann es aber nicht laufen. Vielleicht ist das für uns sogar eine Chance. Überlegen wir: Verhaftung und Beschlagnahmung einer Ladung in internationalen Gewässern, das ist gegen das Seerecht. Wir befanden uns zu diesem Zeitpunkt etwa 200 Seemeilen vor Costa Rica."

„Ja, das ist richtig", stimmte ich Ben zu. „Warum haben die Kerle uns nicht weiter verfolgt, die nächste Verladung abgewartet und dann die richtigen Cali-Leute geschnappt? Was wollen sie mit uns Würstchen? Sie müssten doch Interesse an den wahren Drahtziehern haben."

„Sie haben die ‚Michelangelo' schon lange im Visier. Das hat auch José bestätigt. Nur hatte er sich getäuscht, als er meinte die Amis hätten schon aufgegeben. Aber denken wir weiter über die Verstöße gegen das Seerecht nach: Haben uns die Leute die schriftliche Erlaubnis, beziehungsweise ein entsprechendes Fax, zur Durchsuchung des Schiffes vorgelegt? Nein, haben sie nicht. Wir wissen daher auch nicht, ob sie tatsächlich mit einer britischen Behörde Kontakt aufgenommen haben. Sie haben sich aufgeführt wie ein Haufen Piraten. Was wäre gewesen, wenn sie nichts gefunden hätten? Hätten sie uns dann einfach versenkt, um keine Schwierigkeiten mit Großbritannien zu bekommen? Zutrauen würde ich es ihnen." Ben war richtig zornig geworden bei diesem Gedanken. Nun konnte ich auch die spürbare Distanzierung des Kapitäns der „Atrim 52" zu den Coastguard-Leuten verstehen; ihn störte diese illegale Aktion, die gegen seinen Willen durchgeführt worden war wahrscheinlich auch.

„Ich bin gespannt, wo sie uns hinbringen", sagte ich. Wir schwiegen wieder eine Weile und lauschten auf die Geräusche des Stahlschiffes. Ich nickte kurz ein, fuhr aber gleich wieder hoch, als mir die Erlebnisse der vergangenen Stunden in den Sinn kamen und ich merkte, dass sie kein böser Traum waren, sondern grausame Realität.

„Heute ist der 25. Oktober, merk' dir diesen Tag", sagte Ben. Um uns abzulenken, begannen wir von unseren Abenteuern in der Karibik zu reden. Bald kamen wir aber wieder auf die aktuellen Probleme zu sprechen. Wir beschlossen, bei den zu erwartenden Verhören bei der Wahrheit zu bleiben, nichts von den Tatsachen wegzulassen und auch nichts dazuzudichten. So wäre es für uns sicher am besten. Wir hofften in die USA gebracht und dort mit einer korrekten Justiz konfrontiert zu werden. Sollten wir gegen die Leute, die uns dieses Schlamassel eingebrockt hatten, aussagen müssen, könnten wir bestimmt mit einem Zeugenschutz rechnen, um vor weiteren Verfolgungen der Cali-Leute sicher zu sein. Man würde uns mit Hilfe von neuen Papieren eine neue Identität geben. „Vielleicht heißen wir dann Jonny Miller und Henry Stone", versuchte ich zu witzeln.

„Und damit dich niemand mehr erkennt, lässt du dir einen Vollbart wachsen", sagte Ben anzüglich, da er wusste, dass ich keinen sehr starken Bartwuchs habe.

„Aber was wissen wir wirklich über die Leute, mit denen wir zu tun hatten?", überlegte ich. „Wir haben immer nur Vornamen erfahren, und nicht einmal die müssen unbedingt stimmen. Ich fürchte, wir wissen zu wenig, um für die Drogenfahnder interessant zu sein."

Durch das offene Tor des Hangars konnten wir bereits die Sonne sehen und erkannten, dass die „Antrim" im Kreis fuhr. Das kam uns überaus sonderbar vor. Wussten sie nicht, wohin sie uns bringen sollten?

„Wenn ich mir das so überlege", begann Ben wieder zu reden, „können sie uns gar nicht in die USA bringen. Wir waren noch nie dort und wurden auch weit davon entfernt aufgegriffen. Womöglich liefern sie uns in Costa Rica ab." Ich spürte wieder ein flaues Gefühl in der Magengegend.

„Die Gerüchte von den Gefängnissen in diesen Ländern sind nicht die erfreulichsten", gab ich meinem Unbehagen Ausdruck. Nach einer Denkpause sagte Ben: „Der einzige Vorteil in diesen Ländern ist, dass die Behörden bestechlich sind. Mit genug Kohle kann man sich sicher freikaufen."

„Und wo willst du die Kohle hernehmen?"

„Das ist der wunde Punkt!"

„Da wir nicht zur Mafia gehören, wird sie uns auch nicht herausholen."

„Diese Leute sind froh, dass wir so wenig wissen und kaum Leute von ihnen kennen", meinte Ben. Ich versuchte, trotz meiner Müdigkeit einen logischen Gedanken zu fassen, um dann betrübt festzustellen: „Keine Kohle zum Freikaufen, zu wenig Wissen für ein gutes Zeugenschutzprogramm – ich fürchte, wir haben sehr schlechte Karten."

Unser Gespräch wurde unterbrochen, als einer der Guards das Frühstück brachte. Wir fragten natürlich gleich, was mit uns weiter geschehen sollte, bekamen aber nur eine unklare Antwort, die das Rätsel nicht löste. Ben aß mit gutem Appetit, ich war zu nervös und würgte nur ein paar Bissen hinunter.

Wir verbrachten den ganzen Tag auf den Matten liegend. Wenn wir Pinkeln mussten, erledigten wir das in einen Kübel. Diese Tätigkeit verlangte akrobatisches Geschick, da wir so gefesselt waren, dass wir nur eine Hand verwenden konnten. Als wir baten, uns doch eine Dusche zu ermöglichen, lehnte man ab. Strikte Order vom Kapitän: Das Benützen der Mannschaftsanlagen ist für uns verboten. So schwitzten und stanken wir vor uns hin und konnten weiter nichts tun als warten. Vor dem Hangar saßen zwei Wächter, die sich alle zwei Stunden ablösten. In dieser Zeit schrieben sie Berichte in einen Laptop. Wir machten Witze über den Sinn der strengen Bewachung, waren wir doch auf einem Schiff und noch dazu an allen vier Gliedmaßen angekettet. Eine Flucht war daher absolut unmöglich. Oder trauten uns die Jungs zu, die Ketten durchzubeißen, ins Meer zu springen und schwimmend zu flüchten?

Am zweiten Tag, nach dem Mittagessen, trafen sich die Coastguards vor dem Hangar. Sie waren schmutzig und verschwitzt, aber in bester Stimmung. Einer der Jungs kam mit strahlendem Lächeln zu uns und sagte: „Wir haben den Kat leer geräumt. 5.000 Pfund Kokain haben wir aus den Verstecken geholt!" Er wischte sich mit einem Lappen den Schweiß vom Gesicht und wartete auf unsere Reaktion. Ich konnte nicht anders, ich musste seine Freude dämpfen: „Und was habt ihr mit den restlichen 1.000 Pfund gemacht?" Die Freude war aus seinem Gesicht verschwunden und er starrte uns entgeistert an. „Da ist noch mehr?", fragte er und wollte sich schon nach seinen Kameraden umdrehen. „Just a joke!", rief ich ihm zu, bevor sie eine neue Suchaktion starteten.

Am Abend des dritten Tages bereiteten die Soldaten alles für ein Samstagabend-Grillfest vor. Vom Hangar aus konnten wir das Treiben gut beobachten und das war nach drei Tagen des Herumliegens endlich eine kleine Abwechslung. Bei laut plärrender Pop- und Rock-Musik aus mehreren Lautsprechern und viel Limonade wurden nun stundenlang Hamburger gegrillt und dazu Salate verspeist. Das Fest war nur für die Soldaten, die Coastguard-Leute waren ausschließlich damit beschäftigt, die kostbare Beute und uns zu bewachen und darauf zu achten, dass niemand mit uns Kontakt aufnahm. Nach einer Weile ging ein stoppelbärtiger, tätowierter Soldat zu den Guards und sprach mit ihnen, mit den Fingern in unsere Richtung zeigend. Nach einer längeren Diskussion kehrte der Soldat zum Griller zurück und richtete auf zwei großen Tellern ordentliche Portionen her, die er uns brachte. Ein Kollege von ihm versorgte uns noch mit Cola und bot uns sogar Zigaretten an. Wir waren erfreut über diese nette Geste. Die Soldaten verrieten uns auch, dass wir am nächsten Tag nach Panama-City gebracht und samt den Drogen von Bord geschafft werden sollten.

Das Fest dauerte, bei voller Lautstärke, bis in den späten Abend hinein. Als es endlich ruhig geworden war, konnten wir uns wieder unterhalten. Es war für uns ein Rätsel, warum wir ausgerechnet nach Panama zurück sollten. Panamas Gefängnisse und Justiz hatten keinen guten Ruf, genauso wie die in allen übrigen Staaten Lateinamerikas.

„Vielleicht will man uns hier einfach verschwinden lassen", orakelte Ben düster. Der Gedanke, in einem der schrecklichen Gefängnisse zu verrotten, war entsetzlich. Das war wirklich nicht das Abenteuer, das wir uns gewünscht hatten. Nach den vielen Ungereimtheiten bei der Festnahme konnte uns nichts Gutes erwarten. Ich grübelte darüber nach, wie wir unseren Angehörigen eine Nachricht zukommen lassen könnten.

„Wie ist denn das mit den Menschenrechten, auf die die Amis ständig in aller Welt pochen?", fragte ich meinen Leidensgefährten. „Alleine die Art, wie man uns hier gefesselt hat, grenzt doch schon an Folter." Ben stimmte mir zu und wir schimpften wieder drauf los, um uns abzureagieren. Schließlich hatten wir uns müde geredet und schliefen ein.

Am Morgen des vierten Tages auf der „Antrim", begannen die Guards damit, die beschlagnahmte Ladung auf Paletten vor dem Hangar aufzustapeln. Wir waren genauso überwältigt wie sie, als wir die fünf auf eineinhalb Meter Höhe beladenen Paletten vor uns sahen. Das war wirklich ein großer Haufen von diesem ekelhaften Zeug. Die Männer machten Fotos von sich und der Beute fürs Familienalbum. Der Stolz über ihren Erfolg war deutlich spürbar. Auch die Soldaten ließ diese Menge Drogen nicht kalt. Sie machten ihre Fotos aus etwas größerer Entfernung, da sie sich der Fracht nicht nähern durften.

Schon gestern Abend, während des Grillfestes, hatten wir in Küstennähe geankert und nun näherten wir uns der Pazifikeinfahrt des Panamakanals. Einer der Guards erklärte uns, dass wir bald anlegen würden und von der DEA (US Drug Enforcement Administration), der amerikanischen Drogenfahndung, übernommen werden sollten. Diese wiederum würde uns nach einem Verhör der panamaischen Justiz übergeben.

„Es ist zu erwarten, dass ein enormer Medienrummel sein wird", sagte der gesprächige Mann.

„Hoffentlich bekommt unsere Botschaft etwas davon mit", raunte ich Ben zu.

„Wenn ihr wollt, könnt ihr Schirmmützen haben, damit man eure Gesichter nicht erkennt", bot uns unser Gesprächspartner an. „Zieht den Schirm tief ins Gesicht und neigt den Kopf nach vor."

Wir nahmen dankbar sein Angebot an. Unsere Hände wurden mit Handschellen auf den Rücken gefesselt und eine Verbindungskette zu den Fußschellen machte die Sicherheit perfekt. So ausgerüstet warteten wir das Landemanöver ab.

Am Ufer wartete schon eine große Menschenmenge, Leute mit Kameras drängten sich nach vorne. Wir wurden von den Coastguards umringt und von ihnen im Laufschritt durch die Menschenmenge gelotst. Wir hielten, wie empfohlen, die Köpfe gesenkt und konnten daher nur die Beine unserer Begleiter sehen. Nach ein paar hundert Metern wurden wir in einen Van mit verdunkelten Scheiben gestoßen. Wir versuchten uns trotz der Fesseln so bequem wie möglich hinzusetzen. Von der johlenden Menge gut abgeschirmt, konnten wir das Treiben beobachten. Zahlreiche Journalisten redeten auf unsere Bewacher ein; eine solche Menge Drogen war anscheinend schon lange nicht mehr beschlagnahmt worden.

Nachdem drei bewaffnete Männer in Zivil zu uns in den Wagen gestiegen waren und die Autos vor und hinter uns ebenfalls fahrbereit waren, ging es endlich los. Nach etwa zwanzig Minuten Fahrt hielten wir vor einem kasernenähnlichen Gebäude, vor dem wir wiederum lange warten mussten. In dieser Zeit ging ich den Bewachern gewaltig mit einem dringenden Bedürfnis auf die Nerven. Unter genauer Beobachtung konnte ich endlich meinen in Aufruhr befindlichen Organismus erleichtern.

Inzwischen fuhren mehrere Wagen vor, aus denen wohlgenährte Herren mittleren Alters entstiegen. Wir wurden nun in das Gebäude gebracht. In einem großen, mit dürftiger Büroeinrichtung ausgestatteten Raum erwarteten uns die Männer aus den Autos. Zwei davon waren offensichtlich US-Amerikaner. Der jüngere der beiden stellte die anwesenden Männer vor. Die zwei korpulenten Typen waren Beamte der PTJ (Kriminalpolizei von Panama), die Amis waren von der DEA.

Da ich auf unseren Schiffspapieren nur als Crewmitglied aufschien, war für die Männer in erster Linie Ben, der Kapitän, interessant. Ich musste mit zwei Wächtern im Nebenraum warten. Nach zwei endlos langen Stunden wurde ich wieder geholt. Ben wirkte sichtlich erschöpft und auch die anderen Männer schauten schon etwas mitgenommen aus. Mein Freund erklärte mir auf Deutsch, dass ich eine Bestätigung unterschreiben müsse, dass er die Verantwortung für das Schiff getragen hätte. Die Beamten waren anscheinend viel zu bequem um auch noch mich zu verhören. Da ich mich von der Hitze und der Herumsitzerei schon sehr schlapp fühlte, konnte mir das nur recht sein. Wir wurden mit den Wächtern alleine gelassen und mussten wieder endlos lange warten. Ich hätte mich gern mit Ben unterhalten, aber die Männer hinderten mich daran.

Endlich wurden wir abgeholt und in rasantem Tempo zum Hauptgebäude der PTJ ins Stadtzentrum gebracht. Dort erwarteten uns wieder Fotografen und Kamerateams. Wir stiegen aus den Autos und die panamaischen Polizisten drehten fast durch, als sie die Kameras auf uns gerichtet sahen. Sie drängten sich dicht heran. Mit strahlenden Gesichtern legten sie uns die Arme um die Schultern und freuten sich, mit so schlimmen Kriminellen, wie wir es waren, auf ein Foto zu kommen. Mir kam diese Szene wieder einmal total unwirklich vor, aber ich war schon zu müde, um mich gegen die zudringlichen Menschen zu wehren. Dieser anstrengende Weg mündete in eine kleine Zelle, und eine Stahltüre schlug hinter uns zu. Kurze Zeit standen wir wie betäubt in dem winzigen Raum, der gerade so groß war, dass wir uns nebeneinander auf den Fußboden legen konnten. Ein paar alte Zeitungen stellten die gesamte Inneneinrichtung dar.

„Hoffentlich müssen wir nicht lange in diesem schmutzigen Loch bleiben", seufzte ich. Es stank hier entsetzlich, aber ich war mir nicht sicher, ob dieser Geruch nicht von uns selbst ausging. Wir steckten schon tagelang in den blauen, sehr warmen Overalls von der „Antrim". Seit unserer Verhaftung hatten wir uns nicht mehr duschen können. Der heutige Tag war sehr heiß gewesen und ich spürte, wie mir an Rücken und Brust der Schweiß ununterbrochen herunterlief.

Kaum hatten wir uns ein bisschen entspannt, wurden wir schon wieder geholt und in ein Büro geführt. Mehrere Beamte in Zivil versuchten mit uns ein Verhör in Spanisch zu beginnen, da wir je-doch für diesen Tag genug hatten, lehnten wir das Gespräch wegen Verständigungsschwierigkeiten ab. Hartnäckig begannen sie im-mer wieder von vorne, aber so wenig Spanisch wie an diesem Abend hatten wir noch nie verstanden. Die Männer fluchten, aber da war nichts zu machen. Schließlich brachte man uns wieder in die kleine Zelle zurück.

Wir hockten uns auf den Boden und schliefen auf der Stelle vor Er-schöpfung ein. Das Stahltor wurde aber bald wieder mit lautem Ge-rassel geöffnet und wir fuhren erschrocken hoch. Polizisten führten uns zu einem Auto, mit dem wir aus der Stadt gebracht wurden. In-zwischen war es dunkel geworden. Wir fuhren an der Küste entlang bis wir zu einem Damm kamen, der drei kleine Inseln miteinander verband. Auf der linken Seite sahen wir die hell erleuchtete Skyline von Panama City, auf der rechten Seite konnten wir Schiffe erken-nen, die auf die Einfahrt in den Kanal warteten. Auf der letzten Insel gab es einen Militärstützpunkt, der unsere nächste Unterkunft sein sollte. Durch ein gut bewachtes Gittertor gelangten wir in das Innere der Festung. In einem Büro sollten die Formalitäten erledigt werden, aber die Leute von der PTJ hatten keinerlei Papiere von oder über uns und so weigerte sich der Kommandant vorerst uns aufzunehmen. Es wurde wieder endlos lange herumtelefoniert. Wir konnten uns vor Erschöpfung kaum mehr auf den Beinen halten.

Endlich führten uns fünf schwerbewaffnete Soldaten durch zwei weitere Gittertore in einen tief im Berg liegenden Bunker. Sie nahmen uns die Fesseln ab und sperrten mit lautem Geklirre die Tore hinter uns zu. Wir sanken sofort auf die zwei Plastikpritschen, doch trotz der Erschöpfung konnte ich noch lange nicht einschlafen. Ich musste an die vielen Abenteuer der vergangenen Jahre denken. Alles hatte so viel versprechend begonnen.

„Kannst du dich noch an die erste Zeit auf Margarita erinnern?", fragte ich Ben, aber ich bekam keine Antwort. Er war schon eingeschlafen.

Margarita

Mit einem klapprigen Taxi fuhren wir durch die heiße Nacht nach Juan-Griego. Der Motor schien im Moment gerade fünf seiner acht Zylinder zu aktivieren, aber zum Glück gibt es auf Margarita so gut wie keine Steigungen. Bei jeder Unebenheit im Straßenbelag reduzierte der Fahrer die Geschwindigkeit auf Schritttempo, damit sich der Wagen nicht in seine Einzelteile auflöste. Tom und ich ließen uns bei der kleinen Pension, die wir schon von früheren Urlauben her gut kannten, direkt an der Playa absetzen. Nach der Begrüßung und den üblichen Formalitäten richteten wir uns in der netten Drei-Zimmer-Wohnung ein. Vom Wohnzimmer konnten wir in der nächsten Zeit den Blick aufs Meer und die traumhaften Sonnenuntergänge genießen. Wir wollten hier wohnen, bis wir einen Platz für den geplanten Schiffsbau gefunden hatten.

Schon ein Jahr zuvor hatten wir uns während eines Urlaubs Venezuela gründlich angeschaut und waren dabei auf die Insel Margarita gestoßen. Hier wollten wir unseren Traum erfüllen und einen siebzehn Meter langen Katamaran bauen. Dieses Projekt hatte ich schon seit Jahren in meinem Kopf und vor ungefähr drei Jahren hatte ich Tom und Ben in meine Träume eingeweiht. Sie waren von meiner Idee begeistert und bald trafen wir uns regelmäßig und arbeiteten an der Planung dieses Projekts. Unser Vorhaben nahm immer konkretere Formen an und schließlich waren wir so weit, dass wir beschlossen ans Werk zu gehen.

Es gab noch einen Grund, warum mir dieses Projekt plötzlich so wichtig geworden war und ich so eifrig an dessen Fortschritt arbeitete. – Vor einigen Jahren hatte ich in jugendlicher Unüberlegtheit Heroin ausprobiert und mich dabei mit dem HIV-Virus infiziert. Von dieser Tatsache erfuhr ich erst Jahre später – zufällig, beim Blutspenden. Ab diesem Zeitpunkt hatte sich meine Lebenseinstellung grundlegend geändert. Zuvor erschien mir mein Leben noch so endlos und ich hatte nie das Gefühl etwas zu versäumen. Durch den Virus wurde mir bewusst, wie wenig Zeit ich wahrscheinlich nur mehr hatte. Ich wollte noch unbedingt so viel wie möglich von der Welt sehen und noch einige Abenteuer erleben. Schweren Herzens verließ ich meine Freundin, meine Familie und einen guten Job.

Mit meinen Freunden überlegte ich, welche Weltgegend für unser Vorhaben die geeignetste wäre. Trockenes Klima, das ganze Jahr angenehm warm, direkt am Meer, eine ausgereifte Aluminiumindustrie (es sollte ein Alu-Kat werden) und problemlose Lebensbedingungen – das waren unsere Vorstellungen. Nach unseren Recherchen erfüllte Venezuela alle diese Forderungen. Auch die Verhandlungen mit der Botschaft in Wien entwickelten sich positiv. Wir bekamen ohne Umstände (nur für etwas Geld) jeder ein Transeunte Nr. 5. Mit dieser Eintragung im Reisepass waren wir berechtigt, uns ein Jahr in Venezuela aufzuhalten und hatten damit gleichzeitig eine Arbeitsgenehmigung.

Tom entdeckte einen alten Mercedes-Lkw mit Pritsche und einem Kran, der nach österreichischen Gesetzen nicht mehr fahrtauglich war. Nach genauer Besichtigung beschlossen wir das Fahrzeug zu kaufen. Mit Eifer überholten wir das alte Ding. In Venezuela würde uns der Lkw sicher gute Dienste leisten und unsere logistischen Probleme lösen. Durch Zufall stießen wir auch auf einen sechs Meter langen Aluminiumcontainer, den jemand loshaben wollte und ganz billig hergab – für uns ein echtes Schnäppchen. Wir stellten den Container auf die Ladefläche des Lkws und verstautem darin unsere Habseligkeiten. Neben den normalen Haushaltsutensilien, luden wir eine komplette Ausrüstung für die Verarbeitung von Holz und Metall auf (Tom war Tischler, Ben und ich Maschinenbauer). Um in der neuen Heimat mobil zu sein, hatten wir uns auch drei Motocross-Maschinen besorgt. Ben lud später noch ein selbst gebasteltes Motorrad auf. Ich besaß ein unvollständiges Auto, von dem ich annahm, dass es mir noch als „Organspender" nützlich sein könnte. Da nur Ben einen Lkw-Führerschein besaß, transportierte er das Fahrzeug nach Fürstenfeld und stopfte dort noch seine Habseligkeiten in den Container.

Im September machten Tom und ich uns auf den Weg nach Venezuela. Ben hatte noch einiges zu erledigen, brachte danach den beladenen Lkw nach Genua und schickte ihn von dort mit einem Frachtschiff nach Margarita. Mit dem nächstmöglichen Flug wollte er nachkommen. Tom und ich hatten vor, in der Zwischenzeit einen Bauplatz für unser Projekt zu suchen.

Schon auf unserer ersten Inspektionsreise lernten wir interessante Leute kennen. Sebastian, ein Niederländer, der mit einer Einheimischen verheiratet war und eine Disco betrieb, bot uns seine Hilfe an. Er war Musiker und kannte durch seine Auftritte die ganze Insel, fast jedes Hotel und jede Tourismusanlage. Mit ihm durchstreiften wir in den nächsten Tagen die Gegend. Vorher mussten wir aber noch sein Auto in Gang bringen. Sebastian war stolzer Besitzer eines riesigen, himmelblauen Ami-Schlittens. Damit das Vehikel überhaupt fahrbar wurde, mussten wir jedoch Reifen auftreiben. Schließlich erstanden wir bei drei Händlern vier verschiedene Exemplare – bei uns landen weit bessere auf den Deponien. Als wir die profillosen, aber sonst intakten Reifen montiert hatten, machten wir eine Probefahrt. Das war vielleicht ein Fahrgefühl! Federung gab es keine mehr und daher wurden wir gründlich durchgeschüttelt. Auch die Sitze waren durchgesessen, die Türen mussten wir mit Drahtschlaufen am Auto befestigen. Der Motor gab seltsame Geräusche von sich, weil ein paar der acht Zylinder schon den Geist aufgegeben hatten. Am besten funktionierte die Hupe, und von der machte Sebastian häufig Gebrauch. Nach den ersten zehn Kilometern riss der Keilriemen. Wir waren ein gutes Stück von der nächsten Ortschaft entfernt und warteten gespannt auf Sebastians Reparaturvorschlag. Statt des defekten Keilriemens zog er die zerrissen Teile einer Damenstrumpfhose heraus und schwenkte sie lachend über seinem Kopf.

„Ersatzteile für diese Karre sind teuer und schwer zu bekommen", erklärte er, holte aus den Tiefen des Handschuhfaches eine neue Strumpfhose hervor und ersetzte damit die kaputte Improvisation des ursprünglichen Keilriemens. Nach dieser Unterbrechung knatterten wir wieder weiter und warteten auf den nächsten Defekt. Aber Sebastian hatte alles im Griff, er war mit diesem alten Prachtstück, das ein seltsames Eigenleben entwickelte, bestens vertraut.

Sebastians Schwiegervater besaß einige Grundstücke und eines davon schien uns brauchbar. Es befand sich auf der Nachbarinsel Macanao, die durch eine Brücke mit Margarita verbunden ist. – Macanao ist extrem trocken, die Vegetation besteht vorwiegend aus Kakteen und dornigem Gestrüpp. Angeblich regnet es nur wenige Tage im Jahr. Abgesehen von einigen kleinen Fischerdörfern in Strandnähe ist die Insel unbewohnt.

Wir sahen uns das Grundstück des Schwiegervaters genau an und fanden es für unsere Zwecke ideal. Ein Nachteil war vielleicht die Abgeschiedenheit, aber das war kein Problem, da wir in Kürze unseren Lkw mit den Motorrädern erwarteten. Wir mussten ohnehin das meiste vom Festland holen. Für die Nahversorgung mit Lebensmitteln gab es ein kleines Fischerdorf, in zehn Minuten zu Fuß erreichbar. Porlamá, die nächst größere Stadt, war auch nur 30 Autominuten von hier entfernt. Eine Stromleitung lief parallel zur Straße, direkt an dem Grundstück vorbei. Die Wasserversorgung war etwas schwieriger – wir würden das Gebrauchswasser mit Kanistern und das Trinkwasser in Flaschen hertransportieren müssen. Dass der Weg zum Meer offen war und der Strand nicht weiter als 300 Meter entfernt lag, begeisterte uns.

Nach gründlicher Überlegung und ausführlicher Diskussion baten wir Sebastian, uns mit seinem Schwiegervater bekannt zu machen. Jabolo war nicht gerade eine sympathische Erscheinung. Der glatzköpfige Kerl hatte etwas Schmieriges, Verschlagenes an sich und war uns auf Anhieb unsympathisch. Er hatte ein autoritäres Auftreten, aber wir waren trotzdem sehr höflich zu ihm und behandelten ihn respektvoll, schließlich wollten wir mit ihm gut auskommen. Nach langem Palaver, in dem er sein Grundstück in den höchsten Tönen lobte, wurden wir handelseinig. Wir weihten ihn natürlich in unsere Pläne ein, ein Schiff bauen zu wollen. Er versprach uns großzügig jede Unterstützung, da er ein einflussreicher Mann sei und überallhin gute Beziehungen habe.

Wir waren mit dem Abschluss des Mietvertrages sehr zufrieden und feierten mit unserem Freund Sebastian und seiner Frau Lucy noch die halbe Nacht. Ungeduldig warteten wir auf Bens Ankunft. Um uns die Zeit zu vertreiben schoben wir ein paar erholsame Badetage ein.

Schließlich holten wir Ben vom Flugplatz ab. Stolz erzählten wir ihm von „unserem Grundstück". Als er sich von der anstrengenden Reise erholt hatte, brachte uns Sebastian nach Macanao und wir besprachen, wo wir den Container hinstellen wollten und wo die beste Stelle für den Schiffsbau wäre.

„Schönes Plätzchen", meinte nun auch Sebastian, „aber etwas abgeschieden. Ich werde euch so oft wie möglich besuchen." Das konnte uns nur recht sein, weil unser neuer Freund wirklich ein besonders netter, hilfsbereiter Bursche war.

„Solltest du Probleme mit deinem Auto haben, ich bin ein ganz brauchbarer Mechaniker", bot Ben an.

„Vorsicht mit diesem Angebot, diese Karre ist ein Fulltimejob", sagte Sebastian lachend. Wir machten uns wieder auf den Rückweg. Der Motor des alten Wagens hatte an diesem Tag einen ganz besonderen Sound, so als ob sich die alten Zylinder in ihrer Funktion, nach einem uns unverständlichen, aber deutlich hörbaren Rhythmus, abwechseln würden.

Endlich war es so weit, unser heiß ersehnter Lkw samt Container war eingetroffen! Wieder war der treue Sebastian mit seiner Frau Lucy an unserer Seite und half uns bei den Zollformalitäten. Es gab im Grunde keine Schwierigkeit, uns war nur die Art der Abwicklung etwas fremd. Die Ladung bestand vorwiegend aus gebrauchten Sachen und war als Siedlungsgut deklariert. Die Beamten sahen sich alles ganz genau an und versuchten bei jedem Gegenstand zu feilschen. Echt schwierig wurde es mit dem Autowrack. Das war ein älterer, großer Peugeot, dem Ben die gesamte Karosserie abgenommen hatte. Nur noch die Bodenplatte mit den Sitzen, Armaturenbrett und der Motor waren vorhanden. Anscheinend gab es in Venezuela ein Gesetz, das die Einfuhr von gebrauchten Pkws und Ersatzteilen verbot. Nach langen, ergebnislosen Diskussionen, fand Lucy einen Ausweg. In ergreifenden Worten und mit lebhafter Gestik erzählte sie einem der Beamten eine schrecklich rührselige Geschichte von meinem mit diesem Auto, tödlich verunglückten Bruder (Ich bin Einzelkind!). Dieser Schrotthaufen wäre die einzige Erinnerung, die ich an den Verblichenen hätte, daher würde es zu meinem Seelenheil beitragen, wenn ich das Wrack behalten dürfte. Der gute Mann ließ sich tatsächlich erweichen und plötzlich war die Einfuhr dieses Gegenstandes legal. Schließlich dauerte dem Oberzöllner die Prozedur schon zu lange, darum schlug er vor, unsere Ladung gegen eine angemessene Summe durchzulassen und so das Verfahren abzukürzen. Relativ rasch handelten wir den Preis noch um die Hälfte herunter und fuhren erleichtert mit unserem Lkw vom Platz.

In Macanao gab es für die ersten Wochen genug zu tun. Wir entleerten den Container, stellten unseren Kram in die Wüste zwischen die Kakteen und deckten ihn mit einer Plane zu. Mit dem Kran auf dem Lkw hoben wir den leeren Container mühelos herunter und stellten ihn auf die vorbereiteten vier Ziegelsäulen. So hatten wir noch einen zusätzlichen Stauraum darunter und außerdem einen Sicherheitsabstand vor unliebsamen Besuchern, wie Schlangen, Eidechsen, Skorpionen oder anderem Getier, das wir noch nicht kannten. An einer Längsseite des Containers errichteten wir ein großes Vordach aus einer festen Plane; so hatten wir einen schattigen Platz. Mit weiteren Planen grenzten wir ihn ein. Hier konnte die Luft gut zirkulieren, das war bei einer Temperatur von 30 bis 40 Grad Celsius sehr wichtig. Dieser Raum sollte uns Wohnzimmer, Planungsbüro, Küche und Esszimmer sein. Den Boden glätteten wir so gut es möglich war, legten Plastikfolien auf und darüber die von Österreich mitgebrachten Teppiche. Meine Polstermöbel erwiesen sich auch hier als äußerst gemütlich. Eine Ecke richteten wir als Küche ein. Gekocht wurde mit Gas. Das Trinkwasser kam aus einem aufgehängten Kanister mit Hahn.

Zwischen diesen Arbeiten mussten wir immer wieder Pausen einlegen und trinken. Die Hitze setzte uns anfangs ganz schön zu, aber wir gewöhnten uns bald daran. Zum Glück war das Klima hier sehr trocken und es wehte ständig eine leichte Brise vom Meer her, die den Schweiß rasch trocknete. Wir deckten uns auch mit mehreren Kisten Polar, einem leichten, sehr süffigen Bier, ein.

Der Container war der stabile Teil unserer Behausung, er diente uns als Schlafraum und Abstellplatz für wertvollere Dinge. Das Tor richteten wir so her, dass wir es von außen und innen verriegeln und versperren konnten. Auf der rechten Schmalseite schnitten wir dicht unter dem Plafond ein kreisrundes Loch heraus, in das wir einen Ventilator montierten. Die Betten stellten wir auf hohe Beine, um darunter wieder Stauraum zu gewinnen.

In der ersten Zeit hatten wir bei unseren Arbeiten immer Publikum aus dem Dorf. Fasziniert beobachteten die Einheimischen, wie wir die zerlegten Motorräder zusammenbauten und dann damit eine Probefahrt machten. Wir hatten in Österreich drei 175 ccm-Motocross-Maschinen günstig erstehen können, für diese Gegend die idealen Fortbewegungsmittel. Diese kleinen Wettbewerbsmaschinen hatten keine, außer der für den Sport wichtigen Ausstattung. Es gab kein Licht, keinen Tachometer oder Blinker, nur satte Leistung (34 PS) und wenig Gewicht. Das Fahren mit diesen Geräten machte einen höllischen Spaß und die Einheimischen starrten uns an wie Außerirdische. Das vierte Motorrad war ein Eigenbaumodell von Ben, die Basis war ein Motor von Yamaha (500 ccm) und der Rahmen von einer Maiko, daher wurde die Maschine „Benko" genannt. Das Autowrack meines „verunglückten Bruders" füllten wir mit Werkzeugen und sonstigem Gerät, gaben eine Plane darüber und stellten es vorerst zwischen die Kakteen.

Die Stromversorgung erschien uns zuerst problematisch. Wir wandten uns an unseren Nachbarn Ivan und fragten ihn, wie wir zu einem Anschluss kommen könnten. Er sagte, dass wir einen eigenen Mast aufstellen und dann einfach die allgemeine Leitung anzapfen sollten. Als andere Einheimischen auch noch diese Methode des Strombezuges bestätigten, machten wir uns ans Werk. Es war uns allerdings ein Rätsel, wie die Erzeuger den Stromverbrauch messen und verrechnen konnten. Mit der Elektrizität verbesserte sich unser Komfort schlagartig: Plötzlich gab es einen Kühlschrank und somit gekühlte Getränke, Musikanlage und Videogerät sorgten für Unterhaltung.

Nach ungefähr zwei Monaten war unser Camp fertig und wir konnten uns der Baustelle widmen. Da wir vorhatten, einen Katamaran in der Größe von siebzehn mal neun Metern zu bauen, brauchten wir eine plane Fläche von mindestens zwanzig mal zwölf Metern. Optimal wäre es gewesen, wenn das Schiff gleich in der Richtung, in der es später zum Meer transportiert werden sollte, stehen würde. Wir markierten den günstigsten Platz und stellten fest, dass er alles andere als eben war.

„Wir haben zwei Möglichkeiten: Entweder lassen wir die Fläche planieren oder wir errichten eine Plattform auf Stützen, auf der wir das Schiff bauen können", stellte Ben fest. Da Ivan, unser Nachbar, alle unsere Tätigkeiten interessiert beobachtete, sprachen wir mit ihm über unser Problem.

„Vielleicht kann ich euch helfen", sagte er und eilte ins Dorf. Nach kurzer Zeit kam er mit seinem Schwager zurück. Beide Männer schritten den Bauplatz ab und diskutierten kurz miteinander.

„Mein Schwager, Diego, arbeitet bei einer Baufirma als Baggerfahrer. Er kann sich eine Maschine ausborgen und in der Mittagspause das Plätzchen ebnen", erklärte Ivan wichtig. Am nächsten Tag kam Diego tatsächlich mit einem riesigen Caterpillar und ebnete in kürzester Zeit die Fläche. Wir gaben ihm ein gutes Trinkgeld und er verabschiedete sich mit dem Angebot, uns jederzeit helfen zu wollen.

Da unsere Nachbarn aus dem Dorf so großes Interesse an unseren Tätigkeiten zu haben schienen, beschlossen wir, ein Einstandsfest zu geben. Wir luden alle ein, die wir bis jetzt kennen gelernt hatten. Ben baute eine Grillvorrichtung, während Tom und ich

Fleisch, Fisch, Kartoffeln und Yucca besorgten. Natürlich musste auch genug zum Trinken da sein, wie mehrere Kisten Bier, ein paar Flaschen Rum, Cola zum Verdünnen und für die Kinder. So gut es möglich war, verpassten wir der Baustelle ein festliches Ambiente. Nach Sonnenuntergang erschienen die ersten Gäste und gruppierten sich um das Lagerfeuer. Wie Gespenster standen die riesigen Kakteen in der Umgebung, ihre Schatten bewegten sich mit dem Flackern des Feuers hin und her. Über allem wölbte sich ein unglaublich prachtvoller Sternenhimmel.

Unsere Gäste waren durchwegs nette Leute, höflich und zurückhaltend. Sie machten auch, was in diesen Breiten nicht selbstverständlich ist, einen ehrlichen Eindruck. Obwohl die Menschen in Armut lebten, brachte jede Familie ein Gastgeschenk mit. Ivan überreichte uns etliche geräucherte Fische. Sein Schwager Diego kam mit einem großen Topf, in dem sich ein ragoutähnlicher, verheißungsvoll riechender Inhalt befand. Er drängte uns, diese Speise gleich zu kosten.

„Probiert einmal! Das ist ein beliebtes Gericht auf Macanao", sagte er und reichte uns einen Löffel. Tom kostete vorsichtig und wir beobachteten ihn gespannt.

„Schmeckt wirklich köstlich", lobte er und machte zur Freude der Umstehenden eine anerkennende Geste. Nun probierte Ben und fischte gleich einen größeren Fleischbrocken aus dem Topf. Er kaute bedächtig und genüsslich und mir begann bereits das Wasser im Mund zusammenzulaufen.

„Das Fleisch ist besonders zart, fast wie junges Huhn", bemerkte er und die Leute lachten. Ivans Schwager grinste stolz: „Das ist Schlangenfleisch. Ich habe sie gestern gefangen." Ich schluckte. Der Mann nahm Ben den Löffel aus der Hand und fischte für mich ein weiteres Fleischstück heraus: „Hier Mike, das ist ein Stück von einem Leguan." Ich konnte weiters nichts tun als gehorsam den

Mund aufzumachen und mir den gefüllten Löffel hineinstecken zu lassen. Vorsichtig biss ich in den Klumpen und musste feststellen, dass er tatsächlich mundete. Nun war es an mir, meine Anerkennung auszudrücken. Wir verteilten mehrere Löffel und ließen den Topf kreisen, bis er leer gegessen war. Unsere Gäste verzehrten mit gutem Appetit das gegrillte Fleisch und ganz köstlich schmeckte dazu der Salat aus verschiedenen Gemüsesorten, den Juana, eine rundliche Bewohnerin des Dorfes, mitgebracht hatte. Als besonderer Erfolg erwies sich die Musik, die Tom die Gäste hören ließ, nämlich Wiener Walzer. Wir hatten aber auch eine Auswahl lateinamerikanische Musik für sie auf Lager. Unser Spanisch war zu dieser Zeit noch recht dürftig, daher kam es immer wieder zu Verständigungsschwierigkeiten, die wir durch offenbar erheiternde Pantomimen zu überbrücken versuchten. Das Fest dauerte bis weit nach Mitternacht und wir hatten den Eindruck, dass sich unsere Gäste gut unterhalten hatten und zufrieden waren. Uns hatte es auf alle Fälle gefallen und wir nahmen uns vor, eine zünftige Silvesterparty mit unseren neuen Freunden zu veranstalten. Ben machte gleich Pläne für ein kleines Feuerwerk. Er wollte aus rotem Phosphor und Kaliumpermanganat Kracher bauen.

In den nächsten Wochen verbesserten wir unser Camp und begannen mit den Vorbereitungen unserer „Werft". Eines Tages besuchte uns Jabolo, Sebastians Schwiegervater und Besitzer des Grundstückes. Er stiefelte überall herum und blieb dann auf dem planierten Platz stehen. Sein Gesichtsausdruck war nicht sehr freundlich und ich hatte ein unbehagliches Gefühl.

„Was soll das?", fragte er in gereiztem Ton. Ben, der am besten Spanisch konnte, antwortete mit verbindlichem Lächeln: „Wir haben dieses kleine Stück planieren lassen."

„Das sehe ich", knurrte der Alte. „Ihr hättet mich vorher fragen müssen!" Wir sahen uns betroffen an. Jabolo wusste doch, dass wir ein Schiff bauen wollten und da hätte er sich auch denken können, dass das auf unebenem Gelände schwer möglich war. Mit erstauntem Gesichtsausdruck rechtfertigte sich Ben. Ich beeilte mich mit einem kühlen Drink für unseren ungebetenen Gast. Er schien sich zu beruhigen und versuchte uns zu erklären, dass es in Venezuela üblich sei, Genehmigungen für Baustellen bei den Lokalbehörden einzuholen. Unsere Ahnungslosigkeit beeindruckte ihn nicht sehr, aber er erklärte sich bereit, sich um alles zu kümmern. Wir waren erleichtert, als er wieder abzog.

„Ich könnte mir vorstellen, dass dieser Typ zu einer Mafia gehört", stellte Tom fest. Wie Recht er hatte, mussten wir leider bald feststellen.

Die Zeit verging im Fluge. Wir werkten an den Vorbereitungen unseres Bauvorhabens und sahen uns in der Gegend nach Firmen um, die brauchbares Material für unseren Katamaran liefern konnten. Zwischendurch schoben wir einen Badetag ein und fuhren mit unseren Motocross-Maschinen spazieren. Wir hatten endlich das Gefühl wirklich frei zu sein, frei von allen lästigen Zwängen einer überorganisierten Zivilisation. Langsam kam auch ein gewisses System in unseren Alltag. Jeder übernahm irgendwelche Pflichten und im Großen und Ganzen gab es keine gröberen Reibereien. Traten Probleme auf, sprachen wir darüber und meistens gab es eine Lösung, mit der alle leben konnten.

Über unseren Freund Ivan luden wir wieder die Dorfbewohner ein, um mit ihnen den Jahreswechsel gebührend zu feiern. Ben arbeitet fleißig an den Silvesterkrachern. Wir besorgten Lampions, um unser Camp für das Fest zu schmücken. Alt und Jung tummelte sich bei uns und tanzte zur lauten Musik. Wir waren alle ausgelassen und lustig, niemand besoff sich sinnlos oder fiel sonst irgendwie aus der Rolle. Um Mitternacht konnte Ben endlich sein Feuerwerk abschießen, um das neue Jahr würdig zu begrüßen. Unsere Freunde klatschten Beifall, wünschten uns alles Gute und verließen geschlossen unser Camp.

„Also, wenn es zivilisierte, wohlerzogene Menschen gibt, dann hier", stellte ich begeistert fest.

Goody, meine Freundin, die ich in Wien zurückgelassen hatte, wollte mit einer Bekannten den Urlaub auf Margarita verbringen. Sie bat mich, ein Quartier zu besorgen. Sebastian half mir bei der Suche und bald hatten wir eine Ferienwohnung gefunden, die allen gewünschten Anforderungen entsprach. Ich holte die beiden Mädchen vom Flugplatz ab und wollte die nächsten zwei Wochen bei ihnen bleiben. Sie interessierten sich natürlich auch sehr für unser Camp und so fuhren wir nach ein paar Tagen mit einem Leihwagen nach Macanao hinüber.

„Das ist aber eine öde Gegend", meinte Goody, die nichts übrig hatte für eine trockene Landschaft mit malerischen Kakteen, als wir von der Kuppe der schmalen Brücke aus Macanao überblicken konnten.

„Da vorne könnt ihr schon unser Camp sehen und da unten ist das Fischerdorf mit den netten Leuten", erklärte ich. Als wir in die Nähe des Camps kamen, war ich erstaunt darüber, Ben und Tom nirgends zu sehen. Wir fuhren durch die Einfahrt zu unserem Grundstück. Mit einem Ruck hielt ich das Auto an, mich traf fast der Schlag: Alles war verwüstet, unsere Sachen lagen verstreut zwischen den Kakteen, der Container war aufgebrochen und fast leer. Die kleinen Zelte, in denen wir Werkzeuge und andere Sachen aufbewahrten, waren aufgeschlitzt, zerstört und ausgeräumt. Meine

Knie wurden weich, als ich einen einsamen Polizisten im Schatten des Containers sah.

„Um Gottes willen, was ist denn passiert?", fragte ich ihn aufgeregt.

Der Mann plapperte irgendetwas, aber ich konnte ihn nicht richtig verstehen. Nur die Wörter „criminal" und „policía" vernahm ich aus seinem Wortschwall und dass meine Freunde im „Cárcel" seien.

„Nichts wie weg!", rief Jana, Goodys Freundin. Ich startete den Wagen und als wir aus dem Blickfeld waren, blieb ich wieder stehen.

„Was soll ich jetzt tun?", fragte ich ratlos.

„Du musst zur Polizei", meinte Jana.

„Nur das nicht!", rief Goody. „In diesen Ländern ist der Polizei nicht zu trauen. Wir fahren am besten zu Kurt und fragen ihn um Rat. Er lebt schon einige Jahre hier und weiß sicher, wie wir uns jetzt am besten verhalten sollten." Das war ein vernünftiger Rat. Kurt war Schweizer, der auf Margarita ein nettes Lokal in einem Stück Dschungel besaß, das sinnigerweise „Tarzan" hieß. Wir hatten schon viele Abende bei ihm verbracht und uns mit ihm angefreundet. Auf der Hinfahrt rätselten wir über den Vorfall, konnten aber nur Vermutungen anstellen.

Kurt setzte sich gleich zu uns und wir erzählten ihm, was wir erlebt hatten. Er war gleicher Meinung mit Goody:

„Keine Polizei, kein Gericht!", begann er. „Das ist alles viel zu gefährlich. Schließlich gehörst du auch zu den Bewohnern des Camps und womöglich suchen sie dich schon." Na, das waren Aussichten! Aber wie konnte ich erfahren, was passiert war?

„Ich kenne eine einheimische Anwältin, die werde ich bitten, sich um diese Sache zu kümmern", versprach Kurt. Er versuchte sie auch gleich anzurufen, konnte sie aber nicht erreichen. Nach mehreren vergeblichen Bemühungen beschloss er, es am nächsten Tag noch einmal zu probieren. Ich konnte meine Nervosität kaum beherrschen. Wer weiß, was man meinen Freunden angetan hatte. Womöglich hatten sie sich gewehrt und sie waren verletzt. Alles Mögliche kam mir in den Sinn. Kurt erzählte uns von der hiesigen Polizei:

„Die Leute sind total unterbezahlt. Sie haben immer mit Kriminellen zu tun und nützen ihre Machtposition schamlos aus, sie sind bestechlich und korrupt. Ein großes Übel sind auch die Europäer, die aus ihrer Heimat flüchten, weil sie straffällig geworden sind. Sie führen sich hier ganz schön auf und machen so manches krumme Ding gemeinsam mit den Polizisten, die im Grunde arme Schweine sind und auch nur möglichst angenehm leben wollen."

„Könnten solche Leute hinter dem Überfall auf unser Camp stecken?", fragte ich beklommen. Kurt schüttelte den Kopf.

„Nein, das glaube ich nicht", sagte er. „Ich vermute, ihr habt ein paar schwere Fehler gemacht." Ich sah ihn erstaunt an.

„Was meinst du damit?"

„Na, überleg' einmal. Ihr kommt daher mit einem Lkw, Motorrädern, einem Haufen Werkzeuge, einer Menge HiFi-Kram, alles Sachen, die sich hier kaum jemand leisten kann. Das weckt Neidgefühle und Begehrlichkeit." Kurt hatte mit seiner Meinung sicher Recht. Wir waren dermaßen arglos, dass wir nie solche Überlegungen angestellt hatten.

„Der nächste Fehler war", fuhr Kurt fort, „ihr habt niemanden an euch verdienen lassen."

„Für uns war wichtig, völlig unabhängig zu sein. Wir haben ja nur vor, unser Schiff zu bauen und dann sind wir wieder weg", versuchte ich mich zu rechtfertigen.

„Die Leute sind so arm, dass sie immer hoffen, für einen Reicheren arbeiten zu können", sagte Kurt. „Und dann diese Motorräder!

Wahrscheinlich seid ihr wie die Wilden herumgerast. Der Lärm stört die Leute kaum, aber die jungen Burschen hätten auch gerne solche Feuerstühle unter ihrem Hintern. Neid erzeugt Hass." Kurt hatte mir ein starkes alkoholisches Getränk vorgesetzt und das begann zu wirken. Die Aufregung und der Alkohol machten mich depressiv. Ich schämte mich und fühlte mich schrecklich schuldig.

„Dann glaubst du, die Einheimischen haben das inszeniert?", fragte ich betroffen. Das konnte ich mir einfach nicht vorstellen. Wir hatten doch das beste Einvernehmen mit ihnen und zwei schöne Feste miteinander gefeiert. Undenkbar! Wir mussten noch andere Feinde haben, von denen wir nichts ahnten.

„Wenn ich so nachdenke, kommt mir noch eine Sache in den Sinn: Die Mitteleuropäer, die sich hier niederlassen und Dreck am Stecken haben, sind für die Polizei und für die Einheimische eine miese Bande, gegen die man sich im Grunde schlecht wehren kann, aber mit denen man sich zur allgemeinen Zufriedenheit arrangiert. Aber ihr seid anders, ihr zieht euch zurück, ihr macht keine krummen Geschäfte, ihr sucht keine besonderen Kontakte. Ihr seid für die Leute nicht durchschaubar, ihr seid anders, daher seid ihr äußerst verdächtig." Dieses Argument leuchtete mir irgendwie ein. Aber musste man deswegen gleich unser Camp überfallen und ausrauben?

Am nächsten Morgen erreichte Kurt die Anwältin und vereinbarte mit ihr ein Treffen. Leider hatte sie erst in zwei Tagen Zeit. Ich fühlte mich wie auf Nadeln und die schöne Urlaubsstimmung war längst dahin. Auch die beiden Mädchen hatten keinen Spaß mehr an ihrem Aufenthalt. Jana bekam es mit der Angst zu tun und reiste ab. Goody blieb treu an meiner Seite und war mir eine gute Stütze. Vor allem hatte ich jemanden zum Reden und das war in dieser Situation wichtig für mich. Wir schwammen ein bisschen und saßen die meiste Zeit irgendwo im Schatten herum oder hielten uns in Kurts Lokal auf. Goody half sogar beim Service mit, um sich abzulenken.

Endlich tauchte Mira, die Anwältin auf. Sie war eine sehr selbstbewusste Frau, Mitte dreißig und im Moment die einzige Person, die uns weiterhelfen konnte. Das Treffen fand in Kurts Wohnung statt, da waren wir ungestört. Ich beschrieb Mira alle unsere bisherigen Aktionen und Tätigkeiten auf den beiden Inseln. Wir vereinbarten die Bedingungen unserer Zusammenarbeit und sie machte sich sofort auf den Weg, um herauszufinden, wo das Problem lag. Sie empfahl mir noch im Weggehen: „Bleiben Sie möglichst im Haus, es könnte sein, dass man Sie bereits sucht."

Die drei nächsten Tage waren ein Albtraum. Ich grübelte und grübelte und kam auf keinen grünen Zweig. Auch war ich zutiefst unglücklich darüber, dass mein Traum vom Bau eines Katamarans zerbrochen war, bevor er noch richtig begonnen hatte. War ich wirklich nur vom Unglück verfolgt? Ich fühlte mich mies, weil ich die Triebfeder dieses Unternehmens war und meine Freunde für meine Schiffsbaupläne begeistert hatte.

Goody versuchte mich aus meinen trüben Gedanken heraus zu holen, indem sie meinte: „Tom und Ben sind erwachsene Männer. Es war ihnen sicher klar, dass es auch zu Problemen kommen könnte. Du hast sie schließlich nicht dazu gezwungen nach Venezuela zu reisen."

Kurt versuchte mein Misstrauen gegen Mira zu beschwichtigen, indem er mir von ihrem sozialen Umfeld berichtete: „Sie stammt aus Caracas und ist die Tochter eines vermögenden, einflussreichen Mannes. Das ist ganz wichtig in diesen Breiten. Ohne entsprechenden Background hat man hier keine Chancen. Aber mit diesem Vater zollt man ihr Respekt." Er erzählte uns auch, dass er selbst vermögende Verwandte am Festland hatte und für ihn somit das Leben und vor allem die Behördenwege um vieles einfacher waren.

„Ohne Beziehungen bist du Freiwild. Ein Polizist wird vorsichtig mit dir umgehen, wenn er weiß, dass ein reicher Onkel in Caracas sitzt."

Nach dieser Auskunft fühlte ich mich noch hilfloser. Nach drei Tagen fand endlich das nächste Treffen mit Mira statt. Wir warteten schon auf sie und sie kam beinahe pünktlich um die halbe Stunde zu spät, die in diesem Land fix einzurechnen ist. Es war, wie immer, ein sehr heißer Tag, aber Mira sah aus, als ob sie gerade einer Kühlbox entstiegen wäre. Der Hauch eines kostbaren Parfüms umhüllte sie, das blond gefärbte Haar lag in perfekten Locken um ihren Kopf. Ebenso perfekt war das Make-up. Ihre Kleidung war einfach, aber von bester Qualität, ein breites, goldenes Armband schmückte ihr rechtes Handgelenk und beinahe an jedem Finger steckte ein Ring. Sie war eine eindrucksvolle Frau, die selbstbewusst ihre gesellschaftliche Stellung zur Schau stellte.

„Leider bringe ich keine guten Nachrichten", begann sie in gutem Englisch. „Ihre Freunde wurden wegen folgender Delikte angeklagt: Waffenbesitz, Drogen und Pornografie." Ich starrte sie entgeistert an. Was sollte denn dieser Unsinn?

„Das kann doch nicht möglich sein", entgegnete ich. Sie sah mich prüfend an.

„So lauten nun einmal die Anklagepunkte. Ob sie halten, wird sich weisen. Zurzeit sind sie bei der Petijota (Kriminalpolizei) in Untersuchungshaft und angeblich geht es ihnen gut."

Damit sie wusste, mit welchen „Verbrechern" sie zu tun hatte, beschrieb ich meine Freunde. Sie schien von unserer Harmlosigkeit überzeugt zu sein und versprach zu versuchen, die Beweismittel einzusehen.

„Halten Sie sich noch im Hintergrund, Mike", riet sie mir beim Abschied.

„Du kannst mit Goody bei mir wohnen, bis die ärgste Gefahr vorbei ist", bot mir Kurt an. Wir holten unsere Sachen aus der Ferienwohnung und zogen in das Gästezimmer unseres Freundes.

Ich nahm auch Kontakt zu Sebastian und Lucy auf. Sie wussten schon von Jabolo was passiert war. Lucy bot uns an, ihren Vater um Rat zu fragen, er war früher Chef der Petijota und wüsste sicher, was zu tun sei. „Auch das noch!", dachte ich erschrocken und bereute schon, mit den beiden über dieses Problem gesprochen zu haben. Womöglich war auch jetzt mein Aufenthaltsort nicht mehr sicher.

In den nächsten Tagen konnte ich nichts tun, als tatenlos herumsitzen und mit Goody alle möglichen Strategien austüfteln, von denen ich genau wusste, dass sie nicht zielführend waren.

Beim nächsten Treffen mit Mira erfuhr ich endlich Genaueres. Ihr war erlaubt worden, die Beweismittel einzusehen. Da gab es eine Schachtel mit Videokassetten (die Pornografie), eine Gaspistole, eine Armbrust und einen Pfeilbogen (der Waffenbesitz), sowie eine in ein braunes Papier gewickelte Substanz (die Drogen). Ich wusste nicht, ob ich bei dieser Nachricht weinen oder lachen sollte, denn so wie es aussah, war der Tatbestand an den Haaren herbeigezogen.

Bei den Video-Kassetten handelte es sich mit großer Wahrscheinlichkeit um meine Video-Musik-Clip-Sammlung, die ich mir in den vergangenen Jahren zugelegt hatte. Das Maximum an Sex war dabei Tina Turner im Minirock. Anscheinend hatten die Polizisten, ohne sich zu vergewissern, beschlossen, dass es sich hier um Pornovideos handeln müsse. Wahrscheinlich war es ihnen auch gar nicht möglich sich zu vergewissern, da meine Kassetten europäisches VHS-System waren und sich in südamerikanischen Geräten gar nicht abspielen ließen. – Unsere Waffen waren in Venezuela nicht verboten, jeder Sechzehnjährige konnte sich Pfeilbogen, Armbrust oder eine Gaspistole in einem Sportgeschäft legal besorgen. Dieser Punkt würde am leichtesten zu widerlegen sein, meinte Mira. Kopfzerbrechen machte mir der Drogenfund. Was mochte das für eine Substanz sein? Womöglich hatten uns diese miesen Polizisten Drogen untergeschoben. Mira war sehr zuversichtlich, da sie auch festgestellt hatte, dass niemand nach mir suchte.

„Es dürfte nicht schwierig sein, die Häftlinge zu besuchen", meinte sie und wir vereinbarten gleich für den nächsten Tag, zehn Uhr vormittags, ein Treffen auf dem Parkplatz der Petijota.

Am selben Abend traf ich mich mit Sebastian. Er richtete mir von Jabolo aus, dass er über das Vorgefallene empört sei, und ich sollte mich zu einer Lagebesprechung bei ihm einfinden.

„Du weißt ja, wie der Alte ist", meinte Sebastian. „Er ist immer der Big Boss. Aber vielleicht kann er euch wirklich helfen." Ich erzählte dem Freund, was Mira bis jetzt herausgefunden hatte. Dazu meinte er kopfschüttelnd: „Da ist etwas Oberfaules im Gange. Mir gefällt diese Geschichte gar nicht. Halt' die Augen offen!" Ich konnte mich seiner Meinung nur anschließen. Dass ich auch mit Jabolo ein ungutes Gefühl hatte, verschwieg ich natürlich, schließlich war er Sebastians Schwiegervater.

„Morgen besuche ich Ben und Tom", kündigte ich an.

„Wenn du möchtest, bringe ich dich mit dem Auto zur Petijota", bot mir Sebastian an. Das war mir natürlich sehr recht, weil ich so ohne Auto und Motorrad ziemlich unmobil war. Den Mietwagen hatten Goody und ich, um Geld zu sparen, wieder zurückgegeben. Die folgende Nacht schlief ich sehr schlecht. In welcher Verfassung werden meine Freunde sein? Diese Frage ging mir ständig durch den Sinn. Auch bedrückte mich der Gedanke, dass irgendwelche Polizistengauner uns so einfach überfallen und ausrauben konnten. War die Ausrüstung, die wir mitgebracht hatten, wirklich so eine Aktion wert? Hatte Kurt mit seinem Verdacht Recht, dass wir allein schon deswegen in Gefahr waren, weil wir als Nichtkriminelle der örtlichen Gaunerpartie suspekt waren?

Bevor Sebastian kam, besorgte ich für meine Freunde noch einige Sachen, von denen ich dachte, sie würden ihnen das Leben im Gefängnis ein bisschen erleichtern. Sebastian kam natürlich eine halbe Stunde zu spät und ich stieg sehr gereizt zu ihm ins Auto. „Reg' dich nicht auf! Die hübsche Mira kommt sicher auch zu spät. Hier bedeutet Pünktlichkeit, dass man pünktlich zu spät kommt", erklärte er. Und tatsächlich warteten wir noch einmal zwanzig Minuten auf die Anwältin.

In der Petijota musste ich mich ausweisen und meine Mitbringsel wurden genau kontrolliert. Ein Polizist sperrte ein Tor auf und ich trat in einen großen Saal, der eher einer Spielhöhle als einem Gefängnis glich. Zwischen Spielautomaten, Billard- und Black-Jack-Tischen waren am Boden die Lager von ungefähr dreißig Personen aufgeschlagen. Männer und Frauen unterhielten sich und Kinder tollten herum, es ging recht lebhaft zu. Die Frauen und Kinder waren die Besucher. Endlich entdeckte ich Ben und Tom. Sie saßen auf ihren provisorischen Betten und spielten Karten. Sie schienen in guter Verfassung zu sein und ich war froh, sie wieder zu sehen. „Na endlich bist du da!", rief mir Ben entgegen. Wir umarmten uns und klopften uns gegenseitig auf die Schultern.
„Es ging nicht früher, aber jetzt wird bald alles gut", versprach ich.
„Das hoffen wir sehr! Dieser Affenzirkus hier geht uns schon reichlich auf die Nerven", sagte Tom und warf einen bezeichnenden Blick in die Runde.
„Kaum lasse ich euch ein paar Tage allein, kommt ihr schon unter die Räuber. Jetzt erzählt, was habt ihr ausgefressen, ihr Verbrecher", versuchte ich zu scherzen. Wir setzten uns auf Bens Matratze und er begann zu berichten: „Wir tranken an jenem Abend gera-

de Tee, als plötzlich mehrere Polizeiautos mit Mordstrara über die Brücke fuhren. Erst dachten wir, sie wollten ins Dorf, aber sie bogen in unsere Einfahrt ab. Uniformierte mit gezückten Waffen sprangen aus den Autos, verpassten uns Handschellen und zerrten uns in die Fahrzeuge."

„Es ging alles so schnell und wir waren so erschrocken, dass wir uns weder wehren noch uns nach dem Grund der Festnahme erkundigen konnten", unterbrach ihn Tom.

„Es war ein ganz brutaler Überfall. Du kannst dir vorstellen, wie empört wir waren, als sie wie die Vandalen über unser Camp herfielen, alles zerstörten, durchwühlten und das meiste mitgehen ließen", empörte sich Ben.

„Ich hab' gesehen, was sie angerichtet haben. Aber erklärt mir bitte, was für eine Substanz die Bullen gefunden haben, die sie als Drogen ausgeben?", fragte ich. Dieser noch ungeklärte Anklagepunkt war wichtig. Ben sah mich entgeistert an: „Drogen? Die haben wohl ein paar Schrauben locker!", schimpfte er. Nach einer Pause rief er: „Ich hab's! Die haben einen Blindgänger gefunden! Das war sicher ein Kracher, der nicht explodiert ist. Das Zeug schaut tatsächlich so ähnlich aus wie Marihuana." Mir fiel ein Stein vom Herzen. Ein Chemiker konnte ganz leicht feststellen, was es mit dieser „braunen Masse" auf sich hatte.

„Ich frag' mich immer wieder, warum uns die Polizei so brutal festgenommen hat", sinnierte Tom.

„Wahrscheinlich hat die Polizei den Überfall ganz selbständig inszeniert und die Männer teilen die Beute unter sich auf. Unser Werkzeug, zum Beispiel, ist nicht wertlos", sagte ich. Kurts Vortrag über die hiesigen Verhältnisse erhärtete in mir diesen Verdacht.

„Möglich. Aber irgendwer muss der Rädelsführer oder der Informant sein. Den Leuten vom Dorf vertraue ich. Wer könnte es sonst noch gewesen sein?", fragte Ben. Wir dachten wieder eine Weile nach. Mir kam Jabolo in den Sinn. Aber was hätte er von dieser Aktion profitiert, noch dazu zu diesem Zeitpunkt? Er hätte noch einige Zeit Miete kassieren und dann zuschlagen können. Als ich meine Bedenken äußerte, meinte Ben: „Er hätte auch noch warten können, bis wir das Schiff fertig gestellt hätten. Das wäre eine lohnenswerte Beute gewesen." Wir überlegten noch hin und her und verwarfen schließlich den Verdacht gegen Jabolo.

Ich versprach meinen Freunden, mich dafür einzusetzen, dass das Belastungsmaterial so rasch wie möglich untersucht werden sollte und dass ich meine Fühler ausstrecken würde, um festzustellen, wo unsere Besitztümer gelandet waren. Ben und Tom schrieben mir noch auf, was ich ihnen beim nächsten Besuch mitbringen sollte. Sebastian holte mich wieder von der Petijota ab und wir fuhren zu Jabolo.

Jabolos Zuhause war für europäische Verhältnisse mehr als eigenartig. In dem weitläufigen, teilweise einstöckigen Gebäude waren eine Autowerkstatt, eine Schlosserei, sowie Wohn- und Wirtschaftsräume untergebracht. Überall bewegten sich alle möglichen Tiere, struppige Hunde, magere Katzen, Affen in Käfigen und in jeder Ecke saß ein Papagei auf einer Stange. Alles war schmutzig und es stank geradezu widerlich. Die Tiere waren in schlechter Verfassung und ein Affe verfolgte mich mit seinem todtraurigen Blick. Inmitten dieses Zoos bot uns Jabolo Platz auf einem schmierigen Sofa an.

„Warum bist du nicht gleich zu mir gekommen?" schnauzte er mich unfreundlich an. Ich überlegte kurz, was ich ihm antworten sollte.

„Bei uns in Österreich nimmt man sofort einen Anwalt, wenn ein Unrecht geschieht." Diese Antwort gefiel ihm anscheinend gar nicht. Er schüttelte energisch den Kopf und knurrte:

„Wir befinden uns auf Margarita – und da gibt es andere Methoden Probleme zu lösen." – Ich sagte nichts darauf und dachte nur nach, wie ich so schnell wie möglich von hier wegkommen könnte, ohne ihn noch mehr zu reizen.

„Besser wäre gewesen, wenn du gleich zu mir gekommen wärst, ich hätte mit Sicherheit einen besseren Anwalt gefunden. Bei meinen Beziehungen kein Problem", meinte er und kratzte sich unter seinem verschwitzten Hemdkragen. „Ich sehe schon, ich werde das Ganze in die Hand nehmen. Ohne mich seid ihr ziemlich verloren."

Er stand ächzend auf und forderte mich auf, mit ihm zu kommen. Er ging vor mir durch einen dunklen Flur eine ausgetretene Holztreppe hinauf, im Obergeschoß folgte ich ihm wieder einen langen Gang entlang, vor der letzten Tür blieb er stehen und machte eine geheimnisvolle Miene: „Hier dürfen nur gute Freunde herein."

Jabolo schloss die Türe auf und wir betraten einen kleinen verdunkelten Raum. Er öffnete die Fensterläden und ich betrachtete die spärliche Einrichtung. Ein verschlissenes Sofa und ein kleiner runder Tisch füllten das Kämmerchen aus. Es roch stark nach kaltem Zigarrenrauch. Der Alte befahl mir Platz zu nehmen.

„Wir werden jetzt in die Zukunft schauen", sagte er und zündete eine ziemlich große Zigarre an, er sog ein paar Mal an ihr, bis sie richtig brannte, dann legte er sie auf einen flachen Blechteller. Er sah mich bedeutungsvoll an und erklärte mir: „Ich brauche die Asche."

Ich verstand nicht recht, was er vorhatte. Wahrscheinlich war er nicht richtig im Kopf, und ich setzte mich so hin, dass ich sofort aufspringen und flüchten konnte, wenn er irgendeinen Unsinn machen sollte. Wir saßen schweigend da und starrten auf die langsam in Asche zerfallende Zigarre.

„Gut!", rief er und klatschte in die Hände. „Ihr habt Glück, alles wird gut ausgehen." Ich sah ihn verständnislos an.

„Das Orakel sagt, alles geht gut aus", wiederholte er langsam. „Schau, wenn die Asche ganz gerade liegen bleibt, nichts zur Seite fällt, oder gar einen leichten Bogen macht, dann meint es das Schicksal gut. Die Probleme der nächsten Zeit gehen gut aus." Jabolo stand auf, tätschelte mir freundschaftlich den Arm und wir gingen wieder nach unten.

„Ich weiß nicht, was die Polizei vorhat, aber es wäre besser, wenn du mit deiner Freundin zu mir ziehen würdest. Du solltest auch den Rest deiner Sachen bei mir deponieren. Nur hier ist alles wirklich sicher", sagte er wieder im Befehlston. Ich dachte an die traurigen Affen im Käfig und lehnte höflich ab. Ich hätte noch einiges zu regeln, aber später käme ich gerne auf sein Angebot zurück, versuchte ich mich herauszureden. Er nickte, schüttelte mir kräftig die Hand und versprach noch einmal alles für uns in Ordnung zu bringen.

Ganz überraschend kam Emil, ein guter Freund aus Österreich zu Besuch. Er war im Schmuckgeschäft tätig und deshalb sehr oft in Kolumbien, um Smaragde einzukaufen. Bei dieser Reise hatten er und seine Freundin Lena beschlossen, uns zu besuchen. Mir kam dieser Besuch sehr gelegen, weil Emil sehr gut Spanisch sprach und uns hier zurzeit sehr gute Dienste leisten konnte. Außerdem dachte ich, dass Jabolo die Einladung, bei ihm zu wohnen, sicher zurückziehen würde, wenn er erfuhr, dass noch zwei weitere Personen zu mir gehörten.

In den nächsten Tagen besuchten wir regelmäßig Ben und Tom und versorgten sie mit Essen. Sie waren in guter Verfassung und hatten, Gott sei Dank, auch ihren Humor nicht verloren. Bei jedem Besuch erzählten sie uns neue Schauergeschichten aus dem Gefängnisalltag.

„Wird ein Dieb von der Polizei verhaftet und hierher gebracht", berichtete Ben eines Tages, „dann wird er mit Handschellen an einem Rohr an der Decke aufgehängt, mit Stöcken brutal verprügelt, mit Wasser übergossen und danach stundenlang baumeln gelassen. Auf diese Weise wird jeder geständig."

„Wenn jemand hartnäckig leugnet, gibt es auch Stromschocks oder man fügt den Leuten Brandwunden mit brennenden Zigaretten zu", ergänzte Tom.

„Aber macht euch keine Sorgen um uns. Zum Glück haben sie doch etwas Respekt vor Ausländern aus Europa und den USA", beruhigte uns Ben. „Unsere ‚Bestrafung' ist anderer Art. Wir müssen zur Demütigung ‚niedrige Dienste' verrichten, zum Beispiel nach einer Folterung das Blut vom Fußboden schrubben."

Wir wollten Kurts Gastfreundschaft nicht länger strapazieren und außerdem war sein Lokal sehr abgelegen, sodass wir jeden Tag eine weite Strecke bis in die Stadt zum Gefängnis zurücklegen mussten.

„Fragen wir Jabolo, ob wir wenigstens für kurze Zeit bei ihm wohnen können", schlug ich vor. Ein Hotel wollten wir uns nicht leisten, da wir das Geld noch für die Versorgung der verhafteten Freunde brauchen würden und ins Camp zu ziehen, wagten wir nicht. Also blieb uns keine andere Möglichkeit, wir mussten in die Höhle des Löwen. Emil und Lena schlugen vor, sich ein Zimmer zu suchen, aber wir beschlossen den Versuch zu wagen, Jabolo für uns alle um ein Quartier zu bitten.

Wider Erwarten war der Alte sehr freundlich und zeigte uns gleich die freien Räume. In einem noch ziemlich neuen Teil seines großen Hauses durften wir im ersten Stock drei kleine Zimmer und ein Bad bewohnen. Offensichtlich hatte hier noch nie jemand gehaust, das einzige Möbelstück war ein schäbiges Eisenbett. Vor den Fenstern waren Eisengitter und Emil bemerkte grinsend: „Schon wieder ein Gefängnis."

Ich fand das zwar nicht so lustig und wollte gleich erkunden, wo der günstigste Fluchtweg aus diesem Bau war.

Jabolo stellte uns im Erdgeschoß noch einen Lagerraum für unser verbliebenes Eigentum zur Verfügung.

Er versprach uns, sich für einen raschen Abschluss des Falles einzusetzen und wirklich wurden nach zwei Wochen Untersuchungshaft die Beweisstücke genauer überprüft und der Fall endlich eingestellt. Ich wartete schon ungeduldig auf die Freilassung der Freunde, aber da fiel der Petijota eine neue Schikane ein: Sie verlangte einen Drogentest. Wie nicht anders zu erwarten, war das Ergebnis negativ. Das gefiel den zuständigen Herren aber gar nicht und sie verlangten einen weiteren Test. Diesmal wurde Haut von den Fingern abgeschabt und untersucht. Das Ergebnis war bei Ben negativ, bei Tom wurden angeblich Spuren von Marihuana gefunden. Wie das nach zwei Wochen Gefängnis und mehrmaligem Bodenschrubben überhaupt möglich sein konnte, war ein Geheimnis, das wir nicht ergründen konnten. Recht oder Unrecht, das Ergebnis war: Ben wurde freigelassen und Tom musste im Gefängnis bleiben. Die neue Anklage lautete: Da in Toms Blut keine Spuren von Drogen gefunden wurden, aber dafür an seinen Händen, war er kein Konsument, sondern noch schlimmer, er war ein Dealer! Bei einer kurzen Verhandlung wurde er zu acht Jahren Haft verurteilt!!!

Bens Freilassung wäre natürlich ein Grund zum Feiern gewesen, aber da Tom noch hinter Gittern saß, war uns nicht danach zumute. Bedrückt saßen wir bei Kurt im Lokal und sprachen über unsere verzweifelte Lage.

„Ich werde einfach den Verdacht nicht los, dass Jabolo seine Finger im Spiel hat", meinte Ben. „Er hat uns einige Male im Gefängnis besucht und ich hatte das Gefühl, dass er uns nur aushorchen wollte. Seine Freundlichkeit war so etwas von schmierig." Kurt, der nicht viel von der Polizei hielt, gab uns eine logisch klingende

Erklärung über den seltsamen Verlauf unseres Falles: „Die konnten nicht beide entlassen. Das wäre eine Blamage, ein Gesichtsverlust für Polizei und Gericht gewesen, wenn sie unschuldige Ausländer grundlos verhaftet hätten."

„Mir fällt trotzdem immer wieder Jabolo ein", sagte Ben. Ich lachte nervös und stimmte ihm zu: „Mir geht es genauso. Wenn ich daran denke, wie er in seiner Mafiamaskerade, im schwarzen, verschwitzten Anzug, mit Hut und Sonnenbrille, in seinem alten, schwarzen Mercedes mit den verdunkelten Fensterscheiben unterwegs ist, wie ein billiger Verschnitt eines Paten der ‚Ehrenwerten Gesellschaft'."

„Er ist sicher ein Boss der hiesigen Mafia. Wir konnten doch beobachten, wie unterwürfig ihn die Leute grüßen und wie sie ihn respektvoll behandeln. Jabolo zieht in dieser Gegend die Fäden", gab Ben zu bedenken.

„Scheiß Venezuela!", zischte Goody zornig zwischen den Zähnen hervor. Sie war immer gegen unser Vorhaben gewesen. Diesmal gaben wir ihr Recht. Aber jetzt mussten wir in Venezuela bleiben, wir konnten Tom nicht in dieser Situation alleine zurücklassen.

Tom wurde in das offizielle Gefängnis überstellt, das äußerst primitiv und gefährlich war. Das war unser erster Kontakt mit dem südamerikanischen Strafvollzug und er übertraf alle unsere Erwartungen. Ben machte den ersten Besuch bei Tom und so war ich schon etwas vorbereitet, als ich an der Reihe war: Ich musste mich mit zahlreichen anderen Besuchern in einer langen Schlange, bei sengender Hitze anstellen, bis ich zur ersten Kontrolle gelangte. Ein Polizist tastete mich nach Waffen ab. Im Inneren des Gebäudes standen Tische, auf die man das Mitgebrachte legen musste. Auf der anderen Seite der Tische standen Polizisten mit mürrischen Gesichtern und durchwühlten die Mitbringsel. Während sie sich da

austobten, wurde ein Besucher nach dem anderen in einen Nebenraum geführt. Hier musste ich mich nackt ausziehen, ein Beamter
durchsuchte meine Kleidung und ein anderer meinen Körper, er
schaute in jede Öffnung und Ritze. Da ich so eine Prozedur zum
ersten Mal erlebte, kämpfte ich mit Scham, Ekel und Wut. Nach
der Untersuchung durfte ich meine Mitbringsel wieder einsam-
meln, alle Lebensmittel waren aus der Verpackung gerissen worden. Alle Getränkepackungen waren offen, weil sich die Polizisten
bei dieser Hitze besonders gerne von der Qualität der Fruchtsäfte
überzeugten. Wütend verstaute ich alles, so gut es ging, in den
Plastiksäcken.

Ich folgte den anderen Besuchern über einen Innenhof in ein weiteres Gebäude, wo sich der Zellentrakt und der Gemeinschaftsraum
befanden. Hier begegneten uns die ersten Häftlinge, die in der Hierarchie ganz oben standen. Ein hässlicher Kerl sorgte dafür, dass
die richtigen Leute zusammenkamen. Gab man ihm Geld, wurde
dieser Vorgang beschleunigt. Auf den langen Bänken im Gemeinschaftsraum traf ich endlich Tom. Er sah nicht gut aus, er wirkte
müde und nervös. Wir nahmen auf der Bank rittlings gegenüber
Platz und ich stellte die mitgebrachten Lebensmittelsäcke zwischen
uns. Das Gefängnisessen war so gut wie ungenießbar, daher wurden die meisten Häftlinge von ihren Angehörigen verpflegt. Die
besten Sachen mussten aber schon im Gemeinschaftsraum genossen werden, da in den Zellen geteilt werden musste, damit auch
jene Männer, die niemanden hatten, eine Überlebenschance bekamen.

Tom erzählte mir Schauergeschichten von seinem Alltag im Knast.
Viele Häftlinge hatten Messer und es kam immer wieder zu heftigen Auseinandersetzungen, bei denen es häufig Tote und Verwun-
dete gab.

„Bitte holt mich hier raus!", beschwor mich Tom. Ich versprach ihm, alles Mögliche zu versuchen und bat ihn, Geduld zu haben und nicht den Mut zu verlieren. Wie wir dem Bedauernswerten helfen konnten, wussten wir zu diesem Zeitpunkt noch nicht.

Nach diesen Besuchen waren wir immer zutiefst deprimiert. Wir schmiedeten alle möglichen Pläne, von denen wir genau wussten, dass sie nicht durchführbar waren. Wir dachten schon an eine illegale Befreiungsaktion, da uns der Gedanke, Tom unschuldig acht Jahre in diesem fürchterlichen Gefängnis schmoren zu lassen, unerträglich war.

Nach Bens Freispruch durften wir auf der Polizeistation unseren konfiszierten Lkw, die Motorräder und einen Teil unserer Werkzeuge abholen. Vieles von unserem Eigentum war verschwunden. Wir fuhren zum Camp und brachten alle noch brauchbaren Sachen zu Jabolos Anwesen. So konnten wir notdürftig unsere „Wohnung" einrichten.

Leider wurde allmählich unser Geld knapp und wir mussten rechtzeitig etwas unternehmen. Ich machte einen Kassasturz. Nachdem ich die Kosten für das Leben hier und meinen Anteil für Toms Versorgung abgezogen hatte, blieb noch eine nicht sehr große Summe übrig.

„Ich muss ohnehin nach Bogotá Smaragde einkaufen", sagte Emil. „Mike, du kommst mit, und ich helfe dir beim Kauf von einigen hübschen Steinen, wir lassen an Ort und Stelle ein paar kleinere Schmuckstücke anfertigen. Dann kehren wir nach Österreich zurück, dort kannst du die Sachen sicher mit einem schönen Gewinn verkaufen." Ich wartete auf die Zustimmung meiner Gefährten.

„Gute Idee", meinte Ben. „Zu Hause machst du eine Rundreise zu unseren Familien und Freunden und schilderst ihnen unsere Lage."

Goody, die ohnehin schon längst wieder in Wien hatte sein sollen, wollte mit mir zurückkehren. Auch sie versprach mir beim Verkauf der Steine und dem Schmuck zu helfen. Ich war ein wenig skeptisch, weil ich in diesen Dingen keine Erfahrung hatte. Gegen eine Reise nach Bogotá hatte ich allerdings nichts einzuwenden, da das Leben in Jabolos Haus meine Nerven reichlich strapazierte. Emil und ich kauften Tickets für den Flug nach Bogotá und die beiden Mädchen blieben unter Bens Schutz zurück.

Bogotá liegt über 2.600 m hoch in den Anden, inmitten einer fruchtbaren Hochebene. Emil hatte mir erzählt, dass es hier recht kühl sein konnte. Und wirklich empfing uns ein beinahe eisiger Lufthauch – im Vergleich zu den mindestens 30 Grad auf Margarita. Ich war froh, meine Lederjacke mitgenommen zu haben.

Wir fuhren vom Eldorado Airport, dem internationalen Flughafen Bogotás, mit einem Taxi direkt in die Altstadt. Emil kannte ein kleines Hotel, in dem wir billig wohnen könnten. Das Haus wirkte sehr heruntergekommen und als uns ein junger Indio eine kaum beleuchtete Treppe in den zweiten Stock hinaufführte, wurde mir ein bisschen unheimlich zumute. Die Wände waren fleckig und es stank nach Urin. Der Mann öffnete eine Tür zu einem fensterlosen Verschlag. Von der Decke baumelte eine nackte Glühbirne und beleuchtete dieses Luxusappartement. Auf zwei grob gezimmerten Holzpritschen lagen schmutzige Strohsäcke.

„Hier willst du wohnen?", fragte ich Emil.

„Na klar, hier ist es spottbillig, ich wohne immer hier", antwortete er. Ich hob meine Tasche auf und rief empört: „Ich habe keine Lust auf Ungeziefer!", und lief die Treppe hinunter. Emil war sehr sparsam, das wusste ich, aber in so einer Absteige zu nächtigen war zumindest für Personen mit schlechtem Immunsystem lebensgefährlich. Wieder auf der Straße, holte ich tief Luft. Emil kam mir nachgerannt.

„Sei doch nicht albern! Die kurze Zeit hält man das schon aus."
„Ich schau mich einmal um. Vielleicht finde ich eine schönere Herberge in dieser Gegend. Ich hol' dich in einer Stunde hier ab", sagte ich und machte mich auf den Weg. Wenige Straßen weiter stieß ich auf ein kleines Hotel, das einen gepflegten, aber nicht unbedingt luxuriösen Eindruck machte. Hier fand ich ein nettes, sauberes Zimmer im dritten Stock mit einem fantastischen Ausblick über die Altstadt. Auch den Preis fand ich angemessen.

Emil wartete schon auf mich und wir machten uns auf die Suche nach einem Lokal, in dem wir unser Abendessen einnehmen konnten. Die Gassen waren sehr belebt. Wir befanden uns in der Nähe der Universität und da war natürlich viel los. Um Bogotás Nachtleben zu genießen waren wir schon zu müde, außerdem wollten wir nicht unnötig Geld verschwenden.

Am nächsten Morgen rief Emil bei einem Geschäftspartner an, mit dem wir uns etwas später zum Frühstück trafen. Benito war ein sympathischer, aufgeweckter Bursche in unserem Alter. Emil hatte sich bei früheren Besuchen in Bogotá mit ihm angefreundet. Wir erklärten dem Mann, woran wir interessiert wären, und nach längerer Beratung führte er uns in das Viertel der Goldschmiede. Hier gab es unzählige Schmuckgeschäfte, Edelsteinschleifereien und Goldschmiedewerkstätten. Auch die meisten Banken und das berühmte Museo d'Oro befanden sich in diesem Stadtteil. Auf den Straßen wurde reger Handel betrieben, überall standen Smaragdverkäufer und boten ihre Ware an. In ihren Taschen hatten sie Papierbriefchen, gefüllt mit Edelsteinen verschiedener Größe und Qualität. „So ein Briefchen nennt man Lot", erklärte mir Emil. Benito kannte die meisten Verkäufer und wusste genau, bei welchem man am besten kaufte. Beinahe vier Stunden hielten wir uns in dieser Straße auf. Wir schauten viele Steine an und verglichen die Preise.

„Wenn die Leute merken, dass sie es mit einem Fachmann zu tun haben", erklärte mir Benito, „rücken sie mit guter Ware heraus. Als Laie wird man leicht betrogen." Da ich so ein Laie war, beobachtete ich alle Vorgänge um mich ganz genau. Ich erfuhr auch, dass ein Smaragd bester Qualität um einiges teurer war als ein Diamant derselben Größe.

Sehr überrascht war ich über die großen Summen, die für die kostbaren Steine ausgegeben wurden. Menschen aus allen Weltgegenden machten hier ihre Geschäfte. Am Straßenrand saßen Männer auf Klappstühlen mit Aktenkoffern auf den Knien. Das waren Geldwechsler, bei denen man beinahe jede Währung in heimisches Geld umtauschen konnte. Benito erzählte, dass hier auf der Straße ungefähr zehn Prozent der für den Welthandel bestimmten Smaragde den Besitzer wechselten. Für die Sicherheit wurde sehr auffällig gesorgt. Auf der Hauptgeschäftsstraße stand sogar ein kleiner Schützenpanzer. Polizisten patrouillierten ständig auf und ab. Vor den Banken und größeren Geschäften war ebenfalls Wachpersonal postiert.

Nach diesem anstrengenden Tag erholten wir uns in einer Billardhalle bei ein paar Spielchen.

Am nächsten Tag besuchten wir das Museo d' Oro, um uns für den Schmuck, den wir anfertigen lassen wollten, Anregungen zu holen. Interessant war an diesem Museum bereits das Eingangstor. Ich staunte nicht schlecht über das zweiflügelige, mehrere Meter dicke Riesentor, das von mächtigen Metallbolzen gesichert wurde. Dieses Ding konnte bei einem Sprengstoffanschlag garantiert nicht zerstört werden.

Ich war sehr beeindruckt von diesem Museum und den ausgestellten Exponaten aus Gold. Ich kam mir vor wie in einem riesigen Spielzeugladen, nur dass hier alle kleinen Figürchen aus Gold waren und nichts berührt werden durfte. Unglaublich, welche Werte hier aufbewahrt wurden!

„Kolumbien ist ein reiches Land", stellte ich begeistert fest. Emil nickte zustimmend: „Ja, das ist es. Ein Land der Superlative."

Irgendwo hatte ich einmal gehört, dass die meisten lateinamerikanischen Staaten mit einem Bettler auf einer Bank aus purem Gold vergleichbar waren. Nach der Besichtigung der Schätze in den Schauräumen kauften wir noch einige Museumskataloge.

Wir bummelten noch in der Gegend herum. Ganz in der Nähe des Museums, vor einer alten Kirche, saßen einige Bettler.

„Was ist mit denen passiert?", fragte ich Emil, als ich die entsetzlich verstümmelten Menschen sah. Sie hatten weder Arme noch Beine und auch ihre Köpfe sahen grässlich aus.

„Die habe ich das letzte Mal auch schon gesehen. Benito hat mir erzählt, dass das Opfer von Bombenanschlägen sind. Die Druckwelle bei einer Explosion kann so stark sein, dass sie alle Gliedmaßen abreißt. Pech hat der, der so einen Anschlag überlebt."

Nach dem Mittagessen trafen wir uns wieder mit Benito, der inzwischen ein paar recht interessante Lots für uns besorgt hatte. Wir sahen uns die Steine in Ruhe an, und ich lernte, wie man mit Lupe und Pinzette vorsichtig die empfindlichen Steine prüfte. Ich erfuhr alle wichtigen Fakten, auf die man achten musste, wenn man Smaragde in guter Qualität erstehen wollte. Da war zum Beispiel die Farbe: Nur mit einem kräftigen Grün war man gut bedient. Weiters waren die Klarheit und das Feuer zu beachten. Die Steine durften nicht trüb sein und sollten im Licht so richtig funkeln. Anscheinend waren Emil und Benito erfreut über mein Interesse, da sie sich überboten, mir die Geheimnisse guter Smaragde zu verraten.

Emil hatte schon konkrete Vorstellungen von den Schmuckstücken, die er anfertigen lassen wollte. So hatte er vor, ein Dutzend Muñecos (Männchen) als Anhänger in Auftrag zu geben. Für diese, ungefähr drei Zentimeter große Goldfiguren, brauchte er Steine mit etwa 0,3 bis 0,5 Karat. Er wollte auch zehn größere Smaragde erstehen. Emil hatte vor, damit individuelle Aufträge zu erfüllen. Ich wunderte mich, als er große Gesteinsbrocken erstand.

„Wozu brauchst du den Schutt?", fragte ich. Milde lächelnd über meine Laienhaftigkeit erklärte er mir den Zweck dieses Kaufes: „Schau dir diesen Schutt doch genau an! Hier kannst du im Muttergestein Smaragdeinschlüsse erkennen. Ich werde die Brocken zu verschieden großen Pyramiden schleifen lassen. Bei den Esoterikern unter meinen Kunden sind diese Gebilde sehr beliebt, da sie positiv auf das Seelenleben ausstrahlen sollen."

Bei der ersten Kollektion, die uns Benito vorlegte, fand er ungefähr die Hälfte der gewünschten Ware. Auch ich fand ein schönes Lot mit fünf, und eines mit zwei Steinen.

Den Abend verbrachten wir damit, Muñecos nach den Vorlagen aus den Museumskatalogen zu entwerfen. Stundenlang zeichneten wir an den Entwürfen herum und versuchten die Smaragde auf ihnen zu platzieren. Bis zum Schlafengehen hatten wir ein paar sehr schöne Kombinationen gefunden.

Am folgenden Tag kaufte Emil noch einige Steine, anschließend kümmerten wir uns darum, einen Goldschmied zu finden. Mein Freund hatte ein paar Adressen von früheren Besuchen. Der erste Mann war leider verzogen, den zweiten fanden wir in seiner Werkstatt vor. Er erkannte Emil sofort und begrüßte ihn freundlich. Wir legten unsere Entwürfe vor, verhandelten und feilschten. Nach zwei Stunden waren wir uns einig. Ich wollte drei Anhänger fertigen lassen, Emil hatte einen größeren Auftrag. In fünf Tagen sollten wir wieder vorbeischauen, damit der Goldschmied noch etwaige Änderungen vornehmen konnte.

In den nächsten Tagen sahen wir uns Bogotá an. Ich war beeindruckt von dieser lebendigen Millionenstadt. Benito schlug uns vor, ein Freizeitgelände der Polizei zu besuchen. „Polizei" war für mich im Augenblick ein Reizwort und ich wollte schon ablehnen. Aber er schilderte uns die Anlage in so leuchtenden Farben, dass ich schließlich einwilligte.

Wir fuhren mit einem mittelmäßigen Reisebus zwei Stunden lang in Richtung Westen. Die Schönheit der an uns vorbeiziehenden Landschaft begeisterte mich. Nach der fruchtbaren Kulturlandschaft kamen wir durch eine Schlucht in tiefer gelegene Täler mit tropischer Vegetation.

„Schau dir die blühenden Mohnfelder an", raunte ich Emil zu. Er grinste: „Kolumbiens Export für die Füllung von Mohnkipferln in Europa."

Wir lachten schallend. Benito wollte wissen, was wir so lustig fanden. Ich deutete auf die blühenden Flächen.

„Daraus wird Morphium für medizinische Zwecke gewonnen", erklärte er. Wir lachten jetzt alle drei über diese Äußerung, war doch allgemein bekannt, dass Kolumbien versuchte, auch mit Heroin den Drogenmarkt zu beglücken. Langsam näherten wir uns dem Ziel, das 1.000 Höhenmeter tiefer lag als Bogotá. Das Klima in dieser Gegend war wesentlich milder. Das riesige Freizeitzentrum lag eingebettet in einer schönen Landschaft mit üppiger Vegetation. Eine weitläufige Bungalowsiedlung, etliche Bars und Restaurants sowie Sportanlagen verschiedenster Art befanden sich gut gesichert hinter einem hohen Zaun. Für wenig Geld bekamen wir Zutritt zu diesem Gelände und den Schlüssel für einen Bungalow. Drei Tage und zwei Nächte verbrachten wir mit Schwimmen, Tennisspielen, Essen und Trinken.

Viel zu schnell verging der Kurzurlaub und wir mussten zurück in die Stadt, um uns um unsere Geschäfte zu kümmern. Wir besuchten wieder den Goldschmied. Bis auf die Polierarbeiten waren Emils Stücke fertig, meine hatte er noch gar nicht begonnen. Der Meister versicherte jedoch, dass er mit der Arbeit pünktlich fertig sein würde. Wir verabredeten einen Termin für den vorletzten Tag unseres Aufenthaltes.

Während Emil nach seinen Pyramiden sah, fuhr ich zum Flugplatz, um unsere Rückflüge bestätigen zu lassen. Auf der Heimfahrt gab es Staus und stockenden Verkehr. Je näher wir dem Zentrum kamen, umso chaotischer ging es auf der Straße zu. Hilflose Polizisten versuchten den Verkehr zu regeln. Als wir wieder anhalten mussten, fragte der Fahrer meines Taxis, was denn los sei.

„Bombenalarm!", rief ihm ein Uniformierter zu. Der Fahrer schrie irgendetwas mit zorniger Stimme, ich konnte ihn nicht verstehen, wahrscheinlich fluchte er. In diesem Moment gab es einen ohrenbetäubenden Knall und die Druckwelle hob unser Taxi eine Sekunde lang vom Boden. Ich sah im Geiste die schrecklich verstümmelten Bettler vor mir. Wir standen noch lange Zeit in der Kolonne und alle hupten ungeduldig, es war ein höllisches Spektakel. Endlich ging es weiter und wir kamen auch an der Stelle vorbei, wo die Autobombe explodiert war. Aus einer Häuserreihe war ein Gebäude herausgesprengt worden. Menschen und Autos, die in unmittelbarer Nähe waren, sind durch die Luft geschleudert worden. Alle Glasscheiben in einem größeren Umkreis waren zerborsten, überall lag Schutt und schreiende Menschen liefen herum. Ambulanzfahrzeuge versuchten lautstark zur Unglücksstelle vorzudringen, Polizisten bemühten sich, den Verkehr vorbeizuleiten und brüllten aufgeregt herum. Die Autofahrer hupten, um ihrem Entsetzen oder Unmut Ausdruck zu verleihen. Ein ohrenbetäubendes Konzert! Der Taxifahrer meinte, hier wäre eine mindestens 500 Kilo schwere Bombe detoniert.

„Das Leben in Bogotá ist sehr gefährlich", meinte er und wischte sich die Schweißperlen vom Gesicht. Dieser Ansicht war ich inzwischen auch. Wir fuhren im Schritttempo am Ort der Zerstörung vorbei und ich starrte fasziniert auf dieses Schreckensszenario.

Bis zu unserer Abreise verbrachten wir die meiste Zeit beim Steinschleifer. Emils Pyramiden waren nicht leicht herzustellen, da die Gesteinsbrocken aus verschiedenen Materialien zusammengesetzt waren und es daher Bruchstellen gab. Aber es gelang dem geschickten Mann trotzdem zehn schöne Pyramiden zu fabrizieren. Wir konnten nur hoffen, dass sie tatsächlich eine magische Ausstrahlung hatten.

Am vorletzten Tag unseres Aufenthaltes besuchten wir wieder den Goldschmied, und wie ich befürchtet hatte, war eines der drei Stücke erst halb fertig. So blieb uns nichts anderes übrig, als bis spät in die Nacht, in seinem Haus zu warten. Um drei Uhr morgens war er endlich fertig. Da wir bis zum Abflug nur mehr vier Stunden Zeit hatten, fuhren wir noch rasch zu unseren Quartieren, holten das Gepäck und bezahlten die Rechnungen. Nach einem kleinen Frühstück am Flughafen war es Zeit zum Einchecken.

Auf Margarita hatte sich inzwischen nicht viel getan. Ben hatte Tom fleißig besucht und sich bemüht, ihm Mut zu machen. Auch Mira versuchte, einen brauchbaren Weg zu finden.

„Am ehesten wäre er aus diesem Gefängnis herauszubringen, wenn wir eine schwere Krankheit nachweisen könnten", meinte sie bei einem Treffen. Ben sprach darüber mit Tom und er nahm diese Idee gleich auf. In seiner Kindheit hatte er an einer leichten Form von Epilepsie gelitten und wusste daher über diese Krankheit genau Bescheid. Er begann Anfälle zu simulieren. Mira half uns, den Gefängnisarzt zu bestechen, er stellte ein Attest aus und bescheinigte auch, dass Tom regelmäßig Medikamente nehmen musste. Die Beschaffung der Pillen war sehr schwierig; klappte es nicht mit dem Nachschub, bekam er wieder einen „Anfall". Für Tom war es nicht leicht, dieses Theater durchzuhalten, weil die Wächter seinen „Zustand" für ihre sadistischen Spielchen ausnützten. Am harmlosesten war noch ein Schwall kaltes Wasser aus einem Eimer, den sie über ihn gossen. Eines Tages, als Tom in der Warteschlange vor der Essensausgabe wartete, simulierte er wieder einen Anfall. Ein Wärter zerrte ihn zur Seite und steckte ihm einige Schlüssel zwischen die Finger, die er dann so fest zusammenquetschte, dass das Blut an Toms Hand herunterlief. Für uns war dieser Vorfall Anlass genug, uns noch mehr für unseren Freund einzusetzen. Wir mussten einen Richter, den Gefängnisdirektor und mehrere Ärzte bestechen, um in dieser Sache voranzukommen.

Es war höchste Zeit für mich geworden, nach Österreich zu fliegen und Geld zu beschaffen.

Mit meinen letzten Dollars kaufte ich ein Flugticket und mit der treuen Goody an meiner Seite machte ich mich auf die Reise. Zu Hause gelang es mir, die paar Schmuckstücke zu verkaufen, den großen Gewinn brachten sie aber nicht. Ich besuchte Toms Familie. Da seine Angehörigen nicht vermögend waren und von Anfang an wenig Verständnis für unsere Pläne gehabt hatten, war auch hier nicht viel zu holen. Schließlich borgte ich mir von guten Freunden Geld für Tom. Für die Leute in der Heimat waren unsere Probleme in Margarita einfach zu weit weg, zu unfassbar. Ich war deprimiert und enttäuscht, weil ich die geplante Summe nicht ganz aufgetrieben hatte. Aber immerhin war es soviel, dass wir Tom weiterhelfen konnten.

Jabolo hatte Ben inzwischen für Reparaturarbeiten jeder Art herangezogen. Besonders toll fand der Alte, dass Ben mit der alten Drehbank, die schon lange Zeit unbenützt in einem Winkel der Werkstatt stand, perfekt umgehen konnte. Ben wartete und pflegte die Werkzeuge und Maschinen und zeigte den Leuten wie man sie richtig handhabe. Auf diese Weise arbeitete unser Freund die Kosten für das Quartier ab. Jabolo hatte einige Leute in seinem „Betrieb" beschäftigt. Das waren durchwegs Männer, die in Schwierigkeiten geraten waren und denen der Alte aus einer misslichen Lage herausgeholfen hatte. Dadurch waren sie ihm zu Dank verpflichtet und er hielt sie wie Arbeitssklaven und nutzte ihre Notlage weidlich aus. Aber wahrscheinlich wären sie ohne Jabolos Hilfe und Schutz wesentlich schlimmer dran gewesen.

Emil und Lena waren wieder nach Österreich zurückgekehrt. Wir waren nun allein und versuchten einen Weg zu finden, um aus unserer Misere, herauszukommen.

„Wir müssen hier so schnell wie möglich weg", schlug ich vor.

„Das wird schwierig. Ich hab' noch einige Arbeiten für Jabolo fertig zu stellen", entgegnete Ben. Mein gewissenhafter Freund machte keine halben Sachen, also beschlossen wir, dass ich mich nach einer neuen Bleibe umsah, während er noch seine Aufträge erledigte.

„Wo ist eigentlich dein Motorrad?", fragte ich Ben. Die Räder standen normalerweise in einem Winkel des Hofes. Ich hatte schon den Verdacht, dass uns wieder etwas geklaut worden war. Ben machte ein zerknirschtes Gesicht.

„Die Maschine ist mir abgebrannt", beichtete er und dann erzählte er, wie er an dem Motorrad herumgebastelt hatte und es plötzlich Feuer fing.

„Du hättest die schadenfrohen Gesichter von Jabolo und seinen Söhnen sehen sollen! Sie standen da und lachten hämisch. Ich spürte richtig die Abneigung, die sie uns entgegenbringen."

„Siehst du, wie gefährlich unser Leben hier ist? Jabolo ist kein Freund", musste ich wieder einmal feststellen.

„Ich hab' mir schon mehrmals überlegt, ob da nicht eine ganz gemeine Strategie dahinter steckt", sagte Ben und zündete sich mit fahrigen Bewegungen eine neue Zigarette an. Er war sehr nervös. Die Hitze und die schwere Arbeit hatten ihm sichtlich zugesetzt.

„Darauf kannst du Gift nehmen!", stimmte ich zu. „Dich hält Jabolo als Arbeitssklaven und mich lässt er herumreisen, um Geld aufzutreiben. Er weiß ganz genau, dass wir zusammenhalten und Tom nie in Stich lassen würden." Wir rauchten schweigend und starrten auf das vergitterte Fenster. „Der Alte hat unsere Mentalität genau erkannt. Sie brauchen Tom nur etwas Böses anzutun und wir bezahlen schon. Sie teilen das Geld und lachen sich ins Fäustchen."

Wir fühlten uns diesen Gaunern ausgeliefert.

„Wer hätte gedacht, dass alles so daneben geht", seufzte ich.

„Unser Träume sind gründlich ausgeträumt", dachte Ben laut.

„Ich könnte heulen, wenn ich an unseren nie gebauten Katamaran denke", gab ich noch meinen Senf dazu. Jeder hing seinen Gedanken nach und wir waren nahe daran, vor Selbstmitleid zu zerfließen. Ich nahm noch einen Schluck von dem warmen Bier aus der Dose neben mir.

„Morgen beginne ich damit, eine neue Wohnung für uns zu suchen", sagte ich entschlossen.

„Okay", meinte Ben müde.

In den nächsten Tagen war ich mit meinem Motorrad unterwegs und schaute mir Mietobjekte an. Schon bald wurde ich fündig. Am anderen Ende der Insel stand ein kleines Haus leer, das genau unseren Ansprüchen und Preisvorstellungen entsprach. Ich einigte mich nach kurzem Feilschen mit dem Besitzer. Stolz erzählte ich Ben von unserem neuen Heim. Wir gingen gleich zu Jabolo und sagten ihm, dass wir endlich eine neue Wohnung gefunden hatten und ihm nicht länger zur Last fallen wollten. Er brummte irgendetwas Unfreundliches vor sich hin, das so ähnlich klang wie: „Ihr werdet schon sehen, ohne mich kommt ihr nicht zurecht."

Wir ließen uns auf keine Diskussion ein und begannen unsere Sachen einzupacken. Viel hatten wir ja nicht mehr. Als wir den Lkw beluden, merkten wir, dass aus dem Lagerraum wieder einiges gestohlen worden war. Außer uns hatte nur Jabolo oder einer seiner Söhne einen Schlüssel.

„Verdammte Bande!", schimpfte ich, als ich merkte, dass jemand die Lautsprecher aus meinen HiFi-Boxen herausgenommen hatte, seltsamerweise ohne die dazugehörenden Frequenzweichen mitzunehmen. Entweder war der Dieb so dumm oder es war ein Bosheitsakt. Aber wir wollten keinen Streit. Wir bedankten uns und brausten mit dem Lkw davon.

Unser neues Domizil war ungefähr zehn Minuten mit dem Motorrad vom Strand entfernt. Der kleine Bungalow stand inmitten eines großen Grundstückes. Vom Eingang an der Vorderseite gelangte man von einem kleinen Flur in die Küche, konnte durch diese durchgehen, kam wieder in einen kleinen Vorraum und konnte durch eine weiter Türe das Haus auf der Rückseite verlassen. Von der Küche aus kam man jeweils in ein rechts und links anschließendes Zimmer. Das Zentrum war also die Küche. Jeder von uns hatte seinen eigenen Raum, das war sehr angenehm. Wir waren die ersten Bewohner, daher gab es kein altes Gerümpel oder unliebsamen Müll.

Als erstes schauten wir nach, ob die elektrischen Leitungen funktionierten.

„Der Strom ist da", stellte Ben zufrieden fest. Als ich den Wasserhahn in der Küche betätigte, kam eine nicht sehr appetitliche Flüssigkeit heraus. Ich ließ das Wasser eine Zeit lang rinnen, es wurde etwas sauberer. Schließlich entdeckten wir, woher das kostbare Nass kam: Hinter dem Haus stand ein großer Tank, eine Pumpe beförderte den Inhalt in einen kleineren Tank auf dem Hausdach und von dort floss die von der Sonne erwärmte Flüssigkeit in die Küche.

„Im Prinzip nicht komfortabler als unser Camp", stellte ich fest. Trinkwasser mussten wir selbstverständlich wieder in Flaschen abgefüllt kaufen.

Wir richteten unser Haus ein, so gut es ging und vermissten dabei die Möbel und den ganzen Hausrat, den uns die Polizei gestohlen hatte. Zum Glück besaßen wir noch die Matratzen und die Moskitonetze. In den nächsten Tagen wollten wir nach billigen Sachen Ausschau halten und wenigstens das Wichtigste neu kaufen.

Begeistert waren wir von dem riesigen Mangobaum auf unserem Grundstück. Wir pflückten gleich ein paar reife Früchte und stellten zufrieden fest, dass wir noch lange Zeit ernten konnten.

Die erste Nacht in unserem neuen Zuhause schliefen wir sehr gut. In der Früh, während Ben Kaffee kochte, wollte ich ein paar Mangos ernten. Ich staunte nicht schlecht, als ich einige magere Kühe beim Baum stehen sah. Sie stellten sich tatsächlich wie Ziegen auf die Hinterbeine und holten die Früchte herunter. Mit lautem Rufen verjagte ich sie. Nun wurde mir auch klar, warum bis zu einer gewissen Höhe alles gründlich abgeerntet war.

Wir trafen uns wieder mit Mira. Diesmal hatte sie ein buntgeblümtes Kleidchen an, mit ihrem blond gefärbten Haar und dem Goldschmuck wirkte sie richtig schnuckelig. Natürlich roch sie auch wieder sehr gut. Mit ihr hatten wir sicher einen guten Griff getan. Sie bemühte sich sehr, Tom aus dem Gefängnis herauszubringen und verhandelte geschickt mit den zuständigen Herren. Mira beschaffte uns einen Termin beim Chef der Guardia National. Der müsste Bescheid wissen, wo unser beschlagnahmtes Eigentum aufbewahrt wurde.

Mit gemischten Gefühlen betraten wir am vereinbarten Tag das Kasernengelände. Ein Polizist in adretter Uniform, brachte uns zum Büro seines Chefs und meldete uns an. Wir mussten lange Zeit vor der Türe warten, bis man uns endlich vorließ.

„Zermürbungstaktik", stellte Ben fest. Wir beobachteten die geschäftig vorbeieilenden Guards. Alle wirkten sauber und gepflegt und ihre Uniformen schienen direkt aus der Reinigung zu kommen. Da wir einen möglichst guten Eindruck machen wollten, hatten auch wir unsere besten Klamotten angezogen, saubere Jeans und frische T-Shirts. Ungeduldig sah ich auf meine Armbanduhr: „Jetzt stehen wir schon eine geschlagene Stunde hier!" In diesem Moment ging die Tür zum Büro auf und wir durften eintreten. Hinter einem wuchtigen Schreibtisch saß ein Mann mittleren Alters. Sein Gesicht hatte einen strengen, abweisenden Ausdruck. Mir stockte der Atem, als ich hinter ihm, an der Wand als Dekorationsstücke, meinen Pfeilbogen und meine Armbrust samt dem Zielfernrohr hängen sah. Mit Sicherheit waren wir hier in die Höhle des Löwen geraten. Vorsicht war geboten, da dieser Mann, nach Miras Meinung, der Herr der Insel war. Als wir höflich unser Anliegen vortrugen, antwortete er schroff, dass er über den Verbleib von nur wenigen Stücken wisse. Er gab uns einen Zettel mit einigen Adressen und entließ uns wieder. Um ihn nicht zu verstimmen, wagte ich natürlich nicht, mein Eigentum an der Wand zurückzufordern.

Wir klapperten die angegebenen Adressen der verschiedenen Behördenstützpunkte ab.

„Kannst du mir erklären, was die Flughafenpolizei mit unserem Fall zu tun hat und warum ausgerechnet sie unsere Videoausrüstung aufbewahrt?", fragte ich erstaunt meinen Freund.

„Der ganze Haufen hier ist eine einzige Räuberbande. Die eine Bande macht den Überfall und teilt die Beute auf. Sie werden sich in ihren Aktionen abwechseln. Die Flughafenpolizei hat schließlich auch Möglichkeiten, bei den vielen Touristen, die auf die Insel kommen, einiges abzustauben", meinte Ben.

Im Büro der Flughafenpolizei fanden wir unsere Videokamera, ein Fernglas und noch ein paar Kleinigkeiten wie Toaster und Kaffeemaschine.

Drei Tage dauerte unsere Wiederbeschaffungsaktion. Wir waren froh, wenigstens einen Teil unserer Ausrüstung zurückbekommen zu haben.

Mit den wieder gefundenen Sachen konnten wir unser Haus komfortabler einrichten. Um den Komfort weiter zu verbessern, kümmerten wir uns um die Wasserversorgung. Zu unserem Entsetzen stellten wir fest, dass im kleinen Tank ein paar Fledermausleichen schwammen. Sie mussten durch den zerbrochenen Deckel in diese Falle geraten sein. Wir entleerten den Tank und entfernten die unappetitlich stinkende Schlammschicht vom Boden des Gefäßes. Als der Tank sauber war, bestellten wir frisches Wasser. Nun konnten wir uns ohne Bedenken waschen und duschen. Die Gefahr, durch verunreinigtes Wasser krank zu werden, ist in diesen Breiten sehr groß, doch nicht nur das Wasser stellte eine Gefahr dar. Wir kontrollierten jeden Abend vor dem Schlafengehen unsere Betten und den Zimmerboden, ob nicht eine Schlange oder ein gefährliches Insekt eingedrungen war. Ich hatte über meine Matratze das Moskitonetz befestigt und war so vor den kleinen Quälgeistern sicher. Neben meinem Polster stand griffbereit eine Dose Insektenspray für lebensmüde Eindringlinge. Eines Morgens, als ich aufwachte, sah ich eine etwa 15 cm große Spinne außen auf dem Moskitonetz hängen. Diese Biester konnten äußerst gefährlich werden und ich überlegte lange, was ich tun sollte. Wenn sie vom

Netz krabbelte und sich irgendwo in meinen herumliegenden Sachen versteckte, wurde die Gefahr nicht geringer. Langsam griff ich zum Insektenspray und zielte genau auf den Kopf. Mir war klar, dass der Spray so ein großes Tier höchstens kurzfristig betäuben, aber niemals töten konnte. Ich drückte auf den Sprühknopf, die Spinne machte einen Satz weg vom Netz und klatschte auf den Boden. Vorsichtig spähte ich unter dem Netz zu ihr und sah, dass sie sich nicht bewegte. Langsam schlüpfte ich aus meinem Lager und holte aus der Küche einen Kochlöffel.

„Ben!", brüllte ich, da ich wollte, dass er meinen Untermieter kennen lernte. Verschlafen kam er aus seinem Zimmer. Ich stupste die Spinne mit dem Stiel des Löffels, sie bewegte sich noch immer nicht.

„Wahnsinn!", rief nun Ben und zog mich zurück.

„Sie ist wahrscheinlich betäubt", erklärte ich ihm und berichtete von meiner Attacke mit dem Insektenspray. „Vielleicht stellt sie sich tot", vermutete ich und drehte sie auf den Rücken. Wir hockten uns auf den Boden um sie besser betrachten zu können.

„Die hat Selbstmord begangen", stellte Ben fest. „Schau doch, sie hat ihre Vorderbeine in den Mund gesteckt und mit ihren Giftzähnen zugebissen." Tatsächlich! Ich hatte einmal von Skorpionen gelesen, die sich mit ihrem Giftstachel selbst töteten, wenn sie in eine ausweglose Situation kamen, offensichtlich machte das diese Spinne genauso.

Ben war inzwischen endgültig pleite und versuchte, mit Jobs in den beiden Marinas auf Margarita, Geld zu verdienen. Hier gab es zahlungskräftige Ausländer, die genug Reparaturaufträge auf ihren Jachten vergaben. Es sprach sich bald herum, dass er ein geschickter, verlässlicher und vor allem vielseitiger Handwerker war. Ich hatte noch eine Summe für meine privaten Bedürfnisse in Reserve und achtete darauf, dass sie nicht zu schnell dahinschmolz. Da unser Plattenspieler beim Überfall zerstört worden war, hatte ich alles, was von meiner Plattensammlung noch übrig war, unseren europäischen Bekannten verkauft. Für sie waren das Raritäten und ich konnte ohnehin nichts mehr damit anfangen. Natürlich nahm auch ich den einen oder anderen Job an. Da Ben lieber in den Marinas arbeitete, kümmerte ich mich um unser Haus und sorgte dafür, dass die Wasser- und Lebensmittelversorgung reibungslos klappte.

Als es bei uns schon einigermaßen wohnlich geworden war, kam Bens Freundin Lilli zu Besuch. Die beiden sahen sich die Insel an und verbrachten schöne Tage miteinander. Lilli besuchte auch Tom im Gefängnis. Wir hofften, dass die Prozedur, der wir jedes Mal ausgesetzt waren, bei einer europäischen Frau gemäßigter ausfallen würde. Aber die miese Bande schien Gefallen daran gefunden zu haben, die Ärmste besonders zu schikanieren. Lilli kam ganz verstört nach Hause, fühlte sich gedemütigt und zutiefst verletzt.

Mira gelang es endlich mit dem Geld, das ich aus Österreich mitgebracht hatte, Tom in ein Privatsanatorium zu bringen. Geschickt hatte sie alle wichtigen Personen bestochen. Staatsanwalt, Richter und Ärzte hatten eifrig ihre Hände aufgehalten und kassiert.

Das Sanatorium lag im Inneren der Insel, inmitten eines weitläufigen Parks. Tom war im schönsten Zimmer untergebracht und er konnte jeden Komfort genießen. Vom Balkon hatte er einen herrlichen Rundblick über die ganze Insel. Das Essen war nach seinen Erzählungen vorzüglich und reichlich. Er wurde gründlich, mit den modernsten Geräten untersucht. Die Ärzte stellten fest, dass er die Haft ohne Schäden überstanden hatte und soweit gesund war. Damit sie aber das Gegenteil attestierten, mussten wir wieder brav bezahlen. Neben den Kosten für den Aufenthalt im Sanatorium wurde uns auch noch der Aufwand für die beiden Wächter, die abwechselnd vor Toms Türe saßen, verrechnet. Wir mussten jetzt nur noch einen Richter bestechen, der Toms Strafe in eine „Inselhaft" umwandeln konnte. Nach einigen Wochen war der Spuk endlich vorbei und er durfte wieder zu uns ziehen. Allerdings musste er sich alle vierzehn Tage bei der Polizei melden. Um eine Flucht auszuschließen, nahmen sie ihm den Reisepass ab.

Eines Tages kam Ben ganz aufgeregt von der Marina, in der er gerade arbeitete, nach Hause. Er hatte von einem Schiff erfahren, das am Festland in Cumaná liegen sollte und zu kaufen wäre.
„Stellt euch vor, eine echte Joshua!", schwärmte er.
„Das sagt mir nichts", meinte Tom. Ich konnte mit diesem Begriff im Moment auch nicht viel anfangen.
„Habt ihr schon einmal von Bernhard Moitessier gehört?", fuhr er fort.
„Du meinst den berühmten Segler?", fragte ich.
„Genau der! Der hat mit einer Joshua eine Weltumseglung gemacht, ganz allein. Dadurch ist dieser Schiffstyp berühmt geworden."
„Und warum ist so ein tolles Schiff verkäuflich? Da gibt's doch einen Haken", stellte Tom skeptisch fest.
„Ich weiß nicht, wie lange es schon in Cumaná liegt. Wahrscheinlich muss es gründlich überholt werden. Aber wir sollten es uns anschauen", schlug Ben vor. Da er der große Techniker in unserer Runde war, beschlossen wir, ihn auf die Besichtigungstour zu schicken. Tom durfte die Insel ohnehin nicht verlassen und ich steckte gerade in einer Arbeit, die ich fertigmachen wollte.
An diesem Abend träumten wir wieder vom eigenen Schiff und von der großen Freiheit. Vielleicht begann endlich die längst überfällige Glückssträhne.

Nach einer Woche kam Ben mit der Fähre vom Festland zurück. Begeistert erzählte er uns von dem alten Schiff.

„Die Leute von der Marina in Cumaná haben mir erzählt, dass der Eigentümer des Schiffes, ein Deutscher, vor vier Jahren spurlos verschwunden ist", begann Ben seinen Bericht. „Nachdem alle Nachforschungen vergeblich waren, versucht nun die Marina die Kosten für die Hafengebühr durch den Verkauf hereinzubringen."

„Und was verlangen sie für die alte Schüssel?", fragte ich.

„5.000 Dollar." – Wir schwiegen. Jeder rechnete im Geist seine Finanzen durch.

Ein paar Tage später fuhren Ben und ich gemeinsam nach Cumaná. Ich nahm die Videokamera mit, damit wir auch Tom zeigen konnten, wie das Schiff aussah.

Das alte Stahlschiff war schon sehr verrottet, aber nach genauer Inspektion erkannten wir, dass zumindest der Rumpf noch in relativ gutem Zustand war. Wir überlegten, wie wir vorgehen müssten, um aus dieser alten Dame wieder eine rassige Jacht zu machen.

„Ich schlage vor, hier am oberen Rand die Rumpfschale abzutrennen", begann Ben seine sachkundigen Ausführungen. Ich nickte zustimmend und meinte, das Innere müsse komplett neu angefertigt werden. Wir diskutierten noch eine Weile und überlegten verschiedene Möglichkeiten. Schließlich waren wir davon überzeugt, es zu schaffen. Wir gingen zielstrebig in das Büro der Marina und wickelten den Kauf ab.

Wir konnten dieses Ding nicht länger hier liegen lassen, wir mussten es zu einem Servicegelände für Jachten ganz in der Nähe bringen. Ben machte sich über den alten Peugeotmotor her und ich kümmerte mich um das Ruder. Nach ein paar Tagen gelang es uns, das Schiff in Bewegung zu setzen. Mit stotterndem Motor tuckerten wir am Ufer entlang zu unserem nächsten Ziel, Navimca.

Navimca war ein großes Areal, in dem Schiffe repariert oder Serviceleistungen vorgenommen werden konnten. Mit einem Travellift konnten Schiffe bis zu 60 Tonnen aus dem Wasser gehoben und an Land gestellt werden. Für Sandstrahl- und Schweißarbeiten standen große Hallen zur Verfügung. Die ganze Anlage umgab eine hohe Mauer und die Einfahrt war mit einem großen Stahltor gesichert. Wächter mit Schrotflinten sorgten dafür, dass die hier arbeitenden Leute, meist Ausländer, nicht gestört oder beraubt werden konnten. So benützten viele Eigentümer diesen Platz dazu, ihre Schiffe für längere Zeit in sicherer Obhut stehen zu lassen.

Nun bekam unser Leben in Venezuela wieder Sinn. Wir hatten ein neues, reizvolles Ziel vor Augen. Tom wohnte jetzt allein in unserem Haus auf Margarita und wir versprachen, ihn so oft wie möglich zu besuchen. Er hatte neue Freunde gefunden, hatte einen Job und war gesund, wir mussten uns um ihn keine Sorgen machen. Ben und ich packten die noch verbliebenen Werkzeuge, unser Schutzgasschweißgerät, sowie alles für einen Navimca-Aufenthalt brauchbare Zeug auf den Lkw und übersiedelten mit der Fähre aufs Festland.

Noriegas Bunker

Nach einiger Zeit weckte mich das widerliche Geräusch der Moskitos. Ganze Heerscharen dieser kleinen blutrünstigen Monster hatten sich auf mich gestürzt. Ich kroch in meinen Overall; jetzt war ich froh, dass er so groß war und ich die viel zu langen Hosenbeine über meine Füße und die langen Ärmel über die Hände ziehen konnte. Den Kragen stellte ich hoch und versuchte so gut es ging, auch mein Gesicht zu schützen. Ich schwitzte in dem warmen Kleidungsstück und wahrscheinlich lockte der Schweißgeruch noch mehr Moskitos an. Trotz der Erschöpfung schlief ich sehr unruhig und nach ein paar Stunden bekam ich auch noch arge Kopfschmerzen.

„He, Mike, bist du wach?", fragte Ben leise.

„Ja", antwortete ich.

„Was meinst du, wie spät ist es?", fragte mein Freund. Ich hatte keine Ahnung, aber wahrscheinlich war es schon Tag. Vom Gittertor her kam ein ganz leichter Lichtschein, vielleicht war das ein Schimmer vom Tageslicht. Ich blieb noch einige Zeit ruhig liegen. Die Moskitos hatten sich anscheinend an meinem Blut sattgefressen und ließen mich im Moment in Ruhe.

„Scheißamis", begann ich zu schimpfen. „Warum haben sie uns in dieses Land gebracht!"

„Sie wollen uns verschwinden lassen", antwortete Ben dumpf. Bevor wir weiterredeten, wurde es hell in unserer Zelle, jemand hatte den Strom eingeschaltet. Nun konnten wir den Raum genauer betrachten. Wir waren von grauen, feuchten Betonwänden umgeben, die zwei Pritschen, ein Eimer, ein paar alte Zeitungen und die Glühbirne an der Decke waren die ganze Inneneinrichtung. Da dieses Verlies tief im Berginneren lag, war die Temperatur relativ angenehm, dafür war die Luft schlecht, weil sie nicht richtig zirkulieren konnte.

„Bin schon gespannt, wie hier der Zimmerservice funktioniert", versuchte ich zu scherzen. Ich hatte Hunger und war sehr durstig, meine Kehle war richtig ausgedörrt.

„Hoffentlich gibt es bald ein ordentliches Frühstück", seufzte nun auch Ben. Ich stand auf und benützte den Eimer.

„Leg eine Zeitung drauf, sonst gehen wir an unserem eigenen Gestank zugrunde", riet Ben. Ich legte eine dicke Zeitung über das Gefäß und stellte es in den hintersten Winkel des Raumes. Nun verließ Ben sein Lager. Nervös ging er im Raum auf und ab.

„Schönes Schlamassel!", begann er zu schimpfen.

Wir hörten aus den vorderen Räumen Geräusche, Schlösser wurden geöffnet und zwei Soldaten kamen an unsere Gittertür. Sie brachten uns je einen Plastikbecher Kaffee und pro Person zwei kleine Maisfladen. Wir schnorrten sie um Zigaretten an. Nachdem sie sich eine Weile leise beraten hatten, entschlossen sie sich zu dieser guten Tat und durch das Gitter gab uns der edle Spender Feuer, während sein Kollege eine M 16 auf uns richtete. Langsam tranken wir den Kaffee und kauten die Fladen, dazwischen nahmen wir einen Zug aus den Zigaretten. Dieses magere Frühstück reichte bei weitem nicht aus, unseren Hunger zu stillen.

Nach unserer Schätzung war es vielleicht zehn Uhr am Vormittag, als wir unter schwerer Bewachung aus dem Bunker geholt wurden. Das grelle Sonnenlicht blendete uns. Wir gingen an anderen Zellen vorbei, die direkt vom Hof aus zugänglich waren. Die Türen standen offen und die Häftlinge durften sich frei bewegen. Als wir kamen, mussten sie sich mit dem Gesicht zur Wand aufstellen, damit sie keinen Kontakt mit uns aufnehmen konnten. – Wir wurden in einen Waschraum gebracht und durften uns endlich duschen. Leider mussten wir wieder unsere stinkenden Overalls anziehen. Nach einer halben Stunde wurden wir in unser Verlies zurückgeführt.

„Es ist ein komisches Gefühl, Schwerverbrecher zu sein", stellte ich bedrückt fest. In den Blicken der jungen Soldaten bemerkten wir widersprüchliche Gefühle wie Unsicherheit, Angst aber auch so etwas wie Triumph. Sie wussten nicht recht, was sie von uns halten sollten. Wahrscheinlich wurde ihnen gesagt, dass wir ganz gefährliche Verbrecher seien, die zu allem fähig wären. Andererseits sahen wir nicht so aus – glaubte ich zumindest.

Das Mittagessen bestand aus einer kümmerlichen Portion Reis und etwas Gemüse. Es schmeckte gut, war aber wieder viel zu wenig. Mein Magen zog sich schmerzhaft zusammen. Zum Glück war ich ein mäßiger Esser. Ben, der immer einen guten Appetit hatte und große Portionen verdrücken konnte, ging es sicher noch schlechter. Hunger macht schlechte Laune und so war die Stimmung ziemlich gereizt.

„Wir müssen uns mit irgendetwas beschäftigen", stellte ich fest. Aber wir hatten nichts. Ich schritt die Zelle ab, ich schätzte, dass sie eine Fläche von ungefähr fünfundzwanzig Quadratmetern aufwies. Solange die Glühbirne brannte, konzentrierten sich die Moskitos auf diese Lichtquelle und wir blieben vor ihren Angriffen verschont. Wir lagen auf unseren Pritschen und starrten auf die Decke. Im Laufe des Tages begann mein Kopf immer mehr zu schmerzen. Ich versuchte mich zu entspannen, aber der Schmerz ließ nicht nach. Ben erzählte mir eine Geschichte, ich konnte mich jedoch nicht darauf konzentrieren. Die Zeit schien stehen geblieben zu sein. Es war beängstigend ruhig hier unter dem Berg. Hin und wieder hörten wir Schlüsselgerassel, wenn sich die Wachen im Vorraum abwechselten.

So konnte ich mir die Hölle oder die ewige Verdammnis vorstellen: Eingesperrt unter einem Berg auf einer Insel, Tausenden oder gar Millionen von Moskitos ausgeliefert, die nur darauf warteten, sich auf uns zu stürzen – und dazu diese elenden Kopfschmerzen. In mir kroch die Angst hoch und legte sich wie ein fester Panzer um meine Brust.

„Lebendig begraben", sagte nun auch Ben, der offensichtlich Ähnliches dachte. Ich drehte meinen Kopf in seine Richtung und als die Schmerzwelle verebbt war, fragte ich: „Was glaubst du, wie lange wird es dauern, bis wir den Verstand verlieren?" Ben richtete sich auf und starrte mich an. Im Schein der schwachen Beleuchtung sah sein Gesicht gelblich aus, die Augen waren von dunklen Schatten umgeben, Kinn und Wangen bedeckten schwarze Bartstoppeln. Ich stellte mir vor, wie er in ein paar Wochen aussehen würde. Wir hatten weder Kamm noch Rasierzeug. Er hatte einen starken Haar- und Bartwuchs und bald würde sein Kopf von schwarz gelocktem Filz bedeckt sein.

„Wir dürfen uns nicht unterkriegen lassen. Wir müssen uns unbedingt ablenken, es wird sich sicher etwas finden", versprach er. An den Geräuschen erkannten wir, dass wir Besuch bekamen. Das Abendessen wurde gebracht – wieder nur jämmerlich kleine Portionen. Wir sagten, dass wir mehr wollten, aber die Burschen zuckten nur mit den Schultern. Ich versuchte wieder Zigaretten zu schnorren und erhielt eine seltsame Antwort: „Zigarettenrauchen ist Sünde".

Die folgende Nacht war furchtbar. Meine Kopfschmerzen hatten sich ins Unerträgliche gesteigert. Ich wälzte mich auf meiner Pritsche stöhnend hin und her. Verzweifelt versuchte ich eine Stellung zu finden, in der es erträglicher war. Schließlich fand ich heraus, dass es tatsächlich etwas besser wurde, wenn ich mich auf mein Lager kniete, den Kopf zwischen die Knie steckte und ihn ganz fest auf die Unterlage presste. Durch den Druck, der auf die Schulter- und Halsmuskeln kam, wurde anscheinend ein rebellischer Nerv abgeklemmt. Leider konnte ich diese Stellung nie sehr lange halten. Ich kippte zur Seite und die Schmerzen setzten wieder mit unverminderter Kraft ein. Zwischendurch stand ich auf und ging in der inzwischen wieder stockdunklen Zelle auf und ab. Die Nacht wollte nicht vergehen und ich versuchte mich mit dem Gedanken zu trösten, dass ich mit diesen Qualen alle meine Sünden abbüßte. Nach drei endlosen Tagen und Nächten wurden wir von den Soldaten mit einer Kleiderspende überrascht. Wir bekamen Shorts und T-Shirts, sie waren alt und abgetragen, aber sauber. Endlich konnten wir die bereits mehr als würzig riechenden Overalls ausziehen. Wir bedankten uns höflich. In dieser neuen Garderobe wurden wir den Tag darauf ins PTJ-Gebäude in die Stadt gebracht. Dort machte man uns mit einem eleganten, dunkelhäutigen Herrn bekannt.

„Ich heiße Dawkins und bin ein auf Drogendelikte spezialisierter Anwalt", sagte er in gutem Englisch. Wir schüttelten ihm die Hand. „Ich habe die Zeitungs- und Fernsehberichte von Ihrer Festnahme gesehen. Der Fall interessiert mich", fuhr er fort. Wir lächelten höflich. „Wenn Sie einverstanden sind, würde ich Sie gerne vertreten." Nun war es an der Zeit zu antworten. Wir redeten mindestens eine Stunde lang mit ihm über unsere Misere und die Folgen, mit denen wir zu rechnen hatten.

Dawkins erklärte uns, dass er sich für eine rasche Verhandlung stark machen würde. So wie er redete, konnte man glauben, er müsse nur mit dem Finger schnippen und die ganze Justiz würde nach seiner Pfeife tanzen. War er wirklich ein einflussreicher Mann oder machte er sich nur wichtig?

„Bei dieser Drogenmenge wird man euch zu mindestens acht Jahren Gefängnisstrafe verurteilen", sagt er. Ich hielt die Luft an und fragte noch einmal: „Wie viele Jahre?" Dawkins machte eine beschwichtigende Geste.

„Die USA übt großen Druck auf Panama aus, wenn es um Drogendelikte geht. Aber wichtig ist eine baldige Verhandlung, ein Urteil und dann eine Überstellung nach Österreich. In Europa gelten andere Gesetze, womöglich werden Sie dort freigesprochen."

Dawkins gestikulierte lebhaft beim Reden, er schien ein guter Schauspieler zu sein und bemühte sich redlich seine Fähigkeiten ins beste Licht zu rücken.

„Um 50.000 Dollar stehe ich Ihnen zu Diensten", bot er an. Eine unvorstellbare Summe! Wir begannen gleich zu feilschen, schließlich einigten wir uns auf 25.000 Dollar.

„Wir müssen aber erst mit unseren Angehörigen in Österreich Kontakt aufnehmen", sagte ich. Dawkins nickte eifrig und lächelte mich strahlend an, die Goldkronen in seinem Gebiss funkelten.

„Ich werde mich sofort mit dem österreichischen Konsulat in Verbindung setzten. Das dürfte kein Problem sein." Mit einem kräftigen Händedruck verabschiedete er sich und versprach, sich sehr bald wieder zu melden.

Unsere Stimmung hatte sich augenblicklich verbessert. Sobald man in Österreich von unserem Schicksal erfuhr, waren wir gerettet.

„Du wirst sehen, wir sind bald frei!", rief Ben optimistisch. Im Moment dachte ich auch, dass dieser Albtraum bald ein Ende haben würde.

Nach diesem Ausflug erschien uns das Verlies nicht mehr ganz so schrecklich. Dieser Anwalt hatte uns aber nachdenklich gemacht und uns kamen nun eine Menge Fragen in den Sinn.

„Ist er wirklich so gut, wie er sagt? Warum gibt er sich dann mit uns ab? Er kann nicht wissen, ob er von uns jemals Geld bekommt", gab ich zu bedenken.

„Europäer sind wahrscheinlich in den Augen der Panamaer immer wohlhabend", antwortete Ben. „Aber sonderbar ist, dass er von selbst gekommen ist." Ich dachte eine Weile nach und mir kamen Zweifel an seiner Redlichkeit. „Vielleicht ist er ein Versager und muss der Kundschaft nachlaufen." Wir lagen ausgestreckt auf den Pritschen und starrten auf die Moskitowolke, die die Lampe umschwirrte.

„Es könnte auch sein, dass ihn das Cali-Kartell schickt, um abzuchecken, wie viel wir tatsächlich wissen und wie wir mit diesem Wissen umgehen", meinte Ben.

„Da wir ja nur kleine Fische sind, kann das Interesse nicht so groß sein. Aber vielleicht wollen sie uns trotzdem freikämpfen", überlegte ich, „oder sie wollen uns endgültig vernichten." Wir dachten wieder eine Weile nach und sehnten uns nach einer guten Zigarette. Im Grunde waren wir so unerfahren und hatten keine Ahnung, wie hier die Justiz wirklich funktionierte. Wir hatten zwar schon viele Schauergeschichten gehört, aber was davon stimmte, wussten wir nicht.

„Es könnte aber auch umgekehrt sein", nahm Ben den Faden wieder auf. „Dawkins könnte auch mit der PTJ oder mit der Drogenfahndung zusammenarbeiten. Er macht auf freundlich und hilfsbereit, um uns alle möglichen Geheimnisse zu entlocken." Ich musste lachen.

„Wenn es wirklich so sein sollte, hat er Pech. Sie haben harmlose Segler verhaftet und die großen Fische laufen lassen, ein Fehler der Coastguards." Wir konnten es drehen und wenden, es blieb bei vagen Vermutungen.

„Wichtig ist, dass wir durch Dawkins Kontakt zur Botschaft und somit zu unseren Familien bekommen. Alles andere müssen wir auf uns zukommen lassen", sagte Ben. Ich stimmte seiner Meinung zu und versank in einen leichten Schlummer, aus dem ich wieder mit starken Kopfschmerzen erwachte.

So angenehm und luftig unsere neue Bekleidung auch war, so hatte sie einen großen Nachteil – die Moskitos konnten ungehindert unser Blut saugen. Unsere Haut war bald übersät von juckenden Einstichstellen, die sich jetzt auch noch zu entzünden begannen. Auch auf meiner Zunge bildete sich ein kleiner harter Knoten, der mich quälte. Die Kopfschmerzen waren ständig da und nahmen in der Nacht meistens an Stärke zu.

Dawkins kam schon am nächsten Tag zu uns in den Bunker. Er brachte uns etwas Obst und Vitamintabletten. Interessiert erkundigte er sich nach unserer Unterbringung und Behandlung.

„Das halten Sie nicht lange durch. Ich werde mich darum kümmern, dass Sie wenigstens jeden Tag eine halbe Stunde an die frische Luft dürfen", versprach er. Weiters wollte er dafür sorgen, dass uns unsere beschlagnahmten persönlichen Sachen von der „Michelangelo" ausgehändigt wurden. Auch Schreibzeug und Papier wollte er uns bringen. Die freundliche und hilfsbereite Art Dawkins tat uns gut. Er versuchte uns auch aufzuheitern, indem er erzählte, dass sich genau in unserer Zelle Panamas ehemaliger Präsident Noriega vor den Amis versteckt hatte.

„Sie bewohnen sozusagen einen geschichtsträchtigen Raum." Das half uns zwar auch nicht, aber unsere finstere Behausung bekam plötzlich Farbe und Leben.

„Was ist aus diesem Noriega überhaupt geworden?", fragte Ben.

„Im April 1992 wurde er von einem amerikanischen Gericht zu vierzig Jahren Haft verurteilt", erzählte Dawkins. „Er wurde in acht Fällen des Kokainhandels, der Geldwäscherei und des organisierten Verbrechens für schuldig befunden."

„Und so etwas war Staatschef", wunderte ich mich einigermaßen.
„Er war ein übler Diktator", berichtete Dawkins weiter. „Ganz
schlimm war die Zeit, bevor er an die Macht kam. Unter Torrijos
war er Chef des Geheimdienstes und schon damals gelang es ihm
seine Machtposition aufzubauen. Er hat für den CIA gearbeitet und
stand als Doppelagent auch mit dem Geheimdienst Kubas in Verbindung."
Was für eine schillernde Persönlichkeit, staunte ich.
„Wie lange war Noriega an der Macht?", fragte ich interessiert.
„Als er 1983 General Paredes, den Oberbefehlshaber der National-
garde ablöste, riss er die Kontrolle über die Regierung an sich.
1989 marschierten die Amis in Panama ein und dann war es aus mit
Noriegas Herrschaft."
„In welches Gefängnis hat man ihn gesperrt?", erkundigte sich
Ben.
„Als ehemaliges Staatsoberhaupt hatte er natürlich seine Privile-
gien", erzählte Dawkins weiter. „Nachdem die Amis zum ersten
Mal in der Geschichte ein ausländisches Staatsoberhaupt verurteilt
hatten, stellten sie ihm eine Villa inmitten eines großen Grundstückes zur Verfügung, das noch immer gut bewacht wird. Vielleicht lässt man ihn auf Bewährung bald wieder laufen. Ich bin mir
da ziemlich sicher. Die USA haben oft ein seltsames Rechtsver-
ständnis."
„Dann wäre es wahrscheinlich auch nicht günstig, wenn wir in die
Staaten gebracht würden?", fragte ich. Der Anwalt wiegte nachdenklich seinen Kopf.
„Hier haben Sie sicher bessere Chancen."
Einige Stunden nachdem Dawkins gegangen war, bekamen wir
wieder Besuch. Ein älterer Herr begrüßte uns auf Deutsch und
stellte sich vor: „Ich bin der österreichische Generalkonsul für Panama und die Botschaft in Bogotá hat mich beauftragt, mit Ihnen

Kontakt aufzunehmen." Wir hätten den Mann am liebsten umarmt. Jetzt fuhren wir wieder auf der richtigen Schiene! Wir erzählten dem Konsul unsere Geschichte so kurz wie möglich und er hörte uns geduldig zu. Seine Zwischenfragen zeigten uns, dass er Zweifel an der Wahrheit unserer Darstellung hatte. Wir berichteten ihm auch von Dawkins.

„Das ist ungewöhnlich, dass sich ein Anwalt von selbst meldet. Ich werde Erkundigungen über ihn einziehen", meinte der Konsul. Zum Abschied sagte er noch, dass er der Botschaft gleich Bericht erstatten würde.

„Die Botschaft verständigt das Außenamt in Wien und die Leute dort werden Kontakt mit Ihren Angehörigen aufnehmen. Sobald es Neuigkeiten gibt, melde ich mich wieder", versprach er und verabschiedete sich.

Das war ein guter Tag! Unsere Angst, hier unbemerkt zu verrotten, war endgültig verflogen. Trotzdem folgten ein paar langweilige, ereignislose Wochen. Ben hatte bei einem Verhör einen Kugelschreiber mitgehen lassen. Als Schreibpapier verwendeten wir die alten Zeitungen, die uns auch als Klopapier dienten. Irgendwann ergatterten wir ein Stück braunes Packpapier, auf das wir Brettspiele wie Schach und Mühle zeichneten. Ben, der Trickreiche, formte aus Zeitungsfusseln und Wasser die Figuren. Das restliche Papier verwendeten wir zum Schreiben und Zeichnen. Um mir die Zeit zu vertreiben, begann ich Multihulls (Mehrrumpfboote) in allen Größen zu konstruieren, vom Sechs-Meter-Katamaran bis zum Dreißig-Meter-Trimaran war alles dabei.

Unsere gesundheitliche Verfassung verschlechterte sich sehr rasch. Das Essen war nicht schlecht, aber viel zu wenig, wir hatten ständig Hunger. Wir versuchten uns durch Gymnastik fit zu halten, aber wir gaben die Turnerei bald wieder auf, da wir inzwischen viel zu schwach geworden waren, das wäre sinnlose Energieverschwendung gewesen. Durch meine ständigen Kopfschmerzen litt ich unter Schlafmangel. Um unsere Situation noch zu verschärfen, begannen bei uns beiden die Zähne zu schmerzen. Wir hatten entzündetes Zahnfleisch und die Zähne lockerten sich.

„Wir können nur hoffen, dass wir nicht auch noch Skorbut bekommen", meinte Ben und hielt mir einen Vortrag über die Seefahrer früherer Zeiten, denen wegen Vitaminmangels die Zähne ausgefallen waren. Sollte uns das passieren, in einem Land, wo gesunde Früchte im Überfluss von den Bäumen hingen?

„Jeden Tag eine Zitrone, und es ginge uns gleich wieder besser", dozierte Ben weiter. Er kannte sich mit diesen Dingen gut aus, schließlich hatte er ein Semester Medizin studiert.

Wir schnorrten unsere Wächter hartnäckig um Zigaretten an. Sie reagierten sehr unterschiedlich. Einer bot uns inzwischen von selbst einen Glimmstängel an, ein anderer hielt uns eine Predigt, wie sehr Gott alle Drogen, auch die Zigaretten, verboten hatte. Hin und wieder hatten wir Glück, hin und wieder Pech. Es wäre eine gute Möglichkeit gewesen, sich das Rauchen überhaupt abzugewöhnen, aber auf diese Idee kamen wir nicht.

Ein wenig Abwechslung bot eine Krabbe, die uns durch ein kleines Loch in der Mauer regelmäßig besuchte. Wir beneideten sie um den Gang in die Freiheit und untersuchten diesen genau, in der Hoffnung, ihn vergrößern zu können. Aber der harte Beton erdrückte jeden Fluchtgedanken. Hier waren wir hinter meterdicken, massiven Mauern sicher verwahrt. Wir legten unserem kleinen Gast jeden Tag ein paar Reiskörner hin.

Nach ungefähr drei Wochen besuchte uns der Konsul wieder. Er brachte einen Brief von Bens Mutter mit. Sie versicherte, dass wir mit der Hilfe unserer Familien rechnen könnten und kündigte auch einen baldigen Besuch an. Ben las mir den Brief immer wieder vor.

Jetzt konnten wir mit Dawkins oder einem anderen Anwalt in konkrete Verhandlungen treten.

„Wahrscheinlich geht es nicht so schnell mit unserer Freilassung, aber in einem Jahr gehe ich in Fürstenfeld mit meiner Tochter spazieren", träumte mein Freund vor sich hin. Wenn Dawkins der Spitzenanwalt war, für den er sich ausgab, dann konnte es vielleicht wirklich klappen.

Während der Zeit im Bunker wurde Ben einige Male zu Verhören abgeholt. Ich musste nur einmal eine Gesamtaussage bei der PTJ machen. Da mein Spanisch nur für den täglichen Gebrauch reichte, musste eine Dolmetscherin hinzugezogen werden. Ich machte die Aussage in Englisch und die Dame übersetzte ins Spanische. Ihr Englisch war auch nicht das Beste, wie ich feststellte. Ich hatte keine Möglichkeit dieses Protokoll auf seine Richtigkeit zu überprüfen und somit konnten die panamaischen Behörden hineinschreiben, was sie wollten. Auch von einem US-Amerikaner, einem Beamten der DEA, wurde ich befragt. Er war noch ziemlich jung, stand sichtlich unter Erfolgszwang und führte sich dementsprechend arrogant auf. Wenn ich Informationen über wichtige Personen des Cali-Kartells weitergeben würde, kämen wir in den Genuss eines Zeugenschutzprogramms, meinte er. Als er merkte, dass bei mir nichts zu holen war, reagierte er sauer. Beleidigt wandte er sich seinen Papieren zu.

„Wenn Sie nicht bereit sind zu kooperieren, müssen Sie mit einer Haftstrafe von mindestens 19 Jahren rechnen", versuchte er mich einzuschüchtern. Aber ich konnte ihm beim besten Willen nicht helfen. Ich kannte nur die Vornamen der wenigen Männer, mit denen wir Kontakt gehabt hatten, und die waren mit Sicherheit auch nur unbedeutende Handlanger.

Ben und ich sprachen natürlich ausführlich über die Einvernahmen und redeten auch über den ganzen leidigen Fall, damit wir die gleichen Aussagen machten. Das Verhalten des DEA-Mannes beunruhigte uns sehr. Es konnte noch immer passieren, dass uns die Amis in einer Nacht- und Nebelaktion irgendwohin verschleppten. Auch die Drohung mit 19 Jahren Haft verfehlte nicht ihre Wirkung, waren doch schon die acht Jahre, von denen Dawkins gesprochen hatte, eine Horrorvision!

„Stell dir nur vor, 19 Jahre Bunker", stöhnte ich und dachte voll Entsetzen an 19 Jahre mit diesen schrecklichen Kopfschmerzen.

„Das würden wir nie überleben", meinte Ben. „Schau dir unsere Haut an. Auf meinem rechten Arm habe ich bereits eiternde Stellen. Wir würden hier in Kürze verfaulen." Wie es so unsere Art war, versuchten wir mit tiefschwarzem Galgenhumor unsere Situation noch furchtbarer darzustellen.

Am 2. Dezember, am Nachmittag, hörten wir laute Stimmen im Vorraum. Es klang nach einer größeren Menschenansammlung. Aber in diesen Breiten konnten sich drei Leute so lebhaft miteinander unterhalten, dass man meinen konnte, es wären fünfmal so viele. Ein Wächter sperrte die äußere Türe auf und rief mit aufgeregter Stimme: „Eure Mütter sind da!" Wir sprangen von unseren Pritschen auf und folgten dem Mann in den Vorraum. Dort hatten sich mehrere Soldaten, der Kommandant, ein junger Mann in Zivil und – tatsächlich – unsere Mütter eingefunden. Natürlich fielen wir uns in die Arme, die Frauen weinten und auch wir verspürten einen großen Druck auf den Tränendrüsen. Die Leute im Raum klatschten in die Hände und lachten, sie freuten sich mit uns. Nachdem sie das Schauspiel ausgiebig genossen hatten, zogen sie sich zurück. Der junge Zivilist, stellte sich als Assistent eines Anwalts, namens Miller vor, mit dem unsere Mütter gesprochen hatten. Wir sagten ihm gleich, dass wir schon einen Anwalt hätten. Sichtlich enttäuscht verließ er den Raum.

In den ersten Minuten wussten wir nicht recht was wir sagen sollten, aber Bens Mutter schleppte gleich ein paar Plastiksäcke voll mit Mitbringseln an. Auch meine Mutter hatte eine Menge mitgebracht. Wir bekamen T-Shirts und Jeans, Unterwäsche, Toilettenartikel, Medikamente und eine Menge Lebensmittel. Besorgt untersuchte meine Mutter das Geschwür auf meiner Zunge und das geschwollene Zahnfleisch. Gemeinsam stellten wir eine Liste von lebenswichtigen Sachen auf, die sie uns bis zum nächsten Besuchstermin besorgen sollten.

Wir erzählten von der Mafiafalle und den Ereignissen danach, wir berichteten auch von Dawkins und von unseren Bedenken.

„Wir haben mit Miller, dem Anwalt, den uns der Konsul empfohlen hat, Kontakt aufgenommen", berichtete meine Mutter. „Der hat uns nicht besonders gefallen. Er ist ein Schwarzer, mit einem goldenem Schneidezahn." Wir lachten. Auch Dawkins hatte mehrere Goldkronen im Mund. Anscheinend zeigten die dunkelhäutigen Menschen, die es geschafft hatten der Armut zu entkommen, ihren Wohlstand auf diese Weise.

„Anfangs wollte dieser Senor Miller 80.000 Dollar, aber ich habe in kurzer Zeit seine Preisvorstellungen auf 50.000 Dollar heruntergehandelt", erzählte Bens Mutter stolz. Da war Dawkins mit seinen 25.000 Dollar ja recht bescheiden. Warum wohl? Vielleicht hätten wir noch erfolgreich weiter mit ihm handeln können, weil er ohnehin von einer anderen Seite bezahlt wurde. Wer waren seine wirklichen Auftraggeber?

Die Besuchsstunde verging viel zu rasch. Aber morgen wollten die beiden Frauen wiederkommen und vielleicht konnte der Konsul eine weitere Besuchserlaubnis für sie erwirken.

„Es geht nichts über brave Mütter", stellte ich zufrieden fest. In der Zelle kramten wir alle die schönen, so lange vermissten Sachen aus den Taschen.

„Schokolade!", stöhnte Ben genussvoll. Er stopfte sich eine ganze Rippe auf einmal in den Mund. Ich trank eine Packung Obstsaft mit einem Zug leer. Wir verfielen in eine richtige Fressorgie und trotzdem blieb noch eine Menge übrig. Unter den Medikamenten entdeckte ich Schmerz- und Schlafmittel und eine Heilsalbe.

Die folgende Nacht schliefen wir mit Hilfe der Schlaftabletten endlich einmal tief und fest. Unsere Zahnschmerzen brachten wir auch zum Schweigen. Mein Magen wölbte sich hart nach vor, so hatte ich ihn gefüllt. Großzügig hielten wir dem Wächter, der uns immer brav Zigaretten gegeben hatte, eine geöffnete Packung hin. Grinsend bediente er sich. Als wir am Vormittag zur Dusche gingen, hatten wir unsere neuen Toilettetaschen unter den Arm geklemmt und frische Wäsche und Kleidung mit. Wir seiften uns gründlich ein und kleksten reichlich Shampoo auf unsere schmierigen Zotteln. Das Rasieren ohne Spiegel war unangenehm, aber es ging. Duftend und mit den neuen Klamotten bekleidet gingen wir durch den Innenhof. Wenn uns die anderen Häftlinge auch nicht anschauen durften, so konnten sie uns an diesem Tag wenigstens riechen. Am Vorabend hatten wir Wundsalbe auf die von den Moskitos zerbissenen Stellen geschmiert und schon bald hatte der Juckreiz nachgelassen.

Ungeduldig warteten wir auf den nächsten Besuchstermin. Diesmal kamen unsere Mütter per Taxi. Sie durften zwei Stunden bleiben. Die Soldaten hatten zwei Stühle für die Frauen gebracht, vier wären natürlich bequemer gewesen, aber schließlich waren wir böse Verbrecher, daher mussten wir stehen. Gestern hatten wir von Big Macs und Coca Cola von McDonalds geschwärmt, und jetzt verdrückten wir bereits mit gutem Appetit diese Köstlichkeiten. Wir kauten jedoch vorsichtig, wegen unserer Zahnprobleme.

An diesem Tag bekamen wir Kopfpolster und Leintücher, somit wurden die Chancen für die Moskitos wieder geringer. Wir saßen noch nicht lange beisammen, als Dawkins auftauchte. Wie immer, trug er einen eleganten dunklen Anzug. Seine Goldzähne, die goldene Krawattennadel und die goldenen Manschettenknöpfe funkelten um die Wette, er selbst sprühte vor Charme und Wichtigkeit. Dawkins war sichtlich bemüht unseren Müttern zu gefallen. Wir besprachen noch einmal die Geschäftsbedingungen und erklärten ihm, dass wir nichts ohne Konsulat machen wollten und den Vertrag vor dem Unterzeichnen dem Generalkonsul zur Kontrolle vorlegen würden. Er willigte sofort ein und versprach, mit dem Konsul Kontakt aufzunehmen. Dawkins wollte eine Anzahlung von 9.000 Dollar bei Vertragsabschluss, dann 8.000 Dollar vor und 8.000 Dollar nach dem Prozess. Für die Häftlingsbetreuung verlangte er pro Person zusätzlich 1.000 Dollar, dafür wollte er uns mit Lebensmitteln, Medikamenten und Taschengeld versorgen. Alles klang soweit vernünftig und wir waren damit einverstanden.

Dawkins hatte auch einige große schwarze Säcke mitgebracht. Darin befanden sich unsere Sachen von der „Michelangelo". Als wir hineinsahen, schlug uns Modergeruch entgegen. Angenehm überrascht waren wir, als wir in den Hosentaschen noch ein paar Dollarnoten und einen Nagelzwicker fanden. Offensichtlich hatte, wegen des unangenehmen Geruchs, niemand den Inhalt der Säcke untersucht. Wir nahmen uns heraus, was wir brauchen konnten, den Rest gaben wir den Müttern mit, die dafür sorgen wollten, dass alles gewaschen wurde. Die Polizei hatte auch die Vorhänge und Bettwäsche von der „Michelangelo" in die Säcke gestopft. Auch für die Segeljacken hatten wir keine Verwendung.

„Wir werden alles, was ihr nicht braucht, nach Österreich mitnehmen", entschied Bens Mutter. Diesmal baten wir sie, uns einen Insektenstecker und ein Gewinde für die Glühbirne zu besorgen, an dem wir verschiedene Elektrogeräte anhängen konnten, wie zum Beispiel Ventilator und Radio. Jeden Tag bekamen wir neue Sachen dazu. In großen Stofftaschen verwahrten wir Reservekleidung, dauerhafte Nahrungsmittel, Bücher, Spiele und Schreibzeug.

Der Konsul war unseren Müttern behilflich, als Dawkins mit seinem Vertrag erschien. Der in Spanisch abgefasste Text musste noch einmal ins Englische übersetzt werden, bevor der Konsul das Okay zum Unterschreiben gab. In seiner Anwesenheit wurde die erste Anzahlung geleistet und quittiert. Soweit lief alles korrekt ab und wir konnten annehmen, dass unser Anwalt doch kein Gauner war.

Dawkins bemühte sich sehr um unsere Mütter und bot sich sogar an, sie einmal mit dem Auto zu uns zu bringen.

„Der Mann macht einen sehr guten Eindruck auf mich", meinte Bens Mutter. Er hatte die beiden Frauen zu sich ins Büro eingeladen und sie erzählten uns begeistert vom Banco Exterior in der Avenida Balboa, dem elegantesten und durch seine Architektur auffallenden Hochhaus, in dem er residierte.

„Wenn er sich so ein tolles Büro leisten kann, dann muss er gut verdienen", überlegte Ben. „Und dann muss er auch ein tüchtiger Anwalt sein", setzte ich zufrieden fort.

An diesem Nachmittag feierten wir den Geburtstag meiner Mutter. Sie hatte Torte und Cola besorgt. Als wir unserem Wächter auch von den Köstlichkeiten anboten, kümmerte er sich sofort darum, dass auch wir Stühle und für unsere Geburtstagsjause einen wackeligen Tisch bekamen. Anscheinend erzählte er seinen Kollegen, was es da zu feiern gab, und sie kamen unter einem Vorwand in den Raum und gratulierten meiner Mutter. Es war lustig zu beobachten, wie sich das Verhalten des Wachpersonals verändert hatte, seitdem wir regelmäßig besucht wurden. Anscheinend waren wir jetzt wieder normale Menschen geworden und nicht mehr die gefährlichen Verbrecher, vor denen man sich in Acht nehmen musste.

Der Kommandant der Station erlaubte unseren Müttern, dass sie uns an jedem Tag ihres Aufenthaltes besuchen durften. So wurden wir zwei Wochen lang bestens versorgt. Unser gesundheitlicher Zustand besserte sich fast schlagartig. Das Zahnfleisch festigte sich wieder und da wir Schmerztabletten besaßen, gab es auch keine Zahn- und Kopfschmerzen mehr. Die entzündeten Moskitostiche heilten ab und sogar das lästige Geschwür auf meiner Zunge verschwand. Außerdem nahmen wir zu, wie wir am Hosenbund merkten. Wir waren nun davon überzeugt, dass wir diese schwierige Zeit ohne größere Probleme überstehen würden.

Am folgenden Tag kamen unsere Mütter mit der Vizekonsulin, einer sehr attraktiven Frau, die in Panama ein Kinderdorf leitete. Sie war empört über unsere Unterbringung.

„Das ist gegen alle Menschenrechte", schimpfte sie. „Aber in diesen Ländern nimmt man es nicht so genau damit. Hier gibt es sogar noch eine Steigerung, das ‚Modello'. Ich besuche dort mit einer Frauenorganisation hin und wieder Häftlinge. Es ist die Hölle!"

Die Konsulin versprach, sich um uns zu kümmern. Sie würde einmal pro Woche vorbeischauen und uns alles bringen, was wir brauchten. Auch für die Verbindung nach Österreich würde sie sorgen, indem sie unsere Briefe von ihrem Büro aus an unsere Familien faxen wollte. Sie erschien uns wie der rettende Engel und wir vertrauten ihr. Wir erzählten ihr von Dawkins und auch sie fand sein freiwilliges Erscheinen seltsam und drückte deutlich ihr Misstrauen aus.

„Es wäre günstig, wenn Sie hier in Panama ein Konto einrichten würden, auf das ich Zugriff habe", schlug sie vor. „Ich bringe Ihnen monatlich das Taschengeld und kümmere mich um die Zahlungen für den Anwalt. Man muss die Mentalität der Leute kennen, um nicht von ihnen betrogen zu werden. Das Konto wird natürlich auch von der Botschaft überwacht, Sie brauchen also keine Angst zu haben, Ihr Geld wird korrekt verwendet." Als wir ihr von den 2.000 Dollars erzählten, die unsere Mütter Dawkins für Häftlingsbetreuung bereits gegeben hatten, meinte sie: „Ich werde ihn öfters daran erinnern."

Am Abend, als wir wieder alleine in unserem Bunker saßen, redeten wir über unsere Besucherinnen.

„Ist das nicht eigenartig? Von Männern werden wir ständig bedroht und reingelegt und Frauen helfen uns aus der Scheiße", stellte ich fest. Ben nickte zustimmend. Er hob die Mineralwasserflasche in die Höhe und prostete mir zu. „Auf die Frauen!"

„Wenn die Konsulin ihr Versprechen hält, können wir hier im Bunker schon eine Zeit lang überleben", fuhr ich fort. Im Moment fand ich alles nicht mehr so schlimm. Ich wusste ganz genau, dass meine Mutter irgendwie das Geld für die Anwaltskosten aufbringen würde, auch auf Bens Mutter war Verlass.

Der Aufenthalt unserer Mütter war viel zu schnell vorbei, aber mit ihrer Hilfe hatte sich unsere Situation um vieles verbessert. Jetzt mussten wir nur geduldig auf die Verhandlung warten. Dawkins vermutete, dass wir im Februar vor Gericht gehen und einige Monate darauf der Transfer in die Heimat stattfinden könnte. Das war eine absehbare Zeitspanne, die sich locker auf der linken Backe absitzen ließ.

Ich war froh, dass meine Mutter wieder zurückreisen konnte. Das heiße Klima und die Aufregung hatten ihr arg zugesetzt. Zum Glück war sie nicht krank geworden. Bens Mutter war robuster und hatte das „Unternehmen" geleitet, wofür wir ihr sehr dankbar waren.

Die Konsulin hielt ihr Wort und kümmerte sich vorbildlich um uns. Sie hatte sich mit Dawkins in Verbindung gesetzt und auch Erkundigungen über ihn eingeholt. Anscheinend gab es nichts Negatives über ihn zu erfahren. Er war in seiner Branche als Anwalt für Drogendelikte bekannt. Trotzdem meinte die Konsulin, wir sollten ihm nicht zu sehr vertrauen, sie hätte ein unbehagliches Gefühl.

„Vielleicht ist es nicht schlecht, wenn Dawkins ein Schlitzohr ist. Wahrscheinlich bringt er uns mit seiner Methode eher aus diesem Bunker, als ein redlicher, gesetzestreuer Anwalt", meinte Ben.

„Ich hoffe, Sie haben recht", sagte die Konsulin nachdenklich.

Am folgenden Freitag besuchte uns die Konsulin wie versprochen und brachte uns Brot, Saft und ein paar Köstlichkeiten von einem österreichischen Fleischer. Sie brachte Formulare für Strafregisterbescheinigungen, die wir gleich ausfüllen mussten. Dawkins verlangte von uns diese Papiere und darüber hinaus noch die üblichen Dokumente sowie Arbeitszeugnisse und Bescheinigungen über unsere Berufsausbildung. Um die übersetzten Kopien und gültigen Beglaubigungen wollten sich unsere Mütter kümmern. Auf diese Weise könnte bewiesen werden, dass wir anständige Menschen seien. Die Konsulin war sehr nett und wie es aussah, auch die einzige Person, die sich wirklich bemühte, dass etwas weiterging. Am kommenden Montag hatte sie vor, Dawkins zu treffen und Einsicht in die Akten zu nehmen. Ben hatte inzwischen zwei Faxe von zu Hause bekommen.

Zum Wochenende hatten wir uns einen „Sturm" gebraut, da wir das viele Obst nicht aufessen konnten. Er schmeckte lecker, war aber viel zu schwach, um uns beschwipst zu machen. Wir aßen viel und wurden wieder ein bisschen dicker. Unter unseren Spielen hatten wir auch ein „Halma", doch als ich ein paar Mal hintereinander gewann, verlor Ben die Lust daran. Wir warteten nur mehr darauf, dass es Montag wurde und die Konsulin wieder nach uns sah.

Am Montag, um cirka 14.00 Uhr hörten wir Schlüsselgeräusche und dachten, dass unser ersehnter Besuch käme, aber es war nur der Kommandant, der uns befahl, sofort duschen zu gehen und danach unsere Sachen zu packen. Wir würden woandershin verlegt, er könne uns aber nichts Näheres sagen.

Um 18.00 Uhr brachte uns ein Wächter vier Bücher, Brot, Zucker und die Auskunft: Die Konsulin und Dawkins würden am nächsten Tag zu Besuch kommen.

„Verstehst du, was da vorgeht?", fragte ich Ben beklommen.

Auch er meinte: „Irgendetwas ist da im Busch. Aber wenn die beiden morgen kommen, besteht wenigstens nicht die Gefahr, dass uns die Amis oder die Polizei in ein anderes Versteck verschleppen."

Ob uns die Konsulin und Dawkins wirklich helfen konnten? Wir waren wieder unsicher geworden.

„Wie ich diesen Psychoterror hasse!", rief Ben wütend. Wir warteten den ganzen nächsten Tag, aber niemand kam. Nach dem Abendessen packten wir den Ventilator und den Insektenstecker wieder aus und richteten unsere Betten her.

Ich konnte die ganze Nacht vor Angst nicht schlafen. Unsere Mütter waren voll guten Mutes abgereist, sie hatten das Gefühl gehabt, alles für uns geregelt zu haben, und wir waren seit Wochen wieder optimistisch und gut gelaunt. Was würde da auf uns zukommen?

Meine Mutter hatte mir beim Abschied empfohlen, mich durch Autosuggestion fit zu halte. „Sage dir jeden Tag ein paar Mal vor: „Ich bin stark und gesund! Das hilft dir sicher."

Ich war ein bisschen skeptisch, aber jetzt dachte ich an diese Worte und nachdem ich in Gedanken den Zauberspruch mindestens zwanzigmal hintereinander aufgesagt hatte, fühlte ich mich tatsächlich ein wenig besser.

Mittwoch, der 20. Dezember, wurde wieder ein Meilenstein in unserer Leidensgeschichte! Um 10.00 Uhr wurden wir von Beamten der PTJ abgeholt und mit unserem Gepäck ins Polizeigebäude gebracht. Dort steckte man uns mit einem Dutzend anderer Häftlinge in eine winzige Zelle. Nach dem Gestank zu urteilen, wurde dieser ungefähr acht Quadratmeter große Raum als WC benutzt. Wir standen dicht gedrängt wie in einer überfüllten U-Bahn. Die Männer unterhielten sich und stellten allerlei Vermutungen an.

„Von hier aus geht es direkt zur Hölle, Männer", sagte ein kräftiger Latino.

„Wie meinst du das?", fragte ein kleiner, kränklich aussehender Typ. Der Latino drängte sich an den Fragesteller, um besser mit ihm reden zu können.

„Ich meine damit das Modello. Nach ein paar Jahren in diesem Gefängnis bist du als Mensch nicht mehr zu erkennen", sagte er so laut, dass es alle hören konnten. Alle drehten sich zu ihm.

„Warst du schon einmal dort?", fragte ein weiterer Mann interessiert.

„Ich selbst war noch nie dort, aber ein Freund von mir", antwortete der Latino. „Nach drei Jahren wurde er zum Glück entlassen. Jetzt ist er total kaputt, er hat den Verstand verloren." Ein kleiner Schwarzer drängte sich in die Mitte der Zelle. In seinem Gesicht stand die nackte Angst. Er schluckte ein paar Mal, dann fragte er mit heiserer Stimme:

„Stimmt es, dass dort hunderte Menschen in kleinen Zellen zusammengepfercht leben?" Der Latino war sichtlich stolz, so im Mittelpunkt zu stehen.

„Stimmt", sagte er. „Nur wer stark ist, überlebt dort." Nun herrschte betretenes Schweigen. Ben, der dicht neben mir stand, gab mir einen leichten Stoß.

„Schau dir den Mann dort an. Ist das nicht Silva?", fragte er. Tatsächlich, das war Silva, der Mechaniker, den wir kurz vor unserer Abreise auf der „Michelangelo" kennen gelernt hatten. Er hatte Servicearbeiten auf dem Schiff verrichtet. Aber da bemerkte er uns auch schon.

„Hey hombres!", rief er. Wir fragten ihn, warum man ihn verhaftet hatte, da wir ihn mit unserem Fall mit keinem Gedanken in Verbindung brachten. Er wirkte erschöpft und sah krank aus.

„Ich habe eure Verhaftung im Fernsehen mitbekommen. Einen Tag danach ist die Polizei bei mir aufgetaucht", begann er zu erzählen. „Irgendjemand muss mich verpfiffen haben." Ich legte ihm mitfühlend die Hand auf die Schulter. „Sie kamen einfach in mein Haus und ohne eine Erklärung haben sie mich verprügelt. Dann haben sie alles durchwühlt und kaputtgemacht." Wir sahen ihn betroffen an.

„Wo hat man euch eingesperrt?", fragte er. Ich erzählte ihm vom Bunker.

„Hast du eine Ahnung, was man mit uns vorhat?", fragte ihn nun Ben.

„Du hast ja schon gehört, von hier weg geht es direkt ins Modello", antwortete er. Wir schwiegen wieder. Die Luft im Raum war dick und heiß und ich verspürte ein leichtes Schwindelgefühl. Aber in dieser Enge konnte ich wenigstens nicht umkippen.

„Diese Zelle ist ja schon der Vorhof zur Hölle", meldete sich wieder eine Stimme. „Wir sind schon seit Wochen hier. Tagsüber stopfen sie uns alle möglichen Leute herein, nachts ist es besser, da sind wir zurzeit nur zehn Mann."

„Ich bekomme Heimweh nach Noriegas Bunker", raunte ich Ben zu, als ich an den großen leeren Raum dachte.

„Das hier ist das Wartezimmer für die ärztlichen Untersuchungen", fuhr der letzte Sprecher fort. Nach einigen Minuten wurde ein Mann aufgerufen und weggebracht, nach einer Viertelstunde kam der nächste dran. Mit Herzklopfen warteten wir auf unseren Aufruf. Als ich dran war, rief mir der Latino nach:

„Auf Wiedersehen in der Hölle, Gringo!"

Ich wurde in einen kahlen Raum gebracht, in dem ein unfreundlich blickender Mann hinter einem wuchtigen Schreibtisch auf mich wartete. Er stellte mir drei Fragen: „Fühlen Sie sich gesund? Hören Sie Stimmen aus der Mauer? Haben Sie das Gefühl, es steht ständig jemand hinter Ihnen?" Die Antwort war einmal ja, zweimal nein und er knallte einen Stempel auf ein Papier. Ein Polizist führte mich in den Raum, wo unser Gepäck abgestellt worden war. Er befahl mir, aus meinen Sachen das Wichtigste herauszusuchen; mehr als zwei Plastiktüten dürfe ich nicht mitnehmen. Ben war inzwischen auch bei mir angekommen. Wir protestierten zornig, da zog der Polizist seinen Schlagstock und fuchtelte damit drohend herum. Er brüllte uns an, wir sollten gefälligst seinen Anordnungen Folge leisten. Traurig stopften wir Toilettensachen, Medikamente, ein paar Nahrungsmittel und Kleidung in die Tüten. Schade um die Sachen, die uns unsere Mütter besorgt hatten! Unseren restlichen Besitz würde Dawkins aufbewahren, erklärte man uns.

In einem Bus mit vergitterten Fenstern und mit starker Bewachung fuhren wir durch die Stadt. Die Strecke war uns bekannt, hier ging es wieder zum Bunker, dachte ich beruhigt, aber da bog der Bus ab.

„Wo werden wir hingebracht?", fragte ich einen Wächter. Er begann schallend zu lachen und zeigte auf ein festungsartiges Gebäude. „Hey, Gringo! Das ist Modello!" Die anderen Wächter stimmten in das Gelächter ein. Wir Häftlinge saßen mit versteinerten Gesichtern da und schwiegen.

Thing

Das Schiff stand wie eine mächtige Skulptur, hoch in den Himmel aufragend, vor uns. So vollkommen frei aus dem Wasser gehoben, konnten wir die formvollendete Rumpfschale mit dem imposanten Langkiel gut betrachten. Es war mit Holzpfählen rechts und links gesichert. Der schwere Kiel stand auf Eisenbahnschwellen, direkt am Boden. Die Bordkante war gut drei Meter über dem Boden und das Schiff nur mehr über eine Leiter zu betreten. Vom Deck ragten zwei Masten nochmals zehn und zwölf Meter in die Höhe. Das gesamte Unterwasserschiff war vom langen Stehen ohne Pflege, sehr stark mit Muscheln und Meeresgewächsen aller Art bedeckt. Wir begannen sofort mit dem Abspachteln der nun im Sterben liegenden Masse. So manche Muschel hatte sich im Laufe der Jahre fest an das Schiff montiert und es war nicht leicht, bis zur Lackschicht vorzustoßen.

Wir waren begeistert vom guten Zustand des Rumpfmaterials. Dieser Stahl schien im Meerwasser kaum zu rosten, an der Oberfläche wurde er tiefschwarz und oxydierte nicht weiter. Wie wir später erfuhren, verwendete die Werft speziell nachgeschmiedete Stähle, die durch die Oberflächenverdichtung beim Schmieden besonders korrosionsunempfindlich wurden. Wir konnten uns am Anblick des nun freigelegten Rumpfes kaum satt sehen. Das Blech begann am Kiel mit zehn Millimeter Stärke und wurde bis zur Bordkante bis auf fünf Millimeter reduziert. In dem extrem massiven und großen Kiel lagerten als Ballast sechs Tonnen in Beton eingegossene Bleibarren. Das Ruder, von Vertrauen erweckender Stärke und Größe, war mit drei mächtigen Angeln an der Rückseite an Kiel und Heck befestigt. Der Bugspriet, der noch gut zwei Meter vor das Schiff hinausragte, sah allerdings schon sehr verrottet aus und musste ausgewechselt werden. Nach der sehr genauen Untersuchung stellten wir fest, dass wir das Schiff wirklich bis auf die Rumpfschale neu bauen mussten. Am Rumpf selbst fanden wir keine nennenswerten Schäden.

Nachdem wir die abgeschabte Masse entsorgt hatten, richteten wir unter dem Schiff einen Stauraum und ein Lager ein, um genügend Platz im Inneren zu haben. Als wir alle wichtigen Werkzeuge besorgt hatten, begannen wir mit der Arbeit: Stück für Stück trennten wir mit Hilfe des Schweißbrenners das Deck bis zur Bordkante vom Rumpf. Wir wählten immer so große Stücke aus, dass wir sie zu zweit mühelos heben und entfernen konnten.

Da wir in den folgenden Monaten auf dem Schiff lebten, mussten wir nach einem gut durchdachten System vorgehen. Zuerst bewohnten wir den Bugraum und begannen vom Heck her das Deck und die gesamte Inneneinrichtung, bis zur blanken Schale zu entfernen. In der Mitte des Schiffs angelangt, stoppten wir das Entrümpeln und begannen damit das Heck wieder neu aufzubauen. Da unser Heck auf eine Spitze zusammenlief, beschlossen wir, als letztes hier einen Stau- und Generatorraum zu errichten. Dieser sollte durch eine Dichtschot vom restlichen Schiff getrennt werden und nur über eine Luke vom Deck aus zugänglich sein.

An die Dichtschot schlossen zwei gleichgroße Kabinen an, mit je einem breiten Bett und noch einmal soviel Freifläche zum Stehen. Die beiden Kabinen waren backbord und steuerbord angelegt und in der Mitte des Schiffes durch eine Trennwand abgeteilt. Die Backbordkabine wählte ich für mich aus, Ben wollte unbedingt die zukünftige Bugkabine haben. An die Schlafräume grenzte der Motorraum, der ziemlich genau in der Mitte des Schiffes lag. Links und rechts davon wurden Bad und WC installiert. Die Abdeckung des Motorraumes war gleichzeitig der Fußboden des künftigen Mittelcockpits. An die Nassräume und den Cockpitaufgang schloss der gemeinsame Wohnraum. Dieser wurde auf der Steuerbordseite drei Meter entlang der Bordwand als Küche benutzt. Daran anschließend war noch ein Meter für TV, CDs und meine Musikanlage reserviert. Gegenüber, auf der Backbordseite, war der Navigationsplatz, der aus einem großen Kartentisch und Regalen für die Instrumente bestand. Als Sitzgelegenheit beim Kartentisch benützten wir ein Hundertliterfass, das wir bis zur Hälfte im Boden versenkten. Gegenüber der Küchenzeile errichteten wir eine u-förmige Sitzbank, auf der bis zu sechs Personen Platz nehmen konnten. Den Abschluss bildete Bens Kajüte am Bug. Unter seinem Bett installierten wir den Kettkasten. Ein dickes Plastikrohr, das vom Deck bis unter das Bett führte, bildete die Verbindung zwischen Kasten und Anker. Logischerweise müssen auf einem Schiff alle schweren Sachen so tief wie möglich gestaut werden und da unsere Ankerkette gut dreihundert Kilo wog, war das der optimale Platz. Wir hatten das Glück, dass das Schiff, als wir es kauften, von seinem Vorbesitzer mit allen möglichen, teilweise alten, aber brauchbaren Dingen voll gefüllt worden war. Wie wir an Hand eines Tagebuches erfuhren, hatte dieser Mann, ähnlich wie wir, vor fünf Jahren seine Heimat verlassen und sich dieses Schiff als neues Heim eingerichtet. Laut Buch wollte er verschiedene Reparaturarbeiten ausführen und so hatte er eine Menge Dinge besorgt, die nun im Schiff herumlagen.

Was mochte mit diesem Mann geschehen sein? Die Eintragungen im Tagebuch hörten mit diesem Satz auf: „So kann es nicht weitergehen, ich muss hier raus." Da wir inzwischen mitbekommen hatten, wie chaotisch es in Venezuela zuging und wie schnell man total unschuldig in einem dieser unmenschlichen Gefängnisse verschwinden konnte, beschäftigte uns das Schicksal des Vorbesitzers. Wir versuchten im Büro der Marina, in der das Schiff jahrelang gelegen war, Erkundigungen einzuholen. Aber niemand konnte uns Auskunft geben und nach ein paar Monaten gaben wir auf.

Wir wollten aus diesem Schiff eine segeltüchtige Jacht machen. Nachdem wir genau wussten, was wir zu tun hatten, richteten wir uns für längere Zeit häuslich ein. Unser Wohnkomfort war sicher nicht viel besser als in einer Wellblechhütte in einem der Slums. Abend für Abend bereitete jeder für sich sein Nachtlager, dort wo gerade Platz war. Toilette und Dusche benützten wir gemeinsam mit den Arbeitern und den hier arbeitenden Schiffsbesitzern. Wir ernährten uns hauptsächlich mit Hilfe einer Einrichtung, die wir schlicht „Loch" nannten. Das ganze Gelände war, abgesehen von der Meeresseite, mit einer vier bis fünf Meter hohen Mauer umgeben. Um den Platz zu verlassen, musste man entweder ein Schiff haben oder durch das große Stahltor gehen. Das Einkaufen erwies sich als schwierig, da in direkter Nähe keine Geschäfte waren. Wir hatten zwar den Lkw nach Cumaná mitgebracht, aber der war nicht das ideale Cityfahrzeug. Taxis waren auf die Dauer zu teuer und außerdem nie da, wenn man sie brauchte. Das „Loch" war die Lösung.

„Wenn du an die kleine Holzklappe in der Mauer klopfst, öffnet sie kurz darauf jemand und du hast direkten Einblick in die Wohnküche des angrenzenden Hauses", weihte uns ein Arbeiter in dieses Geheimnis ein. Bei den geschäftstüchtigen Bewohnern dieses angrenzenden Gebäudes konnten wir gegen Bezahlung so gut wie alles bestellen oder besorgen lassen, es musste nur durch das „Loch" passen. Die Mitglieder der kinderreichen Großfamilie waren allesamt sehr freundlich und bemüht, alle Wünsche zu erfüllen. Nach kurzer Zeit hatten wir einige Daueraufträge organisiert. Wir bekamen Frühstück, Mittag- und Abendessen, sowie Getränke und Zigaretten. Der Preis für dieses Service war sehr günstig. Nicht nur wir waren Kunden bei dieser Familie, sondern fast alle Leute auf dem Platz ließen sich auf diese Weise verköstigen. Nur den Kaffee kochten wir selbst. Wir hatten einen speziellen Kaffeetopf aus Stahl, den wir bis zur Hälfte mit Wasser füllten, dazu kamen vier große Löffel gemahlener Kaffee. Auf einem kleinen Eisengestell erhitzten wir den Topf mit dem Autogen-Bunsenbrenner, der mit seinen über 2.000 Grad nur wenige Sekunden brauchte, um die Flüssigkeit zum Sieden zu bringen. Es war zwar immer etwas Satz im Kaffee, aber uns schmeckte er vorzüglich.

Auch die Wäsche übernahm die Familie hinter der Mauer, das funktionierte wie bei einer Waschmaschine: Wir stopften die schmutzige Wäsche durch das „Loch", einige Zeit später kam sie sauber und, wenn wir es wünschten, sogar gebügelt wieder heraus.

Unsere Arbeit war eigentlich der absolute Wahnsinn. Wir verbrachten den ganzen Tag in der riesigen Stahlschüssel, die in der prallen Sonne, bei über vierzig Grad, vor sich hinkochte. Zwar montierten wir dort, wo wir gerade werkten, eine Plane zum Schutz gegen das direkte Sonnenlicht, trotzdem war es noch so heiß, dass wir es nur in kurzen Hosen aushielten. Diese spärliche Bekleidung bot natürlich keinen Schutz gegen Verletzungen, wenn wir mit Schneidbrenner, großer Flex oder Schweißgerät arbeiteten. Wir hatten weder Schuhe noch T-Shirts an, höchstens Sandalen, Arbeitshandschuhe, Schutzbrille oder Schweißschirm. Wir brauchten unbedingt die Kühlung, die eine leichte Brise auf der nackten, verschwitzten Haut erzeugte. Natürlich kam es immer wieder zu Verletzungen, doch glücklicherweise nur zu kleineren. Allerdings schnitten wir uns beide mit der großen 2,2-KW-Flex in den Fuß. Ben konnte kein Blut sehen und auch keine „blutige" Geschichte hören, ohne in Ohnmacht zu fallen. Als ihm der Unfall mit dem

Fuß passierte, schaffte er es gerade noch, ein Tuch fest über die Wunde zu binden, bevor er umfiel. Das hätte böse enden können, da ich gerade für zwei Stunden in der Stadt zu tun hatte. In dieser Zeit hätte er unbemerkt in unserer Schüssel verbluten können. Als ich zurückkam, war er zwar noch blass um die Nase, hatte aber seine Wunde gut versorgt und fühlte sich soweit wohl.

Zwischendurch machten wir immer wieder kleine Arbeiten für andere Schiffsbesitzer. Das war aus finanziellen Gründen sehr wichtig für uns und außerdem erfuhren wir von vielen gebrauchten Dingen, die wir entweder billig kaufen oder abarbeiten konnten. Einmal erstanden wir zehn längliche Luken mit schönen Alurahmen, ein andermal eine große Zentralwinsch. Ein Superschnäppchen entdeckte Ben, als er in einer Werkstätte eine alte Düsenjägercockpitscheibe fand. Diese wurde auf unserem Schiff das Anfangsstück des Mittelhauses am Bug und bildete eine Art Lichtkuppel über Bens Kabine. Nicht selten passten wir unsere Baupläne den gefundenen Schätzen an. Auch mit Seilen und Segeln, nicht gerade in bester Qualität, dafür aber in großen Mengen, waren wir bald ausreichend versorgt.

In unserer Nachbarschaft stand ein uraltes, großes Holzschiff. Es wirkte optisch sehr schön, leider war das Holz schon überall angegriffen. An diesem Schiff arbeitete ein auffallender Mann, der von allen Nemo genannt wurde. Sein Haar war zu einem Zopf zusammengebunden. Aus seinem mächtigen, langen Vollbart, den er in mehrere Zöpfchen geflochten und mit bunten Bändchen und Perlen verziert hatte, ragte eine schmale Hakennase. Wir schätzten ihn auf Anfang fünfzig, er wirkte aber durch seine schlanke, drahtige Figur sehr jugendlich.

Als wir das Schiff bewunderten, sprach uns der Mann auf Deutsch an: „Ihr seid sicher Österreicher oder Deutsche", stellte er fest. Wir sahen ihn erstaunt an. – „Ja, wir sind Österreicher", gab Ben zu. „Ihr arbeitet ja wie besessen. Ich beobachte euch schon seit Tagen." Er interessierte sich sehr für unsere Arbeit, lobte unser handwerkliches Geschick und staunte über unser professionelles Werkzeug. Schon bald entwickelte sich eine freundschaftliche Beziehung. Nemo verriet uns einige Adressen, wo wir billiges Material beziehen konnten. Dankbar nahmen wir seine Tipps an. Er bot uns auch an, den Lkw und das Schweißgerät zu kaufen, sobald wir mit unserer Arbeit fertig wären. Dieses Angebot kam uns sehr recht, da wir finanziell ziemlich am Ende waren. Mit dem Lkw konnten wir ohnehin nichts mehr anfangen und das Schweißgerät war entbehrlich.

Nemo wohnte mit seiner schwedischen Freundin und zwei schwererziehbaren Burschen, die ihm ein deutsches Jugendamt zur Resozialisierung anvertraut hatte, auf der „Martha", einem uralten Sechzig-Tonnen-Fischerboot aus Holland. Die Jungs mussten als Matrosen arbeiten und kräftig zupacken.

Eines Tages lud uns Nemo zum Abendessen auf die „Martha" ein. Wir sagten erfreut zu, da wir ein wenig Abwechslung gut brauchen konnten. So begeistert wir auch an unserem Schiff arbeiteten, so eintönig verliefen doch die meisten Tage. Ein gutes Gespräch mit einem Landsmann würde uns sicher gut tun.

Auf die Entfernung wirkte die „Martha" malerisch, da ihre beiden großen Masten mit traditionellen Gaffelsegeln ausgestattet waren. Auch der wohlgeformte Holzrumpf mit seinem Kajütenaufbau am Heck und den glänzenden runden Messingluken hatte Stil. Das ganze Schiff war ein Relikt aus dem vorigen Jahrhundert.

Als wir am Abend von Nemo mit dem Dingi abgeholt wurden, stellten wir beim Näherkommen fest, dass die gute „Martha" leider schon sehr vom Alter gezeichnet war. Es gab offensichtlich Probleme mit dem Bug, wo sich durch die jahrzehntelange schwere

Beanspruchung grobe Verschleißerscheinungen erkennen ließen. An Deck wurden wir von zwei unwahrscheinlich hässlichen, fetten, mittelgroßen Kötern begrüßt, wovon sich der eine nur mit Mühe davon abhalten ließ, uns in die Waden zu beißen. Hier sah es wie in einer Dekoration für einen Piratenfilm aus. Nemo fehlte nur noch die Augenklappe und das Holzbein, um den Hauptdarsteller abzugeben. Das Deck war übervoll mit Fässern, Seilen, Kisten, Segelballen, Werkzeugen, Ketten und Ankern. Ben bekam sogleich einen begehrlichen Blick bei der Vielfalt an wunderbaren Schrottschätzen.

Nemo führte uns in den geräumigen Speise-Küchenraum, wo wir auch den Rest der Schiffsmannschaft antrafen. Der jüngere, der beiden Burschen, namens Ollie, saß am Tisch und war damit beschäftigt, einen Brief zu schreiben. Swen, der größere, schälte Kartoffeln. Britta, die Schwedin stand vor dem riesigen Tischherd und rührte in den Töpfen. Ein langer blonder Zopf baumelte über ihren Rücken, sie sah aus wie eine Wikingerfrau aus einem Comic-Heft. Nach der Begrüßung nahmen wir am großen Tisch Platz und bestaunten die gediegene Einrichtung aus massivem Holz. Die Küche erinnerte an die eines alten Landhauses. Leider wirkte alles ziemlich ungepflegt und verschmutzt, trotzdem bekamen wir ein vorzügliches Abendessen. Nach dem Essen führte uns Nemo in sein Allerheiligstes, das sich am Heck, im Steuerhaus befand. Stolz zeigte er uns verschiedenste Schätze aus der Schifffahrt. So hatte er neben alten Kompassen, Sextanten und anderen Instrumenten noch alle möglichen Kuriositäten in seinem Privatmuseum angesammelt. Wirklich begeistert waren wir jedoch, als wir den Motorraum unter dem Steuerhaus zu sehen bekamen.

„Das hier ist ein uralter Einzylinder mit nur sechzig PS, aber einem unglaublichen Drehmoment", erklärte Nemo.

„Mike, schau dir den Zylinder an!", rief Ben begeistert. Der Zylinder war mehr als mannshoch und hatte einen Außendurchmesser von gut achtzig Zentimeter.

„Ich werde euch die Maschine vorführen", sagte unser Gastgeber. Um den darin befindlichen Kolben in Bewegung zu setzen, musste er ein an der Kurbelwelle angebrachtes Schwungrad mit über zwei Metern Durchmesser, per Hand drehen.

„Geschmiert wird der Kolben, indem man dieses Türchen am Zylinder öffnet und das Öl direkt auf den Kolben spritzt", erklärte Nemo und führte diese Tätigkeiten vor. Um den Motor zu starten, musste er eine sehr komplizierte Prozedur vollziehen: Der Kolben wurde mittels Schwungrad in die optimale Lage gebracht, der Verbrennungsraum von außen mit Gasbrennern vorgeheizt und letztendlich das Ganze mit Hilfe einer Art Sprengkapsel in Bewegung gesetzt. Das Laufgeräusch war unglaublich, der riesige Kolben gab bei hundert Umdrehungen pro Minute sonore Basstöne aller Art von sich. Durch den ofenrohrähnlichen Auspuff, der durch das Steuerhaus wie ein Schornstein übers Dach geführt wurde, kamen in rhythmischen Abständen wunderschöne Rauchringe.

„Ich glaub', ich träum'!", rief Ben und wir starrten den sich auflösenden Ringen nach.

Nun berichtete Nemo von den Problemen und Nachteilen eines schon betagten Holzschiffes. Der alte Motor war unter anderem mit Schuld, dass das Schiff in so schlechtem Zustand war.

„Die Maschine entwickelt natürlich mächtige Schwingungen und Vibrationen", begann Nemo. „Im Laufe der Jahrzehnte haben sie das Material stark beansprucht, und jetzt leckt der alte Kahn an mehreren Stellen."

„Ist das die Pumpe?", fragte ich und deutete auf den Pumpenschwengel, den ich an Deck sah. Solche Geräte kannte ich von alten Häusern auf dem Land; damit wurde in den Vorgärten Wasser aus tiefen Brunnenschächten heraufgeholt. Nemo seufzte: „Ja, das stundenlange Pumpen tagtäglich nervt uns alle gewaltig. Ich bin froh, dass ich die beiden Jungs habe. Da können sie ihre Muskeln trainieren."

„Ihr habt ja den Motor gesehen", fuhr Nemo fort. „Uralt und interessant, aber die Korrosion macht ihm zu schaffen. Momentan ist die ‚Martha' nicht seetüchtig. Ich möchte sie demnächst für ein Service an Land bringen."

Er wartete bereits auf einen Platz in einer nahe gelegenen Werft für mittelgroße Nutzschiffe. Für Navimca war die „Martha" zu groß und zu schwer. Offiziell brachte sie sechzig Tonnen Verdrängung auf die Waage.

„Sie hat aber sicher zwanzig Tonnen mehr", vermutete Nemo. „Ihr wisst schon, all der Schrott." Er deutete auf die Gerümpelberge an Deck. In der Werft, wo er sich angemeldet hatte, wurden die Schiffe auf Schienen herausgezogen. Mit einem Weichensystem konnten sie auf dem Gelände verteilt werden.

Es war wirklich unglaublich, wie viele Dinge sich im Laufe der Zeit auf Nemos Schiff angesammelt hatten. Er hätte locker ein kleines Schifffahrtsmuseum damit ausstatten können. Für ihn und seine Crew wurde das sperrige Zeug aber schon zur Belastung. Es war natürlich nicht einfach, Räume, die bis zur Decke gefüllt waren, zu reinigen oder die für das Schiff notwendigen Servicearbeiten zu erledigen. An Deck gab es störende Haufen von Tauen und Segeltuch, in die die beiden Hunde ihre Notdurft verrichteten oder ihr Territorium markierten.

Bis spät in die Nacht saßen wir bei einer Flasche guten Rotwein, erzählten unsere Abenteuer und sprachen über die Pläne und Träume, die wir verwirklichen wollten.

Unsere Arbeit ging trotz der sengenden Hitze gut voran. Ben und ich waren fast ständig beim Schiff. Einmal musste ich mich für drei

Wochen von Ben und der Arbeit verabschieden. Goody und ein befreundetes Paar kamen aus Österreich und verbrachten auf Margarita ihren Urlaub. Wir quartierten uns in ein nettes Ferienhaus mit Pool ein. Dieses Anwesen gehörte einem Deutschen, der in Venezuela ebenfalls schlechte Erfahrungen gemacht hatte: Hannes war mit einem beträchtlichen Vermögen eingewandert und hatte mit einem Einheimischen ein Transportunternehmen gegründet. Er schaffte vierzig kleine Frachtflugzeuge an, doch als die Firma gut zu laufen begann, kam es zu Streitereien mit dem Partner. Die staatlichen Behörden mischten sich ein und konfiszierten kurzerhand alle Maschinen. Die Flugzeuge standen lange Zeit ungeschützt auf einer Piste. Ein schweres Unwetter mit Muren und Überschwemmung zerstörte sie. Hannes blieben noch die zwei Häuser auf Margarita; in einem wohnte er mit seiner Familie, das andere vermietete er. Inzwischen hatte er ein gut gehendes Tourismusunternehmen aufgebaut und Tom arbeitete für ihn.

Nach der schweren Arbeit hatte ich diese Erholung dringend nötig. Wir schwammen viel und machten mehrere Ausflüge. Abends trafen wir uns gerne bei Kurt im „Tarzan". Harry, der Koch, hatte unseren Container gekauft und ihn hinter dem Lokal unter schattenspendenden Bäumen gestellt. Seitdem wohnte er in dieser Behausung. Wir besuchten auch Ben und unser Schiff am Festland. Unsere Freunde bewunderten es gebührend und fotografierten es von allen Seiten. – Die Zeit verging viel zu schnell und ich musste wieder nach Cumaná zu unserer Baustelle.

Eines Tages stellten wir fest, dass unsere Visa in einem Monat ablaufen würden, und wir beschlossen, sie nicht mehr zu verlängern, sondern vorher abzureisen. Die Stahl- und Blecharbeiten hatten wir inzwischen großteils erledigt und wir hatten bereits eine große Fläche mit Rostschutz gestrichen. Bei der Inneneinrichtung gab es fürs erste nur das Notwendigste, da wir inzwischen nur mehr wenig

Geld hatten. Von den zehntausend Dollars, die wir inzwischen für das Schweißgerät und den Lkw von Nemo bekommen hatten, waren nur mehr zweitausend übrig, dabei hätten wir gerne noch um zwanzigtausend eingekauft. Als die Visa endgültig abgelaufen waren, waren wir noch immer nicht in der Lage, unser Schiff als seetüchtig zu bezeichnen. Nemo würde in einer Woche seine „Martha" an Land bringen lassen und sie danach ungefähr drei Wochen lang restaurieren. Er machte uns den Vorschlag, danach in eine versteckte Bucht zu fahren, wo wir uns längere Zeit ohne Probleme aufhalten könnten. Generator, Werkzeug und Baumaterialien hatten wir auf beiden Schiffen, so konnten wir auch in dieser Abgeschiedenheit unabhängig arbeiten. Sobald unser Schiff seetüchtig war, wollten wir zu den Niederländischen Antillen aufbrechen.

Wir konzentrierten uns bei der Arbeit auf Dinge, die unbedingt erledigt werden mussten, um das Schiff ins Wasser stellen zu können: Zu- und Abflüsse, Anschlüsse für das Echolot, Ruder- und Motoranlage, so wie das Streichen aller korrosionsanfälligen Teile. Der Motor konnte ohnehin nur mehr in Notfällen eingesetzt werden, da der gesamte Zylinderkopf schon sehr zerfressen und schwer abzudichten war. Den Segeln wollten wir später in der Bucht noch mehr Aufmerksamkeit schenken; wir besorgten also gute Nadeln und starkes Nähgarn zum Ausbessern. Der kleine Dieselgenerator im Heck lief zwar holprig, erzeugte aber ausreichend Strom. Das halbe Schiff war bald, so ähnlich wie bei Nemo, mit gebrauchtem Schiffszubehör und unterschiedlichem Halbzeug, wie Stahl-, Holz- und Plexiglasplatten, Gewindestangen, Stahlrohren und Aluprofilen angefüllt. Der große Vorteil war, dass wir weder Haustiere mit gesunder Verdauung besaßen noch vorhatten, die angehäuften Sachen so lange zu lagern, bis sie faulen oder verrotten konnten. Sogar die dritte Kajüte hatten wir bis zur Decke mit Materialien gefüllt.

Tom konnte fürs erste leider nicht mit uns kommen, da es viel zu gefährlich gewesen wäre, bei einer etwaigen Kontrolle mit ihm erwischt zu werden. Es war riskant genug sich mit einem seit zwei Monaten abgelaufenem Visum in Venezuela aufzuhalten. So wie wir die Verhältnisse hier kennen gelernt hatten, mussten wir im Falle einer Kontrolle damit rechnen, gleich eingesperrt zu werden und auch das Schiff an die Behörden zu verlieren. Wir vereinbarten mit Tom, dass er nach Curaçao nachkommen sollte, sobald er dazu eine Möglichkeit fand. (Nach ungefähr einem Jahr gelang es ihm, mit einem Reisepass, den ihm ein Freund mitgebracht hatte, nach Österreich zurückzukehren. Er hatte endgültig genug von diesem Teil der Welt.)

Unser Schiff war inzwischen schon sehr ansehnlich geworden. Das Unterwasserschiff hatten wir bis zur weißen Wasserlinie mit einem türkisgrünen Antifouling zum Schutz gegen Bewuchs gestrichen. In starkem Kontrast dazu folgte ein schönes Dunkelrot bis zur Bordkante, das gesamte Deck war weiß. Alle begehbaren Flächen waren mit hellgrauer Farbe gestrichen, in die wir ganz feinen Sand beigemengt hatten. Nun fühlte sich diese Lackfläche wie feines Schmirgelpapier an und verhinderte ein Ausrutschen.

Beide Masten hatten wir mit einem Kran vom Schiff heben lassen, um ihnen danach an Land liegend eine genaue Kontrolle und Pflege zukommen zu lassen. Etliche Inox-Teile mussten erneuert werden. Entsetzt stellten wir fest, dass so mancher Hightech-Stahl im Laufe der Zeit seine Eigenschaften stark verändert hatte. So fanden wir einige Terminalteile, die bei starken Schlägen wie Glas zersprangen. Das war mir bisher nicht bekannt gewesen. Auch wenn seit der Herstellung vielleicht dreißig bis vierzig Jahre vergangen waren, war dieser Zustand untragbar für das Rigg. Aus Geldmangel tauschten wir einige Spanner, denen wir nicht mehr vertrauen konnten, gegen billigste, rostende, chinesische aus. Nachdem wir diese überdimensionierten Wantenspanner montiert und justiert hatten, schmierten wir sie dick mit Fett ein und bandagierten sie danach mit Segeltuchstreifen, um eine allzu rasche Korrosion zu verhindern. Uns war klar, dass wir diese und viele andere Teile am Schiff bald durch bessere ersetzen mussten.

Das Cockpit war uns vorzüglich gelungen. Ben hatte ein Stück feinster Schmiedearbeit bei der Gestaltung des Steuerplatzes vollbracht. Es war jetzt, wo alles schön lackiert war, kaum vorstellbar, dass hier, bis hin zum Fünfmillimeterblech, alles in reiner Handarbeit geschaffen worden war.

Das Materiallager unter dem Schiff hatten wir mittlerweile aufgelöst. Als wir es so frei vor uns stehen sahen, fanden wir, dass wir gute Arbeit geleistet hatten. Alle Neukonstruktionen fügten sich harmonisch und formschön zum ursprünglichen Schiffskörper.

„Hast du dir überlegt, wie dieses Ding heißen sollte?", fragte ich Ben, auf das Schiff zeigend. Da er mit soviel Freude an der Gestaltung der Jacht gearbeitet hatte, nahm ich an, dass er schon einen originellen Namen parat haben würde. Er sah mich aber nur groß an und meinte: „Ich habe noch nie darüber nachgedacht. Für mich war es eigentlich immer das ‚Ding‘". Ich überlegte. Sollten wir den Namen von Bens Freundin oder den von meiner nehmen? Wir konnten uns nicht einigen, also musste ein neutraler Name her. Nach längerem Hin und Her beschlossen wir unser geliebtes Schiff einfach „Thing" zu nennen. Das war so fantasielos, wie wenn ein Hundebesitzer sein Tier „Hund" genannt hätte. Wir waren mit „Thing" zufrieden und Goody ließ in Österreich das Schiff auf diesen Namen registrieren.

Auch Nemo hatte mittlerweile seine Arbeiten an der „Martha" beendet und sie wieder ins Wasser gestellt. Er war sehr enttäuscht, dass sie nach wie vor stark leckte und ihm das Pumpen auch für die Zukunft nicht erspart blieb.

Wir beglichen unsere Rechnung in Navimca und bestellten den Travellift, der das Schiff ins Wasser heben sollte. Das war sicher einer der aufregendsten Tage in meinem Leben. Ab dem Hochheben dauerte es noch gut zwanzig Minuten, bis der Lift über das gesamte Gelände, bis hin zum Wasser gelangte. Der Lift hatte eine Waage, an der wir sehen konnten, dass unser Schiff knapp über fünfzehn Tonnen wog – das entsprach dem Idealgewicht.

Die Spannung war fast unerträglich, als unsere „Thing" immer näher an die Wasseroberfläche gebracht wurde, endlich eintauchte und mit dem Eintauchen tatsächlich optimal, knapp unter der Wasserlinie stoppte. Sofort kontrollierten wir alle Wasseraus- und Eingänge, sowie Auspuff, Toilette, Abwasser und Gerätedurchlässe auf ihre Dichtheit und Funktion. Mit einem Mal war uns der große Unterschied zwischen einem Holz- und einem Stahlschiff klar geworden: Ein Stahlschiff musste absolut dicht sein, ein Holzschiff hingegen war es nur in den seltensten Fällen.

Es war ein erhebendes Gefühl, als wir zum ersten Mal das leichte Schaukeln der Freiheit spürten. Langsam wurden die Hebegurte unter dem Rumpf herausgezogen und nur noch ein paar dünne Leinen blieben als Verbindung zum Festland. Nachdem wir alle Sicherheitschecks abgeschlossen hatten, ging es an den ersten richtigen Probelauf des Motors, wobei es hauptsächlich um das Testen des von Ben ausgeklügelten Kühlsystems ging. Der Kühler war direkt an das Außenblech im Unterwasserbereich geschweißt und das heiße Wasser wurde vom Meer gekühlt. Aus diesem Grunde war es uns bisher nicht möglich gewesen, den Motor länger als fünf bis zehn Minuten laufen zu lassen. Nach einer halben Stunde Warmlauffase, die wir mit den Vorbereitungen für unsere erste Ankerung verbrachten, fuhren wir rücklings aus der Navimca-Schleuse heraus und gingen neben der wartenden „Martha" vor Anker. Wir feierten noch das gelungene Werk, gingen aber bald zu

Bett, weil wir früh am nächsten Morgen nach Bahia Grande, der versteckten Bucht, aufbrechen wollten. Ich konnte lange nicht einschlafen, da mir so viele Gedanken über die ungewisse Zukunft und die aufregenden Abenteuer, die uns noch bevorstehen würden, im Kopf herumschwirrten.

Mit großem Eifer begannen wir am nächsten Morgen mit den Vorbereitungen zur Abfahrt. Wir checkten noch einmal unsere Vorräte durch, die uns für ein Monat Unabhängigkeit garantieren sollten. Mit dem Gefühl, gerade eine große Schlacht gewonnen zu haben, entfernten wir uns mit fünf, sechs Knoten vom Festland und folgten der „Martha". Nach ungefähr drei Stunden, die wir sehr genossen, erreichten wir Bahia Grande. Das war keine richtige Bucht, sondern ein riesiges Labyrinth von Kanälen und Teichen, das zum Großteil mit fantastischen, saftig grünen Mangrovenwäldern begrenzt war. Das dahinterliegende Land war eine rotbraune Halbwüste. Außer ab und zu einer Ziege begegnete man hier keinem Lebewesen. Nun war uns klar, warum Nemo diesen Platz ausgewählt hatte. Hier hätten wir uns wahrscheinlich jahrelang verstecken können. Nachdem wir geeignete Ankerplätze gefunden hatten, fühlten wir uns hier sehr sicher. Die Umgebung war malerisch, das Wasser türkisblau, glasklar und herrlich zum Schwimmen.

Wir überprüften unsere Segeltuchvorräte und holten Stück für Stück heraus, kontrollierten den Zustand und zogen die Segel zur Probe auf. Außer den wenigen, die schon an Bord waren, hatten wir nur gebrauchte, die natürlich nicht für unsere „Thing" angefertigt worden waren. Wir mussten viele Änderungen vornehmen. Mit den Näharbeiten plagten wir uns sehr, da die meisten Tücher aus unglaublich widerstandsfähigem, dichtem Kunststoff waren. Um mit der Nadel durch das Material stechen zu können, mussten wir uns etwas Besonderes einfallen lassen. Wir bastelten einen Minilötkolben für zwölf Volt. Mit der kleinen, aus Kupferdraht bestehenden

Spitze, die nach kurzer Zeit glühte, wurde jedes einzelne Loch vorgestochen und danach mit Nadel und Zwirn vernäht.

Wichtig war auch noch der Großschott-Traveler. Hier mussten wir die optimale Übersetzung herausfinden. Ben hatte ein paar nützliche Rollenblöcke für diesen Zweck gefertigt. Unsere Winschen, ebenfalls gebrauchte, hatten wir günstig erstanden. Wir besaßen eine große Zentralwinsch für das Groß mit einundzwanzigfacher Übersetzung. Für sie hatten wir nur ein wenig Zeit und kein Geld aufwenden müssen. Total verschmutzt hatten wir sie in Cumanágoto im Müll gefunden; nach dem Reinigen und Restaurieren war das Stück so gut wie neu. Die beiden kleineren, backbord und steuerbord angebrachten Winschen waren perfekt für das Vorsegel.

Ein größeres Problem stellten die Navigationsgeräte dar. Damit waren wir aus finanziellen Gründen leider sehr schlecht ausgestattet. Zu unserem GPS, das wir gebraucht von Hannes gekauft hatten, fehlte leider die Originalantenne. Er hatte das Gerät aus einem seiner kaputten Flugzeuge herausmontiert, die Antenne war leider nicht zu retten gewesen. Mit allen möglichen Tricks versuchten wir eine Ersatzantenne anzufertigen, was uns aber nicht gelang. So war es nur möglich, bei absolut wolkenfreiem Himmel die Position zu bestimmen. Für die Bedienung des alten Sextanten, der sich schon auf dem Schiff befunden hatte, fehlte uns das Fachwissen über die Gestirne. Der alte Jachtkompass wäre wohl besser am Bodensee aufgehoben gewesen. Außerdem war es unmöglich, den Kompass auf einem Stahlboot so zu installieren, dass er von schiffseigenen Magnetfeldern nicht abgelenkt worden wäre. Auch das Echolot wollte nicht korrekt arbeiten, obwohl wir es zuvor ohne Schiff ausprobiert hatten. Jetzt, wo wir im Wasser waren, war es so gut wie unmöglich, den Geber auszuwechseln, da er fix im Rumpf montiert war. Wir mussten also warten, bis wir das Schiff wieder einmal aus dem Wasser heben würden, um einen neuen Geber einsetzen zu können. Unter dem Strich hatten wir keine wirklich brauchbaren Instrumente und bei den meisten Navigationsarbeiten würden wir auf dem Stand von Kolumbus agieren.

Nach all den schweren und nicht immer sauberen Arbeiten, bei denen ich nur alte Hosen und T-Shirts getragen hatte, fand ich endlich einmal Zeit meine beiden Kleiderkoffer zu kontrollieren. Sieben Monate lang hatte ich sie nicht geöffnet. Meine schönen Seidenhemden, auf die ich sehr stolz war und die teuren Markenjeans waren in einem traurigen Zustand. Der gesamte Inhalt war verschimmelt und die meisten Textilien waren so angegriffen, dass sie bei der leichtesten Berührung zerfielen.

„Schau dir diese Bescherung an!", rief ich Ben enttäuscht zu. Er warf einen Blick auf die vergammelten Sachen und begann schallend zu lachen.

„Näh dir einen neuen Anzug aus den Segelresten", ätzte er. Aber er stand mir bei, als ich schweren Herzens meine Garderobe in einem Loch an Land begrub.

Modello

Mit einem Ruck blieb der Bus vor einem festungsartigen, hässlichen Betongebäude stehen. Uniformierte Männer, die auf mehreren Wachtürmen postiert waren, kontrollierten das Geschehen rund um diesen bedrohlichen Bau. In der prallen Sonne wartete eine lange Menschenschlange vor dem gut gesicherten Tor auf Einlass. Vorwiegend Frauen, aber auch Kinder wollten ihre Angehörigen in diesem Gefängnis besuchen. Durch ein Spalier von Polizisten wurden wir an den Besuchern vorbei in das Gebäude gelotst und mit einigen anderen Häftlingen in eine Abstellkammer gequetscht, wo wir wieder, dicht aneinander gepresst, weitere endlose Stunden verbringen mussten. Ständig wurden Männer herausgeholt und andere hineingestopft. Irgendwann war auch ich an der Reihe und musste in einen schmuddeligen Waschraum gehen, wo bereits zwei Uniformierte auf mich warteten. Der eine stand mit seiner Maschinenpistole in der Ecke und zielte auf mich, der andere gab mir zu verstehen, dass ich mich ausziehen und meine Sachen auf den feuchten Boden werfen sollte. Er untersuchte die Kleidungsstücke ganz genau, jeden Saum unterzog er einer Kontrolle.

Danach inspizierte er den Inhalt meiner beiden Plastiksäcke. Alles Essbare, die Medikamente, natürlich auch die Vitaminpräparate und ein Großteil der Toilettesachen wurden konfisziert. Ich zog mich wieder an, nahm die kurze Hose und die beiden T-Shirts plus Zahnbürste und ließ mich zur nächsten Station bringen. In einem Büro füllte ich einen Fragebogen aus und unterzeichnete mit meinen Fingerabdrücken. Hier lief noch alles einigermaßen menschlich ab. Ich konnte ganz normal, fast wie auf einem Amt, im Gang auf einer Bank sitzend warten. Es dauerte nicht lange und auch Ben war durch die Prozedur gelangt und setzte sich neben mich. Auch ihm hatten sie so gut wie alles abgenommen und wir machten uns Luft, indem wir ausgiebig, aber leise schimpften. Durch eine schwere Stahltür am anderen Ende des Ganges wurden wir mit mehreren Leidensgenossen zum Zellentrakt gebracht. Wir befanden uns nach wie vor im Erdgeschoß des Gebäudes, das sich jedoch, es war kaum zu glauben, nach dieser Tür noch um ein Vielfaches hässlicher präsentierte. Beißender Gestank schlug uns entgegen. Die mit der Aufsicht betrauten Polizisten sahen aus wie Statisten, die gerade von den Dreharbeiten zu MAD-MAX, Teil 13, gekommen waren: Alle waren überdurchschnittlich groß, trugen grüne Kampfanzüge, an ihren Gürteln baumelten jeweils zehn aluglänzende Tränengasgranaten, Gasmasken und Schlagstöcke in Baseballschlägergröße.

An einer schalterähnlichen Maueröffnung wurden nun unsere Transportpapiere durchgesehen. Wir konnten kurz durch ein Gittertor blicken, hinter dem sich eine große Menschenmenge tummelte. Zwei der alles eher als Vertrauen erweckenden Wärter brachten uns, nachdem sie eine Weisung erhalten hatten, über eine Treppe in den Keller. Noch einmal wurden wir an einer Stahltür überprüft und dann in die Unterwelt eingelassen.

Die düstere Umgebung machte großen Eindruck auf uns. Alles erinnerte an ein finsteres Verlies aus dem Mittelalter. Der Gang, den wir entlang marschierten, endete nun an einem großen, im Halbdunkel liegenden Gittertor. Je näher wir kamen, umso stickiger und stinkender wurde die Luft. Am Ende angelangt, wollte ich meinen Augen nicht trauen. Über die gesamte Fläche des etwa dreimal drei Meter großen Gitters waren von oben bis unten dunkle Gesichter zu sehen, aus denen gespenstisch hell Augäpfel und Zähne schimmerten. Ein Wärter begann mit seinem Schlagstock gegen das Gitter zu trommeln, um die Menschen dahinter dazu zu bewegen, etwas Platz zu machen. Während der eine laut schreiend und schimpfend versuchte, mit dem Schlagstock möglichst viele Finger, die sich an den Eisenstäben festhielten, zu treffen, öffnete der zweite in der Mitte des Gitters eine Tür. Kaum war sie einen Spalt weit offen, schnappten uns die Wärter und stießen uns durch die Öffnung in die bedrohliche Menschenmasse. Hinter uns schlug das Tor wieder laut ins Schloss und wurde schnell verriegelt. Noch nie in meinem Leben hatte ich mich so entsetzlich hilflos und ausgeliefert gefühlt. Das Einzige, was mich vor dem Durchdrehen bewahrte, war das Gefühl, mich in einem Albtraum zu befinden, aus dem ich hoffentlich bald aufwachen würde.

Hier standen wir also im Halbdunkel, unsere Plastiktüten umklammernd, inmitten einer Menschenmasse, die fast nur aus schwarzen Männern im Alter von 16 bis 90 Jahren bestand. Alle redeten gleichzeitig auf uns ein und wollten alles Mögliche von uns wissen, wir waren mit unseren spärlichen Spanischkenntnissen vollkommen überfordert. Auch die vielen Hände, die mich aus dem Halbdunkel nach Brauchbarem abtasteten, versetzten mich in Panik. Endlich sprach uns jemand auf Englisch an und forderte uns auf ihm zu folgen. Wir kämpften uns durch die dichtgedrängte Menge schwitzender Menschen den Gang entlang. Alle drei Meter gab es eine Türöffnung nach links und nach rechts. Die siebente Öffnung, eine der wenigen mit Türe, war unser Ziel. Im Raum dahinter befand sich eine noch dichter gedrängte Menschenmenge. Ich entdeckte ein paar weiße Gesichter, es schien sich hier um eine „Ausländerzelle" zu handeln, in der auch Nordamerikaner und Europäer untergebracht waren. Mühsam durchquerten wir auch diesen Raum, um am anderen Ende in einen noch kleineren zu gelangen. „Hier seid ihr fürs erste sicher", sagte unser Führer.

Ich betrachtete fassungslos meine neue Umgebung und versuchte die Größe des Raumes abzuschätzen, was bei der dicht gedrängten Menschenmenge gar nicht so einfach war: Diese Zelle war ungefähr viermal vier Meter groß und auch gut vier Meter hoch. Zur Linken war ein Teil des Raumes durch eine halbmeterhohe Mauer abgetrennt, dahinter war, am Gestank erkennbar, das Pissoir. Einige Männer standen auf der niedrigen Mauer und pinkelten in den Trog hinunter.

An der gegenüberliegenden Seite war die Konstruktion ähnlich; aus der Wand floss aus mehren Rohren ständig etwas Wasser, das waren die Duschen, daher musste man hier über die Mauer in den Trog klettern, um sich waschen zu können. Jetzt entdeckte ich auch noch die Klos, die aus vier Löchern im Boden bestanden. Die kleinen schmutzigen Hügel, mit dem Loch in der Mitte, erinnerten an kleine Vulkane. Ich schaute durch eine Lücke zwischen dicht nebeneinander und übereinander befestigten Hängematten und entdeckte knapp unter der Decke zwei schmale, vergitterte Kellerfenster. Trotz dieser Öffnungen war der Gestank fast nicht auszuhalten. Soweit es möglich war, hatten die Häftlinge die Hängematten an den Fenstergittern befestigt. Auf der gegenüberliegenden Seite gab es aber keinerlei Haken, daher waren die Schnüre nur an die Betonwand geklebt. Wie mangelhaft diese Montage war, konnten wir bald erleben.

Aus der Menge drängte sich ein Mann mit kahlrasiertem, grindigem Schädel in unsere Nähe und gab uns einige einführende Erklärungen zur Hausordnung. Wir erfuhren, dass wir uns tatsächlich in der „Ausländerzelle" befanden. Hier konnten sich die Fremden angeblich am besten vor der schwarzen, panamaischen Übermacht schützen. In der Nacht wurde sogar die Zellentür von innen mit einem Vorhängeschloss extra versperrt.

„Es gibt auch noch einen Gemeinschaftswaschraum für die anderen Häftlinge hier im Keller, der ist neutrales Gebiet", erklärte der Glatzkopf eifrig. „Dort hausen hauptsächlich unparteiische Panamaer.

„Sind hier überall so viele Menschen?", fragte ich beklommen.

„Hier ist es am ärgsten. Die anderen Zellen gehören Einheimischen. Sie haben sich zu so genannten ‚Familien' zusammengeschlossen, die aus zehn bis dreißig Mitgliedern bestehen. Jede Gruppe wird von einem Oberhaupt regiert."

Mein Kopf brummte von den vielen neuen Eindrücken und der schlechten Luft. Ich hätte mich gerne irgendwo hingesetzt, aber es gab weder eine Sitzgelegenheit, noch ein Plätzchen auf dem Boden. So stand ich verzagt in diesem Gedränge und pressten meine Tüten mit den wenigen Habseligkeiten, die man mir noch gelassen hatte, an mich.

„Willkommen Gringos! Ich bin Umberto, ein Kolumbianer" rief uns ein Mann von seiner hoch oben, über der Pissrinne befestigten Hängematte zu. „Wenn ihr einen Kleiderschrank sucht – hier ist einer." Er deutete auf die grobe Betonwand direkt neben den Klolöchern. Die ganze Fläche war mit unzähligen Hölzchen gespickt und mit Schnüren, die ein Netz bildeten, überspannt. „Da ist noch ein Hölzchen frei, auf das ihr eure Taschen hängen könnt. Nägel sind leider nicht erlaubt, hier im Keller leben wir in der Steinzeit", erklärte Umberto. Er sah aus wie ein Brite, hatte rotes Haar und als wir in näher betrachten konnten, sahen wir, dass sein Gesicht mit Sommersprossen übersät war.

An diesem Netz war nun das gesamte Hab und Gut der in der Nasszelle hausenden Personen, meist in Plastiksäcken verwahrt, festgeknüpft. So suchten wir uns zwischen den Säcken und Kleiderbündeln ein freies Plätzchen und montierten unsere Habseligkeiten an den „Schrank". Nun klärte uns der Kolumbianer zum Thema Nacht auf: „Als Neue könnt ihr den vollen Luxus dieser Herberge genießen. In der Nacht dürft ihr auf dem gepflegten Parkett ruhen." Wir sahen Umberto verständnislos an. Als er keine Antwort von uns bekam, deutete er zu den Hängematten.

„Ganz oben bei den Fenstern ist die Luft am besten", sagte er grinsend. „Dann geht es nach unten in der Rangordnung. Vor dem Schlafengehen wird in Kopfhöhe noch eine Etage Hängematten angebracht. Wenn die belegt ist, kommt noch eine Etage, einen Meter über dem Fußboden."

„Wir haben aber keine Hängematten", sagte ich und starrte auf den feuchten, schmutzigen Boden. Ich konnte mir beim besten Willen nicht vorstellen, darauf zu liegen. Umberto erklärte uns mit sichtlicher Freude die Regeln der neuen Unterkunft: „Keine Angst vor Schmutz! Die Bodenschläfer wischen vorher noch gründlich auf. Allerdings geht das erst, wenn alle Hängematten belegt sind." Da mussten also die Bedauernswerten auf allen Vieren kriechend den Boden reinigen, ging es mir durch den Kopf. Und zu diesen Bedauernswerten gehörten nun auch wir. Wir besaßen nicht einmal alte Zeitungen oder ein Stück Karton, um darauf zu liegen.

Diese Tatsachen trugen nicht dazu bei, meine Stimmung zu heben. Mir wurde klar, dass ich mit meiner Immunschwäche hier nicht lange überleben konnte und so versuchte ich gleich von Anfang an, meine Situation zu verbessern. Der Kolumbianer hatte fürs Erste genug Aufklärungsarbeit geleistet. Ich beschloss meinen neuen Lebensraum gleich näher zu inspizieren.

Mit Mühe bahnte ich mir den Weg in den nächsten Raum zurück. Ich versuchte mir einen Eindruck von den Bewohnern der Ausländerzelle zu machen. Es fiel mir auf, dass hier der spärliche Platz in kleine Reviere unterteilt zu sein schien. Ein Drittel des Raumes gehörte der größten Gruppierung, den Kolumbianern. Daran anschließend gab es das kleinere Revier der Jamaikaner. Den Rest der

Zelle bewohnte eine kleine Minderheit aus der ganzen Welt. Die meisten Männer standen in Gruppen beisammen, einige saßen auf ihren Bündeln oder auf Eimern, es herrschte ein dichtest Gedränge und es war nicht leicht, bis zur gegenüberliegenden Wand vorzudringen. Neugierig betrachteten mich die Männer. Von allen Seiten wurde ich angeredet und so gut ich konnte, versuchte ich die vielen Fragen zu beantworten und nebenbei auch herauszufinden, wer uns hier, in dieser abartigen Welt, weiterhelfen könnte. Ich kam mit zwei Jamaikanern ins Gespräch, das wurde schon durch die englische Sprache einfacher. Sie boten mir Platz auf einem umgekippten Eimer an und drückten mir einem Plastikbecher mit heißer Schokolade in die Hand.

„Ich kann das Getränk nicht annehmen, ich habe kein Geld", wollte ich abwehren, aber der freundliche Schwarze lachte nur und meinte: „Das ist klar, dass keiner, der zum ersten Mal ins Modello kommt, zahlungsfähig ist."

Er holte einen dicken Block hervor, blätterte bis zur nächsten freien Seite, schrieb das Wort „Austríaco" als Überschrift hin und machte einen Strich für mein Getränk. Wieder lachte er fröhlich und sagte: „Du wirst noch eine Menge Schulden machen, Austríaco!"

Diese Jamaikaner schienen ganz gut drauf zu sein und es zeigte sich bei mir der erste Hoffnungsschimmer, diesen Albtraum vielleicht doch überleben zu können. Nun erklärten sie mir, dass ein paar von ihnen sehr religiös waren und mit anderen Gleichgesinnten sogar Messen abhielten. Es war ihnen auch gelungen, eine eigene winzige Zelle zu ergattern, die sie als neutralen Betraum nützten. Untertags war dieser Ort mit armen Sündern, die um ihr Seelenheil beteten, vollgestopft, in der Nacht fanden Personen zwischen Tod und Verwesung hier Unterschlupf. Wir unterhielten uns einige Stunden und als sie mich offensichtlich akzeptiert hatten, boten sie mir sogar eine Hängematte für die kommende Nacht an.

Die „Barone", wie sich die Betbrüder nannten, luden mich sogar ein, diese in ihrem Revier aufzuhängen. So wie es schien, war ich adoptiert und würde, solange ich bei ihnen weilte, auch ihren Schutz genießen.

„Hey Austríaco, deinem Kumpel geht's nicht gut!", rief jemand laut. Ich eilte zurück, und fand Ben am Boden liegend. Er erwachte gerade aus einer kurzen Ohnmacht. Anscheinend war ihm die Überdosis an Eindrücken zu viel geworden und sein Kreislauf hatte sich für ein Weilchen verabschiedet. Er rappelte sich hoch und stellte zu meiner Beruhigung fest, dass er wieder okay sei.

Es war Zeit sich für die Nachtruhe fertig zu machen und die letzten organisatorischen Probleme zu lösen, bevor der Strom abgeschaltet wurde.

Rundherum begannen die Insassen, die im Gehbereich schlafen mussten, ihre Hängematten für die Nacht zu befestigen und vorzubereiten. Auch ich gehörte zu diesen und einen höheren Platz konnte man, nach Umbertos Auskunft, nur geduldig erwarten – oder aber kaufen. Davon abgesehen, dass man in den unteren Etagen die Matte morgens weg- und abends herräumen musste, konnte man auch nicht untertags in ihr lümmeln, sondern musste am Gedränge der „Bodenbewohner" teilhaben.

Ich war sehr erleichtert, als ich an diesem Abend knapp über einem alten Jamaikaner in meiner gelben Hängematte baumelte. Ben hatte sich wohl auch schon auf den ekelhaften Betonboden gelegt. Obwohl er nicht einmal fünf Meter von mir entfernt lag, war es unmöglich an den vielen Hängematten vorbeizusehen. Bald setzte ein vieltöniges Schnarch- und Schnaufkonzert ein. Wider Erwarten konnten wir beide einigermaßen gut schlafen, was wohl auf unsere Erschöpfung zurückzuführen war. Als ich am nächsten Morgen erwachte und feststellte, dass alles so beschissen weitergehen würde, wie es am Vortag begonnen hatte, hätte ich am liebsten geheult.

Mir blieb aber keine Zeit, trüben Gedanken nachzuhängen. Erbarmungslos wurde ich aus meiner Hängematte gescheucht.

Das Morgenmanöver klappte reibungslos. Erst machten die Bodenschläfer Platz, dann räumte die unterste Etage die Hängematten weg, als nächstes die zweite Etage. Nach und nach kletterten die Häftlinge nach unten. Die Pissrinne wurde stark frequentiert und beißender Uringestank stieg uns in die Nasen.

Nachdem wir alles weggeräumt und in die Plastiktaschen verstaut hatten, gingen wir mit den anderen in den Hof hinaus.

„Lasst nichts Wertvolles in der Zelle. Hier wird geklaut", erklärte Umberto. Er hatte sich wie selbstverständlich zu uns gesellt und ich hatte das Gefühl, er wollte uns beschützen. Es fiel uns auf, dass er von allen respektiert wurde und ein Fingerschnippen oder ein warnendes „tz, tz, tz" aufdringliche Leute von uns fernhielt.

„Nicht einmal vor den Wärtern ist man hier sicher. Sie sind nicht anders als die übrigen Verbrecher", warnte er uns. Wir hatten ohnehin kaum etwas, was man klauen konnte, aber wir nahmen trotzdem unsere Plastiktaschen mit und folgten dem neuen Freund.

Der Speisesaal übertraf alle meine Befürchtungen. In dem relativ großen Raum gab es außer einigen Tischen nichts als eine Menge ekelhaften, nach Verwesung stinkenden Schmutz, der aus Speiseresten der letzten paar Jahre stammen musste. Die Tische waren so aufgestellt, dass sie einen L-förmigen Gang bildeten. Dieser Gang führte durch den Saal bis an eine Öffnung in der Mauer, wo wir in ein mitgebrachtes Gefäß das Essen geschöpft bekamen. (Ein freundlicher Jamaikaner hatte für uns zwei Plastikbecher organisiert). Auf der anderen Seite der Tische standen einige Wächter und schlugen mit ihren Schlagstöcken provokant auf die Tische und beschimpften uns dazu lautstark. Das Frühstück bestand aus zwei Brötchen und einem Schöpflöffel voll lauwarmen Tee. Gegessen wurde im Stehen. Während wir an unseren nach nichts schmeckenden Brötchen kauten, schauten wir durch die Fenster in den Hof hinaus.

„Dienstag, Donnerstag und Samstag ist von neun Uhr bis nach dem Mittagessen Ausgang", erklärt uns Umberto. „Das muss wohl so sein, sonst steigt die Aggressivität unter den Häftlingen ins Uferlose."

Inmitten von hohen Mauern mit Wachtürmen in jeder Ecke, befand sich der Hof. Im Zentrum, um einen halben Meter höher, war der, sogar einigermaßen saubere Basketballplatz, um den herum ein breiter Weg führte. Da Donnerstag war, ging es nach dem Frühstück in diese Oase der Frische. Bei jedem Schritt knackte und knirschte es, als wir über den mit tausenden Hühnerknochen bedeckten Platz gingen. Wir beobachteten, wie sich die Häftlinge mit ihren Bündeln ein Plätzchen suchten. So legten auch wir unsere Säcke in den Schmutz und setzten uns darauf, um so den Vormittag zu verbringen.

„Wie viele Männer sind in der Ausländerzelle untergebracht?", erkundigte sich Ben bei den Kolumbianern, die sich zu uns gesetzt hatten und bereitwillig Auskunft gaben.

„So an die zweihundert Häftlinge werden es schon sein", sagte einer und sah fragend zu Umberto, der neben ihm Platz genommen hatte.

„Mit euch sind es genau 207", sagte dieser. „Dabei hat dieser Raum nicht mehr als 55 Quadratmeter."

„Das ist auch nur möglich, weil die meisten Männer auch tagsüber in den Hängematten liegen", erklärte ein anderer Kolumbianer wichtig. Wir rechneten. Das waren ja bis zu vier Mann auf einem Quadratmeter! Unwillkürlich musste ich an die umstrittene Massentierhaltung in Europa denken.

Außer dem Keller gab es im Gebäude noch drei weitere Galerias und einen Trakt für Kranke und Sonderfälle, die man aus irgendwelchen Gründen nicht mit anderen Personen zusammen sperren konnte. Zur Zeit befanden sich ungefähr 2.800 Gefangene in dem Gebäude.

„Der absolut mieseste Platz ist der Keller", stellte Umberto fest.

Der Vormittag verging in Anbetracht des Neuen recht schnell. So um 12.00 Uhr ertönte ein lauter Signalton, das Zeichen für das Mittagessen. Das bedeutete, dass wir wieder in einer langen Schlange bis zum ersten Loch im Speisesaal vordringen mussten, wo uns endlich eine kleine Portion verbrannter Reis in unser Gefäß geklatscht wurde. Rasch sortierten die Häftlinge vor uns das Verbrannte aus und warfen es auf den Fußboden. Beim zweiten Loch wurden Stücke von Kuheuter in die Schale geworfen. Auch davon wurde wieder das Ungenießbare auf den Boden geworfen. So bildeten sich vor den Öffnungen für die Essensausgabe stinkende Hügel, die anscheinend nie entfernt wurden. Nach dem Essen wurden wir wieder in unsere Unterkünfte getrieben.

Den Rest des Nachmittages verbrachten wir stehend, schon deshalb, weil wir gar nichts hatten, worauf wir uns setzen konnten und einfach nicht genug Platz für alle zum Sitzen war. Auf diese Weise lernten wir eines der wichtigsten Gefängnisutensilien kennen: Den Plastikeimer mit Deckel! Er bot Platz für den gesamten Besitz, schützte diesen vor Nässe und Fußtritten und zusätzlich konnte man wunderbar darauf sitzen. Nach kurzem Herumfragen erfuhren wir, dass es sich bei den Eimern um die Verpackung für Schlachtabfälle aus Kanada handelte. Diese wiederum bekam die Gefängnisküche, um für uns Köstlichkeiten zuzubereiten. Wichtig für uns jedoch war, dass mit diesen Eimern ein schwunghafter Handel betrieben wurde. So konnte man, vom Supereimer mit ordentlichem Deckel zu fünf Dollar bis zum Eimer mit Riss im Boden, ohne Deckel, zu einem Dollar, alles am „Markt" erwerben. Obwohl wir im Moment kein Geld besaßen und auch nicht wussten, wann wir welches bekommen würden, bestellten wir zwei Stück.

„Passt auf, macht nicht zu viele Schulden!", warnte uns Umberto. „Wenn ihr nicht pünktlich bezahlen könnt, kann es euch an den Kragen gehen." Er erklärte uns, dass Schuldner Eigentum des Kreditgebers wurden und dessen Befehle ausführen mussten. Diese Mafiamethoden waren uns leider bekannt und schienen in diesen Breiten allgegenwärtig zu sein.

Um ungefähr 16.00 Uhr wurden wir zum Tor gerufen. Wir erfuhren, dass unser Anwalt hier wäre und wir uns zu diesem Anlass lange Hosen anzuziehen hätten. Ich war in der glücklichen Lage eine zu besitzen, Ben musste sich eine leihen. Zuerst wunderte ich mich, wie leicht es zu sein schien, Hosen zu borgen. Bald wurde mir jedoch klar: Anwaltsbesuch bedeutete Kontakt zur Außenwelt, dies wiederum ließ auf Geld schließen. Als wir ordnungsgemäß gekleidet waren, brachten uns zwei Wärter die Wege zurück, über die wir gestern hier her gelangt waren, leider nicht bis zum Ausgang, sondern nur bis zu einem der Käfige davor. Diese Käfige dienten dazu, Besuche zu empfangen. Der Häftling blieb eingesperrt, der Besucher stand wie im Zoo vor dem Gitter.

Dawkins schien über unsere Übersiedlung ins Modello entsetzt und empört zu sein. Aber ich wusste, er war ein guter Schauspieler und nahm daher seine Beteuerungen nicht ganz ernst.

„Ich kann mir nicht vorstellen, wie das passieren konnte! Aber ich werde mich bemühen, euch noch im Januar von hier weg zu bringen", versicherte er. „Ich werde meinen ganzen Einfluss geltend machen, damit ihr ins Renacer, in das beste Gefängnis des Landes, überstellt werdet. Schließlich seid ihr in Untersuchungshaft und solange ihr noch kein rechtskräftiges Urteil habt, geltet ihr als unschuldig."

Ich erzählte Dawkins, ironisch grinsend, von dem alten Jamaikaner, der unter meiner Hängematte am Boden schlief. Der war schon das dritte Jahr in U-Haft, also drei Jahre unschuldig in diesem abartigen Gefängnis.

„Das wird mit euch sicher nicht passieren", beteuerte der Anwalt. Wir baten ihn, uns zwei Schaumstoffmatratzen zu besorgen und aus unserem Gepäck Lebensmittel und lange Hosen zu bringen. Natürlich schnorrten wir ihn auch gleich um etwas Bargeld an. Nach dem Besuch hatten wir jeder 22 Dollar und die Hoffnung, vielleicht doch nicht für immer in diesem Loch bleiben zu müssen.

In der folgenden Nacht hatte ich wieder starke Kopfschmerzen und meine Grübelei machten sie nicht besser. Irgendwann war aber auch diese Nacht vorbei und mein schmerzendes Gehirn wurde wieder vom Alltag abgelenkt. Wir hatten schließlich eine Menge Umgangsformen und Regeln zu lernen. Fürs Erste stellten wir fest, wie aufwertend ein paar Dollar wirkten. Man konnte alles Mögliche käuflich erwerben, einzelne Zigaretten, Kaffee, Kakao und Tee, Bonbons und andere Süßigkeiten. Der Handel war die Hauptbeschäftigung der meisten Insassen. Da die Galerias streng voneinander getrennt waren, wurden die Geschäfte zwischen den Stockwerken, mittels an langen Schnüren hängenden Plastiktüten, abgewickelt. So wurde zum Beispiel aus einem Fenster vom zweiten Stock eine Tüte mit einer Angebotsliste zu uns in den Keller herabgelassen. Nachdem das Angebot (zum Beispiel Brötchen) in unserer Galeria lauthals angepriesen worden war, wurde die Bestellung notiert und der Zettel in die Tüte gesteckt. Nach zwei kräftigen Zügen wurde die Bestellung hinaufgeholt und Sekunden später kamen die bestellten Brötchen zurück. Die Ware wurde entladen, das Geld dafür in die Tüte gelegt, wieder zweimal gezogen und das Geschäft war erledigt. Kaufen konnte man neben Lebensmitteln und Kleidung auch Drogen und Waffen, alles wurde auf diese Art und Weise per Luftpost, vor den Augen der auf den Wachtürmen postierten Polizisten, übermittelt. Dieser Handel wurde ausschließlich von Panamaern betrieben. Die „Familien", die Fenster in ihren Zellen hatten, verdienten selbstverständlich auch noch an einer Benützungsgebühr. Neben dem Handel gab es auch viele andere Serviceleistungen. Da boten Waschmänner, Schuhputzer, Frisöre, Masseure, Schutzdienste, Aufbewahrungsdienste, Kreditunternehmer bis hin zur Mordauftrags-GmbH ihre Dienste an.

Wenn ich mich durch den Hauptgang kämpfte, konnte ich mir mit sehr viel Fantasie vorstellen, auf einem Basar zu sein. An den Wänden entlang hockten Männer, die Süßigkeiten, einzelne Zigaretten, Getränke usw. verkauften. Dazwischen gab es Leute, die als Sekretäre ihre Dienste anboten. Hier wurden wichtige Briefe an Anwälte, ans Gericht oder an die Angehörigen verfasst. Dieser Dienst wurde in erster Linie von den vielen Analphabeten, aber auch von den Ausländern in Anspruch genommen. Natürlich waren auch Polizisten, Anwälte und sogar ein Richter eingesperrt, und auch diese boten ihre Beratungsdienste an.

Am 23. Dezember bekamen wir Besuch von unserer Konsulin. Auch sie war über die Überstellung empört. Zum Glück war sie informiert über die Zustände in dieser Strafanstalt und war nicht mit leeren Händen erschienen. Abgesehen von den Briefen aus Österreich hatte sie einige Tüten voll mit Nahrungsmittel mitgebracht. Wir bekamen auch je 20 Dollar. Etwas enttäuscht waren wir, als wir erfuhren, dass sie es bis jetzt nicht geschafft hatte, mit Dawkins Kontakt aufzunehmen. Wir hätten uns beide besser gefühlt, wenn die Zusammenarbeit zwischen Anwalt und Konsulat zustande gekommen wäre. Wieder in unserer Galeria, kauften wir uns fertige Menüs (Hühnerbein mit Reis und Kartoffel), die gerade angeboten wurden. Solche Angebote waren Glückssache. So mancher Einheimische bekam von seinem Besuch zum Beispiel zehn Portionen als Mitbringsel und konnte diese zu Geld machen. Auf diese Weise kamen Häftlinge zu einem Einkommen und konnten sogar ihre Familien in der Stadt unterstützen. Gierig aßen wir das ungewohnt gute Essen, als Nachtisch gab es sogar Weihnachtsstollen vom Konsulat.

Es regnete in Strömen und wir beeilten uns daher mit dem Frühstück, um schnell wieder in unsere Zelle zurück zu kommen. Heute, zur Feier des Tages gab es um ein Brötchen mehr, es war schließlich der 24. Dezember. Bei der Frühstückszigarette kam plötzlich aus der Richtung der Nassräume Unruhe auf.

„Was ist jetzt schon wieder los?", fragte ich, ständig in Angst, dass ein neues Unheil über uns hereinbrechen würde.

„Der Kanal geht über", antwortete mir ein Mann und drängte mich brutal zur Seite.

Es dauerte nicht lange, bis alle aufgeregt durcheinander schrieen und ein penetranter Geruch bis zu uns gelangte. Durch den starken Regen wurde das Kanalsystem überfordert und durch die ungünstige Kellerlage hatten wir nun eine spezielle Weihnachtsbescherung. Blubbernd und sprudelnd kam aus den Klolöchern in meterhohen Fontänen eine stinkende Brühe. Verständlicherweise brach eine Panik aus. Jeder, der etwas am Boden liegen hatte (Decken, Matratzen, Tüten und Eimer) versuchte nun seine Reichtümer vor der Gülle in höheren Lagen in Sicherheit zu bringen. Wer eine Hängematte besaß, zog sich in diese zurück und versuchte noch einige Utensilien, auch von anderen, bei sich aufzunehmen. Durch die Überbelastung lösten sich mehrere Klebestellen am Beton und einige Matten sausten samt Inhalt in die Tiefe. Aber behände wie Affen kletterten die Männer herum und brachten ihre Habseligkeiten aus der Gefahrenzone. Ein paar Todesmutige versuchten die Klolöcher mit Fetzen zu verstopfen, damit nichts mehr herausprudeln konnte. Bis jedoch die Löcher einigermaßen dicht waren, standen wir bereits bis über die Knöchel in der Kloake, in der die Fäkalien herumschwammen. Der Gestank war umwerfend und wir waren fassungslos vor Ekel. Wir konnten nicht viel dagegen tun, auch wenn wir die Gülle in Eimer füllten, konnten wir sie nirgends entsorgen. Es blieb uns nichts anderes übrig, als das Unwetter abzuwarten und darauf zu hoffen, dass der Kanal bald wieder seine Arbeit aufnehmen würde. Zum Glück sind starke Tropenregen in der Regel nicht von langer Dauer. Nach ein paar Stunden war alles vorbei und der gesamten Boden wieder halbwegs sauber gewischt.

Am Christtag gab es ein Festessen, einen so genannten „bunten Teller": Einen Schöpfer Reis, zwei Löffel Kraut, ein kleines Stück Fleisch, ein Keks und oben drauf ein paar verschimmelte Trauben – alles auf einem netten Pappteller serviert. Unvergessliche Weihnachten!
Nach fünf Tagen Modello-Leben hatten wir das System und die wichtigsten Regeln einigermaßen durchschaut. So eigenartig es klingen mag, wir hatten durch unseren Fall einen gewissen Bonus. „Wir haben den TV-Bericht von eurer Verhaftung gesehen", erzählte uns Boris, ein Pole. Er war schon drei Jahre im Modello und musste, wenn nicht ein Wunder geschah, noch sieben Jahre in diesem Loch verbringen. Weder Botschaft noch Familienangehörige halfen ihm. Aber er war zäh und hatte einen starken Lebenswillen. „Man muss die Regeln akzeptieren und sich anpassen", sagte Boris. Ich bot ihm eine meiner kostbaren Zigaretten an, damit er weiterredete. Er machte einen tiefen Zug, langsam und genüsslich blies er den Rauch durch die Nasenlöcher.
„Ihr habt einen guten Start", meinte Boris anerkennend, „mit euren

5.000 Pfund Koks gehört ihr ins absolute Spitzenfeld der Drogen-schmuggler. Noch dazu war das ein Auftrag vom Cali-Kartell, ein weiterer Pluspunkt. Man wird euch hier mit Respekt behandeln."

„Das mag vielleicht hier Anerkennung finden, aber die Aussichten auf eine lange Haft, beruhigen mich nicht sehr", versuchte ich un-sere Tat ins rechte Licht zu rücken. Boris bekam einen melancho-lischen Gesichtsausdruck und sagte: „Ich bin überzeugt, dass ihr Hilfe bekommt. Nur den Mut nicht verlieren!"

„Das ist nett gesagt", wandte ich ein, „aber du hast für einen Kof-fer voll Kokain zehn Jahre bekommen. Zu wie vielen Jahren wird man uns verurteilen?" Ben, der schweigend unser Gespräch mit an-gehört hatte, lachte sarkastisch und sagte: „Mike, du bist doch ein guter Rechner. Boris hatte 50 Pfund in seinem Koffer und bekam zehn Jahre. Wir hatten 5.000 Pfund auf dem Schiff. Also – bekom-men wir wie viele Jahre?" Ich schmunzelte. 1.000 Jahre Knast! Wir lachten schallend über diesen schlechten Witz. Die Nebenstehen-den, die einiges von unserer Unterhaltung mitbekommen hatten, stimmten dankbar in das Gelächter ein.

Tatsächlich versuchten einige „Geschäftsleute" mit uns Kontakt aufzunehmen und machten uns die verschiedensten Angebote. Für uns waren die Offerte von den „Familien", bei ihnen zu wohnen, interessant. Der Gedanke, mit cirka 500 Personen auf 250 Qua-dratmetern zu leben, von denen fast die Hälfte (die Ausländer) auf 55 Quadratmeter zusammengepfercht waren, machte das Angebot, in einer der weniger dicht besetzten Familien-Zellen zu wohnen, sehr verlockend. Letztendlich entschieden wir uns für die größte „Familie". Sie hatte sogar zwei Zellen in ihrem Besitz. Der Boss war ein Panama-Jamaikaner namens Banana, der mit fünf Freun-den eine Zelle bewohnte, mit ihm mussten wir handelseinig wer-den. Zu diesem Zweck wurden wir in seine Zelle geladen. Banana war eine schillernde Gestalt in der panamaischen Unterwelt. Von seinen 38 Jahren hatte er bereits 15 Jahre im Gefängnis verbracht, davon über fünf auf der berüchtigten Gefängnisinsel Coiba. Dort wurden besonders gefährliche, einheimische Verbrecher zur Zwangsarbeit angehalten. Er war dreimal mit selbst gebastelten Flößen, durch mit Haien verseuchte Gewässer geflohen. Seine Delikte gingen von schwerem Raub über Drogenhandel bis hin zum Mord. Hier war er eine wichtige Persönlichkeit und hatte sich ein kleines Imperium nach Mafiaregeln aufgebaut. Er war nicht sehr groß, aber muskulös gebaut und trug sein Haar in langen Dreadlocks. Als wir in seine Zelle gerufen wurden, saß er ganz alleine auf seiner Matratze vor einem kleinen Sony-Fernseher mit eingebautem Videorecorder. Neben ihm lag ein großes Bowie-Messer. Wir grüßten höflich, Banana beachtete uns jedoch nicht. Ohne uns anzublicken sah er sich Bugs-Bunny fertig an. Wir waren etwas ratlos und wollten schon wieder gehen, da schaltete er das Gerät ab und betrachtete uns abschätzend.

„Ihr seid also die beiden neuen Gringos mit dem Schiff voll Schnee!" sagte er schließlich. Nun kramte er ein Säckchen Gras unter seiner Matratze hervor, bot uns Platz an und begann, ohne uns Beachtung zu schenken, einen großen Joint zu bauen. Als er fertig war, zündete er das Ding an, zog dreimal kräftig daran und reichte es mir. Eigentlich wollte ich nicht in dieser Situation meinen Geist verwirren, aus Gründen der Höflichkeit war es aber unmöglich, dieses Angebot abzulehnen. Also tat ich es ihm gleich, machte drei tiefe Züge und reichte das Gerät an Ben weiter. Kaum hatte ich ausgeatmet, sagte ich: „Wir sind keine Gringos, wir sind Austríacos." Nachdem er uns ein Weilchen betrachtet hatte, um festzustellen, was den Unterschied ausmachte, meinte er: „Ihr wollt also nicht mehr in der Ausländerzelle wohnen?"

„Ist etwas eng dort!" gab ich zur Antwort. – Nach kurzem Frage- und Antwortspiel kam er auf den Punkt: „Ihr wisst, wenn ich euch aufnehme, müsst ihr Schutzgeld bezahlen und seid ein Teil der Familie mit Rechten und Pflichten." Er begann mit seinen Forderungen bei 50 Dollar pro Mann. Das Gras war wirklich sehr gut und tat seine Wirkung, doch trotz unserer gleichgültigen Zufriedenheit schafften wir es, den Preis auf 30 Dollar pro Nase zu reduzieren, ohne Banana dabei zu beleidigen. Wir sollten am kommenden Morgen in die Zelle von Chichi ziehen. Chichi war der Chef in der zweiten Zelle, die zu Bananas Reich gehörte.

Obwohl uns viele Leute in der Ausländerzelle davon abrieten, diesen Umzug zu machen, konnten wir der Versuchung, etwas mehr Platz zu haben, nicht widerstehen. Vor allem, wenn wir untertags drinnen sein mussten, war es für uns angenehmer, nicht andauernd geschubst zu werden oder jemandem Platz machen zu müssen. In der neuen Zelle konnte man ohne gestört zu werden am Boden sitzen, etwas lesen oder Musik horchen. Trotz allem war es noch immer eng genug. Der Raum hatte etwa sechzehn Quadratmeter, und diesen Platz mussten wir uns mit zehn anderen am Boden teilen. Weiters gab es sechs Hängematten über uns. Die Hälfte der Männer, einschließlich Chichi, waren ständig darauf bedacht, etwas von uns abzustauben. Unser Geld hatten wir in einem kleinen Beutel um den Hals, am Körper. Es verging wohl keine Stunde, in der nicht einer der Jungs etwas von uns wollte. „Ich habe zwei Liter Milch! Gib mir einen Dollar für Kakao und Zucker. Gib mir fünf Dollar! Im zweiten Stock gibt es gutes Kokain!" So gut es ging, versuchten wir über die Runden zu kommen und niemanden ernsthaft zu beleidigen, wenn wir einmal nein sagen mussten. Auch die ständige Präsenz aller möglichen Stichwaffen war uns nicht ganz geheuer. Andauernd schliff jemand sein Messer geräuschvoll am Beton des Bodens oder spielte und fuchtelte damit herum. Diese Gebärden waren anscheinend nötig, um der Konkurrenz die Wehrhaftigkeit der eigenen Familie vor Augen zu führen.

Wir hatten uns so einigermaßen an die neue Unterkunft gewöhnt. Zum Glück waren wir zu zweit und konnten uns daher besser vor den gefährlichen, habgierigen Mitbewohnern schützen. Aber die ständige Anspannung nervte.

Beinahe täglich mussten wir erleben wie die aufgestauten Aggressionen explodierten. Es kam häufig zu schweren Übergriffen, Gott sei Dank waren wir nie persönlich daran beteiligt. Wir verhielten uns sehr ruhig und versuchten niemanden zu provozieren. Nach der ersten Woche unseres Aufenthaltes im Modello erlebten wir den ersten Mord. Wir hörten zorniges Geschrei aus der Nachbarzelle. Von überall strömten die Leute zusammen.

„Was ist los?", fragte ich Chichi, der sein langes Messer unter der Matratze hervorgeholt hatte. Auch die anderen Mitbewohner holten ihre Waffen hervor. Mit Entsetzen sahen wir, dass jeder mindestens eine Stichwaffe besaß.

„Haltet euch da raus!", zischte Chichi durch die Zähne und drückte mich auf meinen Platz zurück, als ich mir neugierig das Theater ansehen wollte. Da ertönte ein gellender Schrei, der mir durch Mark und Bein fuhr.

„Die Verrückten bringen jemanden um", sagte Ben schaudernd. Aus dem Gang drang ein seltsames Rufen, das sich bis zu uns fortpflanzte. Es klang wie ein rhythmisches „Hep, hep, hep". Wir beobachteten, wie unsere Zellengenossen die Waffen wieder versteckten und Handtücher oder andere Textilien bereitlegten.

„Policía!", rief Chichi. Wir sahen an den Kellerfenstern Schatten vorbeihuschen und schließlich Polizisten mit Gasmasken, die sich niederknieten und Tränengasgranaten zu uns hereinwarfen. Geschickt fingen die Männer in den oberen Hängematten die meisten Geschoße auf und schleuderten sie durch die Fenster zurück. Mit ohrenbetäubendem Geschrei feuerten sich die Häftlinge gegenseitig an. Aber es ließ sich nicht vermeiden, einige Tränengasgranaten fielen herein und im Nu war der ganze Keller mit dem ätzenden Zeug verqualmt. Wir legten uns wie die anderen auf den Boden und pressten ein Handtuch vor das Gesicht. Augen, Nase und Rachen begannen höllisch zu brennen und die Schleimhäute sonderten massenhaft Flüssigkeit ab. Alle jammerten, stöhnten und röchelten. Nachdem alle durch das Gas außer Gefecht gesetzt worden waren, rissen die Polizisten die Eingangstüren auf, bildeten ein Spalier und trieben alle Häftlinge in den Hof hinaus. Sie prügelten brutal auf uns ein. Wir konnten nichts tun, als unsere Köpfe mit den Armen vor den Schlägen zu schützen.

Im Hof lag eine übel zugerichtete Leiche. – Die Polizisten führten uns nacheinander zu einem freien Platz. Dort mussten wir uns nackt ausziehen und unsere Klamotten mit ausgestreckten Armen über dem Kopf halten. Ein Schlag auf den Rücken bedeutete, dass wir uns nach vor bücken sollten, damit sie in den After schauen konnten, ob wir dort etwas versteckt hatten. Es ging aber wohl eher darum, uns zu demütigen. Während wir im Hof waren, durchsuchten die Polizisten die Zellen nach Waffen und fanden keine (!!!). Die Häftlinge hatten sie mit hinaus genommen und geschickt, in ihren Kleiderbündeln versteckt, vor den Polizisten in die Höhe gehalten.

Ich hatte damit gerechnet, dass der Aufenthalt im Modello sehr bald unsere Gesundheit angreifen würde. Viele Häftlinge litten an den unterschiedlichsten Krankheiten, meist Pilzerkrankungen, Hautausschläge, Parasitenbefall oder an irgendwelchen Infektionen. Kakerlaken waren in allen Größen vorhanden, krabbelten überall herum und verbreiteten wahrscheinlich viele Krankheiten. Nach einer Woche Betonboden hatten wir außer einem leichten Husten keine Probleme. Nun bekam Ben aber Fieber und sein Husten verstärkte sich. So fragte ich herum, was man in so einem Falle unternehmen könnte. Chichi klopfte mir auf die Schultern und sagte: „Schnell gesund werden!"

Er brachte mich aber zu einem Mann, der mit Medikamenten handelte. Selbstverständlich kassierte er dafür eine saftige Vermittlungsgebühr. Zum Glück wirkte das Medikament bald und Ben wurde überraschend schnell gesund.

Zu Silvester gab es pro Mann fast ein halbes Huhn und keinen verbrannten, sondern tadellos gekochten Reis. Wir erlebten eine wahrhaft höllische Silvesterparty. Es gab jede Menge Alkohol und Drogen, genug zu essen und laute Musik. Der Lärm war unbeschreiblich. Das Tollste jedoch: Bei all dem wilden Treiben wurde niemand verletzt oder gar ermordet. Um Mitternacht umarmten sich alle und Hände wurden geschüttelt – und somit die vielfältigen Hautkrankheiten weitergereicht. Es lief mir kalt über den Rücken, als mir ein alter Mann stolz erzählte, dass er jetzt den fünfzehnten Jahreswechsel im Modello feierte.

Zum Auftakt des neuen Jahr gab es gleich wieder einen Mord. Ein Junge, der angeblich etwas gestohlen hatte, wurde von drei Betroffenen brutal erstochen. Natürlich griff die Polizei ein, aber zum Glück wurde wenig Gas eingesetzt, da eine Feiertagsvertretung Dienst machte. Am Nachmittag beobachteten wir voll Schadenfreude, wie im Hof zwei Polizisten durchsucht wurden und man in ihren Hosentaschen tatsächlich Kokain entdeckte. Dieses Zeug war sicher für irgendwelche Gefangene bestimmt, eben Geschäfte! Man kann sich kaum vorstellen, welches Gebrüll und Gejohle losbrach, als den beiden Ordnungshütern Handschellen angelegt wurden und man sie abführte.

Am zweiten Januar bekamen wir wieder Besuch. Diesmal kamen der Generalkonsul und die Konsulin. Beide waren sehr besorgt um uns und brachten Tüten voll Essen und Geld mit. Auch versprachen sie, Dawkins ein wenig aufzurütteln, da wir uns schon echte Sorgen machten, weil er seit seinem ersten Besuch kein Lebenszeichen mehr von sich gegeben hatte.

Zwei Tage später bekamen wir Dawkins' Assistenten zu Gesicht, immerhin hatte er ein paar Kleidungsstücke und ein wenig Essen mit. Am meisten freuten wir uns aber über die Nachricht, dass wir am kommenden Montag in ein besseres Gefängnis überstellt werden sollten.

Am selben Abend gab es noch eine Überraschung: Wir mussten alle die Galeria verlassen und in den Hof hinausgehen. Auf dem Basketballplatz wurden wir zusammengetrieben, während die Polizisten in der menschenleeren Galeria alles auf den Kopf stellten. Nachdem wir gut eine Stunde herum gestanden waren, mussten wir einzeln vortreten, wurden durchsucht und konnten danach wieder in die Galeria zurück. Dort herrschte ein unbeschreibliches Chaos! Die Habseligkeiten von 500 Personen waren kunterbunt durcheinander geworfen, zerrissene Bücher, zerschnittene Hängemattenseile, verschüttete Lebensmittel… Unter Zank und Geschrei wurde bis spät in die Nacht versucht, das Chaos zu ordnen und die Eigentumsverhältnisse zu klären. So hatte es die Polizei wieder einmal geschafft den Hass und die Aggression von neuem zu schüren.

Der Höhepunkt in den nächsten Tagen war eindeutig die medizinische Untersuchung, zu der wir gerufen wurden.

„Diesmal hat sich Dawkins wahrscheinlich wirklich für uns ins Zeug gelegt", stellte ich zufrieden fest. „Eine ärztliche Untersuchung bedeutet sicher einen Ortswechsel." Ben war skeptisch. Aber wir waren schon glücklich darüber, dass wir aus dem Keller kamen und spüren konnten, wie sich das Sitzen auf einem Sessel anfühlte. Der Mediziner sah uns kaum an, stellte lediglich ein paar Fragen, machte sich einige Notizen und entließ uns wieder.

Die elektrische Versorgung war, wie alles hier, ziemlich kriminell. So liefen zum Beispiel die Kabel zwischen den Hängematten kreuz und quer zu diesem oder jenem Abnehmer. Einige hatten eine Lampe, ein Radio oder gar einen kleinen Fernseher angeschlossen. Kabelverbindungen wurden ausschließlich durch Zusammendrehen der Drähte hergestellt, es gab daher auch genug blanke Stellen. Dazwischen waren immer wieder auch stärkere Abnehmer eingeschaltet, wie etwa Wasserkocher, Bügeleisen, Toaster oder Kaffeemaschinen. Das schlecht oder gar nicht abgesicherte System war völlig überfordert, wenn zufällig mehrere starke Geräte gleichzeitig betrieben wurden. Im Normalfall brannte ein Kabel durch, dann gab es lautes Protestgeschrei, ein Gerät musste ausgesteckt werden und der Schaden wurde sofort behoben. Eines Abends jedoch sprühten im Hauptgang plötzlich Funken und im Nu standen mehrere Hängematten in Flammen. In kurzer Zeit war der ganze Keller verqualmt und es gab einen unbeschreiblichen Tumult. Ein paar Besonnene schnappten herumstehende Eimer, leerten den Inhalt auf den Boden und schlugen sich mit roher Gewalt bis zu den Nassräumen durch, wo sie die Gefäße füllten, um sie dann einfach in die Menge, in Richtung Feuer, weiterzugeben. Automatisch wurden sie bis zum Brandherd weitergereicht und tatsächlich schafften es die Männer, das Feuer zu löschen. Eine Stunde danach, als alles wieder zur Ruhe gekommen war, wurde für die Anschaffung eines neuen Kabels Geld gesammelt, bis dahin würden wir keinen Strom haben.

Die folgende Nacht konnten wir alle kaum schlafen, denn der Gestank und die Hitze waren ohne Ventilatoren unerträglich geworden. Da es keinen Luftzug gab, konnten sich die Moskitos ohne Hindernis, an unserem Blut vollsaufen. Niemand wollte in diesem stinkenden Dampf leben, daher ging die Behebung des Schadens überraschend schnell und schon um 10.00 Uhr vormittags mussten alle die Galeria verlassen und in den Hof hinaus, damit das neue Kabel verlegt werden konnte. Wir freuten uns sehr über den wieder erlangten Komfort. Zur Dämpfung unserer Freude gab es aber unmittelbar darauf eine gigantische Überschwemmung. Wir mussten neuerlich drei Stunden lang bis zu den Waden in der stinkenden Brühe stehen.

Immer wieder sagte ich mir Mutters Zauberspruch vor: „Ich bin stark und gesund!" Diese Suggestion schien zu funktionieren, denn ich fühlte mich noch überraschend gut. Ben hingegen bekam zu seinem leichten Fieber Hautausschläge und so etwas Ähnliches wie Mega-Pickel: An drei Stellen seines Körpers wuchsen unter der Haut große, schmerzhaft entzündete Knoten. Als die Schmerzen immer stärker wurden, beschloss er, die Pickel aufzuschneiden. Wir besorgten hochprozentigen Rum, ein paar Heftpflaster und ein scharfes Messer. Natürlich scharten sich um Ben alle Bewohner der Zelle, denn dieses Schauspiel wollte sich niemand entgehen lassen. Ich hatte nur Sorge um ihn, da ich wusste, dass er kein Blut sehen konnte und gleich in Ohnmacht fiel. Aber er war der Medizinmann von uns beiden und hatte die Situation hoffentlich im Griff. Er tränkte einen Zipfel seines noch halbwegs sauberen T-Shirts mit Alkohol und desinfizierte damit einen Pickel. Ich hielt inzwischen die Schneide des Messers über die Flamme eines Feuerzeuges.
„Das müsste reichen", sagte Ben und ich gab ihm das „Skalpell" in die Hand. Er machte einen raschen Schnitt in die helle Kuppe des Furunkels. Das interessierte Publikum stöhnte im Chor und rückte näher. Ben drückte mit beiden Daumen nieder und aus dem Schnitt quoll eine weiße, talgartige Masse.
„Entweder hat sich eine Talgdrüse entzündet oder irgendein widerliches Insekt hat sein Gelege in meine Haut versenkt", dozierte Ben und machte sich an die andern Pickel, aus denen dieselbe weiße

Masse kam. Als er mit der Operation fertig war, desinfizierte er noch die Wunden und klebte die viel zu kleinen Pflaster darauf. Die Männer klopften Ben anerkennend auf die Schultern. Strömendes Blut und ein ohnmächtiger Patient wären auf alle Fälle interessanter gewesen, aber auch so waren sie auf ihre Kosten gekommen.

Dawkins machte sich rar, wir fühlten uns im Stich gelassen. Wir wurden weder überstellt noch brachte er den versprochenen Ventilator und die Schaumstoffmatratzen. Auch beim nächsten Anwaltsbesuch zog er es vor, wieder seinen Assistenten zu schicken. Dieser junge Mann war zwar sehr nett und eifrig, konnte aber kein Englisch, so dass wir enorme Kommunikationsprobleme hatten. Er versuchte uns zu erklären, dass Dawkins im Gefängnisbüro für uns ein Konto eingerichtet hatte. Nun könnten wir jede Woche zehn Dollar pro Person davon beheben. 1,5 Dollar pro Tag war zwar mehr als die meisten hier hatten, aber zu wenig, um gut zu überleben. Schließlich mussten wir pro Monat schon 30 Dollar pro Nase an unsere Familie für Miete bezahlen. Außerdem sah es zurzeit nicht nach einer baldigen Überstellung aus, was uns wiederum die Schaumstoffmatratzen sehr vermissen ließ. Wir mussten wohl noch länger, nur durch ein Handtuch vom verdreckten Beton getrennt, die Nächte verbringen.

Bis zum nächsten Besuch der Konsulin ging es uns nicht sehr gut. Als sie kam, schaffte sie es, uns wieder neuen Lebensmut zu geben. Sie brachte Lebensmittel und Geld, und was für uns das Wichtigste war, sie konnte mit dem Direktor der Anstalt sprechen, und der hatte ihr versprochen, wir würden spätestens in einer Woche in ein besseres Gefängnis überstellt werden. In der Galeria dämpfte man unsere Freude sogleich.

„Das Wort des Direktors ist nicht mehr wert, als das Zeug, das alle paar Tage aus den Kanallöchern kommt", war Boris' lapidarer

Kommentar – und er hatte immerhin schon einige Jahre Modello-Erfahrung.

Der Zweifel und die Ungewissheit zeigten nun auch bei mir ihre Wirkung und meine Widerstandskräfte ließen allmählich nach. Ich bekam Halsschmerzen und starken Husten. Natürlich nervte mein Husten die anderen Häftlinge und Chichi meinte gereizt: „Wenn es dir so schlecht geht, geh doch in die Krankenstation!" Ich erkundigte mich bei anderen Leuten, ob ich dort tatsächlich Hilfe bekommen könnte. Die Auskünfte waren aber nicht beruhigend. Es wäre nur sinnvoll, kurz vor dem Sterben die Krankenstation aufzusuchen, denn bis jetzt hatten alle Kranken diesen Ort nur im schwarzen Sack verlassen. So gesehen hoffte ich noch ein Weilchen ohne ärztliche Behandlung auszukommen.

Am Abend gab es plötzlich wieder einen Tumult und alle versammelten sich vor den wenigen Fernsehern. Es wurde ein Bericht über unser Gefängnis gebracht, indem behauptet wurde, dass es eines der zehn schlimmsten Gefängnisse der Welt sei. Angeblich würde vom Ausland großer Druck auf Panama ausgeübt, diese allen Menschenrechtsgesetzen widersprechende Anstalt zu schließen. Der Justizminister versprach offiziell, dieser Forderung bis Ende des Jahres nachzukommen. „Super! Wir haben Januar!", riefen wir enttäuscht. Trotz der langen Frist führten sich die Gefangenen so auf, als ob sie gerade ihre Begnadigung erhalten hätten.

Wir erfuhren, dass es möglich sein müsste, mit guten Beziehungen (Konsul?), einen Platz im dritten Stock, in der Prävention C, zu bekommen. Dort sollte angeblich alles besser sein, weniger Leute, besseres Essen und keine übergehenden Klolöcher. Konnte der Konsul nichts erreichen, könnte man diese Überstellung auch mit 300 Dollar Bestechungsgeld pro Mann in die Wege leiten. Es waren ja nicht nur die miesen Lebensumstände, sondern auch der Rassismus, mit dem wir hier zu kämpfen hatten. Fast alle waren Schwarze, und die meisten davon fühlten sich schon in der Freiheit diskriminiert und benachteiligt; hier im Gefängnis sahen sie endlich eine Chance, sich an der weißen Minderheit zu rächen. Sie waren daher aggressiv und provozierten uns dauernd, um endlich einmal einen Gringo ohne Folgen verprügeln zu können. Wie auch immer, wir wollten alles daran setzen, so schnell wie möglich aus diesem dunklen Keller herauszukommen.

Wegen Dawkins machten wir uns inzwischen größere Sorgen, da wir beunruhigende Geschichten über ihn gehört hatten. Opfer von ihm rieten uns, diese Beziehung schnell abzubrechen. Als wir mit Umberto im Hof über dieses Problem sprachen, meinte er: „Das ist Dawkins' Masche – er verspricht seinen Klienten, dass sie in Kürze frei sein würden oder nur eine niedrige Strafe bekämen. In Wirklichkeit ist er nur an seinem Honorar interessiert und die armen Teufel sitzen jahrelang hinter Gittern." Das gab uns natürlich zu denken. Umberto fragte uns auch, wie hoch die Anzahlung war. Er lachte und schüttelte den Kopf: „Ihr ahnungslosen Austríacos! Man könnte glauben, ihr seid gerade vom Himmel gefallen. Hier herrschen andere Gesetze. Bei dieser Anzahlung rührt der keinen Finger mehr. Wozu auch?" Wir sahen uns betroffen an. Für die 9.000 Dollar zieht er nur eine kurze Show ab, dann sehen wir ihn nie mehr wieder.
„Vergiss die 2.000 Dollar Betreuungsgeld nicht", erinnerte mich Ben. Von dieser Summe deponierte dieser saubere Anwalt einen lächerlichen Betrag im Gefängnisbüro für uns.
„Na, vielleicht setzt er sich doch für euch ein", versuchte uns Umberto zu beruhigen. „Euer Fall ist so spektakulär, dass er für ihn aus Prestigegründen sicher wichtig ist."

Wieder kam das Misstrauen hoch, das wir von Anfang an gegen diesen Anwalt gehegt hatten.

„Die Frage ist: Auf welcher Seite steht er?", sagte ich bedrückt.

Unser Freund trat näher zu uns, um nicht so laut reden zu müssen.

„Soviel ich weiß, steckt Dawkins selbst im Kokaingeschäft und zieht seine Fäden nach Jamaika", sagte Umberto. „Im Grunde ist er ein mieser Latino-Ganove. Ich rate euch, gebt ihm kein Geld mehr und versucht, soviel wie möglich zurückzubekommen. Ich kenne einen guten Anwalt, ich werde ihm eine Nachricht zukommen lassen."

Das Gespräch mit Umberto, die ganze bedrohliche Umgebung und mein schlechter Gesundheitszustand lösten eine schwere Depression bei mir aus. Auch die Tatsache, nichts an den Umständen ändern zu können, machte mich fertig. Ich hockte mit angezogenen Beinen stundenlang auf meinem Platz, umschlang meine Knie und ließ den Kopf hängen. Die Frage: „Was machen wir bloß, wenn wir die nächsten zehn Jahre in diesem Loch verbringen müssen?", beschäftigte mich ununterbrochen. Ich stellte mir in düsteren Farben vor, wie wir dahinvegetierten und bei mir die gefürchtete Krankheit ausbrach. Vielleicht ging es schnell und es dauerte nicht allzu lange, bis ich das Gefängnis im schwarzen Sack verließ. Nun zeigte mir auch noch ein Zellengenosse einen alten, schmächtigen Mann, der seine zwölf Jahre Modello schon längst verbüßt hatte und noch immer hier war. Der Bedauernswerte hatte keine Angehörigen, die sich von „draußen" um seine Entlassung kümmerten.

Die Unterhaltungen mit Umberto waren immer sehr interessant, aber die letzten Gespräche hatten nichts zur Verbesserung meines Gemütszustandes beigetragen.

„Stellt euch auf eine längere Haft ein", sagte er eines Tages. Ich sah ihn erstaunt an.

„Warum sollten wir?", fragte ich.

„So wie ihr mir eure Festnahme geschildert habt", erklärte er, „wollen euch die Amis nicht so schnell in Freiheit sehen." Nun war Ben dran, nach dem Warum zu fragen.

„Denkt nach: Die Amis haben euch illegal in internationalen Gewässern verhaftet und dann in dieses Land gebracht. Wenn ich Ami wäre, würde ich dafür sorgen, dass ihr in den nächsten zwanzig Jahren keine Schwierigkeiten mehr macht oder überhaupt verschwindet." Wir ließen die Köpfe hängen.

„Vielleicht bringen uns die Amis doch noch in die Staaten", sagte ich – denn im Moment erschien mir eine jahrzehntelange Haft in den USA erstrebenswerter als acht Jahre Modello, die uns Dawkins prophezeit hatte. Alles schien mir besser, als dieser schreckliche, dreckige Keller mit den vielen Menschen.

Zu allem Unglück wurden wir auch noch aus unserer Zelle geworfen. Ein Typ, der schon früher einige Zeit bei Bananas Männern gewohnt hatte, war wegen eines Ausbruchversuches aus einem anderen Gefängnis wieder zurückgekommen. Er wurde Gringo genannt und war ein so genannter Latino-Ami. Wir lernten ihn bald kennen und waren fasziniert von diesem Ausbund an Kriminalität. Fünf Morde hatte er bereits auf dem Kerbholz und wurde deshalb von allen gefürchtet. Er hatte nichts mehr zu verlieren, daher war sein einziges Bestreben, sich das Leben im Gefängnis so angenehm wie möglich zu gestalten. Gringo war größer als die meisten Panamaer, hatte einen muskulösen Körper und ging auch keiner Kraftprobe aus dem Wege. Sein nicht unhübsches Gesicht hatte ständig einen zynischen Ausdruck und um seinen Mund lag ein grausamer Zug.

„So stell' ich mir den Teufel vor", sagte Ben zu mir und ich pflichtete ihm bei. Es war natürlich sinnlos gegen die Entscheidung der Familie zu protestieren. Wir standen in der Rangordnung ganz unten und mussten das Feld räumen. Noch dazu war Gringo Bananas Freund und sie teilten sich die Herrschaft über diesen Teil des Kellers.

Wir standen einige Stunden unschlüssig mit unseren Säcken im Gang herum. Mit allen möglichen Personen versuchten wir um einen Platz zu feilschen. Für die erste Nacht blieb uns nur der Toilettenraum, und zwar der öffentliche. In die Ausländerzelle konnten wir nicht zurückgehen, da uns ja genügend Leute gewarnt hatten. Mit Geld hätten wir uns bei einer anderen Familie einkaufen können, aber die versprochenen Besuche waren ausgefallen und wir waren deshalb pleite. Es blieb uns daher nichts anderes übrig, als uns am Abend, nachdem sich alle für die Nacht niedergelegt hatten, den schmutzigen Toilettenboden aufzuwischen, mit Zeitungspapier auszulegen und unser Lager darauf zu bereiten. Gerade hier in der Toilette waren die allgegenwärtigen Kakerlaken besonders groß. Sie huschten zu Tausenden zwischen den Schlafenden hin und her und auch auf ihnen herum. Ich spürte die ekelhaften Insekten auf mir herumkrabbeln und war froh, als diese unvergessliche Nacht endlich vorbei war. Es erschien mir unglaublich, dass es Leute gab, die jede Nacht so verbrachten.

Die geänderte Situation holte mich aus meiner Depression und der Kampfgeist in mir war wieder erwacht. Den neuen Tag starteten wir mit vollem Einsatz, erstens um unsere zehn Dollar pro Woche zu bekommen und zweitens um einen akzeptablen Platz für die Nacht zu finden.

Zu unserem Geld zu kommen war gar nicht so einfach. Zuerst mussten wir einen Wärter dazu bringen, das Anliegen an das Büro weiterzuleiten. Die Büroangestellten mussten nun eine Vorladung ausstellen und diese wiederum in den Keller schicken. Mit diesem Papier durfte der Wärter das Gittertor öffnen und uns herauslassen. Dieser Mann führte uns durch das ganze Gefängnis, in den Raum, in dem das Geld verwaltet wurde. Dort wurden uns die 10 Dollar ausgehändigt, wir unterzeichneten und es ging denselben Weg zurück. Wir durften natürlich nicht gemeinsam gehen – viel zu gefährlich! Bis wir unser Geld endlich in Händen hielten, war es 15.00 Uhr geworden. Der Polizist, der alles in die Wege geleitet hatte, kassierte natürlich auch einen Dollar für seine Arbeit. Aber immerhin waren wir nicht mehr mittellos und somit in der Lage, Verhandlungen zu führen.

Wir baten Ratón, den Chef der Zelle Eins, um eine Unterredung. Für uns war es keine gute Ausgangsposition, denn natürlich wusste Ratón ganz genau über unsere Lage Bescheid. Dementsprechend hoch waren auch seine Forderungen, er wollte 100 Dollar pro Nase, einmalig als Platzablöse. Nach längerem Feilschen hatten wir den Preis auf 70 Dollar pro Mann gedrückt. Natürlich mussten wir ihm gleich 15 Dollar von unseren 19 geben, den Rest, so vereinbarten wir, sobald als möglich. Wir hofften sehr, das Geld problemlos und rechtzeitig beschaffen zu können. Andererseits war es uns lieber, für Schulden totgestochen zu werden, als an Lungenentzündung oder der Krätze in einem versyphten Toilettenraum zu verrecken.

Von Tag zu Tag wurden die Zustände in der Galeria schlimmer. Immer mehr Leute wurden hereingebracht und so gut wie niemand verließ sie. Die Häftlinge waren gereizt, die Aggressivität steigerte sich spürbar.

In der Zelle Eins war es relativ angenehm. Wir hatten – auch tagsüber – den Platz eines Bettes, sprich zwei mal einen Meter, wo wir ungestört sitzen konnten. Zwanzig Personen bewohnten den Raum, der etwa doppelt so groß war wie Chichis Zelle. Weniger erfreut waren wir über die starke Bewaffnung unserer Mitbewohner. Auch hier besaß jeder mindestens zwei Stichwaffen, die fast ohne Unterlass am Betonboden geschärft wurden. Diese kindischen Machtdemonstrationen nervten. Trotzdem kamen wir zum ersten Mal in diesem Bau ein wenig zur Ruhe und konnten etwas von unserer Nervosität ablegen.

Wir beobachteten die Männer um uns und machten uns heimlich über sie lustig, wenn einer von ihnen Besuch bekam. Zu diesem Anlass wuschen sie sich besonders sauber, gingen zum Frisör und ließen sich rasieren. Der Waschdienst brachte ein frisch gewaschenes und gebügeltes Hemd. Geschniegelt und duftend empfingen unsere Kollegen ihre Besucher. Einerseits war es durchaus positiv und bei dem Zusammenleben auf engstem Raum angenehm, von sauberen Menschen umgeben zu sein, andererseits stand die oft übertriebene Körperpflege in krassem Gegensatz zur verdreckten Umgebung.

Auch wir mussten unsere paar Kleidungstücke fallweise waschen lassen. Durch diese Dienstleistung konnten Häftlinge, die keine Angehörigen hatten, ein Taschengeld verdienen. Hätten wir unsere Wäsche selbst gereinigt, hätten wir an Prestige und Respekt verloren. Es war ein ungeschriebenes Gesetz in dieser rauen Welt, dass man auch andere leben ließ. Wir waren fasziniert davon, dass in diesem scheinbaren Chaos fixe Regeln galten. Starke Führungspersönlichkeiten, wie zum Beispiel Gringo, übernahmen die Herrschaft. Es galten die üblichen Mafiagesetze: Der Stärkste hielt die Zügel in der Hand und gruppierte Anhänger um sich, die die Befehle ausführten. Wer brav seine Schutzgelder bezahlte, blieb weitgehend ungeschoren. Hatte man Schulden, wurde es gefährlich.

Nun waren wir dreißig Tage im Modello, und es kam uns wie eine Ewigkeit vor. Wieder einmal wurden wir, natürlich nacheinander, ins Büro der Gefängnisverwaltung gerufen, um ein Papier zu unseren bisherigen Aussagen zu unterzeichnen. Zurück in der Galeria, erklärte man uns, dass das ein gutes Zeichen sei und auf eine Überstellung hinweise.

„Ihr kommt sicher in den nächsten sechs Monaten an einen besseren Platz", sagte man uns. Beim bloßen Gedanken an einen weiteren Monat wurde mir schon schlecht, sechs Monate – undenkbar! Zum Glück waren wir nicht mehr in diesem Feuchtraum. Die neue Zelle war wirklich sehr angenehm und verbesserte sehr vieles. Für einen Europäer war die Situation zwar noch immer unvorstellbar, aber wenn man in der Hölle ist, muss man glücklich sein, nicht direkt im Feuer zu sitzen.

Heute hätten wir eigentlich mit einem Besuch von der Konsulin gerechnet, aber im zweiten Stock gab es einen Aufstand, und somit wurden keine Zivilpersonen ins Modello gelassen – für uns sehr unangenehm, da wir das für Ratón vorgesehene Geld nicht bekamen. Stattdessen mussten wir wieder mit unseren gesamten Habseligkeiten in den Hof hinaus, um die übliche Durchsuchungsaktion über uns ergehen zu lassen. Wie immer wurden, während draußen Leibesvisitationen liefen, in der Galeria die Zellen durchwühlt. Dass nach Waffen und Drogen gesucht wurde, war nicht verwunderlich, verwunderlich war nur, dass die Polizisten so gut wie nie etwas fanden. Die Männer hielten ihre Messer in den Kleiderbündeln versteckt in die Höhe und ließen die Leibesvisitation gelassen über sich ergehen. Es gelang auch allen, ihre Waffen wieder in die Galeria zurückzubringen.
Über das Chaos in der Galeria tröstete uns ein wenig das Paket hinweg, das die Konsulin für uns abgegeben hatte. Wir bekamen Müsli, Zwieback und ein paar Bücher. Das folgende Wochenende war aber nicht gerade toll, denn in der Zelle bemerkten wir die ersten Feindseligkeiten gegen uns. So waren wir sehr froh, als die Konsulin uns am Montag aufrufen ließ. Wir wurden jedoch gleich wieder enttäuscht, da sie weder Geld noch Nahrungsmittel dabei hatte. Mit Müh und Not kratzte sie 25 Dollar aus ihrer Privatbörse

für uns zusammen, die wir gleich bei Ratón abliefern mussten. Wir waren total pleite und das hieß im Klartext: Bis zum nächsten Besuch nur Gefängnisdiät. Die Verpflegung war sehr schlecht und gerade ausreichend, um nicht zu verhungern. Ratón sah uns voll Verachtung an und hielt uns vor, vertragsbrüchig zu sein. Wir hofften sehr, dass die Konsulin, wie versprochen, am Donnerstag mit der benötigten Summe kommen würde, da wir sonst in ernsthafte Schwierigkeiten geraten konnten.

Am Dienstag besuchte uns Dawkins. Er sagte, dass wir am nächsten Tag um 9.00 Uhr morgens zum Fiscal gebracht würden, um dort mit einem Deutschdolmetscher unsere Aussagen zu berichtigen. Auch ein Arzt würde sich um unsere gesundheitlichen Probleme kümmern. Natürlich hatte er uns nichts zu essen mitgebracht, obwohl er unsere mit Lebensmittel vollgefüllten Taschen im Büro stehen hatte. Als wir ihn nun um Geld baten, schien er überrascht zu sein, und gab jedem fünf Dollar, die er zufällig bei sich hatte. Wir hatten den Verdacht, dass er nur deshalb erschienen war, weil ihm zu Ohren gekommen war, dass wir einen Anwaltswechsel planten. Auf alle Fälle waren wir neugierig, was von seinen Ankündigungen für den nächsten Tag tatsächlich eintreffen würde.

Wie erwartet, geschah am kommenden Tag nichts von dem, was Dawkins gesagt hatte, aber die Konsulin kam, wie versprochen. Diesmal hatte sie zwei große Tüten Nahrungsmittel und endlich auch das bestellte Geld mit. Noch während ihrer Besuchszeit kam Dawkins vorbei. Er hatte eine Kopie der Vorladung für Ben mit.

„Sie können bei diesem Verhör Ihre Aussagen ergänzen und korrigieren", sagte Dawkins und wandte sich an mich: „Und in zwei Tagen haben Sie die Gelegenheit dazu." Die Konsulin versprach bei diesen Terminen anwesend zu sein, was uns sehr beruhigte. Nachdem sie gegangen war, fragte uns Dawkins, ob es stimme, dass wir uns nach anderen Anwälten erkundigt hätten. Also doch! Wir bestätigten seinen Verdacht und begründeten unser Misstrauen damit, dass wir schon über ein Monat nichts von ihm gehört und keinerlei Information hätten, was in unserer Sache vor sich ginge.

„Euer Fall ist nicht der einzige, den ich bearbeite", versuchte er zu erklären. „Ich bin momentan mit Arbeit ziemlich überhäuft, aber es geht trotzdem gut voran. Wir können einen großen Schritt vorwärts kommen, wenn Sie am Montag beim Verhör einen Mann identifizieren", wandte er sich an Ben.

„Welchen Mann?", fragte Ben misstrauisch.

„Man wird Ihnen ein Foto vorlegen", antwortete Dawkins, „und Sie sagen nur, dass Sie darauf den Besitzer der ‚Michelangelo' erkennen."

„So ein Schwachsinn! Ich kann doch nicht einen mir total fremden Mann identifizieren", wehrte sich Ben ganz entschieden. Wir hatten nicht die geringste Ahnung, wem das Schiff gehörte. Außerdem würden wir uns automatisch zu Mitgliedern einer Bande machen, wenn wir zugäben, diverse Leute zu kennen. Schon mit wenig Fantasie lässt sich auch erahnen, wie ein Mensch ausflippt, wenn ihn Unbekannte als Eigentümer von 5.000 Pfund Kokain angeben würden. Es konnte ja leicht sein, dass der Besitzer der „Michelangelo" von der Mafia genauso unter Druck gesetzt worden war wie wir, und sie hatten ihm einfach den Katamaran für ihre Zwecke weggenommen. Ob dieser Herr, den man Ben auf dem Foto zeigen würde, ein Bösewicht war oder nicht, wussten wir nicht. Auf jeden Fall war zu befürchten, dass er sich an uns rächen könnte. Das war mit Sicherheit ein Punkt, den wir uns besser zweimal überlegen sollten, denn es wäre nicht das erste Mal, dass im Modello ein Auftragsmord passierte.

Nachdem wir Dawkins unsere Bedenken und Ängste mitgeteilt hatten, reagierte er sehr unwirsch: „Ich denke, ihr wollt so schnell wie möglich aus dem Gefängnis heraus. Spielt dieses Spiel mit, oder eure Chancen stehen schlecht!"

„Das ist uns zu gefährlich", protestierte ich.

„Dann werde ich euch kaum helfen können", polterte er jetzt ziemlich ungehalten. „Entweder ihr tut, was ich sage, oder ihr kommt hier nie heraus!"

Wenn ich mich nicht täuschte, hatte er uns da soeben erpresst. Wahrscheinlich war hier ein persönlicher Racheakt Dawkins gegen den Mann auf dem Foto im Gange.

Am folgenden Tag bekamen wir Besuch von Quiroz, dem Anwalt, den uns Umberto empfohlen hatte. Er wirkte auf uns Vertrauen erweckend, wahrscheinlich schon deshalb, weil sich nun unsere Hoffnung auf ihn konzentrierte. Seiner Meinung nach gab es mehrere Wege, um uns aus dieser misslichen Lage zu befreien, da wir in keiner Weise gegen panamaisches Recht verstoßen hatten. Er würde sich unseren Fall gleich genauer anschauen und uns schon am folgenden Tag wieder besuchen. Außerdem meinte er, falls bei der Einvernahme am Montag irgend etwas nicht richtig laufen sollte, könnte Ben bei ihm anrufen und er würde sofort auf die Fiscalia kommen.

Als wir unsere Schulden bei Ratón bezahlt hatten, herrschte wieder allgemeine Zufriedenheit, da jeder in der Familie etwas von den Einnahmen bekam. Wir hatten Dawkins noch 100 Dollar abnehmen können und waren somit in der Lage, den maximalen Modello-Luxus zu genießen. Wir kauften Milch, Orangensaft, Kaffee, Zigaretten und aßen uns wieder einmal richtig satt.

Wie versprochen kam Quiroz am nächsten Tag. Wieder meinte er, dass wir sehr gute Chancen hätten, aus dieser Sache herauszukommen. Da etliche Verfahrensfehler existierten, müsste der Fall noch vor der Verhandlung annulliert werden können. Wie auch immer, dieser Anwalt und vor allem seine Arbeitsweise schien uns vielversprechend. Er hatte Kontakt mit der Konsulin aufgenommen und war wie wir der Meinung, dass die Zusammenarbeit mit dem Konsulat günstig wäre.

Ben hatte seit einigen Tagen eine böse Hautinfektion auf der Brust, die anzuschwellen begann, sich öffnete und Eiter absonderte. Er gab immer brav Salbe darauf, aber leider hatten wir kein großes Pflaster zum Abdecken.

Am Montag wurde er tatsächlich um 10.00 Uhr vormittags zur Fiscalia gebracht. Seine Laune war denkbar schlecht, da ihm ein Zellengenosse in der vorangegangenen Nacht sein gesamtes Geld aus der Hose gestohlen hatte. Später auf der Fiscalia war natürlich kein Deutsch-Dolmetscher anwesend und deshalb verweigerte er die Aussage. Wie schon angekündigt, zeigte man ihm Fotos von einigen Männern. Er erkannte jedoch niemanden und gab das auch zu Protokoll.

Am Mittwoch, um 13.00 Uhr, geschah das Wunder! Einundzwanzig Leute aus unserem Keller bekamen den Auftrag, ihre Sachen zusammenzupacken und beim Tor zu warten. Auch wir standen auf der Liste.

„Renacer, die gelobte Strafanstalt erwartet uns!", schrien alle aufgeregt durcheinander. Eilig packten wir unseren Kram zusammen. Es war gar nicht so einfach, sich ohne größere Verluste, bis zum Ausgang durchzukämpfen. Gierige Hände versuchten noch etwas von unserem Eigentum an sich zu reißen. Vom Keller wurden wir in den ersten Stock gebracht, wo alle einundzwanzig Mann plus Gepäck in einen winzigen Raum gepresst wurden. Hier warteten wir volle drei Stunden, wie die Sardinen zusammengequetscht, ehe man uns einzeln herausholte und aufs gründlichste durchsuchte. Natürlich fanden die Ordnungshüter wieder einiges, was sie uns wegnehmen konnten. Uns konnte aber nichts mehr erschüttern, wichtig war nur eines: Fort von Modello. Nachdem wir alle durch waren, kam die niederschmetternde Meldung: Der Bus für den Transport war nicht erschienen! Wir wurden wieder in den Keller gebracht, diesmal war es ein wahrer Leidenszug. Einige weinten, als sie die Kellertreppen hinabstiegen. Zum Glück wurden wir nicht zurück in die Galeria gebracht, sondern in einen kleinen Raum daneben. Der Boden war mit Urin und Fäkalien bedeckt, so dass sich niemand setzen konnte und wir auch das Gepäck nicht abstellen wollten. Die Spannung war unerträglich. Die sonst so lebhaften Männer schwiegen verbissen. Nach weiteren zwei Stunden wurden wir wieder nach oben gebracht und nach einer nochmaligen Durchsuchung führte man uns endlich zum Bus, der uns mit dem Sonnenuntergang nach Renacer brachte.

Riff

*I*ch lag in meiner Koje und träumte von tollen Abenteuern in einer fernen Welt. Das Rauschen des Meeres und das leichte Schaukeln des Schiffes ließen mich durch die Luft schweben und Heldentaten vollbringen – der wonnige Traum eines Siegers. Ein paar harte Schläge, begleitet von ohrenbetäubendem Schürfen und Krachen, weckten mich abrupt und holten mich in die Realität zurück. Ich fühlte mich plötzlich wie ein Käfer in einer Streichholzschachtel; ein böses Kind schüttelte und schüttelte die Schachtel und ich wurde gegen die Wände geschleudert, Kopf und Schultern schmerzten vom Aufprall. Ich starrte in die undurchdringliche Finsternis. Offensichtlich war ich aus dem Bett gefallen. Vorsichtig tastete ich meine Umgebung ab, aber sie fühlte sich nicht wie der Fußboden an, das musste die Vertäfelung der Seitenwand der Kajüte sein. Eine warme Flüssigkeit rieselte von meinem Kopf über Stirn und Wangen. Wumm! Wieder ein mächtiger Schlag und ein lautes Schürfen. Verflucht, wir waren irgendwo aufgefahren. Ich versuchte eine rasche Selbstdiagnose indem ich meinen schmerzenden Körper abtastete. Erleichtert stellte ich fest, dass zwar alles wehtat, aber anscheinend nichts gebrochen war. Auch die blutende Stelle am Kopf schien nicht gefährlich zu sein. Auf allen Vieren arbeitete ich mich zur Luke vor. Wumm! Wieder ein mächtiger Schlag gegen das Schiff, ich wurde zurückgeschleudert und fiel mit dem Rücken auf eine harte Kante. Mir blieb für ein paar Sekunden die Luft weg, trotzdem rappelte ich mich hoch und kletterte über einige Hindernisse. Wie es sich anhörte, war das Schiff gestrandet und ein Brecher nach dem anderen schob es mit Gewalt immer weiter an Land.

Endlich bekam ich die Luke auf und konnte ins Freie kriechen. Das Schiff schrammte weiter, während ich mich am Besanrigg festklammerte. Eine kalte Dusche prasselte auf mich nieder. Wo war Ben? Hoffentlich hatte er sich an Deck irgendwo festhalten können. Diese grässliche Dunkelheit!

„Ben! Ben!", brüllte ich so laut ich nur konnte. Gott sei Dank, er antwortete aus der Richtung des Cockpits. Mühsam tastete ich mich zu ihm vor.

„Was ist los?", fragte ich. „Was ist passiert?"

„Wir sitzen fest! Bist du okay?"

„Ja. Und du?"

„Auch okay."

Gemeinsam starrten wir in die undurchdringliche Finsternis. Es schüttelte mich vor Kälte. Ungefähr jede zehnte Welle schlug mit Wucht gegen den Kiel. Das Schiff lag quer zu Brandung und wurde immer wieder ein paar Meter weiter geschleudert. Die Gischt prasselte auf uns nieder, wir waren bis auf die Haut durchnässt. Da wir offensichtlich auf festem Grund lagen und es nicht so aussah, als ob wir sinken würden, beschlossen wir in die Kabine zu klettern und zu warten, bis es hell wurde. Diese zwei bis drei Stunden gehörten zu den schlimmsten in meinem Leben. Verloren! Versagt! Alles aus! Es gibt wohl kaum etwas Schrecklicheres, als ein Schiffsunglück in absoluter Finsternis. – Ich riss mir die nassen Kleidungsstücke vom Leib und hockte mich, in eine Decke gehüllt, in eine Ecke und versuchte das Geschehene zu begreifen. – Wir hatten nach nur drei Segeltagen unseren Traum vernichtet. Die monatelangen Entbehrungen waren umsonst gewesen. Waren wir wirklich nur vom Pech verfolgt? Ich heulte vor Wut und Enttäuschung.

„Hast du keinen Leuchtturm gesehen?", fragte ich in den dunklen Raum hinein.

„Da war nichts, absolut nichts", sagte Ben, seine Stimme klang ziemlich verzagt.

„Hast du die Brandung nicht gehört?", bohrte ich weiter.

„Ich hab' sie erst gehört, als es schon zu spät war."

Schuldzuweisungen waren jetzt sicher fehl am Platz. Ich versuchte mich zu beruhigen und meine Energie wiederzuerlangen. Was auch immer geschehen war, wir würden es bewältigen. Ich hatte keine Angst um mich, aber Panik ergriff mich bei dem Gedanken an unsere große Liebe, unsere „Thing". Sollten wir wieder irgendwo sehnsüchtig am Ufer stehen und von vorne beginnen?

Noch im Dunkeln suchte ich nach meiner Motorradkombi, zog sie an, um mich gegen die Nässe zu schützen, und kletterte ins Cockpit. Ich warf einen Blick in die Kabine. Ben stand mit der Taschenlampe beim Kartentisch.

„Kommt Wasser rein?" Das war im Moment die wichtigste Frage.

„Hab' nichts finden können", sagte Ben. Ich tastete im Heck alles ab, konnte aber auch hier keine nasse Stelle entdecken.

Wir standen im Cockpit, lauschten in die Dunkelheit und versuchten den „Feind" zu erkennen. Nach wie vor wurden wir von jeder größeren Welle ein Stück weiter befördert. Der Kiel zeigte zur Brandung und der Mast in jene Richtung, in die wir langsam, aber stetig geschoben wurden.

Als es endlich hell wurde, tauchten in etwa drei Meilen Süd und drei Meilen Nord je ein riesiges Frachtschiff aus der Dämmerung. In Richtung West, also in unserer Fahrtrichtung, konnten wir einige kleine Inseln ausmachen. Sie waren mindestens fünf Meilen entfernt. Wir rätselten, ob die beiden großen Schiffe hier ankerten oder unser Schicksal teilten.

Trotz wilder Schläge und unkontrolliertem Dahinrutschen, beschloss ich, den Mast bis zur Mittelsaling hochzuklettern. Da wir mehr als fünfundvierzig Grad schräg lagen, ging das recht einfach. Aus der Höhe konnte ich nun klar erkennen, dass wir in ein Korallenriff gekracht waren. Hinter mir, nach Osten hin, breitete sich dunkelblaues, tiefes Wasser aus. Links und rechts von uns, bis knapp unter der Wasseroberfläche, sah ich einen Korallenstreifen, der sich bis zu den großen Schiffen zog und sich dann in einem großen Bogen bis vor zu den Inseln erstreckte. Wir befanden uns in der Mitte eines Korallengürtels, der eine Breite von etwa achthundert Metern hatte. Hinter dem Riff im Westen war das Meer helltürkis und ging in ein Dunkeltürkis über und bildete vor den Inseln eine prachtvolle Lagune. Der Traum eines jeden Yachties! Glasklares Wasser, traumhafte Korallen, ein Tauch- und Badeparadies ohne Touristen. Etwas erleichtert, kletterte ich vom Mast und berichtete, was ich von meinem Ausguck erspäht hatte.

Im Schiff sah es aus wie nach einer Explosion: Alles lag kreuz und quer, vieles war kaputt, ausgeleert oder beschädigt. Der Fußboden war nun die Vorderkante der Küchenarbeitsfläche. Dank der kardanischen Aufhängung war wenigstens unser Gasherd voll einsatzfähig. So konnten wir uns problemlos Kaffee und aus dem Matsch in der Eierbox Rührei kochen.

„Und was machen wir nun?", fragte ich ratlos.

„Wir ziehen das Schiff über das Riff", sagte Ben. Ich sah ihn ungläubig an.

„Das schaffen wir nie bei dem Gewicht", gab ich zu bedenken, wog unsere „Thing" immerhin fünfzehn Tonnen.

„Stell dir vor, hinter den Korallen wäre eine schöne Insel mit einem Berg und ein paar hübschen Mädchen. Oder motiviert dich dieser Gedanke nicht?", meinte Ben. Da saßen wir nun in unserem Trümmerhaufen und lachten über diese Vorstellung.

In festen Schuhen und Jeans begab ich mich aufs Riff, um die Lage genauer zu untersuchen. An dem Punkt, an dem wir uns gerade befanden, war es relativ schwierig das Schiff zu verlassen, da es nach wie vor von den größeren Brechern vorwärts geschoben wurde und die Gefahr bestand, vom Schiff überfahren und zerquetscht zu werden. Es galt einen kräftigen Brecher abzuwarten, der mit einem Donnerschlag gegen die Kielseite knallte und mit seinen Wassermassen das Schiff etwas anhob, um es dann zwei bis drei Meter weiter in das Riff zu befördern. Jetzt hatte ich acht bis neun Wellen Zeit, das Schiff zu verlassen.

Die Fortbewegung im Riff war alles andere als einfach. Bis zu zwei Meter tief war das Wasser zwischen den Korallenstöcken, die hier in den unterschiedlichsten Formen gediehen. Fein verästelte Büsche und kugelrunde Gehirnkorallen kamen am häufigsten vor, die meisten dieser Gebilde waren messerscharf und hart wie Kalkstein. Ich musste ständig ein Auge auf die herankommenden Wellen haben, damit ich nicht von ihnen in die Korallen geschleudert wurde. Nach etwa zwei Stunden hatte ich meine ersten Erkundigungen abgeschlossen.

„Ich glaube, wir können das Schiff tatsächlich durch das Riff schleifen", sagte ich.

„Na klar!", stimmte mir mein Freund zu. Er hatte inzwischen einige Werkzeuge zusammengesucht. Im Cockpit lagen nun Hämmer, Meißel, Blöcke, Rollen, Drahtseile und Eisenstangen.

„Na, was hast du herausgefunden?", fragte er.

„So wie es aussieht wird es die nächsten hundert Meter so weitergehen wie bisher. Das heißt, die Wellen werden uns ohne unser Dazutun weiterscheuern. Dann geht das lebende Riff in einen Korallentrümmerhaufen über, der bis zur Wasseroberfläche reicht. Dort ist es dann auch mit den Wellen vorbei. Dieser Haufen wird wohl unser größtes Problem sein. Dahinter erstreckt sich wieder ein zweihundert Meter breiter Korallenwald mit ruhigem Wasser und einer Tiefe bis zu zwei Metern. Dann gibt es noch ein Stück seichteres Wasser mit sandigem Grund. Auf alle Fälle werden die nächsten sieben bis achthundert Meter unserer Reise einen Rekord an langsamer Fortbewegung darstellen. Was soll's, deine Mutter, die in Curaçao auf dich wartet, haben wir ohnehin verpasst. Wir haben also jede Menge Zeit!"

Den Rest des Tages verbrachten wir damit, unser Vorhaben zu organisieren und Ordnung zu schaffen. Auch an Deck gab es viel zu tun. So mussten wir zuerst alle Segel bergen und stauen, wir sicherten die beweglichen Teile und fixierten sie. Weiters sammelten wir das Tauzeug und die Schäkel ein, um sie für die nächste Zeit bereit zu haben. Ordnung schaffen – leicht gesagt bei einer Schräglage von fünfundvierzig Grad. So hatten sich zum Beispiel fünfhundert Liter Diesel bei dem Unglück in die Bilge ergossen. Nun staute sich diese Flüssigkeit auf der Küchenseite und vermischte sich mit Lebensmitteln, Geschirr, Küchenwerkzeug, Zigaretten und CDs. Bei der Schüttelei hatten viele Dinge den Weg in diese stinkende Brühe gefunden. – Wir zogen uns bis auf die Unterhosen aus und schöpften das Dieselöl in Kanister. Alle beschädigten Sachen stopften wir in Müllsäcke und verstauten sie im Heckraum. Alles, was heil geblieben war, lagerten wir in der Ecke zwischen Fußboden und Küche, um darüber eine begehbare Ebene zu errichten. Diese Fläche war unser Lebensraum für die nächste Zeit. Hier wurde gegessen, gearbeitet, geplant und in der Nacht Bens Bett aufgeschlagen. Ich schlief weiterhin in meiner Koje, die sich jeder Schräglage anpasste.

Am Abend holten wir eine Flasche Rum hervor und besoffen uns. Als wir am Morgen ziemlich verkatert unsere Lage betrachteten, stellten wir fest, dass uns die Wellen bis an den Rand des Korallenschutts verfrachtet hatten. Hier betrug die Wassertiefe zehn Zentimeter. Die Brecher schlugen zwar noch laut gegen den Rumpf, aber das Schiff bewegte sich nicht mehr von der Stelle. Nun war es ein Leichtes auf die Korallen hinunterzuspringen, um das Ganze von unten zu betrachten. So konnten wir sehen, dass wir zwei Hirnkorallen von einem Meter Durchmesser vor uns her schoben, die wie Bremsklötze wirkten. Die mussten wir als erstes loswerden. Sie behinderten das Vorankommen und drückten außerdem zwei große Dellen in den Rumpf. So beschlossen wir, die beiden „Gehirne" zu zerstückeln. Wir holten Hämmer und Meißel. Nach zwei Stunden schauten die Blöcke wie große Emmentalerkäse aus. Sie hatten jede Menge Löcher, aber wir konnten kein Stück davon abbrechen.

„So geht das nicht! Wir müssen sie ausgraben und wegschleppen", sagte ich. Ben stellte unser Dingi ins Wasser und legte es mit altem Segeltuch aus. Nun konnten wir den Korallenschutt vor dem Schiff in das kleine Boot werfen, es zwanzig Meter wegziehen und dort entleeren. Wir trugen Arbeitshandschuhe, um uns vor den scharfen Korallen zu schützen. Die Arbeit war langwierig und mühsam.

Wir hatten die erste Korallenkugel fast freigelegt, als ich bei einem Blick in die Lagune ein Boot ausmachen konnte. Es steuerte direkt in unsere Richtung.

„Schau, wir bekommen Besuch!" rief ich Ben zu.

Das Fahrzeug kam rasch näher.

„Scheiße! Das sind sicher Bullen, Coastguards oder irgendwelche Militärs!" Da wir zu den Menschen gehörten, die immer etwas zu verbergen hatten, war unsere Freude nicht sehr groß. Wir hatten keine Ausreisestempel in unseren Pässen! Außerdem hätte es sein können, dass die Jungs dagegen waren, dass wir ihr schönes Riff beschädigten. Sie warfen den Anker vor den Korallen und gaben uns Handzeichen, dass wir zu ihnen kommen sollten.

„Ich gehe, du bleibst hier. So können sie uns nicht gleich beide verhaften", sagte ich zu Ben und machte mich auf den mühsamen Weg
durch die Korallen. Es waren ganz junge Coastguards. Sie erklärten mir, dass eine andere Jacht unseren Mast gesichtet und SOS gefunkt hatte. Nun wären sie hier, um uns zu retten. Ich versuchte den
Männern möglichst eindrucksvoll zu erklären, dass die „Thing"
alles sei, was wir besäßen und wir sie keinesfalls verlieren möchten. Außerdem seien wir nicht in Lebensgefahr. Wir wollten den
ganzen Krempel über das Riff ziehen. Mit einer Träne im Auge
schloss ich meinen Vortrag und schaute traurig in die Runde. Nun
begann eine Diskussion unter den Uniformierten. Sie erzählten von
Leuten, die hier schon tödlich verunglückt wären.
„Es ist unmöglich so ein schweres Schiff durchs Riff zu ziehen",
sagte der Anführer der Jungs. „Das hat noch niemand geschafft."
Doch zum Schluss sprachen sie nicht mehr von einer Rettungsaktion. Ich fragte sie, wo wir eigentlich wären. Die Antwort lautete:
„Los Aves, Venezuela". Mir wurde kurz heiß unter meiner Gänse-
haut. Die Frage nach unseren Papieren bereitete mir Übelkeit. Ich
fragte noch einmal nach, da ich natürlich nichts verstanden hatte.
„Papeles? Pasaporte? Oh! Malo todo, muy malo!", stammelte ich
und versuchte zu erklären, dass alles im Boot durcheinander geworfen sei und unsere Papiere vorläufig nicht aufzufinden wären.
Außerdem kämen wir von Europa und wollten nach Curaçao und
wir hätten nie vorgehabt Venezuela anzulaufen. Überraschender-
weise gab es keinen Widerspruch. Sie fragten noch, ob wir mit
einem Funkgerät ausgerüstet wären. Ich bejahte. Sie wünschten
uns alles Gute und fuhren wieder ab. Richtig fröhlich trat ich den
Rückweg an. Wir freuten uns über die verhinderte Rettungsaktion.
„Weißt du, dass wir noch immer in Venezuela sind?", fragte ich
meinen Freund. Er sah mich erschrocken an und murmelte einen
unverständlichen Fluch.

Mit neuem Elan entfernten wir die erste Kugel. Während wir an der zweiten arbeiteten, stellten wir fest, dass das Wasser seit dem Morgen um dreißig Zentimeter gestiegen war. Die Flut hatte eingesetzt, diesen Umstand konnten wir nutzen. Tatsächlich begann das Schiff mehr und mehr zu schaukeln. Kaum hatten wir die zweite Kugel entfernt, begann es wieder Stück für Stück mit den größeren Wellen weiterzurutschen. Also entfernten wir noch alle sperrigen und dicken Brocken, welche die wahrscheinliche Fahrbahn stören konnten, und beendeten für diesen Tag die anstrengende Wasserarbeit.

Bisher hatten wir noch keine Hilfsmittel angewandt um voran zu kommen. Wir wussten jedoch, dass spätestens nach zehn Metern nicht mehr mit den Wellen zu rechnen war. Welche Möglichkeiten hatten wir dann? Wir besaßen drei Winschen, Flaschenzüge und Drahtseile. Mit viel Glück könnten wir damit das Schiff weiter bewegen, vorausgesetzt es gelang uns einen Kanal durch das Riff zu graben.

Am nächsten Morgen hatten wir die Strecke geschafft, die mit Hilfe der Wellen möglich war. Zum offenen Meer hin konnten wir deutlich die Schneise erkennen, die das Schiff auf seiner unfreiwilligen Reise hinterlassen hatte. Wir betrachteten diesen Weg und uns wurde klar, dass wir die „Thing" um neunzig Grad drehen mussten, mit dem Bug voran, wie es sich für den Start zur neuen Reise gehörte. So begannen wir nun vorne und seitlich mit den Räumungsarbeiten. Jetzt, bei Ebbe, war das wirklich ein trauriger Anblick, unsere „Thing" lag total auf dem Trockenen.

Während wir emsig arbeiteten, kam der nächste Besuch. Ein Boot mit Außenborder näherte sich. Diesmal war Ben an der Reihe, sich durch den Korallendschungel zu kämpfen, um mit den Leuten Kontakt aufzunehmen. – Er hatte für die Arbeit seine schweren

Motocrossstiefel angezogen, da sie den besten Schutz gegen die bissigen Korallen boten. Er bewegte sich damit wie ein Astronaut bei der ersten Mondlandung.

Da ich mir für diesen Tag vorgenommen hatte, die Unterwasserwelt in unserer Umgebung genauer zu erforschen, suchte ich Taucherbrille, Flossen und Schnorchel in unserem Chaos. Für diese Expedition gab es drei gute Gründe:
Erstens wollte ich den idealen Weg für unseren Kanal finden. Dieser würde mit Sicherheit nicht einfach gerade verlaufen. Wir mussten uns nach der Wassertiefe und den im Wege stehenden Korallenbrocken richten.
Zweitens: Wie sah es hier mit natürlicher Nahrung aus?
Wir waren maximal für eine Woche ausgerüstet – mit großer Wahrscheinlichkeit würde unser Unternehmen länger dauern – und drittens war ich einfach neugierig auf diese Unterwasserwelt. Wann hat man schon Gelegenheit, mitten in einem unberührten Riff zu stehen?
Ben war noch in der Ferne und plauderte, als ich endlich meine Ausrüstung beisammen hatte. Die Sonne stand hoch genug, um mein Tauchunternehmen zu erwärmen. Eine unglaublich schöne Märchenwelt bot sich mir dar. Staunend beobachtete ich abertausende faszinierende Geschöpfe. Fische, Krebstiere und Korallen in allen Farben und Formen umgaben mich auf Hautkontakt. Wie im Traum schwebte ich durch diese Landschaft. Es dauerte wohl einige Zeit, bis ich in die Realität zurückfand und mich auf den wichtigen Grund meiner Schnorcheltour besann. – Nahrung für uns gab es genug! Eigentlich müsste es unmöglich sein zu verhungern, das Angebot war riesig. Wir mussten uns nur noch etwas einfallen lassen um die Tiere zu fangen.

Also blieb noch der unangenehmste Teil: Wo und wie bauen wir unseren Kanal. Mir war nicht wohl bei dem Gedanken, durch dieses Paradies eine Furche zu ziehen. Andererseits passierten solche Schiffsbrüche öfters an Korallenriffen. Allerdings hatte wahrscheinlich noch selten jemand den Versuch unternommen, ein gestrandetes Schiff auf diese Weise zu bergen. So stellte sich für uns die Frage: Ist es besser, hier einen Schrotthaufen von fünfzehn Tonnen abzustellen oder bei einer geglückten Operation eine kleine Narbe zu hinterlassen, die früher oder später wieder verheilte? Also konzentrierte ich mich auf die Stellen, wo wir am besten das Messer ansetzen konnten. Mehrmals musste ich einen eingeschlagenen Weg wieder aufgeben, weil ich auf ein unüberwindliches Hindernis stieß. Letztendlich fand ich die richtige Linie, die im Zick-Zack-Kurs bis zum Sandstreifen führte. Ich versuchte mir die Strecke gut einzuprägen. Unterkühlt, aber zufrieden machte ich mich auf den Rückweg.

Den restlichen Tag verbrachten wir mit einer Lagebesprechung. Wir hatten beide eine Menge zu erzählen. So erfuhr ich von Ben, dass es sich bei dem Besuch um ein amerikanisches Ehepaar gehandelt hatte. Ihre Motorjacht ankerte etwa zwei Meilen von uns entfernt. Sie hatten die Coastguard verständigt und die halbe Karibik von unserem Missgeschick informiert. Angeblich kamen immer wieder Boote von Bonaire hierher zum Fischen. Sollten wir etwas brauchen, so ließe sich eine Versorgung leicht organisieren. Diese Nachricht beruhigte uns, wir waren also nicht ganz von der übrigen Welt abgeschnitten. Die beiden hatten versprochen, morgen wiederzukommen, um uns Sachen zu bringen, von denen sie dachten, sie könnten uns von Nutzen sein.

Nun gab ich noch meinen Bericht ab und wir diskutierten über die zukünftige Arbeit, bis uns die laut knurrenden Mägen unterbrachen. Beim Essen wurde uns klar, dass sich unser Nahrungsbedarf verdoppeln würde. Nahezu unglaublich, wie hungrig wir waren!

Den nächsten Morgen begannen wir gleich den Schutt zu entfernen. Es war uns bewusst, dass wir noch einige Tage mit dieser Tätigkeit zubringen würden, ohne recht voranzukommen. Hatten wir diese schwierige Stelle überwunden, müssten wir auch den Rest schaffen.

Das amerikanische Pärchen besuchte uns kurz vor Mittag wieder und beschenkte uns mit alten Taucheranzügen und Arbeitshandschuhen. Das waren für uns sehr wertvolle Dinge zum Schutz gegen die Kälte und die scharfen Korallen. Wir erfuhren auch, dass in der Nacht, in der wir strandeten, die beiden Leuchtfeuer von Los Aves außer Betrieb waren.

„Damit muss man in diesen Ländern rechnen", erzählte die gesprächige Amerikanerin. „Ein halbes Jahr vor euch ist einer Swan-Besatzung dasselbe passiert. Die Leute mussten ihr Boot nach zwei Stunden aufgeben, weil es an mehreren Stellen leck geschlagen war. Diese Luxusjacht bekam ihre Löcher mit Sicherheit beim ersten Aufprall auf das Korallenriff. Nach zwei Tagen war von dem Schiff nichts mehr aufzufinden, da sich das Meer alle losen Teile geholt hatte und die immer auf lohnende Beute Ausschau haltenden Fischer den Rest entsorgten."

Solche Nobelschiffe sind normalerweise mit modernsten Geräten und Radar ausgerüstet, und trotzdem kann ein gefährliches Riff übersehen werden. Die Nachricht von diesem Schiffbruch tröstete uns, waren wir doch nicht die einzigen, denen so etwas passierte, sondern auch Wasserfahrzeugen mit bester Ausstattung. Auch die großen Frachtschiffe, die neben uns „parkten", hatten sicher Radargeräte. Die Sache mit den Leuchtfeuern war für Ben eine große Beruhigung, er hatte also nichts übersehen und war unschuldig an unserem Malheur.

Die Amis erzählten uns noch, dass sich ein gewisser Nemo per Funk gemeldet habe. Er wolle morgen von Venezuela aufbrechen, um uns zu helfen. Das war unglaublich! Nie hätten wir daran gedacht, Nemo um Hilfe zu bitten. Würde seine alte „Martha" diese Anreise überhaupt durchstehen?

„Er wird sicher wissen, was er riskiert", beschwichtigte Ben meine Bedenken. Jedenfalls freuten wir uns sehr.

Während wir plauderten, bemerkten wir ein anderes Boot, das sich rasch näherte, aber ein gutes Stück entfernt von uns wieder abdrehte und verschwand. Es war eine venezolanische Lancha (Fischerboot). Unsere Amis reagierten sichtlich nervös. Sie meinten, diese Leute warteten nur darauf, dass wir unsere „Thing" aufgaben, um alles Brauchbare entfernen zu können. Sie verabschiedeten sich rasch, da sie es für besser hielten, ihr eigenes Schiff zu bewachen, solange die Fischer die Gegend unsicher machten. Wir mussten also mit weiteren Gefahren rechnen. Zum Glück war es nicht einfach, bis zu unserem Schiff vorzudringen, hatten wir doch unseren natürlichen „bissigen" Schutzwall.

In den nächsten Tagen gab es nicht viel Abwechslung. Wir arbeiteten fleißig und aßen wie Sumoringer. Während ich mit einer Lanze, an deren Ende ich mein altes Wurfmesser gebunden hatte, meine ersten Jagderfolge erlebte, baute Ben eine richtige Harpune. Das einzige was er dafür hatte, war ein Harpunengummi, den Rest musste er aus unserem Materiallager zusammensuchen. Stolz präsentierte er mir nach ein paar Stunden sein Werk und wünschte mir viel Erfolg bei der Jagd. Da ich der „Wassermann" war, musste ich sein Meisterstück testen. Ich nahm ein paar schöne Snaper ins Visier. Langsam betätigte ich den Abzug und wumm...! Der Harpunenkolben schlug so kräftig gegen die Taucherbrille, dass er das Glas zerbrach. Entsetzt spürte ich die Glassplitter, die ich beim reaktionsschnellen Schließen der Augenlider eingezwickt hatte. Oh Gott, dachte ich, nur keine Augenverletzung hier am Ende der Welt! Langsam entfernte ich den Brillenrand von meinem Gesicht. Ich tauchte wieder ins Wasser. Während ich den Kopf schnell hin- und herbewegte, öffnete ich langsam die Augen, um so die Splitter herauszuspülen. Das war noch einmal gut gegangen, auch Verlierer haben manchmal Glück. Nach einer Weile hatte ich den Schock überwunden und mich wieder im Griff. Aber wo war die Harpune? Erschrocken hatte ich sie losgelassen. Da sie aus Holz gefertigt war, sah ich sie langsam auf der Wasseroberfläche davontreiben. Als ich sie barg und die Leine zum Pfeil einholte, war doch tatsächlich ein schöner Snaper dran. Was für ein Tag! Der erste harpunierte Fisch hatte zwar eine Taucherbrille gekostet, aber das war nichts im Vergleich zum erhalten gebliebenen Augenlicht. Nie hätte ich gedacht, dass eine Harpune so einen kräftigen Rückstoß haben könnte.

Ben panierte die Fischfilets. Dazu gab es die letzten Kartoffeln und Palatschinken mit Marmelade mit Nachtisch. Satt und zufrieden genossen wir den Sonnenuntergang.

„Die verunglückte Swan, von der uns die Amis erzählt haben, und auch die beiden Frachter waren wahrscheinlich gut versichert. Vielleicht wäre es für uns auch einfacher, wenn wir unser Schiff gut versichert hätten. Jetzt könnten wir ein schönes Sümmchen kassieren", sagte ich.

„Möchtest du das wirklich?", fragte Ben und sah mich mit großen Augen an.

„Na ja, wir könnten endlich den Katamaran bauen", wendete ich ein.

„Könntest du dieses Schiff einfach so im Stich lassen?"

Ich überlegte. Könnte ich das so einfach?

„Eigentlich nicht. Ich glaube, wir haben zu viel an Begeisterung und Kraft investiert, um sie hier den venezolanischen Aasgeiern zu opfern", meinte ich schließlich.

„Um ehrlich zu sein, ich liebe dieses Ding und pfeife auf das Geld einer Versicherung." Ich nickte. Ja, das war auch meine Meinung. Einstimmig kamen wir zu dem Schluss, dass wir diese neue Situation genießen wollten. Das Schiff zu bergen war eine Herausforderung für uns und wir hatten vor, uns selbst und allen Zweiflern zu beweisen, dass wir es schaffen konnten. Außerdem lag tatsächlich unser ganzer Besitz auf diesem verdammten Riff und wir wollten nicht wieder von vorne beginnen.

Wir waren gerade beim Frühstück, als wir in der Ferne zwei Masten erblickten. Anscheinend bekamen wir Besuch von zwei Jachten. Sie benützten das erste Tageslicht, um durch die Einfahrt im Nordwesten der Lagune zu kommen. Es dauerte gut eine Stunde, bis sie etwa sechshundert Meter vor uns die Anker ins türkisblaue Wasser warfen. Nach den Flaggen zu schließen, waren es Franzosen. Wir beschlossen noch etwas Schutt zu entfernen, da sie sicher eine Weile brauchen würden, bis sie ihr Manöver beendet hatten und bereit waren, zu uns zu kommen. Das Timing war perfekt. Wir waren gerade reif für eine Pause, als ein Dingi, voll mit Leuten, herankam.

Wir wurden auf das Angenehmste überrascht. Sie überreichten uns einige Säcke gefüllt mit Lebensmitteln und mehrere Flaschen alkoholische Getränke. Im Jachthafen von Bonaire waren wir inzwischen Gesprächstoff Nummer eins, berichteten unsere Besucher. Die Lebensmittelspende stamme von den verschiedensten Jachtbesitzern. Wir freuten uns sehr über die Hilfsbereitschaft und Anteilnahme der Skipperkollegen. Schwer beladen machten wir uns auf den Weg zurück zum Schiff. Wir hielten die Säcke hoch über unsere Köpfe und versuchten nicht zu stolpern.

Die Nachmittagsschicht beendeten wir diesmal frühzeitig, um uns an einem Festessen zu erfreuen. Die Zeit bis zum Sonnenuntergang verbrachten wir in bester Laune bei einer Flasche französischen Rotwein.

Das Ereignis des nächsten Tages war ein Stahlmonster, das sich mit unglaublichem Lärm und großer Geschwindigkeit auf unseren Platz zu bewegte. Das Ungetüm sah wie eine riesige Schuhschachtel aus, die am Bug abgeschrägt war, um der Strömungslehre nicht gänzlich zu widersprechen. Auf der Höhe unseres Schiffes stoppte die Kiste, zwei Männer sprangen ins Wasser und schwammen in unsere Richtung. Als sie aus dem Wasser stiegen, staunten wir über ihre tätowierten, muskulösen Körper. Die Jungs passten ausgezeichnet zu ihrem klobigen Fahrzeug. Im ersten Augenblick wussten wir nicht recht, wie wir reagieren sollten. Waren das Piraten oder hilfsbereite Seeleute? Nachdem sie aber freundlich grinsten und „Hallo!" riefen, schlossen wir auf die zweite Möglichkeit. Wir erfuhren, dass die Coastguard den Kapitän des außerhalb des Riffs ankernden Tun-Clippers gebeten hatte, uns seine Hilfe anzubieten. Der Tun-Kapitän machte das Angebot, uns für 50.000 Dollar mit dem Clipper ins offene Meer zu ziehen. Haben wir gelacht! Nur 50.000 Dollar?

Das zweite Angebot klang dann schon wesentlich interessanter. Sie könnten versuchen, uns mit ihrem 2.000 PS-Netzauslegeboot – das war das Stahlmonster – in die Lagune zu ziehen, und das gratis.

So verbrachten wir den restlichen Tag damit festzustellen, dass das Monster nicht nahe genug herankommen konnte, und dass wir mindestens zweihundert Meter zuwenig Zugtau hatten. Etwas enttäuscht verabschiedeten wir uns wieder von den rauen Jungs. Aber so wäre es ja wirklich zu einfach gewesen.

Mit dem Schutträumen waren wir inzwischen so weit, dass wir beschlossen, am nächsten Tag mit den ersten Zugversuchen zu beginnen. Jeder Millimeter vorwärts würde uns Freude bereiten. Am nächsten Morgen überlegten wir, wo wir die Gegenpunkte für unsere Zugkräfte finden könnten.

„Gib mir einen festen Punkt, und ich werde die Erde bewegen!", rief Ben theatralisch. Ich sah ihn erstaunt an.

„Klingt toll. Steht das in der Bibel?", fragte ich.

„Nein. Ich glaube, so ähnlich hat es Archimedes gesagt." Somit wurde bei mir wieder eine Bildungslücke gefüllt.

Wer in eine Richtung gezogen werden will, braucht eine starke, unverrückbare Stelle, zu der er sich hinziehen lassen kann. Unsere Anker waren dazu nicht zu gebrauchen und die Korallen waren zu brüchig. Wo auch immer wir sie verkeilten, sie brachen aus. Wir umfassten nun große Blöcke, die wie Felsen wirkten, mit Drahtseilen. Diese starken, massiven Klötze von mehreren zusammengewachsenen Kugelhirnen waren auch der Hauptgrund für den Zick-Zack-Kurs unseres Kanals. Also installierten wir die ersten Systeme: je einen Vierfach-Flaschenzug auf eine Winsch mit siebenfacher und eine mit zwanzigfacher Kraft. Rechnerisch also fast fünfeinhalb Tonnen Zugkraft. Leider begann nun der Ingenieur in Ben über Rollenverlust und Wirkungsgrad zu sprechen. Er meinte, zweieinhalb Tonnen würden effektiv übrig bleiben und das war sicherlich zu wenig. Wir besaßen aber noch eine Winsch, und darüber hinaus noch eine Ankerwinsch, an die wir anfangs gar nicht gedacht hatten. Also konnten wir die Kraft verdoppeln. Sollte das auch nicht reichen, hatten wir ein echtes Problem. Drahtseile waren glücklicherweise genug vorhanden, aber leider zu wenige Rollenblöcke, die müssten wir uns irgendwie beschaffen.

Es war früher Nachmittag, als Ben Masten mit alten Gaffelsegeln sichtete.

„Das könnte Nemo sein!", hofften wir.

Tatsächlich, es war Nemo. Unsere Freude war sehr groß. Er würde uns zwar mit seiner Klapperkiste nicht vom Riff ziehen können, aber er hatte den größten Schrotthaufen von brauchbaren Dingen an Bord. Die „Martha" war mit ungefähr zwanzig Tonnen irgendwo gefundenem Schiffsschrott beladen.

Nach der Begrüßung lud uns Nemo ein, an Bord zu kommen, um die Lage zu besprechen, gut zu essen und auch dort zu schlafen. Bei dem Gedanken, unsere „Thing" über Nacht allein zu lassen, war uns nicht sehr wohl zumute. Aber wir waren nur eine halbe Meile entfernt und wollten nicht unhöflich sein. Nach dem Abendessen erklärte uns Nemo, wie er sich die Bergung vorstellte. Er hatte bereits alles vorbereitet und geplant und verlangte, im Anbetracht des Ernstes der Lage, ihn als Bergungsleiter zu akzeptieren und seinen Befehlen zu gehorchen. Ben warf mir einen vielsagenden Blick zu, er fühlte sich anscheinend genauso unbehaglich wie ich.

Die Mannschaft setzte sich wie folgt zusammen: Nemo, seine schwedische Lebensgefährtin, Swen (Ollie war in Cumaná davongelaufen), einem Niederländer, der unbedingt an diesem Unternehmen teilnehmen wollte und uns beiden. Toll war vor allem, dass Nemo einen vierhundert Meter langen Zwei-Zoll-Tampen mitgebracht hatte. In den nächsten drei Tagen bauten wir ein „Spanish Tackle" auf. Das war, einfach erklärt, ein langes Zugseil, das von der „Thing" bis zu zwei hintereinander liegenden Ankern gespannt war. Das Seil wurde nun immer mehr nachgespannt. Das geschah mit Hilfe etlicher Flaschenzüge und einer Viertelkreis-Hebelarmstrecke. In dieser Zeit verausgabten wir uns sehr. Wir mussten große Strecken schwimmen, schwere Lasten tragen oder ziehen.

Die ganze Arbeit wurde durch den Saustall auf der „Martha" sehr erschwert. Alle Taue und Seile lagen auf großen Haufen auf Deck, wahrscheinlich schon seit Jahren. Da die zwei, mir äußerst unsympathischen, bissigen Hunden nie von Bord gelassen wurden, war alles voll Hundescheiße. Die beiden Sweeties benützten mit Vorliebe die Seilhaufen für ihre großen und kleinen Bedürfnisse. So war von der ekelhaften Handhabung abgesehen, die Hälfte des Tauwerks verrottet und unbrauchbar geworden. Die Rollenblöcke und Schäkel waren in Deckkisten mit anderem Schrott zu festen Rostklumpen zusammengewachsen. Sie mussten mit Hämmern frei geschlagen, zerlegt und mühsam gängig gemacht werden. Auch von der restlichen Hygiene auf dem Schiff waren wir nicht sehr angetan. Alles strotzte vor Dreck und so wurde uns auch das gut gekochte Essen verleidet. Sogar in der Nacht schliefen wir schlecht, weil die Betten und das Bettzeug vermodert und faulig rochen. – So kam es am Abend des dritten Tages zum ersten Krach. Ben erlaubte sich, Nemo vorzurechnen, dass bei diesem „Spanish Tackle" und dem 60-PS-Motor der „Martha" maximal zweitausend Kilo Zugkraft über die Seillänge von sechshundert Metern an die „Thing" ankämen. Nemo zuckte regelrecht aus. Er gab großartig kund, ohne ihn bewege sich hier nie etwas.

„Führ dich nicht auf wie ein dummer, trotziger Junge!", schrie Nemo. „Du willst dich ja nur vor meinem Kommando drücken!" Das war Ben zuviel. Er zog wieder auf die „Thing". Bevor er die „Martha" verließ, besprach ich mich mit ihm. Wir beschlossen, dass ich noch bis zur Fertigstellung des „Spanish Tackle" mithelfen und versuchen sollte, noch ein paar wichtige Sachen zu borgen. So arbeitete ich noch weitere drei Tage unter Nemos Kommando. Am dritten Tag müssten wir unter maximaler Zugkraft stehen. Aber die „Thing" bewegte sich keinen Millimeter. Ich hatte Angst, Nemo würde im blinden Eifer seine „Martha" gänzlich ruinieren.

Sie war ohnedies schwer angeschlagen, denn bei der Herfahrt hatte sich bei etwas schwereren Wellen ein Spalt am Bug geöffnet. Nemo hatte diesen mit Bleiplatten von außen vernagelt und von innen mit Beton verschmiert. Jeden Tag drangen nun bis zu tausend Liter Wasser ein, die jeden Morgen mühsam mit der Handpumpe wieder entfernt werden mussten. Das war eine zusätzliche Schwerarbeit für unsere ohnehin schon geschundenen Körper. Als sich nun am Tag der Fertigstellung seines Zugsystems kein Erfolg einstellte, quälte er den alten 60-PS-Motor der guten „Martha" derart, dass durch die Überhitzung der Auspuffrohre das Holz des Schiffes zu brennen begann. Als Pausenfüller löschten wir den Brand. Nemo war über dieses Missgeschick wütend wie noch nie zuvor. Er tobte herum und beschimpfte uns mit den schlimmsten Ausdrücken. Die alte Holzschüssel knarrte und krachte und ich hatte Angst, sie würde auseinanderbrechen und sinken. Also bat ich ihn, doch vernünftig zu sein und das Schiff nicht aufs Spiel zu setzen. Mit den Worten, dass ich Ben helfen müsse, von der „Thing" aus Power zu machen, und dass wir es „gemeinsam" sicher schaffen würden, verabschiedete ich mich eilig von der „Martha" und ihrer Crew.

In den vergangenen Tagen war es mir gelungen, zwei Dreifachblöcke, ein schweres Stemmeisen mit Fäustel und ein großes Brecheisen zu borgen. Das Wichtigste waren die Blöcke. Mit ihnen konnten wir eine Kraft versechsfachen.
Ich war sehr froh, wieder auf der „Thing" zu sein. Auf der „Martha" war ich mir wie in einem Arbeitslager vorgekommen. Wir hatten zwar keine Schwedin für die Küche und die Wäsche, aber dafür ersparten wir uns die unangenehme Bevormundung. Nemos Verhalten war wirklich unerträglich. Er verhielt sich ganz anders, als wir es von Cumaná her gewöhnt waren. Wir versuchten möglichst

wenig an den Alten zu denken. Unsere Konzentration richtete sich voll und ganz auf die Arbeit, wie wir sie ursprünglich geplant hatten. Bald waren alle Rollen und Seile installiert und wir begannen sie zu spannen. Bei vollem Zug sollten wir nun an die zehn Tonnen Kraft hervorbringen, also ungefähr fünfmal so viel wie bei Nemos Unternehmen.

„Dieses ‚Spanish Tackle' nach Nemos Idee kann nicht funktionieren, aber mit dem alten Sturkopf kann man ja nicht reden", sagte Ben. Da ich die technischen Fähigkeiten meines Freundes nur zu gut kannte und zu schätzten wusste, konnte ich ihm nur beipflichten. Auch mein Hausverstand sagte mir, dass unsere Methode die logischere war.

Nun mussten wir noch vier Stunden auf die Flut warten. Wenn ein paar starke Wellen dabei waren, konnten wir das erste Stück mit eigener Kraft bewältigen. Die Wartezeit schlugen wir mit Essen tot. Während wir eifrig kauten, begann unser Schiff etwas zu schaukeln und rutschte einen halben Meter vorwärts. Wir waren aufgeregt wie bei der ersten Mädchenbekanntschaft. Wunderbar!

„Unsere ‚Thing' hat sich bewegt! Unser System funktioniert!", rief Ben begeistert. Sofort gingen wir an die Winschen und spannten alles nach – und das Schiff rutschte wieder einen Meter weiter. Einfach traumhaft! Nemos Tampen hingen inzwischen lasch durch und er würde Stunden brauchen, um die Seile nachzuspannen. Irgendwie tat mir der erfolglose Helfer Leid, wahrscheinlich fühlte er sich blamiert und war deshalb so schlecht gelaunt.

Nun kam das entscheidende Stück: Die „Thing" schob sich vom Schuttberg in den Kanal, den wir in vierzehntägiger Arbeit gegraben hatten. Ein unbeschreiblicher Anblick! Sie drehte sich perfekt um neunzig Grad und glitt ganze zehn Meter vorwärts, dann stand sie fast aufrecht am vorläufigen Ende des Kanals. Wir konnten unser Glück kaum fassen, hatten wir doch den schwierigsten Teil geschafft. Wir hatten uns selbst bewiesen, dass unser Vorhaben machbar war. Das musste natürlich gefeiert werden.

Drei Wochen verbrachten wir bereits auf dem Riff. Für die weitere Arbeit war dieser Erfolg von großer Wichtigkeit. Nemo hatte von der „Martha" aus genau beobachtet, wie sich unser Schiff weiterbewegt hatte, und nach einer guten Stunde kam er zu uns und meinte mit einem breiten Grinsen: „Hab ich's nicht gesagt, ich zieh euch hier heraus!"

Wir sahen uns betroffen an, sagten aber nichts dazu, weil wir keine Lust auf Streit hatten.

„Ich spanne alles nach und ziehe euch noch heute ein Stück weiter", verkündete er eifrig. Wir mussten ihn leider enttäuschen, weil sich unsere Zugrichtung um neunzig Grad geändert hatte. Auch schien er nicht zu bemerken, dass wir als nächstes am Kanal weiter arbeiten mussten. Er durchschaute unser Zugsystem und unsere Arbeitsweise überhaupt nicht. Da es zwecklos gewesen wäre, ihn aufzuklären, ließen wir ihn quatschen und waren froh, als er sich wieder auf den Weg zur „Martha" machte.

In den nächsten Tagen hatten wir keinen Kontakt zu Nemo. Nur Swen kam öfter zu uns herübergeschwommen und beklagte sich über das Leben auf dem alten Schiff und die Schikanen, denen er hilflos ausgeliefert war. Nemo schlage ihn sogar und behandle ihn wie einen Sklaven. Wir erfuhren auch, dass der Niederländer an Bord der „Martha" zuckerkrank war. Nemo hatte ihm versichert, dass dieses Unternehmen nur eine Woche dauern würde. Dem Bedauernswerten ging nun das Insulin aus, und er versuchte verzweifelt über Funk eine Mitfahrmöglichkeit zu finden, um auf eine besiedelte Insel zu kommen. Auch der Proviant ging zur Neige, weil sich Nemo verkalkuliert hatte. Er wollte sich von Fischern Lebensmittel bringen lassen. Wir könnten uns auch daran beteiligen, meinte Swen. Seit Nemo uns seine Hilfe angeboten hatte und vor uns ankerte, hatten sich die hilfreichen Yachties natürlich zurückgezogen, in der Annahme, wir würden bestens versorgt. – Wir gaben Swen eine lange Einkaufsliste und zweihundert Dollar mit und hofften auf einen reibungslosen Einkauf. Dieser Betrag stellte immerhin die Hälfte unseres Kapitals dar.

Die Arbeit an unserem Kanal ging gut voran. Wir entfernten die Hirnkorallen, indem wir sie einfach zur Seite rollten. Zwischendurch ging ich wieder auf die Jagd. Mit der Harpune konnte ich bereits sicher umgehen, und die Jagderfolge waren dementsprechend gut. So standen immer wieder Snaper, Grooper und hin und wieder ein köstlicher Lobster, eine besondere Delikatesse, auf dem Speisezettel. Davon abgesehen, dass mir die Jagd Spaß machte, war sie mittlerweile zur Notwendigkeit geworden, um ausreichend Nahrung zu erhalten.

Der Niederländer von der „Martha" konnte mit einem Franzosen nach Curaçao mitfahren. Er besuchte uns noch, ehe er aufbrach und wünschte uns viel Erfolg. Da er einige Zeit auf der Insel bleiben wollte, hoffte er uns dort bald wieder zu sehen. Auch die bestellten Lebensmittel wurden ohne Probleme von den Fischern geliefert. Für die nächsten Wochen hatten wir genug zu essen. Alles lief nach Plan.

Wir waren gerade dabei unsere Sachen zu verstauen, als Swen wieder auftauchte. Er sprach lange nichts und sah uns mit bekümmertem Gesichtsausdruck bei der Arbeit zu.

„Was ist los mit dir? Ist etwas nicht in Ordnung?", fragte ich den Jungen.

„Könnte ich nur bei euch bleiben", sagte er traurig.

„Das geht nicht, wie du weißt. Nemo hat für dich die Verantwortung übernommen", sagte Ben.

„Nemo ist ein Schwein!", stieß Swen nach einer Pause hervor.

„Was hat er denn schon wieder verbrochen?", wollten wir wissen.

Nun schimpfte er so richtig los: „Er hat mich wieder geschlagen. Und wisst ihr warum? Weil ich euch gesagt habe, dass ihr bei den Fischern Lebensmittel bestellen könnt. Er wollte euch aushungern. So hättet ihr ihn um Hilfe bitten müssen!"

Das war eine böse Neuigkeit. Konnte der alte Fuchs wirklich so hinterhältig sein und uns auf diese Weise zur Zusammenarbeit zwingen wollen?

„Nemo hätte euch die Lebensmittel um die zweihundert Dollar nie ausgehändigt, wenn nicht die Coastguards den Einkauf überwacht hätten. Vor denen hat er aber Angst. Sonst hätte er einfach behauptet, die Fischer haben das Geld gestohlen."

Ben und ich sahen uns an und wussten im Moment nicht, was wir sagen sollten.

„Hast du noch mehrere Nemo-Geschichten auf Lager?", fragte Ben. Swen hatte!

„Er will euch alles wegnehmen. Darum hat er auch das lange Seil geklaut. Er sagte auch, wenn er euer Schiff vom Riff zieht, gehört es laut Seerecht ihm."

Nun wurde uns plötzlich alles klar! Darum bestand er darauf, das Kommando zu führen und dass wir bei ihm auf der „Martha" wohnen sollten. Wir hätten somit die „Thing" verlassen und aufgegeben, und vor dem Gesetz könnte er das Bergerecht beanspruchen. Jetzt wussten wir auch, warum er sich trotz des schlechten Zustandes seines Schiffes auf den Weg gemacht hatte. So ein Schuft! Und wir dachten, er wollte uns aus purer Freundschaft helfen, so wie wir mit Sicherheit einem Landsmann und Freund geholfen hätten. Es war schon schlimm genug, dass er sich unsere „Thing" unter den Nagel reißen wollte, viel ärger war aber die Tatsache, dass er die Schwedin, den Niederländer und Swen in absolute Lebensgefahr gebracht hatte. Die „Martha" war in einem bedenklichen Zustand und beim nächsten schweren Wetter wäre sie wahrscheinlich auseinander gebrochen. Eine Sicherheitsausrüstung war so gut wie nicht vorhanden. Bei einem Schiffbruch wären womöglich alle ertrunken.

„Verhaften müsste man diesen Kerl!", war unsere Meinung.

Er ließ sich von „blinden" Beamten schwererziehbare Jugendliche anvertrauen, die er dann wie Sklaven für sich arbeiten ließ. Sie mussten auf diesem Schiffswrack leben, inmitten von Hundekot und Ungeziefer. Und dafür erhielt er auch noch jeden Monat Geld. Ollie ließ er einfach in Cumaná zurück, ohne ihn zu suchen, denn er hatte Wichtigeres zu tun, er musste uns „retten". Aber wir konnten nichts gegen ihn machen, wir konnten nur jede Verbindung zu ihm abbrechen. Und das taten wir sofort. Wir lösten seinen Tampen, der noch immer an unserem Schiff hing und warfen ihn ins Wasser.

Swen verabschiedete sich von uns und warnte uns noch: „Ihr wisst hoffentlich, dass Nemo Waffen an Bord hat. Wenn er so richtig ausflippt, kann er gefährlich werden!"

„Das wird er doch nicht wagen", sagte ich. „Aber vielen Dank für den Tipp! Viel Glück!"

Ich glaube, wir hatten beide eine unruhige Nacht mit bösen Träumen. Die Enttäuschung über den falschen Freund hatte uns tief getroffen.

Früh am nächsten Morgen kam Nemo mit seinem Alu-Dingi zu uns und machte auf Enttäuschungs-Show. Er war ein jämmerlicher Schauspieler: „Schade, dass ihr meine Anweisungen nicht befolgt. Ich habe es gut gemeint, ich wollte euch nur helfen. Dabei habe ich für euch alles riskiert, mein Schiff und mein Leben", sagte er in klagendem Tonfall und trotzig setzte er hinzu: „Aber ihr werdet sehen, ohne mich kommt ihr hier nicht raus!"

Er verlangte seine Dreifach-Blöcke und das Werkzeug zurück. Wir gaben die für uns wichtigen Sachen schweren Herzens her. Ich fragte ihn nach unseren Batterien, die er auf der „Martha" für uns aufladen wollte. Er forderte mich auf, sie doch zu holen. So fuhr ich mit dem Dingi mit zu seinem Schiff. Was ich nun sah, brachte mich endgültig zum Ausrasten. Der Dummkopf hatte die Batterien verkehrt angeschlossen, aufgebläht wie Fußbälle und säuretriefend standen sie an Deck. Nemo tat ganz unschuldig und hatte natürlich von nichts eine Ahnung.

„Also, wenn du das wirklich unabsichtlich getan hast, dann bist du nicht nur eine Ratte, sondern auch ein Vollidiot!", schleuderte ich ihm wütend ins Gesicht. Ich sprang über die Reling ins Wasser und kletterte in mein Boot.

„Bitte lass uns endlich in Ruhe und verschwinde, du verdammter Schuft!", rief ich zornig und machte mich ohne die kostbaren Batterien auf den Weg. Ben war natürlich alles eher als erfreut über meinen Bericht. Wir schimpften noch eine Weile über all diese unfassbaren Ereignisse. Schließlich verdrängten wir unseren Ärger mit Arbeit.

An diesem Tag hatten wir genau ein Monat auf dem Riff hinter uns. Ich holte am Nachmittag einen schweren Lobster aus dem Meer und es gab ein tolles Festessen. Eine paar Gläser Rum brachten unsere gute Laune zurück. Wir waren froh, den alten Spinner vom Leibe zu haben und hofften, ihn nie mehr wieder zu sehen.
Die Trennung von Nemo erleichterte uns unwahrscheinlich. Wir hatten nun wieder richtigen Spaß beim Kampf gegen das Riff. So kamen wir jeden Tag ein paar Meter vorwärts. Obwohl wir die größte Strecke noch vor uns hatten, gab es keinen Zweifel mehr darüber, dass wir Erfolg haben würden.

Nach fünf Tagen setzte sich die „Martha" in Bewegung und schlängelte sich aus der Lagune. Hinter einer fernen Insel konnten wir noch einige Zeit ihre Masttops erkennen. Dort saß Nemo wie eine fette Spinne und wartete auf unser Versagen.

Kaum waren wir die „Martha" losgeworden, kamen auch wieder die anderen Yachties zurück und versorgten uns mit gutem Essen und brauchbaren Hilfsgütern und somit auch mit guter Laune. So kam zum Beispiel ein französisches Ehepaar, das hier drei Wochen lang Lobster fangen wollte. Wir borgten uns für diese Zeit einen schweren Hammer und ein Meißel aus. Der Franzose brachte Ben mit seinem flotten Motor-Dingi zu den vor Jahren gestrandeten Frachtschiffen. Er hoffte auf ihnen brauchbare Gegenstände zu finden. Tatsächlich entdeckte Ben ein paar große Rollenblöcke. Vom Rost befreit, leisteten sie uns noch gute Dienste.

Auch die Amis, unsere ersten Besucher, kamen zurück. Sie staunten über unsere Fortschritte.

„Nie hätten wir gedacht, dass ihr es wirklich schafft!", gaben sie offen zu. Da wir nun schon kurz vor dem Sandteil der Lagune waren, hatten sie den Zweifel an unserem Erfolg verloren.

Wir waren erstaunt über die Nahrungsmengen, die wir verdrückten. Es war ja nicht das erste Mal, dass wir hart arbeiteten, aber die Kombination aus Wassersport und Schwerarbeit mit ständiger Unterkühlung unserer Körper verlangte eine Maß an Energiezufuhr, das jeden Kraftsportler in Erstaunen versetzt hätte. So verzehrten wir riesige Mengen Milchpulver, Mehlspeisen, wie Palatschinken (Pfannkuchen), Eier, natürlich Fisch und Meeresfrüchte, Oliven, Kartoffeln und auch unser Zuckerverbrauch war enorm. Manchmal, wenn ich nach einem Tag im Wasser, unterkühlt, müde und hungrig, aufs Schiff zurückkam, musste ich mich richtig beherrschen, um nicht die Olivenöl-Flasche anzusetzen und die ölige

Energie in mich hineinzuleeren. Die Wirkung auf die Verdauung wäre natürlich verheerend gewesen.

Unangenehm waren die vielen kleinen Verletzungen, die wir uns im Laufe der Zeit zugezogen hatten. Vor allem Arme und Beine waren mit unzähligen Schürf- und Schnittwunden und kleinen Blutergüssen übersät. Beim ständigen Kontakt mit den scharfen Korallen war das nicht zu vermeiden. Nach der ersten Woche am Riff sahen wir wie Zombie-Darsteller in einem Gruselfilm aus. Durch den ständigen Aufenthalt im Salzwasser hatten die Wunden keine Chance auszutrocknen oder gar zu heilen. Andererseits verhinderte das saubere Wasser jede Infektion. Unangenehm war das erste Eintauchen nach mehreren Stunden im Trockenen. Das fühlte sich an, als ob man in einen Ameisenhaufen gefallen wäre. Aber spätestens nach einer halben Stunde gewöhnten wir uns an die neuerliche Salzdosis und wir konnten ohne weitere Beschwerden unserer Arbeit nachgehen.

Nach sechs Wochen hatten wir es tatsächlich geschafft, unser Schiff durch die Korallen zu ziehen. Wir waren sehr stolz auf unsere Leistung. Zur Belohnung gönnten wir uns einen Ruhetag mit Faulenzen und gutem Essen. Ins Wasser gingen wir nur um uns abzukühlen oder Fische für die Küche zu fangen.

Nun war alles anders geworden, die gesamte Arbeitsweise musste geändert werden. Nach den Korallen war noch der feine, weiße Karibiksand zu überwinden. In gerader Linie hätten wir etwa vierhundert Meter bis zur ausreichend tiefen Lagune zu bewältigen gehabt. Uns war klar, dass, wie auch schon im Korallenriff, der beste Weg nicht geradeaus führen würde. Also begann ich am nächsten Tag das Gebiet abzutauchen, um herauszufinden, wo die günstigsten Stellen waren. Vor mir lag eine hügelige Sandfläche unter seichtem Wasser ohne markante Erhebungen. In den Korallen war es leicht gewesen, sich die Strecke anhand von auffallenden Blöcken zu merken. So beschloss ich, die neue Ideallinie mit Styroporstücken, die ich mit dünnen Leinen an Korallenbrocken band, zu kennzeichnen. Am Abend war eine deutlich sichtbare Linie mit kleinen weißen Bojen, die sanft in den leichten Wellen schaukelten, fertig markiert. Hier im Sand gab es an manchen Stellen nur eine Wassertiefe von einem halben Meter. Außerdem schob unsere „Thing" mit dem Kiel einen immer größer werdenden Sandhaufen vor sich her. Wir überlegten, das Schiff, mit Hilfe einer langen Leine vom Masttop über einen seitlich angebrachten Anker, leicht zur Seite zu neigen. Das heißt: Masttop in Richtung Wasseroberfläche und Kiel in die Höhe. Damit würden wir erreichen, dass sich der Tiefgang von zwei Metern auf nur einen Meter verringerte und der Kiel nicht bremsen konnte. Im Moment der maximalen Neigung mussten wir mit der üblichen Zugvorrichtung nach vorne ziehen. Nach ein paar Metern würde sich das Schiff wegen der schweren Bleifüllung im Kiel wieder aufrichten und im Sand bremsen. Also, ein ständiges Wechselspiel von Niederlegen – Vorwärtsziehen – Aufrichten – Niederlegen … Diese Methode funktionierte ausgezeichnet, sie war nur langwierig und anstrengend. Jede Zugtätigkeit forderte mehrere hundert Winschumdrehungen. Wir bewegten uns in kleinen Kurven, und das zwang uns, ständig den Zugpunkt zu wechseln. So mussten wir nach allen paar Metern ins Wasser, dreihundert Meter zu den Ankern schwimmen, diese mühevoll ausgraben, natürlich tauchend an den neuen Punkt tragen, zurückkehren zur „Thing" und wieder alles auf Zug bringen. Trotz der anstrengenden Tätigkeit waren wir guten Mutes. Es bestand für uns kein Zweifel mehr, dass unser Schiff in absehbarer Zeit wieder aufrecht und frei schwimmend im Wasser stehen würde.

Natürlich bekamen wir weiterhin Besuch. Wir waren mittlerweile zur Attraktion dieser Gegend geworden. Im Laufe unseres Aufenthaltes wurden wohl einige hundert Fotos gemacht und so manches Video von uns gedreht. Einmal kam sogar ein Franzose mit einem Katamaran, um unsere Aktion professionell auszuschlachten. Er machte unzählige Fotos über und unter Wasser, filmte und machte Interviews. Wir baten ihn, uns später ein paar Fotos zu geben. Er meinte, wir würden ihn sicher bald in Curaçao treffen, da er dort einen längeren Aufenthalt geplant hätte. Ich hatte zwar meine Nikon ständig bei mir, aber wegen chronischen Geldmangels hatte ich schon lange keine Filme mehr kaufen können. Wir hatten ein paar Video-8-Aufnahmen, leider viel zu wenige, weil die Akkus bald leer waren.

Nach der siebten Woche kam eine wunderschöne, moderne Alu-Jacht zu uns. Kurz nach dem Ankern besuchten uns die Besitzer, ein englisches Ehepaar mit Tochter. Angeregt unterhielten wir uns über die mühsame Bergung der „Thing". Der Engländer lud uns für den Abend auf sein Schiff ein. Wir verbrachten einige sehr schöne Stunden auf der „Marina M." Der stolze Besitzer führte uns durch seine Fünfundzwanzig-Meter-Traumjacht, die er sich um ein paar Millionen Pfund maßfertigen hatte lassen. Hier war wirklich alles von feinster und bester englischer Handarbeit. Die Jacht war so fantastisch ausgestattet, dass es dem Eigner möglich war, sie ganz allein, ohne zusätzliche Crew, zu bedienen. Von automatischen Segelrollreffanlagen bis zu den Anker-Motor-Winschen war alles über Fernsteuerung, bequem vom Steuerstand aus, bedienbar. Modernste Instrumente und Computertechnik informierten über jede nur vorstellbare Gegebenheit unter, über und rund um das Schiff. Schon eine von den vier riesigen, hydraulikbetriebenen, mit Remote Control ausgestatteten Winschen, kostete mehr als das Doppelte unseres ganzen Schiffes. Wir kamen uns vor wie im Traum und konnten nur staunen. Mindestens so überrascht waren wir von der natürlichen Gastfreundschaft dieser Familie. Der nette

Kapitän bot uns seine Hilfe an. Wir sollten uns nicht scheuen, ihm zu sagen, was er für uns tun könne. Nach unserem Nemo-Erlebnis kamen uns diese Menschen wie übernatürliche Wesen vor, fast wie Engel. Der Jachtbesitzer musste über unseren Vergleich mit Himmel und Hölle herzlich lachen, als wir ihm die Geschichte von Nemo erzählten. Er fühlte sich natürlich geschmeichelt, aber für ihn war es eine Selbstverständlichkeit, in Not geratenen Kollegen zu helfen.

Nachdem wir diese wunderbaren, großen und sicher unendlich starken Winschen gesehen hatten, wussten wir sehr wohl, wie uns der gute Mann helfen konnte. Wir baten ihn, sich in drei Tagen bereit zu halten, dann würde er uns mit einem Tag Arbeit einen großen Gefallen tun können. – Aufgeregt und mit roten Backen vom köstlichen Cognac, den er uns angeboten hatte, kehrten wir wieder zur „Thing" zurück. Zufrieden und glücklich kletterten wir in unsere Kojen.

In den nächsten drei Tagen winschten wir uns an das greifbare Ziel heran. Es fehlten uns noch zweihundert Meter zur Freiheit. Wir bereiteten noch alles für den nächsten Tag vor. Danach genossen wir – fast andächtig – den wahrscheinlich letzten Abend in unserem prächtigen Gefängnis.

Am nächsten Morgen hatte ich ein eigenartiges Gefühl im Magen. Sollte diese Hilfsaktion klappen, könnte die „Thing" am Abend bereits wie ein normales Schiff vor Anker liegen. Volle zwei Monate hatten wir gekämpft, gelitten, unsere Körper geschunden und trotzdem war da ein eigenartiges, wehmütiges Gefühl etwas zu verlieren, etwas ganz Spezielles zu verlassen und nie mehr wieder in diesem Leben vorzufinden. – Das Motorengeräusch des „Marina M."-Dingis holte uns in die Kampfszene zurück.

„Hallo Freunde!", rief uns der Kapitän fröhlich zu. „Wie kann ich euch helfen?"

Nach der freundlichen Begrüßung erklärten wir ihm unseren Plan und baten ihn, genau dort vor Anker zu gehen, wo das Ende unseres Riff-Abenteuers sein sollte. Danach gaben wir ihm zweihundertfünfzig Meter aneinander geknüpfte Seillängen ins Boot und baten ihn, eine seiner Winschen damit zu belegen und so lange zu ziehen und Seil einzuholen, bis wir neben ihm den Anker ins Wasser werfen würden. Was wir vorhatten, war einfach: Wir hatten das Ende des Taues an unserem Masttop befestigt und sobald er daran ziehen würde, müsste sich unser Schiff wieder zur Seite neigen. In dem Moment, wo der Kiel an der anderen Seite hoch genug oben war, sollte es aufschwimmen und sich quer zur Zugrichtung in Richtung Freiheit bewegen. Nachdem alles installiert war, gaben wir das Zeichen zum Start. Nun begann der Kapitän, bequem in seinem Cockpit sitzend, mit Knopfdruck seine hydraulische, selbstholende Winsch in Gang zu setzen. Was wir uns in der Theorie gedacht hatten, funktionierte auch in der Praxis ausgezeichnet. Langsam neigte sich unsere geschundene „Thing" zur Seite, schwamm auf und glitt sanft seitwärts. Sie richtete sich bis auf Kielberührung auf und neigte sich gleich wieder zur Seite.

Die ganze Aktion, für die wir sicher noch vierzehn Tage gebraucht hätten, war in zwei Stunden vorüber. Es war einfach fantastisch!

Es war erst zehn Uhr am Vormittag, als wir neben der „Marina M.", sanft schaukelnd, absolut aufrecht und ohne Grundberührung, wie es sich für ein Schiff gehört, den Anker warfen. – Wir hüpften herum, klatschten in die Hände und erschreckten die Fische mit unserem Jubelgeschrei. Wir hatten es geschafft! In diesem Moment waren wir die Größten und hätten vor Glück fast geweint. Nun kamen auch noch die Leute von der „Marina M." und brachten uns die Seile.

„Ich freu' mich für euch!", lachte der Kapitän. „Wie kommt ihr nun aus der Lagune? Ist euer Motor in Ordnung? Habt ihr genaue Karten? Der Weg hinaus ist nicht leicht zu finden!"

Das waren schon wieder eine Menge Probleme, mit denen uns der Kapitän konfrontierte. Nein, daran hatten wir in unserem Freudentaumel noch gar nicht gedacht. Er amüsierte sich über unsere verdutzten Gesichter.

„Das habe ich vermutet! Wenn ihr wollt, schleppe ich euch nach dem Mittagessen durch das Labyrinth. Mein Schiff findet den Weg auch ohne mich. Also, bis später." Und weg war er wieder. Es war wirklich unglaublich, wie selbstverständlich und umsichtig dieser Mann half.

Emsig begannen wir die „Thing" darauf vorzubereiten, wieder als Schiff zu dienen. Das ganze Deck war voll Zugkonstruktionen. Dieses übermäßig beladene Gefährt war nur schwer als hochseetaugliche Jacht zu erkennen. Ich war gerade mit dem Verstauen der Seile beschäftigt, als ich aus dem Augenwinkel einen Schatten vorbeihuschen sah. Als ich aufblickte, sah ich einen flotten Zehn-Meter-Katamaran mit Speed, genau dort, wo wir ein Monat lang unsere schwere „Thing" wie einen Schlitten durch den Sand geschleift hatten. Er hielt auf die Mündung unseres Kanals zu. Mit offenem Mund verfolgte ich das perfekte Wendemanöver. Nun sah ich auch die österreichische Flagge am Heck. Es war Adi, unser halbblinder Freund, ein Einhandsegler, den wir in Cumaná kennen gelernt hatten. Er kam zurück und warf den Anker knapp neben uns ins Wasser.

„Einen tollen Kanal habt ihr da gegraben. War sicher eine Menge Arbeit. Ich hätte den nicht gebraucht. Wenn ich meine Schwerter hochziehe, habe ich heiße dreiundzwanzig Zentimeter Tiefgang und fahre ohne Kratzer über den ganzen Krempel drüber!" rief er uns zu. „Wie geht es euch? Alles in Ordnung?", fragte er noch. Wir lachten.

„Du bist gerade recht zur Siegesfeier gekommen. Ich hoffe, du hast Getränke mitgebracht!", rief ich gutgelaunt zu ihm hinüber.

„Na klar. Ihr kennt mich doch!", antwortete er. „Wir könnten sogar noch ein paar Mädchen zur Feier einladen. Bier und Rum reichen für 14 Tage. Ihr kennt meine Proviant-Devise: Trinken ist wichtiger als essen." Also, der Abend war gerettet.

Wir klärten Adi über unser Vorhaben auf. Gegen Mittag würden wir die Lagune verlassen, um außerhalb davon bei einer der kleinen Inseln vor Anker zu gehen. Er versprach uns zu folgen.

Wie vereinbart, brachte uns der Kapitän der „Marina M." nach dem Mittagessen langsam aber sicher durch das Labyrinth. Wieder hatten wir Zweifel, ob alles mit rechten Dingen zuging. Der Kapitän plauderte mit seiner Frau im Heck-Cockpit, ohne sich im Geringsten für den Kurs zu interessieren. Die „Marina M." suchte sich selbständig den Zick-Zack-Kurs durch das Riff. Sicher wurden wir bis an den Strand einer kleinen Insel gezogen. Unser britischer Engel holte sein Tau ein, die ganze Familie winkte noch freundlich zu uns herüber und die elegante Jacht nahm, ohne zu stoppen, Kurs auf das offene Meer. Wir hatten keine Chance mehr, uns zu bedanken oder ihnen wenigstens gute Reise zu wünschen.

Als ich mich umdrehte und die Insel betrachtete, vor der wir lagen, musste ich lachen. Wir hatten die Original-Vorlage für die Inselwitze gefunden! Vor uns befand sich ein Sandhaufen mit etwa einer Meile Durchmesser. Darauf stand eine große Palme, daneben war eine kleine Holzhütte errichtet, vor der ein paar Fischer saßen und ihre Netze ausbesserten.

Kurze Zeit später war auch Adi wieder bei uns. Er hielt zwei schöne Lobster in die Höhe.

„Die sind für die Befreiungsfeier. Man sollte nicht auf nüchternen Magen trinken, hab ich gehört. Also, um 18 Uhr bei mir!", rief er uns die Einladung zu und verschwand in der Kombüse.

Beim köstlichen Essen erzählte uns Adi, dass er in Cumaná vom Marinamanager von unserem Missgeschick erfahren hatte. Der kannte uns, weil wir bei ihm das Schiff gekauft hatten. Nemo wollte von ihm die „Thing"-Papiere, aber er gab sie ihm nicht.

„Sieht ganz so aus, als ob der alte Gauner sich euer Schifferl unter den Nagel reißen wollte. Ich kenn' den Kerl schon von früher, von den spanischen Inseln. Dort haben sie ihn schon vor Jahren vertrieben", berichtete Adi. Nun erzählten wir ihm die Nemo-Hilfs-Aktion und bestätigten so Adis Vermutung:

„Der ist eine alte Ratte. Nicht umsonst hat er im gesamten Mittelmeer Ankerverbot. Zum Glück ist er nicht besonders klug. Er glaubt von sich, er sei ein schlauer Fuchs, aber am Ende ist er immer der dumme Hund."

Wir lachten über diese Feststellung, da sie diesmal wirklich zutraf und beschlossen, vom ersten Gang – Lobster mit Bier (Wein wäre vornehmer gewesen) – auf den zweiten Gang, Rum mit Nüssen, überzugehen. Wir hatten eine Menge Spaß bei unseren Geschichten und feierten bis spät in die Nacht hinein.

Irgendwann meinte Adi mit übermütig funkelnden Augen: „Was hättet ihr gemacht, wenn euch Nemo plötzlich mit dem Gewehr gegenüber getreten wäre und gesagt hätte: ‚So, die ‚Thing' gehört jetzt mir! Ihr könnt euch die Palme dort mit den Fischern teilen.' Na?"

Er hatte Recht. Viel hätten wir wohl nicht machen können. Nicht das erste Mal waren wir friedlichen Österreicher in eine gemeine Falle getappt. Adi verschwand für einen Augenblick in einem der beiden Rümpfe und kam mit einem Gewehr zurück.

„Eine Waffe muss man einfach haben, denn wenn sie dich einmal ins Wasser geworfen haben, ist es zu spät!", versuchte er uns zu überzeugen. Dann schoss er mit ohrenbetäubendem Knall gegen den Mond.

„Mit diesem Ding könnte ich Nemo die wurmstichige Schüssel glatt unterm Hintern wegschießen!"

Wieder brachen wir in schallendes Gelächter aus. Aber wir wurden trotzdem nachdenklich und beschlossen, uns um eine Verteidigungsmöglichkeit zu kümmern.

„Es ist ja nicht so, dass man gleich jeden über den Haufen schießen muss", meinte Adi. „Aber ihr könnt sicher sein, dass sich die Fischer dort auf der Insel heute nicht mehr aus ihrer Hütte getrauen, nicht einmal zum Pinkeln."

Wir lachten noch viel in dieser Nacht, genossen den Rum und die lange entbehrte Musik. Irgendwann am frühen Morgen kehrten wir zu unserem Schiff zurück. Wir schliefen bis gegen Mittag des nächsten Tages. Ich wollte Adi zum Frühstück einladen.

„Danke, ich bin grad dabei!", rief er zurück und hob eine Bierdose in die Höhe.

Da wir beschlossen hatten, den folgenden Tag nach Bonaire in die Zivilisation zurückzukehren, gab es genug zu tun, um das Schiff segelfertig zu machen. Wir arbeiteten bis spät in die Nacht an den Vorbereitungen. Da wir nach wie vor keine Navigationsgeräte besaßen, borgten wir uns von Adi einen Handpeilkompass. Um auf Bonaire zu stoßen, mussten wir mit dem Wind genau nach Westen segeln. Nur mit dem „Stoßen" wollten wir es diesmal nicht so wörtlich nehmen.

„Die restlichen sechzig Seemeilen schaffen wir leicht an diesem Tag", meinte Ben zuversichtlich. „Wir werden noch bei Tageslicht unser Ziel erreichen."

Beim Start waren wir dementsprechend aufgeregt. Wir waren zwar schon zwei Monate auf See, aber es war erst unser vierter Segeltag. Für die letzten fünf Seemeilen hatten wir uns dreiundsechzig Tage Zeit genommen. Mit gemischten Gefühlen betrachtete ich die immer kleiner werdenden Los Aves. Einerseits fühlte ich große

Erleichterung über die wiedergewonnene Freiheit, andererseits tat es mir Leid, dieses Paradies zu verlassen. Trotz aller Anstrengungen war es ein unglaublich schönes, lehrreiches und unvergessliches Erlebnis geworden. Mir wurde bewusst, dass ich mich über keine Situation in meinem Leben nur annähernd so gefreut hatte wie hier über jeden mühsam erarbeiteten Meter. Noch nie hatte ich mich so zufrieden und stark gefühlt und ich nahm mir für die Zukunft vor, vor keinem Riff, und sei es noch so hoch und gefährlich, zu kapitulieren.

Renacer

*E*in olivgrüner, klappriger Militärbus brachte uns aus Panama City hinaus in die Kanalzone. Wir saßen, mit auf den Rücken gefesselten Händen auf den engen Sitzen und wurden kräftig durchgeschüttelt. Trotz der fünf grimmig dreinblickenden Polizisten befanden wir uns in einer euphorischen Stimmung. Wir hatten das Gefühl auf Urlaub zu fahren, da wir sicher waren, dass alles, was nach Modello kam, nur besser sein konnte. Neugierig betrachteten wir die Ortschaften und die Tropenlandschaft, die an uns vorbeizogen. Als wir in Renacer ankamen, war es schon dunkel, und wir konnten die Umgebung nicht mehr richtig erkennen. Nach den Geräuschen zu schließen, befanden wir uns mitten im Dschungel.

Der Bus passierte ein Gittertor und hielt auf dem Vorplatz neben dem Verwaltungsgebäude. Wir wurden einzeln in einen kahlen Raum geführt, um dort wieder bis in die letzte Ritze durchsucht zu werden. Inzwischen ließen wir diese unangenehmen Leibesvisitationen schon geduldig über uns ergehen. Ein Uniformierter teilte alte Schaumstoffmatratzen aus. Nach einundvierzig Tagen dreckigem, hartem Beton freuten wir uns sehr über diese Leihgabe. Noch vor ein paar Monaten hätte ich diese Matratze nicht einmal angegriffen, weil mir davor geekelt hätte.

Nach einer Liste wurden nun unsere Namen aufgerufen. Fünf der 21 Personen schienen nicht auf diesem Papier auf. Die Betroffenen weinten, schrieen und tobten, als sie die Polizisten mit den Schlagstöcken wieder in den Bus hineinprügelten. Die Bedauernswerten mussten zurück ins Modello. Uns hingegen nahm man die Handschellen ab, und im Gänsemarsch gingen wir über einen freien Platz zu einer großen Halle. Vor einem Schiebetor warteten wir, bis die Wärter von innen öffneten. Durch das Tor konnten wir in den Speisesaal sehen. Schätzungsweise zweihundert Männer bewegten sich hier in einem Raum von der Größe des gesamten Kellers im Modello. Unglaublich! Ein Gefängnis mit soviel Platz! Wir waren begeistert. Die Aufseher ließen uns aber keine Zeit und führten uns rasch in den Zellentrakt.

In der Sechs-Mann-Zelle, in die ich gewiesen wurde, waren sogar noch zwei Betten frei. Das ungewohnte Platzangebot hob meine Stimmung. Endlich konnte ich wieder frei durchatmen, ohne meine Lunge mit ekligem Gestank zu füllen. Leider wurde ich von Ben getrennt. Er kam in eine Drei-Mann-Zelle, schräg gegenüber.

Meine Mitbewohner waren drei sehr junge Panamaer. Der Jüngste von ihnen, Jamaika, war gerade achtzehn, der Älteste, namens Pepé, dreiundzwanzig. Dann gab es noch einen Einundzwanzigjährigen, der von allen Baron genannt wurde. Er hatte sich seit seiner Verhaftung der Kirche verschrieben.

Aus strategischen Gründen wählte ich von der hinteren Stockbettenreihe das oberste Bett. Die untersten Betten waren gerade in Sitzhöhe, da hätte ich sicher ständig jemanden im Bett sitzen oder einen Hintern im Gesicht gehabt, wenn ich mich hinlegen wollte. Die zweite Bettenreihe war für alle stehenden Personen in der Zelle mehr oder weniger in Augenhöhe. Die oberste Reihe hingegen war über den Köpfen und bot somit das Maximum an Intimsphäre, nach der ich mich nach der qualvollen Enge im Modello sehnte. Der Nachteil war das physikalische Phänomen, dass warme Luft nun einmal nach oben steigt, und somit war meine Ecke der wärmste Punkt des Raumes. Da meine Mitbewohner extrem aufgeweckte und laute ehemalige Straßenkinder waren, schien mir dieser Platz, trotz der Temperatur der beste. – Den ganzen Tag erzählten sie sich nämlich lautstark ihre Heldentaten, spielten Karten oder balgten sich herum wie junge Hunde. Natürlich wollten sie alles Mögliche von mir wissen, in erster Linie waren sie an meiner kriminellen Karriere interessiert. Ich hütete mich davor, mehr zu erzählen, als ohnehin allgemein bekannt war. Also beließ ich es dabei, als gefährlicher Drogendealer des Cali-Kartells zu gelten, da dies in der Gefängnishierarchie nur von Vorteil sein konnte. Mit Sicherheit war hier der falsche Platz, um meine Unschuld zu beteuern.

Unsere Zelle war rundherum aus Beton, nur die Vorderseite mit dem Eingangstor war aus massivem Stahlgitter. Da es keine Fensteröffnung gab, war die Durchlüftung schlecht. Neben den beiden Dreifach-Stockbetten gab es noch ein WC und ein Waschbecken. Wir mussten zwar noch immer vor den Mithäftlingen unsere Notdurft verrichten, konnten jedoch dabei sitzen und uns entspannen, ganz anders als mit den Drecklöchern im Modello. Unsere wenigen Habseligkeiten verstauten wir unter den Matratzen, somit hatten wir unglaublich viel Platz.

Wir erfuhren, dass wir den Anexo bewohnten, in dem alle Neuzugänge untergebracht wurden. Als frisch Eingewiesene mussten wir vorerst vierzehn Tage ohne Ausgang in der Zelle verbringen. Auch das Essen wurde uns für diesen Zeitraum in die Zelle serviert. Diese Regel war nicht wirklich erfreulich, aber wir mussten uns eben damit abfinden. Mit dem Essen verhielt es sich so wie mit allem anderen, es war sicher nicht als gut zu bezeichnen, aber eine deutliche Steigerung im Vergleich zur Modello-Kost.

In der Zelle führten wir ein paar Hausregeln ein, die wichtigste war die Putzeinteilung, die sicherstellte, dass der Raum jede Woche einmal gründlich gereinigt wurde. Da die Panamaer sehr sauber sind, hatte ich in dieser Hinsicht kein Problem mit meinen Zellengenossen.

Während im Modello die Polizei nur dann sichtbar wurde, wenn es Schwierigkeiten gab, waren hier die Wachhabenden immer präsent und hielten sich vor den Zellen auf. Wie ich bald bemerkte, waren nicht nur die Gefangenen um gute Beziehungen bemüht, auch den Polizisten schien, teils aus Langeweile, sicherlich auch aus geschäftlichem Interesse, ein guter Kontakt wichtig zu sein. Man darf nicht vergessen, dass ganz Panama nicht einmal drei Millionen Einwohner hat, also relativ überschaubar ist; somit ist es verständlich, dass sich die Polizisten nicht mit den in diesem Land allgegenwärtigen Kriminellen anlegen wollen. Ein normaler Polizist verdiente damals in Panama im Monat etwa 150 Dollar, also gerade genug um nicht zu verhungern. Das erklärte, warum den Männern Nebengeschäfte willkommen waren. Ein Job bei der Polizei war deshalb so beliebt, weil sich eine Vielfalt an Nebeneinkünften anbot. Da hier im Gefängnis keine Schutz- oder Bestechungsgelder verlangt werden konnten, mussten sie sich andere Methoden einfallen lassen. In erster Linie waren die Wärter am Schmuggel beteiligt; so wurden Messer, Drogen, aber auch Medikamente und Lebensmittel von den Beamten „besorgt" und dabei kassierten sie kräftig ab. Schon in den ersten Tagen meines Aufenthaltes in Renacer bot mir ein Wärter an, für mich Besorgungen zu machen.

„Ich kann dir alles bringen, was du willst", meinte er großzügig. Vielleicht will mir der Mann eine Falle stellen, dachte ich und bedankte mich für sein Angebot. Als er mich am folgenden Tag wieder ansprach, wollte ich ihn auf die Probe stellen.

„Was kannst du alles besorgen?", fragte ich und beobachtete sein Mienenspiel. Er grinste von einem Ohr zum anderen.

„Alles, nur keine Frauen", antwortete er. Ich grinste verschwörerisch zurück.

„Kannst du mir auch verbotene Dinge besorgen?" Das Grinsen erlosch in seinem Gesicht.

„Das hängt vom Preis ab", sagte er.

„Wenn du mir einen Schlüssel für Handschellen beschaffen kannst, reden wir weiter", sagte ich, in der Annahme, dass er auf diesen Deal niemals eingehen würde.

„Okay", meinte er und ging. Ein paar Tage später sprach er mich wieder an.

„Ich hab' den Schlüssel!" Ich staunte nicht schlecht und erkundigte mich nach dem Preis.

„Zwanzig Dollar", forderte er. Ich lachte schallend und er wurde nervös.

„He, hombre", sagte ich, „ich sitze hier im Knast. Das große Geld kassieren der Fiscal und der Anwalt."

„Na gut, dann 18 Dollar", meinte er großzügig.

„Drei Dollar und nicht mehr! Ich muss diesen Schlüssel nicht unbedingt haben."

„Du kannst auch in Raten zahlen, jetzt deine drei Dollar und in zwei Wochen den Rest." Er wusste genau, wie abhängig unsere Finanzen von den Besuchen waren.

„Kommt nicht in Frage. Ich mache keine Schulden", blieb ich hart. Diesen Schlüssel musste ich wirklich nicht unbedingt haben, aber er bedeutete ein Stückchen Freiheit – und man wusste nie was kommt.

„Fünf Dollar und der Schlüssel gehört dir", war das nächste Angebot.

„Okay", stimmte ich zu und wir wickelten den Deal ab. Da er den Schlüssel mit Sicherheit geklaut hatte, war das für ihn ein leicht verdientes Geld. Ich hatte den Schlüssel während der ganzen Haftzeit bei mir und gab ihn nach meiner Entlassung an Ben weiter.

In den ersten zwei Wochen durften wir die Zelle nur zum Duschen und Wäschewaschen verlassen. Die Duschen waren in einem großen, verfliesten Raum untergebracht und relativ sauber. Ich genoss es, in aller Ruhe unter dem Wasserstrahl zu stehen. Anfangs hatte ich ein beinahe krankhaftes Bedürfnis den Schmutz und den Gestank vom Modello wegzuspülen. Um in diesen Waschraum zu gelangen, mussten wir zwischen den Gitterkäfigen der Galeria, dem regulären Gefängnisteil, durchgehen. Das war ein regelrechter Spießrutenlauf und nichts für leicht reizbare Gemüter. Die Insassen der Käfige machten sich einen Spaß daraus, die Neulinge lautstark anzustänkern und zu beschimpfen.

Zum Wäschewaschen durften wir in einen kleinen Hinterhof, in dem sich zwei Waschbecken befanden. Diese kurze Abwechslung nützten wir, so gut es ging, um Bewegung zu machen, indem wir ein wenig Ball spielten und uns mit Wasser bespritzten um die Tropenhitze leichter zu ertragen. In der ersten Zeit wusch ich meine Wäsche besonders oft und sorgfältig, da ich das Gefühl hatte, dass noch immer alles vom Modellomief durchtränkt wäre. Wir hängten die nassen Stücke vorsichtig auf die Widerhaken der Stacheldrahtspiralen, die auf den Zäunen befestigt waren.

Der Anexo war sicherlich kein Traumquartier, aber fürs Erste fühlten wir uns endlich wieder einigermaßen menschenwürdig untergebracht. Wir erfuhren inzwischen, dass es auch in diesem Gefängnis weniger angenehme Zellen gab. Im Aislamiento wurden zum Beispiel ganz gefährliche Verbrecher untergebracht. In dunklen, sehr kleinen Löchern wurden sie von den anderen isoliert.

Die Jungs bei mir in der Zelle waren allerdings ganz schön anstrengend, besonders Jamaika konnte nerven. Entweder schrie oder sang er, oder er trommelte mit einem Hölzchen auf den Plastiktank, einfach lästig. Bat ich ihn, doch endlich ruhig zu sein, schaute er mich verständnislos an, war für zehn Minuten still und begann dann mit einem neuen geräuschvollen Spiel. Der Baron war aber auch nicht ohne, oft kniete er stundenlang auf seinem Bett, den Kopf mit der Stirn auf der Matratze. So hingekauert, jammerte und leierte er irgendwelche unverständliche, traurig klingende Gebete. An das konnte ich mich gewöhnen, da er monoton und gleichmäßig dahinbrabbelte, wie eine Maschine.

Wirklich schlimm waren nur die ersten vierzehn Tage, in denen wir nicht hinaus durften. Danach hatten wir jeden Vormittag sogenanntes „Patio", was bedeutete, dass wir uns im umzäunten Freigelände des Gefängnisses bewegen durften.

Um einen großen Sportplatz, konnten wir, je nach Hitze, Lust oder Laune, laufen oder gehen, um uns fit zu halten. Auf der gegenüberliegenden Seite, durch einen Weg getrennt, lag der asphaltierte Basketballplatz, daneben stand ein niederes Gebäude, das als „Kirche" diente, daran schloss ein Aufenthaltsplatz, der ebenfalls asphaltiert und mit einem Wellblechdach, zum Schutz gegen die Sonne, überdeckt war. Hier saßen die Männer, die gerade Ausgang hatten in selbst gebauten Liegestühlen. Die meisten davon verbrachten die Zeit damit, in den in der Ecke aufgestellten Fernseher zu glotzen. Da direkt daneben in der „Kirche" lautstarke Messen und Kultveranstaltungen abgehalten wurden, waren diese im ständigen Konkurrenzkampf mit dem Lautstärkenregler des TV-Gerätes. Im rechten Winkel zur Kirche gab es noch einen Barackenkomplex, in dem sich mehrere Kiosks und Werkstätten befanden. Ein dort untergebrachter Frisör schnitt das erste Mal die Haare gratis, in der Folge waren mindestens 50 Cents zu entrichten. Daneben befand sich die „Folterkammer", das war ein liebevoll eingerichtetes Gym, in dem man schweres Eisen stemmen konnte, um dicke Muskeln zu bekommen. Im nächsten Raum war eine Werkstätte, in der aus Tauabfällen Hängematten, Taschen und sonstige netzartige Gewebe hergestellt wurden. Auch die meisten Sitzflächen für die Liegestühle und Hocker wurden hier geknüpft. Als nächstes kam die „Schule", in der Kurse und Vorträge abgehalten wurden. Es gab einige Ausländer, die Sprachkurse in ihrer jeweiligen Muttersprache anboten. Auch ein Musiklehrer kam zweimal pro Woche, um Gitarrenunterricht zu geben. Ansonsten benützten hauptsächlich kirchliche Organisationen, die sich um die schwarzen Schäfchen kümmerten, diesen Raum. Ein Zahnarzt, der auch Portrait- und Landschaftsmaler war und außerdem Hühner und Kampfhähne züchtete, ordinierte hier ebenfalls. Bei einer Zahnbehandlung war es ganz normal, inmitten von Bilderstapeln zu sitzen und einen Kampfhahn auf dem Schoß zu haben, während der geschickte Kolumbianer mit der Handbohrmaschine eine Wurzel behandelte. Auch der einzige ernstzunehmende Tätowierer befand sich in diesem Raum. Der korpulente Spanier machte tatsächlich sehr schöne Tattoos. Weiters gab es hier noch Carlos, der mit seiner großen Sony-Soundmaschine Kopien von CDs anfertigte und diese den vielen Walkman-Besitzern verkaufte. Er war ein panamaisches Richkid und wurde von seiner Familie in der Stadt bestens versorgt. Am Ende der Reihe gab es noch einen kleinen Kiosk, hier konnten die Häftlinge Säfte, Milch, Müsli, Süßigkeiten und ab und zu sogar ganze Gerichte erwerben. Dieser Shop war für uns sehr wichtig, da das Essen der Gefängnisküche zu neunzig Prozent aus Reis bestand und hier die Möglichkeit geboten wurde, die eintönige Verpflegung aufzuwerten.

Wir merkten sehr bald, dass ein eigener Liegestuhl eine äußerst sinnvolle Anschaffung war. Um zu diesem Luxusgegenstand zu gelangen, mussten wir bei den Tischlern die dazu benötigten Holzteile bestellen. Die Tischlerei und andere Werkstätten befanden sich außerhalb des geschlossenen Gefängnisbereiches. Zum Glück war diese Stuhlkonstruktion nichts Neues und wurde schon seit vielen Jahren mit Erfolg hergestellt und verwendet. So bekamen wir wirklich zusammenpassende Teile, die wir verleimten, lackierten und mit den dafür maßgeknüpften Sitzteilen versahen. Die Stühle hatten wir nun, aber noch lange keinen Platz im Schatten, um sie aufzustellen. Nach zweitägigen Verhandlungen schafften wir es, ein Plätzchen zwischen den Kolumbianern und den Gringos zu ergattern. Das war eine wichtige Sache, da wir unter Umständen ein paar Jahre auf diesem Platz verbringen würden. Bei der Aufteilung der Schattenplätze war man sehr heikel. Es gab sogar Personen, die sich mit Kreide jeden Tag die Punkte der Sesselbeine genau markierten, um am nächsten Tag den Stuhl wieder millimetergenau auf denselben Platz zu setzen.

Am ersten Tag im Patio waren wir vom üppigen Grün des Dschungels überwältigt. In den letzten Wochen hatten wir schon an den schönen Dingen der Welt gezweifelt. So war es nicht verwunderlich, dass wir am Zaun standen und in diese übervolle Natur starrten. Als sich nun plötzlich auch noch ein riesiges Kreuzfahrtschiff, nur wenige hundert Meter von uns entfernt, durch das Grün schob, blieb uns fast die Luft weg. Wir waren direkt neben dem Panamakanal untergebracht. Das Makabere an dieser Szene war – auf der einen Seite ein Dritte-Welt-Gefängnis mit schlecht genährten Häftlingen, auf der anderen Seite Leute mit Sektgläsern in der Hand, die uns wie Zootiere beobachteten. Ungefähr alle zehn Minuten wurde der Kanal von einem Schiff benutzt, meistens von Frachtschiffen in allen Größen, aber auch von vielen Privatschiffen und manchmal eben auch von einem dieser riesigen Kreuzfahrtschiffe. Wenn wir von den – wahrscheinlich hübschen – Segeljachten nur die Masten sahen, da die Rümpfe zu klein waren, um über das Grün herauszuragen, verspürten wir eine schmerzhafte Sehnsucht nach unserer „Thing", die in Curaçao auf uns wartete.

Auch eine Bahnlinie führte direkt am Gefängnis vorbei. Zweimal pro Tag passierte der Ferrocarril den Knast. Er war wie der Rest von Panama, sehr bunt, alt und kaputt und niemand schien ihn zu benützen, er war immer fast leer. Da es in eine Richtung leicht bergauf ging, dauerte es eine Ewigkeit bis er vorbei war. So manches Mal musste er stehen bleiben, die Motorleistung im Stehen hochtreiben und danach wieder ganz langsam anfahren. Dieses Theater zu beobachten, war eine beliebte Abwechslung im Knastleben!

Außer den von mir beschriebenen Teilen des Gefängnisses gab es noch, durch einen Zaun getrennt, den Pavillon. Hier hausten noch einmal mindestens zweihundert Personen, die in der Hierarchie bereits die vorletzte Stufe erreicht hatten. Fünfzig Prozent von ihnen waren Ausländer. Die höchste Stufe der Leiter war von Panamaern, mit sehr guten Beziehungen besetzt und bedeutete Área-Verde. Diese Männer waren außerhalb des Gefängnisbereiches in kleinen Hütten untergebracht und arbeiteten in Werkstätten zum Wohle der Wachebeamten. Diese Leute waren mehr oder weniger frei und hatten sämtliche Privilegien. Für Ausländer war das nur sehr schwer zu erreichen, da bei etwaigen Problemen (Flucht, Körperverletzung) wesentlich mehr Unannehmlichkeiten zu erwarten waren als bei Einheimischen.

Die Beschreibung von Renacer klingt sicher nicht so übel, aber leider war auch hier das Leben für Geist und Körper sehr belastend. Gerade die erste Zeit in Anexo und Galeria war problematisch und absolut kein Honiglecken. Fünfundsiebzig Prozent der Häftlinge in diesen Abteilungen waren Panamaer und mit nur wenigen Ausnahmen Gewaltverbrecher (bewaffneter Raub, Vergewaltigung, Körperverletzung und Mord). Mit ihnen war am schwierigsten auszukommen. Alle, die wegen Drogendelikte inhaftiert waren, waren zum Großteil ganz normale Geschäftsleute und angenehme Menschen. Da jedoch die anderen Delikte überwogen, war das Klima dementsprechend rau. Nicht selten gab es gewalttätige Auseinandersetzungen bis hin zum Mord. Ständig mussten wir auf der Hut sein, dass wir den Primitivlingen genügend „Respekt und Achtung" zukommen ließen, was nicht so einfach war, da sie ihr Leben zwar nach simplen, aber uns nicht vertrauten Regeln organisiert hatten. Eines Tages, als ich gerade auf meinem Bett saß, von dem aus ich über den Sportplatz zum Verwaltungsgebäude sehen konnte, machte ich einen Mann aus, der sich deutlich von den kleinen braunen Latinos abhob. Er war gut einen Kopf größer, so an die zwei Meter, von kräftiger Statur und seine helle Hautfarbe verriet, dass er nicht von hier war. Auf die große Entfernung und durch das Gitter erinnerte er mich sehr stark an einen meiner besten Freunde, mit dem ich schon so manches Abenteuer erlebt hatte. Jetzt sah ich ihn auch noch von der Seite, dieses Doppelkinn und die Ray Ban-Sonnenbrille – das war wirklich Konti! Als nun auch noch ein rotblondes Mädchen die Treppe vom Office herunterkam, dessen Hautfarbe Konti geradezu braun erscheinen ließ, sprang ich von meinem Bett herunter, lief zur Gittertür und brüllte so laut ich konnte: „Konti! Goody!" Es war kaum zu fassen und sicher die tollste Überraschung seit langer Zeit. Freunde aus Österreich kamen uns besuchen! Ich war so aufgeregt, dass mich das Adrenalin im Kreis herumjagte. Die drei panamaischen Burschen sahen mich entsetzt an, da sie den Grund für meinen Freudentanz nicht kannten.

Im Gefängnis waren wir wegen der Hitze meist mit Shorts, Leibchen oder häufig oben ohne bekleidet. Hatten wir jedoch Besuch, mussten wir ordentlich angezogen sein, das hieß: lange Hosen, geschlossene Schuhe und nichts Ärmelloses. Da wir selten Besuch bekamen, und schon gar nicht überraschend, hatte ich Mühe, eine vorschriftsmäßige Ausstattung zusammenzubekommen. Über einen Jungen, der gerade vor der Zelle den Boden fegte, ließ ich Ben, der diagonal gegenüber hauste und deshalb keine Aussicht zum Verwaltungsgebäude hatte, eine Nachricht zukommen. Schon eine halbe Stunde bevor der Wärter uns holte, war ich fertig angezogen und stieg ungeduldig von einem Bein auf das andere. Das Durchschreiten der Galeria hatte sich auch schon wesentlich verbessert, wir wurden nicht mehr, wie am Anfang, gehänselt, beschimpft oder mit Abfällen beworfen. Inzwischen kannte man uns bereits und wir waren akzeptiert. Die Rufe, die jetzt aus den Zellen kamen, klangen ganz anders. Die Männer beglückwünschten uns, sie johlten und machten anzügliche Späße. Auch als wir über den Sportplatz gingen, war es nicht viel anders. Als wir nun zum Eingangstor kamen, war mir klar, warum sie alle so ausflippten. Außer Goody und Konti waren auch noch Sofy, eine hübsche blonde Freundin von Goody, und unser Freund Socki gekommen. Die vier wirkten wahrscheinlich sehr exotisch auf die Panamaer. Eine weitere Ewigkeit verging, bis man endlich bereit war, die Tür zu öffnen. Wir umarmten und begrüßten uns überschwänglich. Auf dem Besucherplatz, wo mehrere Tische und Bänke im Schatten aufgestellt waren, konnten wir uns gemütlich hinsetzen und wurden auch alleine gelassen. Natürlich gab es unendlich viel zu erzählen und zu besprechen.

Socki war seit einigen Jahren mit einer Mexikanerin verheiratet und wohnte auch in Mexiko. Er sprach sehr gut Spanisch und meinte, dass er uns gerne mit Anwalt und Fiscalia helfen würde. Das kam uns natürlich sehr gelegen, da wir ja gerade im Begriff waren, den Anwalt zu wechseln und es sicherlich unbezahlbar war, sich jetzt, in dieser Situation, hundertprozentig mit allen Beteiligten zu verstehen. Goody, meine alte Liebe, die mich schon in Venezuela besucht hatte, bewies mir von neuem ihre Freundschaft. Sie hatte dieses Unternehmen zum Großteil finanziert! Ihre Freundin Sofy hatte sie als moralische Stütze mitgenommen. Wir freuten uns wie kleine Kinder über die vielen Mitbringsel von unserm Freundes- und Bekanntenkreis, wir bekamen viele Briefe, Musikkassetten, Bücher und Naschzeug. Von Mutter gab es einen langen Brief, Dollars und ein Paket mit vielen nützlichen Dingen. Viel zu schnell verging die Zeit mit Plaudern und Fotos anschauen und schon mussten wir uns wieder verabschieden. Mit Hilfe unserer Konsulin hatten die Freunde für jeden zweiten Tag eine Besuchserlaubnis bekommen. Wir gaben Socki die Adresse von Quiroz, dem neuen Anwalt und auch die von Dawkins. Von Dawkins wollten wir eigentlich nur mehr die bei ihm abgestellten Sachen und das Geld zurückhaben, das unsere Mütter ihm für Häftlingsbetreuung extra gegeben hatten. Mit Quiroz war es wichtig, einen ordentlichen, gültigen Vertrag auszuhandeln und sich über den Preis zu einigen. Auch würde es nicht schaden, wenn „eindrucksvolle Personen" mit dem Anwalt verhandelten, sodass er sehen konnte, dass wir keine armen, schutzlos ausgelieferten Ausländer waren. Nicht selten geschah es nämlich, dass diese ohne Hilfe nicht zu ihrem Recht kamen und nur abgezockt wurden. Ich konnte mir sehr gut vorstellen, dass Konti allein durch seine imposante Figur so manchen Panamaer dazu bringen konnte, gute Arbeit zu leisten.

Wir hatten ein paar tolle Tage mit unserem Besuch und konnten ein richtiges Lager in unserer Zelle anlegen, so gut wurden wir versorgt. Konti, der gelernter Koch war, brachte bei jeder Visite etwas Leckeres, Selbstzubereitetes mit, das wir dann gemeinsam verspeisten. Auch schafften sie es jedes Mal, zwei Zweiliter-Coca-Cola-Flaschen so zu präparieren, dass der Inhalt zu einem Viertel aus Rum bestand und trotzdem niemand den Eingriff erkennen konnte. Ich bin zwar alles andere als ein Alkoholiker, doch muss ich gestehen, diese erheiternde Abwechslung genoss ich sehr.

Gleich zu Beginn ihres Aufenthaltes hatten unsere Freunde Dawkins besucht. Socki machte ihm klar, dass wir entschlossen waren, auf seine Dienste zu verzichten, da uns seine Methode nicht zufrieden stellte. Er forderte ihn auch auf, unser Eigentum herauszurücken und die noch fehlenden 800 Dollar pro Mann zurückzuerstatten.

„Dawkins war sichtlich beleidigt, als er merkte, dass ihm die Goldfische aus Österreich davonschwammen", erzählte Socki lachend. Die Mädchen kicherten, als sie sich an den Besuch erinnerten.

„Ihr hättet Dawkins Gesichtsausdruck sehen müssen, als Konti grimmig blickend vor ihm stand", sagte Goody. „Da vermisste er sicher seine schwarzen Bodyguards. Er rückte widerstandslos eure Sachen heraus."

„Er zögerte mit dem Betreuungsgeld, aber als Konti einen Schritt auf ihn zu machte, zückte er ängstlich seine Brieftasche", berichtete Socki weiter. Wir lachten herzlich über Kontis „Drohgebärde", wussten wir doch alle, dass er ein äußerst friedlicher Zeitgenosse war.

Trotzdem misstrauten unsere Freunde Dawkins und sie beschlossen, aus Sicherheitsgründen das Hotel zu wechseln. Auch die Konsulin, die froh war, dass meine Freunde diese leidige Geschichte erledigt hatten, riet ihnen dazu. Ich konnte diesen Entschluss nur befürworten, da ich mittlerweile wilde Geschichten über Dawkins gehört hatte. So war er angeblich wirklich, wie uns Umberto schon im Modello erzählt hatte, ganz dick im Drogengeschäft zwischen Panama und Jamaika verwickelt. Zusätzlich arbeitete er auch für den Fiscal, wenn es sich für ihn lohnte. Wie auch immer, er hatte es auf jeden Fall schon zu Wohlstand gebracht. Sein Büro war in einem der schönsten Hochhäuser von Panama City, an einem der exklusivsten Standorte untergebracht, das hatten schon unsere Mütter bei ihrem ersten Besuch feststellen können. Wir nahmen auch an, dass er nicht böse darüber war, 9.000 Dollar für wenig Gegenleistung bekommen zu haben.

Auch mit Quiroz hatte Socki Kontakt aufgenommen und einen gemeinsamen Termin zur Lagebesprechung hier im Gefängnis vereinbart. Bei der Besprechung meinte Quiroz, der einfachste Weg in die Freiheit wäre, den Fiscal direkt zu bestechen. Für eine

„Spende" von mindestens 120.000 Dollar wären wir in zwei bis drei Wochen frei. Da wir ganz und gar nicht die großen Mafiosi waren, für die wir anscheinend gehalten wurden, kam dieses Angebot, trotz der verlockend kurzen Frist leider nicht in Frage. Der clevere Anwalt konnte uns noch dazu nicht garantieren, ob diese Methode auch den erwarteten Erfolg bringen würde. Unser Misstrauen war gewiss berechtigt, da einfach zu viele Geschichten über verschenkte Vermögen im Umlauf waren.

Die zweite, für 50.000 Dollar angebotene Lösung, schien uns schon realistischer. Mit etwas Glück konnten wir bei dieser Variante mit einer Annullierung des Falles rechnen.

„All das klingt für Europäer wahrscheinlich eigenartig", meinte Quiroz, „aber ich werde zunächst versuchen, den Fall nach den offiziell gültigen Gesetzen, einstellen zu lassen. Auch dieses Vorgehen müssten Sie finanziell unterstützen." Das hieß im Klartext, Leute der Justizbehörde müssten bestochen werden, damit sie sich streng nach den Gesetzen und nicht nach den ungesetzlichen Wünschen der US-Regierung richteten. In Panama war das Vorgehen gegen US-Wünsche aber nicht sehr einfach, da zum Beispiel der Generalstaatsanwalt für Panama, Senor S., von den Amis ausgesucht, mit höchstmöglicher Macht ausgestattet und für den langen Zeitraum von fünfzehn Jahren eingesetzt worden war. Dieser Mann unterstützte voll und ganz das rücksichtslose Vorgehen der US-Behörden im sogenannten Anti-Drogen-Krieg. Senor S. hatte als Geschenk für unsere Aufbewahrung 5.000 Pfund Kokain von den Amis (zum Vernichten) bekommen. Es wurde zwar im Fernsehen gezeigt, wie man das Zeug verbrannte, aber es gab sicherlich keinen Menschen in ganz Panama, der diese Aktion ernst nahm.

„Niemand glaubt daran, dass die Behörden in Panama Drogen vernichten", erzählte uns ein kolumbianischer Häftling, der „Mitarbeiter" eines großen Drogen-Kartells war und sicher Erfahrung besaß. „Um eine entsprechende Show abzuziehen, verbrennen die Leute Autoreifen. Die Rauch- und Geruchsentwicklung ist sehr ähnlich. Die zuständigen Herren sorgen dafür, dass die Ware auf Umwegen doch noch ihr Ziel erreicht. Diese Millionen lassen sie sich mit Sicherheit nicht entgehen."

Quiroz stellte folgende Bedingungen: 12.500 Dollar Anzahlung, den Rest wollte er nach erbrachter Leistung kassieren, also nur bei Freispruch. Natürlich mussten wir die Finanzierung noch mit unseren Müttern abklären, da wir ja nicht einmal die Anzahlung hätten leisten können. Wir dachten zwar an den Verkauf unserer geliebten „Thing", für die man uns immerhin schon 80.000 Dollar geboten hatte. Von hier aus und in dieser Situation war es allerdings undenkbar, diesen Deal abzuwickeln. Der Gedanke an das an Dawkins verschwendete Geld bereitete uns Kummer und machte uns auch gegen den neuen Mann misstrauisch, aber alle waren von seiner Redlichkeit überzeugt, so dass wir schließlich unsere Zustimmung signalisierten.

Die zwei Wochen, in denen wir Besuch hatten, waren sehr schön und viel zu schnell vorüber. So toll und angenehm so ein Besuch auch war, die Zeit danach wurde durch das Heimweh und die Sehnsucht nach der Freiheit fast unerträglich.

Unser Lebensstandard hatte sich durch die Freunde gewaltig verbessert. So hatten wir nun eine Menge Musikkassetten, Nahrungsreserven für mindestens zwei Monate, Medikamente, Vitamine, Toilettenartikel und sogar eine kleine Geldrücklage. Auch unser Prestige war durch den Besuch gestiegen. Es schien den Leuten zu imponieren, dass wir „draußen" gute Freunde hatten, die sich um uns kümmerten und noch dazu die Strapazen und Kosten auf sich nahmen, über den Atlantik zu reisen.

Die größten Feinde in Renacer waren Untätigkeit und Langeweile, sie förderten die Aggressionen unter den Gewaltverbrechern. Immer wieder gab es gefährliche, lebensbedrohliche Vorfälle. Das war auch kein Wunder, bei so vielen schweren Jungs, die auf engstem Raum zusammengesperrt waren und nie gelernt hatten, sich zu beherrschen. Mit der Bewaffnung war es hier zum Glück etwas besser als im Modello; das lag wahrscheinlich an den kleineren, für sich abgeschlossenen Zellen, die viel leichter kontrolliert und durchsucht werden konnten. Diese Art der Unterbringung schränkte auch die Bandenbildung ein. Meist kam es im Patio zu Auseinandersetzungen, hier war genügend Platz und alle Häftlinge, auf einem Haufen beisammen, konnten sich gemeinsam besser gegen Eingriffe der Polizei schützen.

Erst unlängst waren zwei Panamaer aneinander geraten. Bis zum Eintreffen der Polizisten lag der eine schon schwer verletzt auf dem Boden, woraufhin sich die Wärter mit ihren Schlagstöcken auf den Angreifer stürzten. Dieser sprang mit einem gewaltigen Satz über die Theke des Kiosks zur Hamburger-Feuerstelle, ergriff dort ein langes Küchenmesser und trat die Flucht durch die Hintertüre an. Als er endlich überwältigt worden war, hatte er zwei Polizisten leicht und einen schwer verletzt. Als Strafe wurde der Mann auf die Terrasse der Wärter gebracht und dort so gefesselt, dass er nur stehen konnte und drei Nächte wehrlos den Moskitos ausgeliefert war. Danach bekam er für mindestens drei Wochen Dunkelhaft in der miesesten Zelle des Aislamientos. Sobald er das hinter sich hatte, durfte er mit dem nächsten Transport zurück ins Modello.

Ein paar Tage nach der Abreise unserer Freunde bekamen wir Besuch von der Konsulin und Quiroz. Sie hatte inzwischen alles mit unseren Familien geklärt und wir konnten nun den Vertrag zu den vereinbarten Bedingungen unterschreiben. Die Konsulin war diesmal sehr optimistisch und vertraute dem neuen Mann. Quiroz meinte, dass wir nach den neuen Gesetzen schon viel zu lange in U-Haft wären, was uns auch bei der Annullierung des Falles helfen sollte. In zwei Tagen wollte er uns wieder besuchen. Als er diesen Termin nicht einhielt, wurden wir nervös.

„Jetzt hat der Kerl die 12.500 Dollar Anzahlung kassiert und braucht keinen Finger mehr krumm zu machen", orakelte Ben.

Nach Dawkins hatten wir wirklich gute Gründe, an den hiesigen Rechtsvertretern zu zweifeln. Noch dazu hatten wir durch die Beschäftigungslosigkeit genügend Zeit, uns begründete und unbegründete Sorgen zu machen. Unsere Gedanken kreisten ständig um das eine Thema: Wie kommen wir am schnellsten frei.

Wir freuten uns sehr, als Quiroz mit einem Tag Verspätung, was absolut mit lateinamerikanischer Mentalität zu entschuldigen war, doch noch erschien. Er wirkte sehr beschäftigt und in unseren Fall vertieft. Eifrig erklärte er alle Punkte des Antrages für die Annullierung und hatte vor, ihn in der folgenden Woche bei Gericht einzureichen.

„Beim nächsten Besuch bringe ich Pizza mit", versprach er gut gelaunt.

ABC-Inseln

Wir beneideten Adi, der mit seinem Flitzer schnell in Richtung Osten verschwunden war. Mit großem buntem Spinnaker flog er beinahe auf direktem Vorwind-Kurs Bonaire entgegen. Wir hingegen mussten feststellen, dass wir für einen direkten Vor-Wind-Kurs denkbar schlecht ausgerüstet waren. Spinnaker hatten wir sowieso keinen, also hätten wir unsere Genua auf eine Seite ausbaumen lassen müssen. Diese Schmetterlings-Besegelung war aber nicht möglich, weil der Baum zum Ausbaumen spurlos verschwunden war. Anscheinend hatten wir ihn, wie so manch anderes Gut, bei unserer unsanften Landung auf dem Riff verloren. So gelang es uns nicht, die Genua zum Stehen zu bringen, immer wieder fiel das Segel in sich zusammen und wir verloren viel an Geschwindigkeit. Dieser langsame Fahrstil bewirkte ein unerträgliches Rollen des Schiffes, und zwang uns schließlich, die Fahrtechnik zu ändern. Wir beschlossen vor dem Wind zu kreuzen, also im Zick-Zack und nicht im direkten Kurs auf Bonaire zu. So machten wir gute Fahrt. Dass wir durch diese Fahrweise wesentlich leichter vom richtigen Kurs abkommen konnten, war uns bewusst und aus diesem Grunde beobachteten wir ständig den Horizont, um keinen Hinweise auf Land zu übersehen. Ähnliche Gefühle mussten Kolumbus und seine Kollegen gehabt haben, kurz bevor sie Amerika entdeckten. Erst gegen 16.00 Uhr, wir befürchteten beide schon, unser Ziel verfehlt zu haben, machte ich nördlich von uns eine Wolkenansammlung aus, die eine Insel vermuten ließ.

Ich brüllte so laut ich konnte: „Land in Sicht!"

Tatsächlich hatte ich Recht und mit dem letzten Licht des Tages steuerten wir auf die Ostseite der nun gut erkennbaren Insel zu. Das Erste und Letzte, was wir gerade noch deutlich sehen konnten, war der südliche Leuchtturm von Bonaire, danach wurde es sehr rasch dunkel. Ben saß am Steuer, während ich ganz vorne am Bugspriet stand und in die Nacht hinein starrte, um ja kein Hindernis zu übersehen. Wir befanden uns ziemlich weit südlich von der Insel. Ein Ankermanöver war sehr gewagt, da wir durch die zweimonatige Riffaktion ohne Strom und mit einem äußerst unzuverlässigen Motor unterwegs waren. In diesem Moment waren wir auch nicht sicher, ob die Motorbatterie stark genug sein würde, die Maschine zu starten. Sollte dieser Fall eintreten, müssten wir einfach weitersegeln. Noch waren wir auf direktem Nordkurs und konnten mit Halbwind ohne Problem an der Insel entlang segeln. Schon bald hätten wir gegen den Wind in den Hafen hinein steuern müssen, das wäre aber nur durch Kreuzen möglich gewesen. Bei der schlechten Sicht und den vielen anderen Schiffen konnten wir aber kein Risiko eingehen und mussten daher versuchen, doch den Motor in Gang zu bringen. Obwohl unsere „Thing" so lange Zeit auf dem Riff in Schräglage gewesen war, hatten wir Glück: Schon nach dem dritten Startversuch meldete sich der alte Peugeot wie selbstverständlich zum Dienst. Wir tuckerten nun vorsichtig, in angemessenem Sicherheitsabstand, die Küste entlang. Nach einer Weile konnten wir endlich einige Segelschiffe vor Anker entdecken. Ganz langsam fuhren wir gegen den Wind auf das hell erleuchtete Wohnzimmerfenster einer hier in Ufernähe ansässigen Familie zu. Als wir so nahe waren, dass ich fast erkennen konnte, was sie zum Abendessen auf den Tellern hatten, ließ ich den Anker ins Wasser rasseln und Ben stellte den Antrieb auf Leerlauf. Ganz ruhig entfernte uns der Wind nun wieder soweit vom Strand, bis die Ankerkette gespannt war.

Nach unserem Abenteuer am Riff kam uns die neue Umgebung sehr unwirklich vor. Es gab hier anscheinend ein nettes, lebendiges Städtchen. Auf der hell beleuchteten Strandpromenade von Kralendijk herrschte reges Treiben. Für diesen Abend hatten wir nicht mehr vor an Land zu gehen, es gab noch genug auf dem Schiff zu erledigen, und außerdem wollten wir uns die neue Umgebung lieber bei Tageslicht ansehen.

Bonaire war ein ausgesprochen netter Platz und das Städtchen Kralendijk hatte deutlich sichtbar niederländischen Einfluss. Statt der Windmühlen konnten wir große Windgeneratoren hinter den Häusern erkennen. Gleich nach dem Frühstück begannen wir unser Dingi für einen Landausflug vorzubereiten. Wir ruderten einfach auf einen der Stege am Strand zu und befestigten es dort. Es war ein eigenartiges Gefühl, wieder festen Boden unter den Füßen zu spüren, nichts schwankte, alles war so unglaublich stabil. Als erstes wollten wir nach Adi sehen. Von unserem Ankerplatz aus war es uns nicht möglich gewesen, ihn zu erspähen. Wir gingen also den Kai entlang und schauten uns nach ihm um; wie ich schon vermutet hatte, fanden wir seinen Kat dreißig Meter vor einer der Strandbars. Adi selbst war an der Bar beim Frühstück und bestellte sich gerade das dritte Bier. Als wir einen halben Meter vor ihm standen, erkannte er uns und begrüßte uns lautstark.

„Ich hab schon befürchtet, dass ihr an Bonaire vorbeigefahren seid, weil ich nichts von euch gesehen habe", meinte er. Adi war schon kurz nach Mittag in Bonaire angekommen und hatte sich, wie es seine Art war, gleich mit den Gegebenheiten vertraut gemacht. Er kannte inzwischen alle Mädchen, die in der Bar beschäftigt waren und nannte sie bei ihren Vornamen. Auch über die Gepflogenheiten des Insellebens wusste er schon Bescheid. So konnte er uns sagen, wo wir die Hafenbehörde, den Supermarkt und Seglerzubehör finden konnten.

„Hier ist alles gemütlich niederländisch und niemand hat es eilig. Mit der Hafenbehörde könnt ihr euch Zeit lassen. Und euch kennt hier sowieso schon jeder, wegen eurer Riffgeschichte!", meinte unser Freund.

Wir erinnerten uns an die großzügigen Lebensmittelspenden der Leute von Bonaire. Einige lernten wir nun persönlich kennen und konnten uns bei ihnen bedanken.

Adi schlug uns gleich ein Geschäft vor: Als er nach dem Riff bei uns auf dem Schiff war, hatte er unsere beachtliche CD-Sammlung bemerkt und schon damals war sein Interesse offenkundig. Ihm war klar, dass wir finanziell in einer misslichen Lage waren und so machte er uns das Angebot, uns für zehn Dollar pro Stück einige Scheiben abzukaufen. Außerdem bot er uns für den Gegenwert von 15 CDs einen kleinen, gebrauchten 1,5 PS Yamaha Außenbordmotor an. Das kam uns sehr gelegen und schon am Abend besuchte er uns, um seine Auswahl zu treffen. Als wir am nächsten Tag mit unserem Dingi, ausgestattet mit Adis neuem Motor, bei der Hafenbehörde vorfuhren, hatten wir beide auch noch 100 Dollar eingesteckt. Unser Freund hatte einen ganz anderen Musikgeschmack und somit vermissten wir die CDs nicht.

Die Herren von der Hafenbehörde waren tatsächlich sehr gemütlich und nett. Wir füllten mit einem großen schwarzen Beamten gemeinsam ein Formular aus und hatten auch nicht das geringste Problem damit, dass wir Venezuela, ohne korrekt auszuklarieren, verlassen hatten.

In den nächsten Tagen versuchten wir eine Arbeit zu finden, was aber so gut wie unmöglich war. Die kleine Insel hatte in dieser Hinsicht nichts zu bieten und so beschlossen wir, bald weiter zu ziehen. Nach drei erholsamen Wochen feierten wir von Adi in einer Bar Abschied. Er hatte schon einiges getrunken und war in bester Stimmung.

„Schade, dass ihr wieder aus meinem Gesichtskreis verschwindet", meinte er. „Aber ich kann euch verstehen, hier kann man nur kurz Urlaub machen. Curaçao ist wesentlich interessanter."

„Was erwartet uns in Curaçao?", fragte ich.

„Auf alle Fälle ist dort regeres Leben als hier und sicher gibt es auch Arbeit für euch", sagte Adi. Er bestellte sich das achte Bier und prostete uns zu.

„Ich wünsche euch einen guten Job, damit ihr endlich diese jämmerliche ‚Thing' auf Vordermann bringen könnt." Wir schauten ihn empört an. So jämmerlich war unser Schiff nun auch wieder nicht, natürlich sah es sehr mitgenommen aus nach dem Crash, aber wir hatten es nicht gerne, wenn man abfällig von ihm sprach.

„Nana, ist schon gut", versuchte unser Freund seinen Fauxpas abzuschwächen.

„Wie ist es nun auf Curaçao?", bohrte Ben weiter.

„Im Grunde ist Curaçao eine sehr trockene Insel, fast eine Wüste", begann Adi zu erzählen. „Der wahre Schatz sind die zwei natürlichen Hafenbecken. An dem einen befindet sich Willemstad, eine reizende Stadt, sehr sauber und sehr niederländisch. Durch eine schmale, flussähnliche Einfahrt kommt man in den Hafen. Vorher geht es noch an der Festung vorbei zur Brücke. Das ist ein tolles Ding! Sie wird einfach zur Seite geschwenkt, um die Fahrrinne frei zu machen. Auf der rechten Seite befindet sich die Anlegestelle für die Touristenschiffe. Von da aus können die Leute Inselrundfahrten und Tauchausflüge machen. In der Nähe gibt es wunderschöne Plätze zum Schnorcheln und Tauchen. Hans Hass hat hier schon vor Jahrzehnten seine ersten Unterwasserfilme gedreht. Da würde es dir auch gefallen, Mike, du alter Schnorchler." Adi klopfte mir auf die Schulter und grinste.

„Für die nächste Zeit habe ich genug von Korallen. Und schöner als bei unserem Riff kann es da auch nicht sein", entgegnete ich.

„Wahrscheinlich hast du Recht. Es sollte übrigens schon sehr viel von dieser prächtigen Unterwasserwelt zerstört worden sein, habe ich von Tauchern gehört", gab Adi zu.

„Die Menschen müssen einfach alles zerstören", schimpfte nun auch Ben. „Auf Curaçao sollte es ja auch einige Ölraffinerien geben. Machen die nicht auch viel kaputt?"

„Da passen die Leute schon auf. Diese Raffinerien sind gut versteckt hinter den paar Berglein und haben keinen störenden Einfluss auf den Tourismus. Das ist sehr wichtig, denn neben dem Ölgeschäft ist der Tourismus eine ergiebig sprudelnde Geldquelle." Adi war mit seinem Bier schon wieder fertig und bestellte das nächste.

„He, sauf nicht so viel!", mahnte ich.

„Ich könnte das Meer aussaufen, so groß ist mein Durst. Leider ist das Wasser so elendiglich versalzen, darum muss ich auf das Bier zurückgreifen", erklärte er lachend. Zum Glück war die Biersorte sehr leicht und so konnte er schon einiges hinter seine Gurgel schütten, ehe er betrunken wurde.

„Ich mach mir keine Sorgen darüber, ob ich auf meinen Kat zurückfinde oder nicht. Ihr trockenen Brüder werdet mich schon in meine Koje bringen", sagte er und machte einen kräftigen Zug aus seinem Glas.

„Erzähl doch weiter von Curaçao", bat Ben ungeduldig.

„In der nächsten Bucht liegen die Marktschiffe", fuhr Adi fort. „Da die Insel so trocken ist, gibt es weder Gemüse noch Obst. Venezolanische Händler versorgen die Bevölkerung mit den lebensnotwendigen Vitaminen. Dann geht es in einem weitläufigen Rechtsbogen um einen Berg und danach öffnet sich das riesige Hafenbecken. Auf dem Gipfel des Berges residiert die Obrigkeit; von dort können die verschiedenen Behörden beinahe die ganze Insel überblicken, beobachten und steuern. So werden auch von diesem Ausguck aus riesige Schiffe mittels Funk durch die relativ enge Einfahrt gelotst."

„Hier gibt es sicher auch eine große Werft?", fragte Ben. Adi war bereits in bester Laune und setzte seinen Vortrag mit Begeisterung fort: „Na und ob! Neben der Werft ist natürlich auch ein großer Schrottplatz. Ein Paradies für dich, Ben. Anschließend gibt es noch einen Containerhafen und natürlich die Zollbehörde. Ein Stück weiter befindet sich die Anlegestelle für Kreuzfahrtschiffe."

„Und wo ist eine preiswerte Marina, die für uns in Frage kommt?", fragte ich. Adi, der erfahrene Seemann, würde auch das wissen.

„Euch würde ich Spanish Waters empfehlen. Dort halten sich beinahe alle Yachties auf. Ungefähr zwanzig Seemeilen vor der Einfahrt in das Hafenbecken von Willemstad gibt es eine weitere große Lagune, die durch eine schmale Einfahrt zu erreichen ist. Sarifundis Marina kann ich empfehlen. Wenn ihr dort angelangt seid, lasst mir alle schön grüßen."

Wir hatten Adi aufmerksam zugehört und diskutierten noch ein Weilchen. Als wir merkten, dass unser Freund genug Alkohol konsumiert hatte, brachten wir ihn samt dem Beiboot zu seinem Katamaran. Wir halfen ihm noch in seine Koje und tuckerten dann zur „Thing". Am frühen Morgen segelten wir zur Nachbarinsel.

Obwohl wir schon frühmorgens in Bonaire aufgebrochen waren, schafften wir es wiederum gerade noch bis zum Einbruch der Dunkelheit, Curaçao zu erreichen. Nach längerem Suchen fanden wir endlich die schmale Einfahrt zu Spanish Waters. Das Meer war vor der Einfahrt nicht gerade ruhig, daher beschlossen wir, erst am nächsten Morgen weiterzufahren und vorerst hier zu ankern. Nach dem Ankermanöver im Dunkeln folgte eine unruhige Nacht auf dem schaukelnden Schiff. Wir hielten die ganze Nacht abwechselnd Ankerwache, da wir Angst hatten, dass sich die „Thing" losreißen oder sich der Wind drehen würde und wir dadurch in Richtung Ufer treiben könnten.

Mit dem ersten Tageslicht machten wir uns auf den Weg in das Innere der Lagune. Zum Glück hatten wir von Adi eine genaue Beschreibung von Spanish Waters bekommen, sonst hätten wir uns in dem riesigen Gewässer und dem regen Betrieb, der dort herrschte, sicher nicht gleich zurechtgefunden. Wie er uns empfohlen hatte, ankerten wir in der Nähe von Sarafundis Marina, zwischen etlichen anderen Segeljachten. Das auffallendste Schiff war eine wunderschöne alte niederländische Stahlsegeljacht. Sie war gut vierzig Meter lang und dürfte eine Verdrängung von ungefähr dreihundert Tonnen gehabt haben. Wir bewunderten den Kapitän dieses schönen Dreimasters, weil er sich mit seiner „Insulinde" durch die enge Passage herein getraut hatte. Etwa fünfhundert Meter von unserem Liegeplatz entfernt, konnten wir den weit ins Wasser reichenden Steg von Sarafundis Marina sehen. Von hier aus konnten wir auch erkennen, dass die gesamte Anlage der Marina schwimmend aufgebaut war. Nachdem der Anker gut saß und wir kontrolliert hatten, dass im Falle einer Winddrehung kein anderes Boot gefährdet werden konnte, bereiteten wir unser Dingi für einen Landgang vor. Es war hier nicht möglich, so wie in anderen Anlagen, mit der Jacht dauerhaft am Steg anzulegen. Wir konnten also nicht die Vorzüge von Landanschlüssen, wie 220 Volt Strom oder Fließwasser im Schiff genießen. Andererseits war es aber möglich, hier sein Dingi einen Tag oder auch länger beaufsichtigt stehen zu lassen. Im Inneren des schwimmenden Gebäudes gab es neben der Rezeption und dem Restaurantbetrieb Serviceräume wie Toiletten, Duschen, Waschmaschinen usw. Von der Marina wurde pro Tag ein Gulden Mitgliedsbeitrag pro Schiff verlangt. Die Waschmaschinen waren mit Münzen zu benützen und für einen geringen Betrag bekamen wir den Schlüssel für die Duschen. Die Rezeption war inmitten eines kleinen Ladens für Jachtzubehör untergebracht. Für uns war die große Pinnwand mit den verschiedensten Angebots- und Nachfragezetteln von größter Bedeutung. Wir fanden auf Anhieb mindestens fünf interessant klingende Arbeitsmöglichkeiten. Auf den Zetteln lasen wir auch etliche Offerte von gebrauchtem Schiffszubehör. Ein Grund mehr, schnell gutes Geld zu verdienen.

Wir fühlten uns sehr wohl in der neuen Umgebung und lernten bald viele nette Leute kennen. So trafen wir zum Beispiel an einem der ersten Abende im Restaurant den Kapitän und einige Besatzungsmitglieder der „Insulinde". Der Kapitän war ein äußerst sympathischer amerikanischer Seebär, um die fünfzig, mit angegrautem Vollbart und schlankem, kräftigem Körperbau. Seine Freundin, eine zierliche, blonde Kanadierin, war gleichzeitig seine Geschäftspartnerin und bei allen Fahrten dabei. Die Crew bestand vorwiegend aus jungen Niederländern, die meist nach dem Prinzip „Hand für Koje", aus reiner Freude am Segeln, auf dem Schiff arbeiteten. Diese jungen Leute waren zwar meist nicht sehr lange an Bord, dafür aber mit vollem Eifer und Begeisterung bei der Sache. Es dauerte nicht lange bis Phil, der Kapitän, auf alle möglichen technischen Probleme seiner stählernen „Insulinde" zu sprechen kam.

„Der alte Dreimaster ist an die 100 Jahre alt", sagte Phil. „Trotz der guten Pflege gibt es natürlich ständig etwas zu reparieren. Schaut euch mein Schiff an und ich kann euch versprechen, da gibt es genug Arbeit für Monate."

Wir waren glücklich über dieses Angebot, nur gab es auf unserer sehr mitgenommenen „Thing" auch viel zu tun. Schließlich einigten wir uns darauf, dass ich auf unserem Schiff blieb und die dringend notwendigen Reparaturen vornahm. Phil machte also mit Ben einen Lokalaugenschein auf der „Insulinde" und sie besprachen die zu behebenden Mängel. Als mein Freund zurückkam, war er ganz fasziniert und erzählte begeistert von der altertümlichen Schönheit dieses Schiffes. Ganz wichtig war, dass Ben in den nächsten Wochen einen sehr gut bezahlten Job hatte.

Die Schäden, die wir auf dem Riff erlitten hatten, mussten bald ausgebessert werden, da sich die Oxydation sonst wie eine böse Krankheit ausbreiten würde. Das war eine reine Sisyphusarbeit und ich beneidete Ben um seine sicher interessanteren Tätigkeiten.

Einige Wochen lang fuhr Ben morgens auf die Insulinde und ich hantierte inzwischen mit Schmirgelpapier, Flex und den verschiedensten Lacken. Sorgsam musste ich alle auch noch so kleinen Roststellen ausfindig machen, den Rost entfernen und Rostumwandler auftragen. Danach überstrich ich wieder alles mit Zweikomponentenfarbe.

Schon nach kurzer Zeit hatte sich bei den Seglern herumgesprochen, dass wir brauchbare Handwerker waren und es gab bald mehr zu tun als uns möglich war. So lernten wir zum Beispiel auch den österreichischen Segler Franz in der Marina kennen. Er hatte bereits von uns gehört und gesellte sich eines Abends zu uns an den Tisch. Er hatte ein Problem, das uns bekannt vorkam, und zwar war er mit seiner 44-Fuß-Teakjacht in Bonaire in ein vorgelagertes Riff geknallt. Es war ihm möglich gewesen, mit Hilfe einer auf der Insel ansässigen Baufirma die Jacht mit einem Kran an Land zu heben. Nun stand sie fachgerecht aufgestellt am Ufer und wurde repariert. Nachdem sie schon vierzehn Tage an dem Teakschiff gearbeitet hatten, fuhr eine venezolanische Polyesterjacht ebenfalls, fast an der gleichen Stelle, in das Riff. Der Kapitän, ein alter Mann, war mit Freunden, lauter alten Leuten, unterwegs. Alle waren nach dem Crash sehr geschockt und mit den Nerven fix und fertig. Franz erzählte ihnen von der Möglichkeit, mittels Kran das Schiff zu bergen. Die Venezolaner waren jedoch nicht in der Lage, die Bergung zu bezahlen und nur heilfroh, den Unfall überlebt zu haben. Nach dem Seerecht eine klare Sache: Franz musste die Jacht nur herausholen und war somit der neue Besitzer. Nun brauchte er jemanden für das neue Schiff, der mit Polyester und Glasmatten umgehen konnte. Auf der Steuerbordseite waren ungefähr sechs Quadratmeter durch das Liegen am Riff weich geschlagen. Dieses Stück sollte nun herausgeschnitten und durch neues Laminat ersetzt werden. Weiters gab es, wie wir an den Fotos sehen konnten, ein paar kleinere Schäden an Bug und Kiel, die beim Aufprall entstanden sein mussten. Franz machte uns den Vorschlag, das Schiff für die Summe von 2.000 Dollar zu reparieren, wohnen konnten wir auf der Jacht. Das Angebot gefiel uns sehr gut und wir schlugen ein. Da wir keine Lust hatten, mit unserer maroden „Thing" gegen die Strömung und den Wind nach Bonaire zu kreuzen, fuhren wir mit der „Insulinde", die jeden Dienstagmorgen wie ein Linienschiff zur Nachbarinsel aufbrach. Mit Phil hatten wir uns mittlerweile angefreundet und er nahm uns gerne, sogar unentgeltlich, bei seinem Touristenausflug nach Bonaire mit.

Unsere neue Baustelle war am südlichsten Zipfel der Insel, in einer unbewohnten, windigen Gegend. Abgesehen von ein paar Ziegen und der wilden Meeresbrandung waren hier nur die beiden zu reparierenden Schiffe. Wir konnten nur über eine Leiter in das Cockpit und von dort in das Innere des Schiffes gelangen, ähnlich wie in Navimca bei den Arbeiten an der „Thing". Diese Jacht war wirklich eine gute Investition, vom Typ her eine Amel-Super-Maramu, also eine exklusive Sechzehn-Meter-Serienjacht. Sie war zwar nicht mehr neu, aber der edlen Inneneinrichtung aus Mahagoni hatte die Zeit nicht viel anhaben können. Die Ausstattung war überkomplett und bis auf den kleinsten Stauraum war alles mit mehr oder weniger brauchbaren Jachtartikeln gefüllt. Wir begutachteten den Schaden zuerst von außen und begannen dann, so gut es ging, freien Zugang von innen zu schaffen. Der Schaden war auf der Höhe der Kombüse und zog sich bis zur Sitzgruppe im Wohnraum vor. Gut einen Tag waren wir nur damit beschäftigt, Küchenmöbel und Sitzbänke zu zerlegen und auf die andere Seite zu schlichten. Erst dann war es möglich, das wirkliche Ausmaß des Schadens zu analysieren. Die Amel war im Inneren des Unterwasserschiffes sehr stark gebaut. Das gesamte Volumen unter der Bodenfläche war mit dicken Platten in viele kleinere Räume geteilt und festigte so den Rumpf.

Das ganze Material war mit uns und der Insulinde gekommen und Franz brachte es mit einem Leihauto zur Baustelle. Im Laufe der nächsten fünf Wochen verarbeiteten wir fünfzig Quadratmeter Glasfibermatten, sieben Gallonen Epoxid-Harz und einige Dosen Redhand-Spachtelmasse. Wir waren von dem Endergebnis überzeugt und sicher, sehr gute Arbeit geleistet zu haben. Eigentlich wäre unser Job nun zu Ende gewesen, aber Franz bat uns noch, ihm bei dem Transport quer über die Insel zu einer Stelle nahe der Stadt beizustehen. Dort konnten wir das Schiff ohne Probleme ins Wasser lassen. Danach brachten wir es in die Marina, wo wir noch zwei Tage auf ihm wohnten. An einem dieser Abende wurden wir von einem jungen Norweger, der Reparaturen an Franzens Holzschiff machte, zu einem Fest einheimischer Freunde am anderen Ende der Insel mitgenommen. Der junge Nordländer wohnte schon seit längerer Zeit auf Bonaire und schlug sich mit Gelegenheitsarbeiten ganz gut durchs Leben. Schon durch sein weißblondes Haar und seine strahlend blauen Augen fiel er sofort in der vorwiegend schwarzen Bevölkerung auf, und durch seine nette Art war er überall beliebt. Wir hatten großen Spaß bei dem Dorffest und lernten die Einwohner der halben Insel kennen.

Franz und seine Frau waren sichtlich froh, als die Insulinde nach

Bonaire kam und wir ihr neues, fast geschenktes Schmuckstück wieder verließen und sie es in Besitz nehmen konnten. Mit Bergung und Reparatur hatten sie für eine Jacht, die gut 100.000 Dollar wert war, nur etwa 4.000 Dollar bezahlt, sozusagen ein Lotteriegewinn. Da wir von Franz verpflegt worden waren und die Unterkunft nichts gekostet hatte, kassierten wir die 2.000 Dollar ohne Abzüge. Auf der Insulinde empfing uns Phil; er freute sich ebenfalls uns zu sehen, da es klar war, dass wir bei den anfallenden Arbeiten wieder mit anpacken würden. So wurde auch bei der Rückreise nach Curaçao unser Kapital nicht weniger.

In Spanish Waters lebte Imke, ein Holländer, der sich mit dem Verkauf von Jachtzubehör seine Brötchen verdiente. Er machte jeden Tag seine Runde von Schiff zu Schiff, um seine Waren anzubieten. Natürlich stellte er sich auch Neuankömmlingen sofort vor. Bei ihm bekam man, zu sehr fairen Preisen, Artikel aus aller Welt. Fürs Erste verbesserten wir den Energiehaushalt und erstanden einen Amper-Wind-Generator, sowie zwei Solarpaneele mit je einem halben Quadratmeter. Ein Nachbar schenkte uns zwei riesige, 300-Ah-Gelbatterien der Nobelmarke Sonnenschein. Er wollte sie entsorgen, weil sie nicht mehr die maximale Leistung erreichten, für uns jedoch würde die halbe Leistung locker den Energieverbrauch decken. So vergingen die nächsten Wochen sehr produktiv und erfolgreich, unsere „Thing" machte gute Fortschritte und rückte dem Idealbild einer Charterjacht wieder ein Stück näher. Endlich war es uns auch möglich, eine Satellitenantenne für das GPS zu erstehen und einen einigermaßen brauchbaren Kompass zu besorgen.

Wir fühlten uns sehr wohl auf Curaçao und hätten uns vorstellen können, hier längere Zeit zu leben. Im Vergleich zu Venezuela fiel vor allem der wesentlich höhere Lebensstandard auf, hier gab es so gut wie keine sichtbare Armut. Die Niederländer hatten in den Jahren der Kolonialisation schmucke Städte und Dörfer errichtet, gute Straßen gebaut und vor allem viel in den Tourismus und in die Erdölindustrie investiert. Sowohl auf Aruba als auch auf Curaçao gab es große Raffinerien und die Niederländer hielten als Gegenleistung ein großzügiges Sozialsystem auf den Inseln aufrecht. Zum Beispiel wurde die hohe Arbeitslosigkeit bei der schwarzen Bevölkerung, die normalerweise Armut und Kriminalität hervorgerufen hätte, durch Zahlungen aus den Niederlanden bereinigt. Überall wo man hinsah, konnten wir lachende, gut genährte Menschen sehen, die mit ihrem ruhigen Inselleben zufrieden zu sein schienen.

Leider gab es, wie fast überall auf der Welt, auch hier Probleme mit einer längeren Aufenthaltsgenehmigung. Nach spätestens einem halben Jahr wurde von der Immigrationsbehörde verlangt, das Land zu verlassen. Auch wir mussten uns dieser Tatsache fügen und uns Gedanken machen, wo wir die darauf folgende Zeit leben wollten. Da gerade die Hurrikan-Saison begann, war es angebracht, die nördlichen, von diesem Phänomen stark betroffenen Inseln besser zu meiden. Im Süden hatten wir Venezuela und Kolumbien, wobei wir von Venezuela fürs Erste genug hatten. Da wir nicht die Einzigen waren, die solche Ortswechselprobleme hatten, schlossen wir uns einer schweizerischen und einer deutschen Jacht an, die nach Cartagena wollten. Klaus, der Deutsche, war ein Spätaussteiger, er hatte jahrelang in Südafrika für eine große deutsche Firma gearbeitet und war in Frühpension gegangen, um sich auf seiner Luxusjacht die Welt anzuschauen. Als Begleitung hatte er seinen ehemaligen Gärtner, einen jungen Schwarzen, mitgenommen. Bei den Schweizern handelte es sich um ein sehr nettes, älteres Ehepaar, das schon seit mehreren Jahren die Weltmeere befuhr. Zu uns auf das Schiff gesellte sich Jan, ein junger Niederländer, der ein Segelabenteuer erleben wollte. Von Kolumbien aus hatte er vor, die

Heimreise nach Europa anzutreten. Gemeinsam besprachen wir die Route und beschlossen, uns an bestimmten Punkten immer wieder zu treffen, um uns eventuell gegenseitig helfen zu können. Wir schätzten, dass wir für die Strecke von Curaçao bis Cartagena eine Woche brauchen würden.

Wesentlich besser ausgerüstet als bei unserer ersten Reise brachen wir nach Aruba, unserem ersten Etappenziel, auf. Viel schneller war unsere „Thing" zwar nicht geworden, aber wir waren nun fähig mit unglaublicher Präzision, mittels GPS und guten Karten, in die gewünschte Richtung zu fahren. Wie schon gewohnt, erreichten wir unser vereinbartes Tagesziel mit den letzten Sonnenstrahlen und es ließ sich gerade noch erkennen, wo ein geeigneter Ankerplatz war. Am nächsten Morgen konnten wir, während unserer Vorbereitungen für die nächste Etappe, einige andere Jachten bei missglückten Ankermanövern beobachten. Die Anker schienen keinen Halt zu finden. Da mir nach der morgendlichen Arbeit ohnehin nach einem erfrischenden Bad zumute war, beschloss ich, mir den Meeresgrund anzuschauen. So folgte ich mit Brille und Schnorchel unserer Ankerkette, und bald war mir alles klar: Über eine Riesenfläche gab es hier keinen Sand, sondern nur eine ganz glatte, schräg abfallende Steinfläche. Im einzigen Riss steckte gut und fest unser Anker, den wir durch Zufall genau in diese Spalte geworfen hatten. Unsere Begleitschiffe hatten diese Nacht in einer Marina verbracht, die wir aus finanziellen Gründen gemieden hatten. Unser nächstes Ziel sollten die Los Monjes sein, eine Inselgruppe, die aus mehr oder weniger großen, aus dem Meer ragenden Felsen bestand. Laut Karte war an der Westseite einer der Inseln ein Ankerplatz, an dem wir uns an diesem Abend treffen wollten. Bei schönstem Segelwetter, in bester Laune und von einer Gruppe lebhafter Delphine begleitet, steuerten wir „Die Mönche" an. Die erste Insel war eine imposante Felsformation: Wie ein monströser Kristall wirkte der Berg mit seinen glatten, unbezwingbaren Steilwänden, die einige hundert Meter in den Himmel ragten. Was von der Ferne wie ein den Fels bedeckender Gletscher aussah, entpuppte sich beim Näherkommen als dicke Schicht Guano, die sich über die Jahrzehnte, durch die Millionen hier nistenden Meeresvögeln, angesammelt hatte. An der nächsten Insel sollten wir den markierten Ankerplatz vorfinden, so bereiteten wir alles für das Manöver vor. Da wir unseren desolaten Motor nicht strapazieren wollten, segelten wir flott um die nördliche Spitze, um danach zu dem Ankerplatz der kleinen Insel gegen den Wind aufzuschießen. Gesagt, getan, mit guter Geschwindigkeit kamen wir um die Ecke und glitten, während wir die Segel einholten, in die kleine, geschützte Bucht, wo wir schon von Weitem die Schiffe unserer Kollegen am Steg hängen sehen konnten. Am Steg war für uns kein Platz mehr, also beschlossen wir, daneben zu ankern. Langsam näherten wir uns dem Zielpunkt, und ich versuchte, vorne am Bug stehend, den Untergrund zu erkennen. Ich musste aber feststellen, dass hier alles steil abfallender Fels war. Die Steilküste setzte sich direkt unter dem Wasser fort und führte ins scheinbar Bodenlose. Im ersten Moment war ich etwas ratlos, da entdeckte ich, dass in der Höhe von zwei Metern über dem Wasserspiegel ein Tau den Fels entlang befestigt war. Nun galt es sehr schnell zu reagieren, da der von Osten kommende Wind uns bereits stoppte, und uns demnächst wieder aufs Meer hinaus blasen würde. So schnell ich konnte, knotete ich einige längere Taue zusammen und gab Jan den Auftrag, das Schiff zu sichern, sobald ich am Ufer festgemacht hatte. Mit einer Schlinge um die Schultern sprang ich ins Wasser und kraulte, so schnell ich konnte, zu den Felsen, um das Tau am Seil zu befestigte. Bei dem Versuch, festen Halt mit den Füßen zu finden, trat ich mit voller Wucht in einen großen Seeigel mit fünfzehn Zentimeter langen Stacheln. Der

Schmerz war gigantisch. Beim Zurückschwimmen war mir entsetzlich übel und als ich auch noch bemerkte, dass Jan die Leine über die Reling und nicht unten durch zum Festmachpoller geführt hatte, drehte ich fast durch. Vom Wasser aus konnte ich mit ansehen, wie sich die Leine mehr und mehr spannte und dabei unsere schöne Reling ruinierte. Unter Schmerzen kletterte ich die Leiter hoch und humpelte ins Cockpit, um meine Verletzung näher zu begutachten. Mindestens fünfzig abgebrochene Stacheln steckten in der Fußsohle, leider konnte ich nur wenige entfernen. Das poröse Material brach sehr leicht und die meisten Teile waren tief eingedrungen. Während ich unten im Schiff versuchte meine Wunden zu versorgen, erfuhren wir von den am Steg festgemachten Begleitschiffen, dass sich hier auf der Insel eine kleine Militärstation der Venezolaner befand. Die meist sehr jungen, frisch ausgebildeten Guards würden ihre Pflichten sehr genau nehmen und sicher zu uns an Bord kommen wollen. Laut Beschreibung waren diese Uniformierten sehr freundlich und unendlich neugierig.

Ich hatte meinen Fuß absolut umsonst verletzt, da wir nun ohnehin am Schiff des Schweizers festmachen und die Leine zum Fels wieder kappen konnten.

Wir waren schon über eine Stunde am Platz, als wir den erwarteten Besuch bekamen. Die vier Burschen waren tatsächlich sehr nett und höflich und nachdem sie ausführlich die verschiedenen Stempel in unseren Pässen bewundert hatten, stellten sie uns etliche Fragen über die große weite Welt, von der sie keine Ahnung hatten. Als sie bemerkten, was mit meinem Fuß geschehen war, boten sie sogleich ihre Hilfe an. Da ich diesem Problem ohnehin hilflos ausgeliefert war und nicht wusste, wie ich die zerbrochenen Stachelteile, die tief in die Fußsohle eingedrungen waren, entfernen sollte, stimmte ich mutig ihrem Angebot zu. Einer der Jungs verließ das Schiff, um etwas später mit einer großen Flasche Rum und einem

Lederköfferchen wiederzukommen. Dann öffnete er die Flasche und gab sie mir mit der Aufforderung, doch gleich mehrere kräftige Schlucke zu nehmen, was ich brav befolgte. Nun packten sie alle möglichen Instrumente wie Pinzetten, Skalpell, Schere und Nadeln aus, über einer Flamme sterilisierten sie die Werkzeuge und mit Eifer machte sich einer der Burschen an die Arbeit.

In den folgenden drei Stunden trank ich die Flasche leer und die drei Guards wechselten sich dabei ab, in meiner hochsensiblen Fußsohle herumzustochern. Diese Stunden gehören sicher nicht zu den schönsten meines Lebens, aber die Jungs leisteten wirklich sehr gute Arbeit, und ich möchte nicht wissen, wie die Sache ausgegangen wäre, wenn ich mit einer Behandlung auf einen Arzt hätte warten müssen. An das Anlegen des Verbandes konnte ich mich nicht mehr erinnern und auch beim Ablegen am nächsten Morgen lag ich noch im Koma.

So gegen Mittag kämpfte ich mich durch die Luke an Deck und konnte gerade das Auftauchen der kolumbianischen Festlandsküste beobachten.

Die lang gezogene riesige Halbinsel La Guajira, um welche Venezuela und Kolumbien jahrelang erbittert gekämpft hatten, war eine große, scheinbar menschenfeindliche, trockene Wüste. Überall konnten wir noch altes Kriegsmaterial herumliegen sehen. Die triste Landschaft passte zu meiner Katerstimmung und meinen Schmerzen im Fuß. Ich war froh, als wir in der geschützten Bucht, wo wir uns mit den anderen verabredet hatten, vor Anker gingen. Heilsalbe und Ruhe waren die einzigen Dinge, die mich momentan interessierten, und wirklich ging es mir am Tag darauf schon viel besser. Wir trafen uns mit den anderen zur Lagebesprechung. Schließlich einigten wir uns darauf, uns erst wieder in Cartagena zu treffen, da wir das letzte Stück von ungefähr drei Tagesreisen in einem durchfahren wollten. Nachdem wir einen Erholungstag eingelegt hatten, stachen wir wieder in See.

Wir hatten beschlossen, aus Sicherheitsgründen in Küstennähe zu bleiben. Bei gutem Wind und vollen Segeln fuhren wir der Sierra Nevada de Santa Marta entgegen. Es war faszinierend mitanzusehen, wie sich langsam das mächtige Gebirgsmassiv mit seinen verschneiten Fünftausendern vor uns aufbaute. Mindestens ebenso faszinierend war die plötzliche Windkeule, die gegen unsere Segel schlug und das Schiff nahezu neunzig Grad zur Seite kippte. Wir hatten großes Glück, dass niemand über Bord fiel und keine wichtigen Geräte ins Wasser katapultiert wurden. Während wir uns irgendwo festkrallten, mussten wir mitanhören, wie unser Großsegel mit einem hässlichen, kreischenden Geräusch der Länge nach zerriss. So plötzlich wie diese Bö gekommen war, war sie auch schon wieder vorbei und ließ uns schwer angeschlagen zurück. Wir begutachteten und bargen das Groß und versuchten ohne es zurechtzukommen. Da unser Besan eigentlich zu klein war, machten wir nur sehr schlechte Fahrt und so beschlossen wir zu ankern, um den Schaden zu reparieren. Laut Karte war hier auf langer Strecke mit einer sehr stark verschlammten Küste zu rechnen und tatsächlich wurde das Wasser immer trüber. Der Wind blies konsequent vom Land her, und wir machten uns deshalb auch keine Sorgen, als wir noch gut zwei Kilometer vom Strand entfernt zum ersten Mal spürten, wie unser Kiel vom weichen Schlamm gebremst wurde. Wir fuhren parallel zur Küste, bis wir an eine Stelle kamen, an der uns der Schlick festhielt. Nachdem wir die Segel gerefft hatten, bereiteten wir alles für die Reparatur vor. Aus einem alten Segel schnitten wir einen langen, schmalen Streifen, den wir mit Epoxid-Harz (wir hatten nichts anderes) wie ein großes Pflaster auf den Riss klebten. Damit dieses Pflaster besser hielt, vernähten wir es noch an den Rändern. Mit dem kleinen Zwölf-Volt-Lötkolben stachen wir Löcher vor und nähten emsig Stich für Stich die fünfundzwanzig Meter lange Naht. Nach den ersten paar Stunden Arbeit wurde uns klar, dass wir wahrscheinlich auch am folgenden Tag noch nicht fertig sein würden. Um in der Nacht nicht unfreiwillig abgetrieben zu werden, legten wir unseren Anker mit der Zehn-Meter-Kette neben das Schiff.

Schon in Curaçao hatten uns ortskundige Freunde vor dieser Gegend um La Guajira gewarnt. Abgesehen von den Schlammbänken hätten wir uns auch vor den Fischern, die hier die Küste bewohnten, in Acht zu nehmen. Sie waren bettelarm und besserten durch Piraterie ihr schlechtes Einkommen auf. Da wir zu dritt waren, konnten wir problemlos die ganze Nacht Wachen einteilen. Erst beim Frühstück bekamen wir Besuch. In schönen Einbäumen näherte sich eine Gruppe Eingeborene – Kinder, Frauen und Männer, bunt gemischt. Mit einem freundlichen Lächeln begrüßten wir sie und versuchten uns mit ihnen zu verständigen, was nicht leicht war, da die guten Leute nur ihre eigene Sprache beherrschten. Mühsam erklärten wir ihnen mit lebhafter Gestik unser Problem, zeigten auf unser beschädigtes Segel und versuchten ihnen klar zu machen, dass wir nicht in Seenot geraten waren und deshalb keine Hilfe brauchten. Um ihre Enttäuschung etwas zu lindern, luden wir den Kaziken mit seiner Familie zu einer Tasse Kaffee auf unser Schiff. Sichtlich geehrt, erklomm die fünfköpfige Chefsippe die „Thing" und nahm schüchtern im Cockpit Platz. Jan servierte eine Runde Nescafé, den die Familie ohne Milch und Zucker genoss. Nach einer Stunde mühsamer Unterhaltung, in der wir alle sehr viel Spaß hatten, verabschiedeten sich unsere neuen Bekannten und kletterten zurück in ihren Einbaum. Wir bewunderten das komplizierte Startmanöver mit dem antiken Einzylindermotor. Mit einem ruhigen, gemütlichen Tuckern entfernten sie sich in Richtung Strand.

Immer wieder bekamen wir im Laufe des Tages Besuch von einzelnen Eingeborenen, die uns entweder beschenkten oder Waren zum Tausch oder Kauf anboten. Zwei junge Fischer, von denen wir ein paar schöne Red Snaper gegen eine alte Taucherbrille mit Schnorchel eintauschten, kamen abends mit einem Zehn-Liter-Kanister wieder, um uns diesen, gefüllt mit selbstgebranntem Kaktus-Schnaps, zu schenken. Nach dem Verzehr der Snaper tranken wir gemeinsam mit den beiden fast ein Drittel des tequilaähnlichen Gesöffs, und niemand konnte sich am nächsten Morgen erinnern, wie der Abend geendet hatte. Die Fischer waren jedenfalls verschwunden. Wir stellten beruhigt fest, dass unsere Freunde nichts gestohlen hatten. Es wäre für sie ein Leichtes gewesen, das Schiff auszuräumen, während wir unseren Rausch ausschliefen. Da wir uns erstaunlich gut fühlten, hievten wir den Anker und setzten unser geflicktes Groß. Die gute Brise füllte das Segel und neigte das Schiff zur Seite, was bewirkte, dass der Kiel sich aus dem Schlamm hob und wir ein Stückchen seitlich, in Richtung offenes Meer geschoben wurden. Dieser Vorgang wiederholte sich ganz von selbst einige Male, bis wir wieder genug Tiefe hatten, um unsere Fahrt fortzusetzen.

Bis zum frühen Nachmittag hatten wir guten Wind und kamen gut voran, doch plötzlich trat eine absolute Stille ein – sowohl Wellen, als auch Wind waren wie abgeschaltet. Uns nervte die zunehmende Hitze und bald auch das Schaukeln des antriebslosen Schiffes. Nach zwei Stunden beschlossen wir unseren altersschwachen Motor zu starten. Wir waren freudig überrascht, als er ohne Probleme seine Arbeit aufnahm, und steuerten auf die Küste zu. In der Hoffnung, am nächsten Tag wieder Wind zu haben, wollten wir hier irgendwo ankern, da wir dem Motor keine Langzeitfahrt zumuten konnten.

Als wir um eine Landzunge bogen, tauchte vor uns eine malerische Badebucht auf. Aus dem Auspuff kam dunkler Rauch und der Motor hatte bereits einen Aussetzer nach dem anderen. Mit dem letzten Stottern hatten wir den idealen Punkt erreicht und warfen den Anker in den feinen Sand. Nach dem Manöver betrachteten wir unsere nähere Umgebung genauer: Vor uns lag ein gut fünf Kilometer langer, weißer Sandstrand, auf dem sich tausende Badegäste vergnügten. Rund um uns tummelten sich Menschen mit Jet-Skiern und Bananaboats. Am linken Ende der Bucht sahen wir eine marinaähnliche Hafenanlage, in der aber hauptsächlich Fischer- und Nutzboote untergebracht waren. Hinter dem Strand ragte, von der Sonne hell beleuchtet, die Skyline einer modernen Touristenstadt in die Höhe, die uns unrealistisch wie eine Fata Morgana erschien. Es war wieder einmal ein unglaublicher Zufall, dass wir auf der langen kolumbianischen Küste, die als eher dünn besiedelt gilt, genau diesen Punkt gefunden hatten und genau hier unser Motor endgültig seinen Geist aufgab, wo die Chance bestand, Ersatzteile aufzutreiben.

Ben verschwand im Motorraum, um den Schaden zu begutachten. Jan und ich bereiteten alles für einen längeren Aufenthalt vor. Nachdem wir das Dingi zu Wasser gelassen hatten, war auch Ben mit seiner ersten Diagnose fertig.

„Die Zylinderkopfdichtung ist endgültig hinüber", sagte er bedrückt. Die Überraschung war nicht besonders groß, da die Rauchwolken, die aus dem Auspuff gekommen waren, schon darauf hingewiesen hatten. Während wir noch über unsere Probleme diskutierten, näherte sich ein etwa acht Meter langer Katamaran. Langsam glitt er ganz nahe an uns vorbei und ein blonder, bärtiger Mann rief in deutscher Sprache zu uns herüber: „Seid ihr wirklich Österreicher, oder nur eure Flagge?"

„Wir sind Österreicher!", antwortete ich überrascht.

„In einer Stunde komme ich wieder und hole euch ab", rief der Blonde und war auch schon wieder weg.

„Das nenn' ich einen netten Empfang", freute sich Ben und wischte seine ölverschmierten Hände in einen Lappen. So gut es ging, richteten wir uns für die Zivilisation her, kämmten und rasierten uns und suchten nach halbwegs passender Kleidung. Genauso unkonventionell wie wir eingeladen worden waren, wurden wir auch abgeholt. Ohne festzumachen, legte der kleine Kat kurz bei uns an und wir sprangen hinüber. Der Kapitän schüttelte uns die Hände. „Hallo! Ich bin Hubert!", sagte er. Hubert war mittelgroß und kräftig gebaut, seine sonnengebräunte Haut ließ erkennen, dass er sich schon lange in diesen Breiten aufhielt. Er fuhr direkt zu einer in Strandnähe verankerten Boje; dort machte er fest und sogleich kam ein kleines Motorboot vom nahen Steg herangefahren, um uns an Land zu bringen. Während wir zu einer der kleinen Bars an der Strandpromenade gingen, erzählte uns Hubert, dass er hier mit seiner Familie schon mehrere Jahre lebe. Mit seiner Frau und zwei Kindern wohnte er auf einer Finca im Hinterland der Stadt. Der gebürtige Austro-Kanadier verdiente sich hier seinen Lebensunterhalt mit einer Fabrik, in der er mit Schokolade überzogene Bananenstückchen erzeugte und diese in die USA exportierte. Weiters besaß er einen Motorradladen und hatte hier am Strand einen Jet-Ski-Verleih. Wir konnten es noch immer nicht fassen, dass gleich der erste Mensch, dem wir hier begegneten, deutsch sprach und noch dazu technisch versiert war.

„Wo sind wir hier überhaupt gelandet? Santa Marta habe ich mir anders vorgestellt", sagte ich, noch immer staunend.

„Ihr seid in Rodatero gelandet", erklärte Hubert bereitwillig, „dem größten Touristenzentrum an der Karibikküste nach Cartagena."

Wir erzählten ihm in wenigen Worten von unserem Erlebnis an der Küste von La Guajira, den netten Menschen, auf die wir dort trafen und den Problemen mit dem zerrissenen Segel und dem kaputtem Motor.

„Da ist diese Stadt der richtige Kontrast", meinte Hubert. „Hier ist die sogenannte zivilisierte Welt. Alles, was Rang und Namen hat in dieser Ecke des Kontinents, trifft sich in Rodatero, dem Monte Carlo der Karibik."

Jan fragte, wie weit es noch bis Santa Marta wäre.

„Gleich um die Ecke", lachte Hubert und zeigte auf die Hügelkette, westlich der Stadt. „Fünf Kilometer ist die Stadt entfernt."

Hubert versprach, uns bei dem Motorproblem zu helfen, räumte aber ein, dass hier in Kolumbien alles seine Zeit brauche. Eine Originalzylinderkopfdichtung für einen Peugeot würde mit Sicherheit nicht sehr einfach zu beschaffen sein. Er kenne aber in der Stadt Handwerker, die nach alten Dichtungen neue anfertigen könnten.

„Am besten lasst ihr euch gleich drei Neue machen, das kostet etwa ein Drittel des Originals, dafür sind sie natürlich nicht so gut." Das war zwar keine gute Nachricht, aber immerhin eine Alternative.

Am nächsten Tag wollte uns Hubert Santa Marta zeigen und so vereinbarten wir als Treffpunkt diese Bar. Nach einer kleinen Einkaufsrunde in Rodatero ließen wir uns von dem Einheimischen mit dem Motorboot, der von Hubert schon vorher angewiesen worden war, wieder aufs Schiff bringen.

Jan hatte tüchtig eingekauft und bekochte uns an diesem Abend. Er wollte uns am folgenden Tag verlassen, da er wegen seines Heimfluges nach Cartagena musste. Als wir gerade beim Dessert angelangt waren, erhellte plötzlich grelles Scheinwerferlicht unser Cockpit. Ein Motorboot hatte sich leise unserem Schiff genähert und beleuchtete es so, dass wir durch das Licht geblendet wurden und nichts erkennen konnten. In mir stieg die Wut hoch. Was war das für eine Aktion? War das ein Überfall? In diesem Moment wünschte ich mir ein Schießeisen zum Selbstschutz. Wir schauten uns schnell nach brauchbaren Waffen um. Ich packte eine Winschkurbel, Ben griff nach einem Schraubenschlüssel. Der Scheinwerfer schwenkte vorbei, und erleichtert erkannten wir, dass es sich nur um ein kleines Boot der kolumbianischen Küstenwache handelte. Es legte bei und sofort sprangen fünf Uniformierte und ein Zivilist zu uns an Bord. Unfreundlich forderte uns der Zivile auf, ihm die Papiere zu zeigen, während seine Kollegen, ohne um Erlaubnis zu fragen, das Schiff zu durchsuchen begannen.

„He, was soll das werden!", rief Ben empört, als ein Polizist mit dem Messer den roten Lack des Rumpfaußenanstriches abzukratzen begann.

„Wir überprüfen, ob das Schiff gestohlen worden ist", sagte der Mann in Zivil. „Vielleicht habt ihr den Namen nur übermalt." Wir versuchten nun dem Kerl zu erklären, warum wir in dieser Bucht vor Anker gehen mussten. Er schien unsere Argumente zu verstehen und wurde etwas freundlicher. Wir misstrauten diesen Männern wesentlich mehr als den Indios von La Guajira und ließen sie nicht aus den Augen. Als ich bemerkte, wie sie sich mit glänzenden Augen vor unserem CD-Regal versammelten, wurde mir klar, wie ich diese lästigen Besucher friedlich stimmen konnte. Ich kletterte hinunter und gesellte mich zu den Ordnungshütern, um ein Gespräch mit ihnen zu beginnen – natürlich über das Thema Musik, um bei dem glitzernden Schatz der Silberscheiben zu bleiben. Eine halbe Stunde später verließen sie unser Schiff, glücklich lächelnd, jeder mit einer CD in der Hand, ihrem Boss hatten wir zwei geschenkt. Sie winkten uns noch freundlich zu, ehe sie sich entfernten. Ohne weiteren Zwischenfall feierten wir bis spät in die Nacht Jans Abschied.

Am Morgen brachten wir Jan zum Strand. Er schenkte uns zum Abschied noch zwei von seinen CDs, um den Verlust des Vortages zu verringern. Da wir noch gut eine Stunde Zeit hatten bis zu unserem Treffen mit Hubert, setzten wir uns am Strand, gegenüber unserem Ankerplatz, unter eine Palme, um die Nachbarschaft zu studieren. Schon nach kurzer Zeit fiel uns ein junger Mann auf, der Sonnenschirme vermietete. Wir brauchten dringend jemanden, der während unserer Abwesenheit das kleine Schlauchboot am Strand bewachte und zusätzlich ein Auge auf unsere „Thing" warf, deshalb beschlossen wir es mit ihm zu versuchen. Als wir ihn fragten, sagte er sogleich freudig zu: „Ich passe gern auf eure Schiffe auf, ich bin ohnehin den ganzen Tag am Strand. Ich werde auch meine Freunde bitten, wachsam zu sein."

Wir vereinbarten noch den Lohn für den Wachdienst. Beruhigt, unser Boot in guten Händen zu wissen, stiegen wir zu Hubert ins Auto. Mit dem türkisfarbenen Belle Aire, der mit seinem großvolumigen Achtzylinder einen imposanten Sound entwickelte, fuhren wir nun die Serpentinen zwischen Rodatero und Santa Marta hoch. Als wir auf der anderen Seite hinunterfuhren, fühlten wir uns in eine andere Zeit versetzt. Hier sahen wir eine über Jahrhunderte gewachsene Stadt: Alte Häuser im spanischen Baustil, schmale Straßen, Kirchen und Relikte aus der Gründungszeit erwarteten uns.

Unser erstes Ziel war Huberts Motorradladen. Stolz führte er uns durch sein Geschäft. Er verkaufte vorwiegend italienische Marken, hatte aber auch ein paar Harleys herumstehen.

„In den vergangenen Jahren ging das Geschäft sehr gut", erzählte Hubert. „Aber jetzt nimmt die Konkurrenz stark zu. Die Pionierzeiten sind endgültig vorbei." Er zeigte uns seine persönliche Lieblingsmaschine, eine uralte Harley ohne Elektrostarter.

Nachdem Hubert ein paar Bankgeschäfte erledigt hatte, brachte er uns zu einem Handwerker, der Dichtungen herstellte. Es war wirklich unglaublich, was dieser Bursche aus den primitivsten Materialien mit einfachen Werkzeugen fabrizierte. Geschickt stanzte und schnitt er die Dichtungen aus dem relativ porösen Material. Faszinierend war es, ihm bei der Herstellung der Aluminiumdichtringe für die Zylinderkopfdichtungen zuzusehen. Die Endprodukte wirkten optisch vielversprechend; die Tatsache, dass fast jeder Kunde gleich mehrere Stück derselben Art kaufte, ließ aber auf eine kurze Lebensdauer schließen. Da wir wahrscheinlich erst wieder in Cartagena richtigen Zugang zur großen weiten Welt haben würden, beschlossen wir, am folgenden Tage den Zylinderkopf abzumontieren und die Musterdichtung hierher zu bringen. Am liebsten hätten wir gleich den ganzen Motor ausgetauscht, aber dafür fehlten uns zur Zeit die Mittel.

Hubert brachte uns zurück nach Rodatero und machte das Angebot, uns am übernächsten Morgen wieder abzuholen.
„Zuerst bringe ich euch zum Mechaniker, danach seid ihr herzlichst auf meiner Finca eingeladen", sagte er. Wir bedankten uns und machten uns auf den Weg zu Pepé, dem Jungen, der unser Dingi bewachte. Alles war in bester Ordnung. Wir waren froh darüber, dass wir trotz unseres Pechs immer wieder Glück hatten und auf hilfsbereite, liebenswerte Menschen stießen. Pepé bekam seinen Lohn und wir tuckerten zum Schiff zurück.

Wir waren mit der bisherigen Entwicklung sehr zufrieden und genossen den schönen und belebten Platz. Immer wieder bekamen wir Besuch von Neugierigen, die mit Jet-Skiern, Tretbooten oder schwimmend unterwegs waren. Nicht selten kamen junge Leute und fragten, ob sie an Bord kommen dürften. Wir plauderten miteinander und es wurden viele Fotos von hübschen Mädchen mit Schiff, mit Begleitung und natürlich auch mit uns gemacht. Eine Zeitlang machte uns der Tumult Spaß, nach einer Woche ging er uns aber doch schon auf die Nerven und wir beschlossen, ein

Stückchen weiter weg vom Strand zu ankern, um ein bisschen mehr Ruhe zu haben.

„Ich fürchte, wir werden alt", sagte ich zu Ben.

Wie wir schon bei der Anreise bemerkt hatten, sorgte die Sierra Nevada mit ihren bis zu 5.800 Meter hohen Bergen für sehr interessante, abwechslungsreiche Windverhältnisse. Von der drückenden Flaute bis hin zu sehr heftigen Sturmböen, konnte sich hier die Situation von einer Sekunde auf die andere total verändern. Eines Nachts zum Beispiel überraschte uns einer dieser Windstösse, und noch bevor wir es schafften an Deck zu kommen, wurden wir trotz guten Ankers und schwerer Kette bereits gut eine Meile parallel zur Küste geschleift. Nachdem wir zwei weitere Anker versenkt hatten, stoppte die „Thing" ungefähr dreihundert Meter vor der an die Bucht anschließende Felswand. Unser Puls war sicher noch auf 140, als der Wind sich schon wieder in eine Flaute verwandelt hatte.

Als Ben den Zylinderkopf vom Block gelöst hatte, bemerkte er, dass neben der defekten Dichtung auch die Dichtfläche sehr in Mitleidenschaft gezogen und selbst durch Abfräsen nicht mehr zu sanieren war. Die Oxydation hatte sehr tiefe Löcher und Rillen in den Block gefressen, die wir, wenn überhaupt, vielleicht noch mit Flüssigmetall füllen konnten. Das war alles andere als eine gute Nachricht, denn das bedeutete, dass wir uns dringend um einen neuen Motor kümmern mussten. Da wir mindestens noch 2.000 Dollar für einen Ersatzmotor auftreiben hätten müssen, beschlossen wir, den alten, so gut es ging, zu reparieren, um damit noch bis nach Cartagena zu gelangen. Wir hofften, dort auf anderen Jachten Arbeit zu finden und das dringend benötigte Geld zu verdienen. Es gab in Cartagena neben einem Hafen für Industrie- und Kreuzfahrtschiffe auch noch zwei große Marinas, in denen sich zahlreiche Ausländer aufhielten.

Wie ausgemacht, fuhren wir mit Hubert wieder nach Santa Marta. Der Dichtungshersteller war enttäuscht, als wir nur einen Satz bei ihm bestellten, nahm den Auftrag aber trotzdem gerne an.

Auf Huberts Finca konnte man wirklich gut leben. Rund um das schöne Haus waren gepflegte Gärten angelegt, mitten drin ein Pool, und gegenüber lag ein weitläufiger Pferdestall mit Koppeln. Nach einer Weile ging die Landschaft in einen tropischen Nutzwald über. Als Laien hatten wir, abgesehen von seiner Schönheit, an diesem Wald nichts Besonderes finden können. Bei Huberts Führung erfuhren wir jedoch, dass so gut wie jede Pflanze einen Nutzen brachte und alles hier sehr bewusst angelegt worden war: Wurzeln, Blätter, Früchte oder Rindenfasern, eine unendliche Palette an Nahrungsmitteln und anderen Produkten konnte daraus gewonnen werden. Hubert hatte hier ein kleines Paradies, trotzdem bemerkten wir, wie ausgehungert er nach einer guten Unterhaltung mit Menschen aus seinem ursprünglichen Kulturkreis war. Wir verstanden uns sehr gut mit ihm und seiner Familie. Am Abend bekamen wir Besuch von einem weiteren Österreicher; auch er hatte sich hier in der Nähe eine Finca zugelegt, auf der er seit einigen Jahren mit einer Kolumbianerin lebte. Auch Fred hatte Kolumbien vor Jahren mit einem Schiff angelaufen, und so wie wir Hubert getroffen. Er lernte seine jetzige Frau kennen und verkaufte letztendlich seine Jacht, um sesshaft zu werden und ebenfalls sein Glück hier in Santa Marta zu versuchen. Wir quatschten bis spät in die Nacht und wurden danach von Hubert zum Strand zurück gebracht. Er hatte schon am Morgen einen Jungen, der für ihn Jet-Skier verlieh, beauftragt, unser Schiff vom Strand aus zu bewachen, bis wir zurück kämen. Der junge Mann saß mit einigen seiner Freunde im

Sand und alle begrüßten Hubert freudig. Während wir zu unserer „Thing" hinaus fuhren, gesellte er sich noch zu den Jungs am Strand auf einen Schlummertrunk aus der Rumflasche.

Da wir hier für einige Zeit eine fixe Adresse hatten, nahmen wir auch wieder Kontakt mit unseren Familien und Bekannten in Österreich auf. Ben war natürlich besonders gespannt auf Nachrichten von seiner Freundin und dem inzwischen geborenen Töchterchen. Er freute sich auch riesig über die Briefe und Fotos, leider musste er aber auch erfahren, dass sein Vater vor kurzem verstorben war. Wir beschlossen, dass Ben mit unserem letzten Geld nach Hause reisen sollte. Ich würde inzwischen versuchen möglichst sparsam durchzukommen. In den folgenden Tagen organisierten wir Bens Flug. Zum Glück bekam er ein sehr günstiges Last-Minute-Angebot.

„Und was willst du unternehmen, solange Ben in Österreich ist?", fragte mich Hubert. Er hatte uns vom Nationalpark Tairona erzählt und mich neugierig gemacht.

„Ich würde mir gerne Tairona anschauen, aber ich kann das Schiff nicht so lange unbeaufsichtigt lassen", sagte ich.

„Das ist kein Problem!", meinte Hubert. „Auf meinem Katamaran wohnt Pedro, der soll den Kat neben eure „Thing" stellen und beide Schiffe beaufsichtigen." Das war ein brauchbares Angebot.

Nachdem Ben mit dem Bus zum Flughafen nach Cartagena gereist war, machte ich mich mit dem Rucksack auf den mühsamen Weg zum Parke Tairona.

Von Santa Marta aus ging es mit einem alten, unbequemen Bus gut drei Stunden in Richten Sierra Nevada. An der Endstation konnte ich mit einem alten Jeep bis zum Verwaltungsgebäude des Parks mitfahren. Von dort aus war das Weiterkommen nur mehr zu Fuß oder mit einem Esel möglich. Ich verzichtete gerne auf dieses Tier und machte mich auf den dreistündigen Fußmarsch hinunter zum Tairona-Strand, wo es angeblich übernatürlich schön sein sollte. Ich wanderte auf einem schmalen Dschungelpfad, der in einem lockeren, lichten Palmenwald in Strandnähe endete. In diesem Wäldchen stand eine luftige Bambushütte, in der von einigen Indios für alle Besucher in der Gegend gekocht wurde. Hier konnte ich mir für wenig Geld eine Mahlzeit kaufen. Es gab zwar keine Auswahl, trotzdem war das Essen ausreichend und sehr schmackhaft. Ich mietete eine Hängematte für die nächsten zwei Wochen und richtete mich an einem ruhigen, geschützten Plätzchen zwischen zwei Palmen häuslich ein. Sorgfältig gab ich darauf Acht, dass meine Hängematte nicht in der Falllinie der reichlich vorhandenen Kokosnüsse hing. Überall auf dem weitläufigen Gelände hatten sich einzelne Menschen oder kleine Gruppen niedergelassen. Nach getaner Arbeit machte ich mich auf den Weg zum Strand, um dort gerade noch den Sonnenuntergang zu erleben. In dem immer schwächer werdenden Licht konnte ich die überwältigende Küstenlandschaft bestaunen.

Am nächsten Morgen begann ich damit, die nähere Umgebung zu erkunden. Nach einem kräftigen Frühstück ging ich wieder zum Strand, um mir alles noch einmal bei Tageslicht anzuschauen. Jetzt wurde mir klar, warum mir alle von Tairona vorgeschwärmt hatten. Schon der Sand am Strand war mit allem, was ich bisher gesehen hatte, nicht zu vergleichen. Auf die Entfernung hatte er eine gelbliche Färbung und immer wieder glitzerte er wie Gold; ich stellte fest, dass er zum Großteil aus Muschel- und Schneckenteilchen bestand, die mit Gestein aus der Sierra Nevada vermischt waren. Es schien sich bei den Steinchen um mindestens 50 Prozent Halbedelsteine und gleißendem Pyrit zu handeln. Ich hätte Stunden damit verbringen können, diesen feinkörnigen, funkelnden Schatz durch die Finger rieseln zu lassen. Fasziniert saß ich im Sand der etwa drei Kilometer langen Bucht. Zur linken und zur rechten Seite dieses Strandstreifens lagen haushohe, runde Findlinge, die den Platz begrenzten. Diese schwarzen Basaltblöcke, wie von Designerhand aufgestellt, lagen vereinzelt am Strand oder als kleine Inseln im Meer. Ich beschloss zu einer Steinformation hinauszuschwimmen, die eine traumhafte, mit Palmen und anderen tropischen Gewächsen bedeckte Insel bildete. Zwanzig Minuten schwamm ich durch die bewegte See bis ich das Eiland erreichte. Es war gar nicht so einfach eine Stelle zu finden, an der ich den glatten Felsen hochklettern konnte. Der Platz war wirklich unglaublich! Auf den kleinen Erdflächen, die sich im Laufe der Zeit zwischen den Blöcken gesammelt hatten, konnte sich eine reichhaltige Vegetation entwickeln. Fünfzig Meter über dem Meeresspiegel, saß ich inmitten eines botanischen Wunders: Mehrere Palmen und üppig wuchernde Blattpflanzen mit seltsamen Blüten, rankende Gewächse und Moose bedeckten den Fels. Das Ganze war von einer mit türkisblauem Wasser gefüllten Bucht und von dichtem tropischem Dschungel umschlossen. Hinter mir das grenzenlose Meer und als Kontrast dazu vor mir das von null auf 5.800 Meter steil ansteigende Gebirge mit seinen weiß schimmernden Gletschern. Alle Klimazonen der Erde waren hier auf engstem Platz vereint. Von meinem Ausblick konnte ich gut erkennen, dass sich links und rechts von der mit Felsen eingegrenzten Bucht weitere traumhafte Strandstücke erstreckten. Ich beschloss, am nächsten Tag weitere Teile dieses Paradieses zu erkunden.

Den Abend verbrachte ich mit einer buntgemischten Gruppe Touristen aus aller Welt am Lagerfeuer. Die meisten waren sehr jung, zwischen 16 und 30. Ich erfuhr, dass sich im Park neben den Touristen auch noch sehr viele Aussteiger niedergelassen hatten und sich hier illegal aufhielten. Den Ordnungshütern war es zu Fuß oder zu Pferd nahezu unmöglich das weitläufige, teilweise unzugängliche Gebiet zu kontrollieren. Auch war es sicher nicht einfach, bei den Leuten, die fast alle nur Badebekleidung trugen, eine Passkontrolle durchzuführen.

Schon bei Sonnenaufgang machte ich mich fertig für meine kleine Expedition. Die wenigen Sachen waren schnell im Rucksack verstaut, und los ging es über den Strand zur östlichen Felsformation. Ich musste die Findlinge überklettern oder umgehen. Die anschließende, schwierigere Kletterpartie endete an einem kleinen Dschungelstück, das sich auf dem Rücken eines großen Felsblockes befand und zum Festland hin erstreckte. Von hier aus hatte ich eine wunderbare Aussicht auf die beiden ungefähr 100 Meter unter mir liegenden Buchten zur Linken und zur Rechten. Ich durchquerte auf einem kaum sichtbaren Pfad das Dickicht. Mühsam kletterte ich über das letzte steile Felsstück in die nächste Bucht.

Hier waren, im Gegensatz zur Hauptbucht, schon wesentlich weniger Menschen. In der ersten Bucht hielten sich wohl ständig einhundert bis zweihundert, oft wechselnde Touristen auf; in dieser hingegen schien es sich um wenige Langzeittouristen zu handeln. Aus den liebevoll angefertigten Lagerplätzen mit Palmendächern konnte ich schließen, dass diese Bewohner mehr als nur zwei Wochen bleiben wollten. In der dritten Bucht war keine Behausung mehr zu sehen, aber ich konnte, während ich am Strand saß, immer wieder das Lachen und Schreien spielender Kinder aus dem Wald hören. Ich beschloss, bis zum späten Nachmittag zu bleiben, und mich dann wieder auf den Rückweg zu machen. Nachdem sich noch mehrere dieser kleinen Paradiese aneinanderzureihen schienen, beschloss ich mich für den nächsten Tag mit mehr Proviant und meiner Hängematte abermals auf den Weg zu machen.

Nach der anstrengenden Wanderung schlief ich in der folgenden Nacht besonders gut. Ich packte den Rucksack von neuem und machte mich wieder auf den Weg. Diesmal marschierte ich bis zum

Abend, nur mit kleinen Pausen, bis ich an einem Traumplatz angelangt war: In der Mitte des maximal fünfhundert Meter langen Strandstückes floss ein kleiner, glasklarer Bach durch den Sand ins Meer, gleich hinter dem Strand folgte eine Graslandschaft mit Mangroven. Wie riesige Gespenster standen die Bäume auf bizarren Luftwurzeln in der anscheinend bei hohen Wellen überfluteten Wiese. Dahinter erstreckte sich ein schmaler Palmenhain, der in dichtem Dschungel überging. Abermals errichtete ich zwischen den Palmen ein kleines Lager. Bis zum Sonnenuntergang hatte ich ein gemütliches Plätzchen geschaffen.

Ich genoss das Farbenspiel und beobachtete, wie Himmel und Meer in leuchtenden Orangetönen ineinander verschmolzen. Bald verschwanden auch die Goldränder um die Wolken und es wurde dunkel. Ich machte ein kleines Feuer und verspeiste einen Teil meines Proviants. Satt und zufrieden legte ich mich in meine Hängematte und beobachtete den tropischen Sternenhimmel. Das Rauschen des Meeres und die Unendlichkeit des Universums über mir gaben mir ein Gefühl der Geborgenheit und ich schlief bald ein.

Gut eine Woche verbrachte ich an diesem ruhigen Ort, der mich an das Leben am Riff erinnerte. Die Einsamkeit war nach dem Rummel in Rodatero sehr wohltuend. Außer einer französischen Familie bekam ich die ganze Zeit keinen Menschen zu sehen. Die Franzosen wohnten mit ihren zwei halbwüchsigen Kindern schon seit acht Monaten noch fünf Buchten weiter östlich und passierten meinen Strand auf ihrer wöchentlichen Ein- und Verkaufstour. Sie bastelten Schmuck aus Materialien, die sie in dem reichen Angebot der Natur fanden. Stolz zeigten sie mir ihre Erzeugnisse und boten sie mir zum Kauf an. Ich erstand eine Kette aus perlmuttglänzenden Muschelstücken. Wir unterhielten uns eine Stunde lang über alles Mögliche. So erfuhr ich von ihnen, dass sie ihre Kunstwerke für wenig Geld an Strandhändler weitergaben. Damit verdienten sie gerade soviel, dass sie davon leben konnten. In vier Monaten wollten sie zurück nach Frankreich, um ihren Kindern den Schulbesuch zu ermöglichen. Wahrscheinlich werden sie sich immer wieder nach diesem Paradies zurücksehnen. Sie zogen weiter und ich konnte mich wieder der Erforschung meiner Umgebung widmen. Eines Tages besuchten mich Indios, die hier in der Gegend lebten. Sie hatten sehr interessante Gesichtszüge und waren mit rohweißen, fast bodenlangen, kuttenartigen Gewändern bekleidet. Bei unserer mühsamen Unterhaltung stellte ich fest, dass sie mir nicht feindlich gesinnt waren. Sie plapperten lebhaft gestikulierend und machten anscheinend Witze, die ich zwar nicht verstand, über die ich aber trotzdem lachte. Ich hätte gerne mehr über ihr Leben erfahren, aber leider konnten sie weder Spanisch noch Englisch und ich hatte natürlich keine Ahnung von ihrem Dschungeldialekt.

Ich genoss die Zeit in dieser vollkommenen Abgeschiedenheit und nahm mir vor, diesen Ort später wieder einmal zu besuchen.

Zurück in Santa Marta ließ ich mich gleich auf unser Schiff bringen, um wieder alles wohnlich herzurichten. Ich erwartete Ben in den nächsten Tagen zurück und ich war schon sehr gespannt, was er von daheim zu erzählen wusste.

Briefe aus Renacer

Liebe Mutter!

Renacer, 4. März

Seit unsere Wiener Freunde wieder nach Österreich gefahren sind, hat sich hier nicht viel getan. Die Konsulin war am Mittwoch mit Quiroz, dem neuen Anwalt bei uns. Wir besprachen noch einmal den ganzen Fall, die Strategie, nach der er vorgehen wollte, und unterschrieben anschließend den neuen Vertrag. Sie ist überzeugt, dass wir diesmal die richtige Wahl getroffen haben, sie kennt sogar Leute aus seiner Familie und auch die seien alle in Ordnung.

Quiroz ist sich sicher, uns bald von hier herausholen zu können. Der ganze Fall habe nichts mit Panama zu tun. Außerdem müssten wir nach den neuen Gesetzen schon längst vor Gericht stehen. Die hiesige Polizei will angeblich unseren Akt nicht herausrücken, und ohne ihn kann er nicht arbeiten. Mittwoch, den 6. März, will er uns wieder besuchen.

Da sich bei uns nicht sehr viel ereignet und wir nicht mehr so oft Besuch bekommen, habe ich mir vorgenommen, die Briefe tagebuchartig zu gestalten. Bitte hebe sie gut auf. Wenn es mir gelingt, möchte ich auch die Erlebnisse der vergangenen Jahre niederschreiben. Vielleicht interessiert sich jemand für meine Aufzeichnungen und es lässt sich womöglich Geld damit verdienen. Jetzt habe ich ja jede Menge Zeit und das Schreiben wäre eine sinnvolle Beschäftigung.

Die Zeit vergeht nur sehr schleppend. Ein Tag verläuft wie der andere. – Fernsehen, Schlafen, Plaudern, Fernsehen, Plaudern, Schlafen ...

9. März

Der Anwalt ist nicht gekommen. Das macht uns ziemlich nervös, weil wir fürchten, es geht genauso weiter wie mit Dawkins. Allerdings haben andere Häftlinge erzählt, dass er sich in der Regel vorbildlich um seine Klienten kümmere.

Gestern gab es große Aufregung. Zwei dämliche Panamaer haben sich um ein Stück Seife gerauft. Als ein Wärter sie trennen wollte, ist einer der beiden über die Theke in die Küche gesprungen, hat ein Messer an sich gerissen und damit den Wärter am Arm verletzt. Es floss viel Blut und der Affe hat sich damit eine Rückfahrkarte ins Modello verschafft. Wir haben jetzt einen aggressiven Idioten weniger, dafür müssen wir alle zur Strafe mit Einschränkungen rechnen.

13. März

Am Mittwoch war der Anwalt da, er scheint fleißig zu arbeiten. Er will spätestens in sieben bis acht Tagen unseren Fall bei Gericht einreichen.

Die Konsulin ist zurzeit auf Österreichurlaub.

26. März

Ich freue mich schon sehr darauf, wenn die Konsulin zurückkommt, dann gibt es endlich wieder Nachrichten von zu Hause.

Die Zeit vergeht so schrecklich langsam. Es ist sehr heiß. Das Essen wird immer schlechter. Zum Glück haben wir noch Vitamintabletten und Zusatznahrung.

Der Anwalt hat am 20. März unseren Fall bei Gericht eingereicht. Es gibt zehn Punkte, die uns zur Freiheit verhelfen sollten. Er ist sehr optimistisch und wir haben ein gutes Gefühl.

Im Fernsehen sahen wir einen Bericht von einer Anti-Gefängnis-Kampagne in Panama. Menschenrechtsorganisationen, Amis und Europäer üben anscheinend Druck auf die Regierung aus. Alle Spanier sollten in den nächsten Monaten nach Hause geschickt werden. Das klingt gut!

2. April

Momentan geht nichts voran, zu Ostern wird hier nicht gearbeitet. Die Konsulin müsste schon wieder eine Woche in Panama sein. Hoffentlich ist sie nicht krank geworden. Wir sind schon sehr neugierig auf die Österreich-News.

Mit unserem Fall scheint es Schwierigkeiten zu geben. Die US-Coastguard hat alle Berichte gefälscht. Das Datum der Verhaftung hat sie vorverlegt, die Position falsch angegeben und alles Mögliche dazu gelogen. Sie versuchen mit faulen Tricks einen Panama-Fall zu konstruieren. Es wird für uns nicht leicht werden.

Letzte Woche haben sie einen Richter entlassen, weil er zwei schwerkranke Kolumbianer ins Krankenhaus beordert hat.

10. April

Die Konsulin war noch immer nicht da. Sie müsste schon sechzehn Tage im Land sein. Hoffentlich ist ihr nichts zugestoßen. Wir merken jetzt, wie hilflos wir ohne sie sind, wir fühlen uns sehr verlassen und ausgeliefert. Der Anwalt hat sich auch schon längere Zeit nicht anschauen lassen.

Ich fühle mich nicht gut, habe Husten und Halsschmerzen.

12. April

Der Anwalt war heute hier. Es gibt nichts Neues.

17. April

Gestern kam endlich die Konsulin. Sie hatte so viel zu tun, daher der späte Besuch. Herzlichen Dank für Briefe, Bücher, Schokolade und Geld.

Außer, dass sich ein Chilene vor zwölf Tagen den Mund zugenäht hat, gibt es nichts Neues. Auf einem Plakat beklagt er sich darüber, dass er schon über fünf Jahre unschuldig eingesperrt sei. Nun macht er mit einem Hungerstreik auf sich aufmerksam. Das Essen wird nicht nur immer schlechter sondern auch weniger, der Chilene versäumt nicht viel. Für uns kam der Besuch der Konsulin gerade zur rechten Zeit, unsere Nahrungsvorräte waren bereits aufgebraucht.

30. April

Am 25. April kam die Konsulin mit einer großen Geburtstagstorte für mich. Sie brachte auch die Faxe der letzten Zeit und die Geschenke von Goody. So wurde es ein richtiges Geburtstagsfest, danke!

Wofür der Anwalt zusätzlich 1.300 Dollar möchte, ist mir nicht klar. Den Betrag, der ausgemacht war, hat er bekommen.

Ich schätze, dass wir bis Juni frei sind, dann brauchen wir Geld, um rasch von hier wegzukommen. Bitte achte darauf, dass genug auf dem Konto ist. Wenn sich unsere Abreise verzögert, finden die Behörden sicher wieder einen Grund uns einzusperren.

Inzwischen ist die ganze Bande, die uns missbraucht hat, aufgeflogen. Angeblich ist damit das letzte große Drogenkartell zerschlagen worden. Der Fiscal kann nun 60 Personen über uns ausfragen, keiner kennt uns, das müsste für uns günstig sein. Außerdem hat man den tatsächlichen Eigentümer der „Michelangelo", der auch der Besitzer der Ladung ist, ausgeforscht. Ich hoffe, Quiroz macht alles richtig. Wir haben ihn schon lange nicht mehr gesehen, aber er scheint brav zu arbeiten. Zum Händchenhalten brauchen wir ihn ohnehin nicht.

Mach dir keine Sorgen um mich, ich bin stark und gesund.

Michael

Liebe Mutter!

Renacer, 22. Mai

Vor siebzehn Tagen war der Assistent des Anwalts da und meinte, sie hätten Probleme mit der Arbeit, weil sie die 1.300 Dollar (für Spesen!) noch nicht bekommen hätten. Daraufhin habe ich die Konsulin angerufen. Sie sagte, das Geld läge schon längst bereit, sie könne jedoch den Anwalt nie erreichen. Hoffentlich haben sie es in den vergangenen zwei Wochen geschafft, sich zu treffen.

Ich habe immer ein Fax für dich bei mir. Leider bekommen wir immer seltener Besuch. Den Anwalt sahen wir vor zwei Monaten und die Konsulin vor einem Monat. Ich hoffe, dass in dieser Woche jemand kommt.

Der Chilene liegt nach siebenundvierzig Tagen Hungerstreik im Sterben. Es scheint allen egal zu sein.

Ich bekomme die übliche Gefängnisfigur – einen aufgeblähten Reis-Bohnen-Bauch. Ich bin nicht mehr ganz so stark, aber noch einigermaßen gesund. Auch bei Ben ist soweit alles in Ordnung.

Halte bitte alle auf Trab, damit man uns nicht vergisst!

Hab' dich lieb,

Michael

Liebe Mutter!

Renacer, 5. Juni

Am Donnerstag, den 30. Mai wurden wir endlich von der Konsulin besucht. Sie ist sehr krank gewesen und hatte außerdem einen Autounfall mit Totalschaden. Über die vielen Briefe, die sie mitbrachte, habe ich mich sehr gefreut. Sie versorgte uns auch wieder mit Taschengeld und Essen.

Der Anwalt war für Freitag angesagt, kam aber natürlich nicht! Am Montag darauf erschien sein Assistent und dieser sagte wiederum, dass am Dienstag einer von uns zu einer Aussage mit Dolmetscher vorgeladen werden sollte. Wie immer, wurde auch dieser Termin nicht eingehalten. Heute ist bereits Mittwoch und nichts ist geschehen.

7. Juni

Gestern wurden wir wirklich mit Hilfe einer Übersetzerin nochmals verhört! Ich war entsetzt über die Lügen und Gemeinheiten, die sich der Fiscal inzwischen zusammengedacht hat. Er stellt einfach Behauptungen auf und verfälscht die Tatsachen. Die Dolmetscherin, eine sehr schöne und kluge Frau, war ebenfalls entsetzt über die Vorgangsweise der Behörde. Sie kann uns leider auch nicht helfen, aber sie versprach, uns zu besuchen.

Der Anwalt ist noch immer optimistisch und hofft uns bald freizukriegen.

Bitte versuche von Österreich aus Druck zu machen (Außenamt, Bundespräsident…).

Ich habe Panama sooo satt!!!

Michael

Liebe Mutter!

19. Juni

Hab' mich sehr über die Faxe von dir und meinen Freunden gefreut. Macht euch nicht zu große Sorgen um mich. Im Großen und Ganzen geht es mir gut. Wir glauben noch immer fest daran, in absehbarer Zeit aus diesem Sumpf herauszukommen. Zeitweise verliere ich meine gute Laune, bin aber trotzdem einer der fröhlichsten Knastinsassen. Gesundheitlich geht es mir gut.

Ben bekommt graue Haare, aber sonst fühlt er sich wohl.

Laut Anwalt sollten wir Mitte Juli Genaueres über unsere Chancen erfahren.

Vom italienischen Botschafter erfuhren wir, dass sich die EU um Auslieferungsverträge für alle inhaftierten Europäer bemüht. Sogar der Papst soll wieder einen bösen Brief an Panama geschickt haben. Irgendetwas wird schon funktionieren!

25. Juni

Der Assistent war wieder hier und hat weitere 1.700 Dollar für Übersetzungen gefordert. Nach längerer Diskussion haben wir eingewilligt. Jetzt hat er außertourlich 3.000 Dollar zur Anzahlung von 12.500 Dollar dazu bekommen. Er hat uns versprochen, dass dies die letzte Sonderzahlung sei, und wenn wir frei wären, bekämen wir diese Extras zurück (nicht sehr wahrscheinlich!). Das vereinbarte Honorar sollte nicht überschritten werden. – Mit viel Glück könnten wir in ungefähr drei Monaten frei sein, das ist meine aktuelle Schätzung.

Liebe Mutter, bitte mache keinen weiteren Panamabesuch. Dieses Land ist nicht ungefährlich und außerdem macht dich das Klima fertig. Ein Besuch ist zwar eine feine Sache, aber danach ist es für uns umso schlimmer. Schicke mir lieber ein Paket mit ein paar guten Büchern.

Ich denke viel an dich und Oma
Michael
NS. Bitte schicke mir Vitamintablette, habe keine mehr!

Liebe Mutter,
Renacer, 15. August
Das letzte Fax ist ausgefallen, weil ich mich im Hof befand, als die
Konsulin kam, und mich der Wärter nicht in die Zelle ließ, es zu
holen.
Herzlichen Dank für Briefe, Bücher und Vitamine.
Die Konsulin hat uns das Sparbuch gezeigt. Die 10.000 Dollar, von
denen du geschrieben hast sind noch nicht angekommen, wahrscheinlich sind sie noch auf dem Botschaftskonto in Bogotá. Laut
Vertrag mit dem Anwalt brauchen wir noch 37.500 Dollar plus Reisekosten. Wir werden allerdings versuchen, diese Summe her-
unterzuhandeln, da wir nach seinen Versprechungen schon mindestens seit zwei Monaten frei sein müssten.
Hier im Land geht alles drunter und drüber und überall gibt es
Chaos, Skandale und Aufruhr. Bei Quiroz geht auch nichts weiter,
aber vielleicht finden wir einen anderen Notausgang. Uns geht es
soweit gut, ich bin, wie immer, stark und gesund. Inzwischen habe
ich vom vielen Sitzen Hornhaut am Hintern und feine Hände wie
ein Klosterschüler.

16. September
Die Lage ist nach wie vor schwer abzuschätzen, alles und nichts ist
möglich. Auch die Konsulin kann uns keine Tipps mehr geben. Ein
Mithäftling hat uns einen neuen Anwalt empfohlen. Wir haben mit
diesem über unseren Fall gesprochen und er meinte, wir kämen
hier nie heraus, wenn wir nicht auf die Wünsche des Fiscals ein-
gingen. Er schaut sich die Sache einmal an. Seit Froilan, der neue

Rechtsvertreter, für uns Recherchen macht, hat sich auch Quiroz wieder anschauen lassen. Er fürchtet anscheinend die Konkurrenz. Sollten wir mit Froilan einig werden, würden die Kosten nicht höher werden.

Wir sind inzwischen zu der Überzeugung gekommen, es wäre besser, wenn ihr doch nach Panama kommt. Es gibt so viele wichtige Dinge zu besprechen.

Ich habe nach wie vor Probleme mit meiner Zunge. Sie schmerzt sehr. Was ich genau habe, weiß ich nicht, es sind Bläschen oder kleine Geschwüre, Gewächse, Wunden??? Frage bitte einen Arzt, was das sein könnte und lass dir Medikamente geben. Außerdem brauche ich dringend: Kopfschmerztabletten, Vitamintabletten mit Mineralien und Spurenelementen, Pilzsalbe und Hautcreme in Tuben. Das meiste kannst du hier besorgen. Am wichtigsten ist, dass wir miteinander reden können.

Ich freue mich auf dich!

Michael

Quiroz hatte brav seine Strategie verfolgt, die uns aber leider nichts brachte. Er recherchierte fleißig und hatte sicher eine Menge zur Wahrheitsfindung beigetragen. Als sein Antrag um Einstellung des Falles abgelehnt wurde, entschlossen wir uns, ihn zu kündigen und Froilan zu nehmen. Wie wir erfahren hatten, sollte er sehr schlau und diplomatisch sein und die besten Beziehungen zur Fiscalia haben. Diesen Anwaltswechsel nahmen wir offiziell vor, als unsere Mütter zu Besuch waren. Da schon sehr viel Arbeit von Quiroz geleistet worden war, verlangte Froilan nur mehr 25.000 Dollar und sein Vorgänger war mit der geleisteten Anzahlung und den Spesen zufrieden. Wir trennten uns in aller Freundschaft von Quiroz und er verstand es, dass wir auch noch eine andere Möglichkeit versuchen wollten.

Liebe Mutter!

Renacer, 4. Dezember

Das ist das dritte Fax, das ich schreibe, seit ihr abgereist seid. Niemand kommt uns besuchen und so werfe ich die Briefe wieder weg, weil der Inhalt nicht mehr aktuell ist.

Der neueste Stand: Laut Froilan sollten wir im Februar vor Gericht kommen. Die Konsulin meint, sie könnte uns dann bis April nach Österreich bringen. Ich glaub' nicht daran, es ist sicher nur Gerede. Modello wurde wirklich geräumt und soll am 10. Dezember gesprengt werden. Bei uns hat sich dadurch nicht viel geändert.

Mir geht es gut und ich fühle mich gesund. Meine Zunge ist wieder in Ordnung, also muss es eine Pilzerkrankung gewesen sein. Die Ferndiagnose deines Arztes war richtig! Mit dem Geld von dir konnte ich mir Kauzähne machen lassen, die ganz gut funktionieren. Die Behandlung war recht abenteuerlich, aber unser „Zahnarzt" ist ein tüchtiger Mann und schafft mit seinen primitiven Geräten wahre Wunder. Hoffentlich halten diese Ersatzteile so lange ich hier sein muss.

Seit die Trockenzeit angefangen hat, regnet es täglich in Strömen – hier funktioniert schon gar nichts!

Falls ich keine Möglichkeit mehr habe, dir vor Weihnachten zu schreiben, wünsche ich dir jetzt schon alles Gute. Alles Liebe auch für Oma! Ich habe euch lieb und vermisse euch sehr.

Michael

Liebe Mutter!

Renacer, 20. Dezember

Habe mich sehr über das Paket gefreut. Leider haben die Leute vom Zoll einiges gestohlen. Die Schokolade und die sicher sehr schönen T-Shirts von Sofy fehlten. Sie haben auch alle Briefe aufgerissen und das Geld herausgenommen. Falls du wieder ein Paket schickst, lege kein Geld bei, aber Schokolade. Diese klauen sie und lassen dafür hoffentlich den Rest in Ruhe.

Anfang Januar werde ich wieder allen Freunden schreiben und alle Briefe in einen Umschlag geben. Die Konsulin schickt sie mit der normalen Post ab, das dürfte gut klappen. Bitte verteile die Briefe, ich nehme an, so ist es einfacher.

Ich wünsche euch allen frohe Weihnachten und alles Gute für das kommende Jahr.

Macht euch keine Sorgen um mich, ich bin gesund und stark.

Michael

Liebe Mutter
Renacer, 13. Januar

Bei uns ist alles unverändert. Wir warten mit Sehnsucht auf einen Gerichtstermin.

Weihnachten und Neujahr sind ohne Probleme vorüber gegangen, angeblich das erste Mal in der Geschichte dieses Gefängnisses. Sonst gibt es um diese Zeit meistens Unruhen und Ausbruchsversuche.

Gesundheitlich geht es mir ausgezeichnet. Ich würde Bäume ausreißen, wenn welche in Reichweite wären. Alle haben Grippe, Husten und Schnupfen, nur ich mit meiner Superabwehr – eine Vitamintablette und zwei Propoliskapseln pro Tag – fühle mich gesund. Da das Ende unseres Aufenthaltes in diesem schönen Land bald kommen wird, interessiert uns natürlich auch, was uns in Österreich erwarten wird. Erkundige dich bitte!

Ich komme bald!

Michael

Liebe Mutter!

Renacer, 4. März

Heute war die Konsulin da, leider so spät, dass wir nicht mehr aus der Zelle durften. Sie ließ uns ausrichten, dass sie morgen wieder kommt, dann fliegt sie für längere Zeit nach Österreich. Aus diesem Grund schreibe ich in der Nacht, auf meiner Pritsche bei sehr schlechtem Licht. Hoffentlich kannst du alles lesen.

Leider kann ich dir keine besonderen Neuigkeiten berichten. Außer zu warten, können wir nichts tun. Vor eineinhalb Monaten habe ich einer Holländerin einen zwanzig Seiten langen Brief mitgegeben. Ich hoffe, er ist bei dir angekommen. Seit dieser Zeit haben wir weder den Anwalt noch jemanden vom Konsulat gesehen.

Seit der Modello-Sprengung ist es bei uns nicht besser geworden. Im Gegenteil, es werden immer mehr Häftlinge zu uns gebracht.

Ich schreibe eifrig meine Erlebnisse nieder. Einiges habe ich wieder vernichtet. Jetzt arbeite ich an der Riff-Geschichte, sie war mein bis jetzt schönstes Erlebnis. Das Schreiben macht mir inzwischen großen Spaß. Ich schicke dir alle meine Skripten, bitte kopiere sie und gib' sie an Andrea weiter. Sie kann mir vielleicht helfen, später daraus ein Buch zu machen. Die Originale hebe bitte gut auf – Sentimentalität.

Ich habe keine besonderen Wünsche, freue mich aber schon sehr auf ein paar gute Bücher, Briefe, Fotos und Musikkassetten.

Wir sind beide gesund und bleiben auch stark, egal wie lange es noch dauern mag.

Ich vermisse euch alle sehr.

Michael

Liebe Goody

Renacer, 22. April

Mit großer Spannung haben wir auf die Rückkehr der Konsulin gewartet, da wir in diesem Jahr noch nicht viel von zu Hause gehört haben. Vergangenen Mittwoch ist sie mit großen Säcken voll Essen und den Sachen von euch gekommen. Wir haben uns riesig gefreut! Sie will am 25. noch einmal kommen, weil sie nicht alles mitbringen konnte. Herzlichen Dank für den CD-Player, die CDs, die Kassetten und die Briefe. Der Player war eine große Überraschung und ich erlebe nun einen unglaublichen Hörgenuss. Seither höre ich mir jeden Tag vor dem Einschlafen eine der Prince CDs an.

27. April

Am 25. kam die Konsulin, wie versprochen, noch einmal mit dem Rest der Geschenke und mit einer himmelblau rosa Zuckerglasurtorte, sowie einer guten Orangensaft-Wodka-Mischung. So wurden meine Geburtstagsfeier und das eineinhalbjährige Knastjubiläum ganz lustig. Aus deinen Briefen erfuhr ich, dass noch ein Paket mit Büchern, Toilettesachen und Musik unterwegs sei. Ich finde es großartig, dass mir so viele Freunde geschrieben haben und offensichtlich noch immer an mich denken. Ich werde allen zurückschreiben. Wie beim letzten Mal, soll das auf dem Postweg geschehen, diesmal leider ohne niederländischen Kurier. Ich hoffe, die Briefe erreichen ihr Ziel trotzdem.

Zu unserem Fall gibt es nichts Neues zu berichten. Es schaut im Moment so aus, als sollten wir zu drei bis vier Jahren verurteilt werden. Angeblich würde der Fiscal keinen Einspruch gegen ein mildes Urteil machen. Die Frage ist nur, wann gehen wir vor Gericht? Der Anwalt meint, er könne den Fiscal nicht antreiben, da er nun eine gute und brauchbare Vereinbarung mit ihm getroffen habe. Also versuchen wir über das Konsulat Druck zu machen.

Inzwischen habe ich mich an das Knastleben so einigermaßen gewöhnt. Das soll nicht heißen, dass es mir hier inzwischen gefällt, sondern das bedeutet, dass ich Mittel und Wege gefunden habe, zu überleben. Zum Beispiel habe ich mir meinen persönlichen Schutz organisiert. Das funktioniert so: Die Kolumbianer sind die größte Ausländergruppe. Sie haben unter sich eine Hierarchie aufgebaut, die alle respektieren, und sie halten zusammen. Trotzdem würden sie nie einem aus ihrer Gruppe Geld anvertrauen, weil sie Angst davor haben, von den eigenen Leuten bestohlen zu werden. So macht sich der Ranghöchste auf die Suche nach einem Vertrauensmann, der die „Bank" sein sollte. Dafür kommen nur Mittel- oder Nordeuropäer in Frage. Ich habe den Ruf, ehrlich zu sein, daher haben sie mich auserkoren. Ich bewahre nun das Geld für die Kolumbianer auf. Als Gegenleistung werde ich von der ganzen Gruppe beschützt, erfahre, wo es ein günstiges Angebot gibt und wenn ich selbst bei Kasse bin, kann ich mir billige Zigaretten, günstige Zusatznahrung oder ähnliches kaufen. Es ist sehr gefährlich mit Geld herumzulaufen. Ich habe ein gutes Versteck gefunden, von dem niemand etwas weiß. Bei den vielen Razzien wurde es nie entdeckt.

Im Mai kann ich hoffentlich in ein besseres Gebäude ziehen. Das ist auch nur eine Geldsache, ich muss ein paar Polizisten bestechen. Ben ist schon vor einem Monat übersiedelt. Obwohl ich zurzeit in einer guten Zelle mit Elektrizität hause (TV, Ventilator, Toaster ...), ist es oben bei Ben sicherer. Hier herunten hat jeder Zweite ein Messer oder einen Eispickel.

Vor gut einem Monat, ich saß gerade im Speisesaal und kaute verschlafen auf meinem trockenen Frühstücksbrötchen herum, stürzte plötzlich ein Häftling herein und rammte dem vor mir sitzenden Kollegen ein Messer in den Rücken. Der Verletzte sprang auf und flüchtete. Es gab eine wilde Verfolgungsjagd mit einer Blutspur durch den Saal. Bevor ich den letzten Bissen verschluckt hatte, lagen beide am Boden, wo das Opfer noch zwei weitere Stiche in den Bauch bekam. Dann kamen die Polizisten mit Schlagstöcken, alle mussten zurück in die Zellen. Strafe für alle: kein TV, Ausgangssperre.

3. Mai

Am 1. Mai ist in Renacer endgültig der Krieg ausgebrochen! Um 17.00 Uhr ertönte wildes Geschrei, und Häftlinge mit gezückten Messern liefen in Richtung Hochsicherheitstrakt. Ich saß gerade in der Zelle und machte Käsetoast. Unsere Zelle ist eine der wenigen, die offen ist, deshalb war es mir möglich, den Kopf hinauszustrecken und den Gang Richtung Anexo hinunterzuschauen. Genaues konnte ich auf die Entfernung nicht erkennen und ich wollte auch nicht hingehen. Ich sah nur einen Knäuel Männer, hörte Messer klirren, Gebrüll und Schmerzensschreie. Die Polizisten, die im Anexo Dienst hatten, flohen blutbespritzt, mit angstverzerrten Gesichtern – panische Funkgespräche. Ein Mensch, besser gesagt ein blutiger Klumpen, wurde den Gang heruntergeschleift, direkt auf meine Zelle zu. Sie ließen den Toten fallen. Ich konnte nicht erkennen, wer es war. Etliche vom Blutrausch besessene Männer stürmten laut brüllend und wild mit den Messern fuchtelnd an mir vorbei zur verschlossenen Ausgangstür. Von draußen kamen Polizisten mit Gasmasken und Gewehren gelaufen. Ich stürzte in meine Zelle, machte ein T-Shirt nass, zum Schutz gegen das zu erwartende Tränengas. Wumm! Die erste Tränengasgranaten gingen hoch. Augen, Nase, Mund und die schwitzende Haut begannen wie Feuer zu brennen. Gemeinsam mit den anderen Mitbewohnern meiner Zelle lag ich auf dem Boden. Nun folgte ein etwa einstündiges Verhandlungsgeschrei zwischen Häftlingen und Polizisten. Ich konnte nichts sehen, weil ich das T-Shirt fest auf mein Gesicht gepresst hatte. Nach einer Weile fielen Schüsse aus Schrotflinten. Ich hörte die Querschläger sirren, mehrere Männer wurden verletzt.

Ein Polizist brüllte ins Megaphon: „Wer nicht in fünf Minuten vor dem Gefängnisgebäude ist, wird erschossen!" Ich schnappte meine Tasche mit den wertvollen Sachen und lief um mein Leben. Vor dem Gefängnis lagen schon viele Häftlinge auf dem Boden, wir legten uns dazu. Polizisten mit M 16 standen überall herum. Sie waren sehr nervös, weil sie mit den Gasmasken schlecht sehen konnten, sie knallten immer wieder in die Luft. Jamaica neben mir pinkelte vor Angst in die Hose, die Lache unter ihm wurde immer größer, ich musste zur Seite rutschen. Nach einiger Zeit wurden wir in die Kirche getrieben und diese hinter uns zugesperrt. Hier erfuhr ich, dass die „No-Fear-Gang" Streit mit den „Dogs" hatte und die „Kinder Gottes" dazwischen gekommen waren. Straßengangs, die sich auch in Freiheit abschlachten (angeblich gab es 500 Tote in den vergangenen fünf Jahren!), setzten hier ihre Fehden fort. – Es gab einen Toten, sechs Verletzte mit Stichwunden überlebten.

Am nächsten Tag wurden vierzehn Männer in ein anderes Gefängnis gebracht, allerdings änderte sich nichts, der Krieg geht weiter!

Uns Ausländer gehen diese Streitereien nichts an, es stechen sich nur die Schwarzen gegenseitig ab. Das Schlimme an dieser Sache war, der Erstochene hatte mit der ganzen Auseinandersetzung nichts zu tun, er war nur zur falschen Zeit am falschen Platz. Der Junge hatte also aus „Versehen" einunddreißig Messerstiche abbekommen, – ein Knast-Hoppala!

Umso wichtiger wird es nun für mich in das obere Gebäude zu kommen. Leider wird dieser Vorfall den Preis hinaufgetrieben haben.

In einem anderen Knast sind am 1. Mai fünf Häftlinge geflüchtet. Auf der Gefangeneninsel Coiba sind in den vergangenen Monaten acht Personen erstochen worden. Das alles erfahren wir aus den ständig laufenden Fernsehgeräten, auch die Zeitungen sind voll davon. So, jetzt habe ich genug ekelhafte Geschichten erzählt.

Im März hatte ich gesundheitliche Probleme. Neben einer nicht enden wollenden Grippe hatte ich eine Harnwegsinfektion bekommen. Nieren und Blase taten höllisch weh. Beim Pinkeln trieb es mir das Wasser auch in die Augen. Nach einer Penicillinkur, jeden Tag eine Spritze in den Hintern, hörten die Schmerzen auf. Im April ging's mir wieder super, doch jetzt fängt es wieder zu zwicken an. Ich werde mir weitere Spritzen geben lassen, damit es nicht wieder so schlimm wird.

Mit dem Schreiben komme ich auch nicht so recht voran, da es überall so laut und unruhig ist   zu viele Menschen! Trotz allem bin ich optimistisch und glaube fest daran, dass wir noch in diesem Jahr von hier herauskommen. Die Tage vergehen inzwischen schneller und wir „rasen" dem Finale zu.

11. Mai

Zurzeit ist wieder alles ruhig geworden. Wie immer nach einem schlimmen Vorfall wird es für kurze Zeit unangenehm streng. Die Polizei macht ihre Arbeit, wie sie eigentlich sollte. Das wird vielleicht ein Monat dauern und dann ist wieder Chaos. Am 7. Mai, also eine Woche nach der Messerstecherei, gab es eine große Durchsuchung im Gefängnis. Über hundert Polizisten verwüsteten den Knast und fanden nur ein Messer und eine Polizeiuniform. Aber was wollen sie nach sieben Tagen finden? Inzwischen hatten die Bösewichte genug Zeit alle Waffen zu verstecken.

Seit fünf Tagen bekomme ich wieder Spritzen in den Hintern, die doppelte Menge wie beim letzten Mal und dazu vier Tabletten pro Tag. Wenn ich diese Rosskur überlebe, sollte ich in drei Tagen ge-

sund sein. Schuld an der Infektion ist anscheinend Flüssigkeits-
mangel. Nun trinke ich ständig Wasser. Momentan fühle ich mich
nicht schlecht, ich hoffe, das hält lange an.

Die Konsulin sollte in den nächsten Tagen kommen und bringt hoffentlich gute Nachrichten.

Auf bald!

Michael

Liebe Mutter!

Renacer, 12. Mai

Bis jetzt nichts Neues. Wir warten auf den Gerichtstermin. Gesundheitlich geht es mir gut.

15. Mai

Gestern war Froilan da. Angeblich haben wir am 16. Mai (morgen)
unsere letzte Einvernahme. Danach sollten wir bald vor Gericht
kommen, das heißt, in etwa vier Monaten!!! Mit einigem Glück
sind wir bis Weihnachten in Österreich.

18. Mai

Am 16. Mai hatten wir tatsächlich die – hoffentlich – letzte Einvernahme. Der Fiscal hat versprochen unseren Fall sofort vor Gericht zu bringen!?

Wir haben schon alle Bücher gelesen und warten mit Sehnsucht auf
neue!

19. Mai

Jetzt sind schon wieder acht neue Häftlinge angekommen. Es gibt
jetzt Zellen mit 12 Personen, aber nur sechs Betten. Ich habe Glück
und wohne noch immer in derselben Sechs-Mann-Zelle.

Ein Besuch der Konsulin wäre schon überfällig, wir haben kein Geld und keine Zusatznahrung mehr.

Alles Liebe

Michael

An alle, die noch an mich denken!

Renacer, 10. August

Es tut mir leid, dass ich so lange nichts von mir hören ließ. Ich habe sehr schwere Zeiten hinter mir und alle Briefe, die ich geschrieben habe, habe ich wieder zerrissen, weil ich darin nur gejammert und mich selbst bemitleidet habe.

Ich hoffe, bei euch läuft alles gut und ihr seid gesund. Über das letzte Paket habe ich mich riesig gefreut. Freude gibt es hier sonst keine. Alle, die uns besuchen wollten, sind nicht aufgetaucht, schade, das wäre eine nette Abwechslung gewesen.

Nun zu den Wohnverhältnissen: Nachdem es im unteren Knast immer schlimmer geworden ist, habe ich mir den Weg nach oben erkauft. Dabei habe ich großes Glück gehabt. Ich wohne nun in der besten Zelle des gesamten Gefängnisses! Hier heroben gibt es Drei- und Sechs-Mann-Zellen, wobei erstere sehr klein sind, bis auf die Nummer 34, in der ich untergebracht bin. Ich teile den Raum mit einem alten Panamaer und einem Kolumbianer, mit dem ich unten auch schon ein halbes Jahr zusammen war. Beide sind in Ordnung und das Wohnklima ist einigermaßen angenehm. Ben wohnt gleich nebenan. Seine Zelle ist sehr klein und einer der Mitbewohner ist eine miese Ratte. Wir haben den ganzen Tag von 7.00 bis 17.00 Uhr „Patio", also sind wir viel im Freien. Am Abend sitzen wir im Gang vor den Zellen und plaudern. Ich habe einen kleinen Klapptisch gekauft, und so können wir wie richtige Menschen essen, schreiben, Karten spielen und – was man halt sonst mit einem Tisch macht.

Nun zur Gesundheit: Die letzten zwei Monate habe ich mich sehr mies gefühlt. Zahnschmerzen, Verstopfung, Fieber und ganz arger Husten. Das Ganze wurde wahrscheinlich durch meine Selbstmordstimmung verstärkt. Aber, liebe Mutter, wie du richtig erkannt hast, bin ich ein „Stehaufmännchen" und nach zwei Monaten todunglücklichen In-die-Luft-Starrens sind meine Lebensgeister wieder erwacht. Ich bin wieder gesund und heitere dieses KZ mit meinen Späßchen auf. Um zu Kräften zu kommen, habe ich mit dem Gewichtheben begonnen. Seit zwei Wochen gehe ich täglich in die Folterkammer, wo ich alle Muskeln, bis kurz vor dem Platzen betätige. Am Anfang war es sehr hart und der Muskelkater enorm. Inzwischen geht es ganz gut, und die Schmerzen halten sich in Grenzen. Nebeneffekt: Die Verdauung funktioniert wieder ausgezeichnet und der Appetit ist bestens. Außerdem macht das Training sehr müde und ich kann herrlich schlafen.

Berichte aus den Medien und von Häftlingen, die von anderen Gefängnissen zu uns gekommen sind: Die allgemeine Lage in Panamas Gefängnissen ist schrecklich! In La Hoya ist schon längere Zeit Krieg. In den vergangenen drei Monaten gab es elf Tote und vierzig Verletzte. Das ist der größte Knast im Lande mit über 3.000 Gefangenen – ein absolutes Konzentrationslager. In La Hoijita, einem anderen Gefängnis, sind die meisten Ausländer untergebracht. Dreihundertfünfzig Leute, die Bewohner eines ganzen Traktes, befinden sich im Hungerstreik, davon haben sich siebenunddreißig den Mund zugenäht. Daraufhin wurden sie von der Polizei schrecklich verprügelt. Einige Botschaften haben nun den Staat Panama wegen Vergehens gegen die Menschenrechte verklagt, darunter auch die USA und Deutschland. Das Frauengefängnis hat auch einen Skandal nach dem anderen. Die Frauen machen immer wieder Aufstände, um auf ihre verzweifelte Lage hinzuweisen. Das Gefängnis in Colon solle ähnlich wie das Modello in Panama City sein, und auch hier gibt es ständig Unruhen mit Verletzten und Toten. Die Gefängnisinsel Coiba, die schon vor vier Jahren hätte aufgelöst werden sollen, hat inzwischen 1.500 Gefangene – alle mit Messern oder Macheten bewaffnet.

Wir haben mit Renacer großes Glück, denn hier kann man sich mit Geld ein einigermaßen menschenwürdiges Plätzchen erkaufen. Aber auch hier gibt es zum Beispiel in den „Einzelzellen" des Aislamientos auf vierzehn Quadratmetern bereits siebzehn Häftlinge. Früher dienten diese Zellen zur Verwahrung oder zusätzlichen Bestrafung von Gewaltverbrechern. Jetzt, wo alle Gefängnisse so überfüllt sind, hat man hier auch „gewöhnliche" Häftlinge untergebracht. Die Männer dürfen sich tagsüber vor den Zellen aufhalten, aber in der Nacht müssen sie in die fensterlosen, engen Räume mit den von der Sonne aufgeheizten Blechwänden. Ausländer kommen selten in diese Folterkammern, außer sie haben ein extremes Verbrechen begangen.

So wie es aussieht, sind immer mehr Staaten bereit, ihre Leute nach Hause zu holen. Verträge soll es mit den USA, Spanien, Italien, Kolumbien und Argentinien geben. Bis jetzt gehen aber nur die Amis nach Hause.

Eine Kommission der EU war vor einem Monat in Renacer zu Besuch. Sie wurde, von der Polizei gut abgeschirmt, durch das Gefängnis geführt. Natürlich zeigte man ihr nur die besten Abteilungen, aber die sind für Europäer schon schlimm genug. Als die Leute in die Kirche geführt wurden, konnten einige von uns die Polizeisperre durchbrechen (ich auch!) und wir haben in aller Eile von den Missständen berichtet. Wir wurden natürlich verjagt, aber ich glaube, diese Aktion war sehr wirkungsvoll. Nach all den schrecklichen Vorkommnissen werden sie früher oder später alle Ausländer überstellen MÜSSEN. Das Problem dabei: Überstellt werden nur Häftlinge, die ein rechtskräftiges Urteil haben. Die Justiz ist aber total unfähig und überfordert. Zurzeit soll es in Panama 800 gerade vom Gericht bearbeitete Fälle und 7.100 Untersuchungshäftlinge geben. Aber da müssen wir durch!

Ich vermisse euch alle sehr!

Michael

Hallo, liebe Freunde!

Renacer, 23. August

Ich habe beschlossen, jeden Tag zu schreiben, also einen langen Knastbrief für alle. Liebe Mutter, bitte kopieren und verteilen! Danke.

Heute ist einer jener Samstage, an denen die meisten Häftlinge Besuch bekommen. Wir sitzen in unseren Liegestühlen hinter dem hohen Maschendrahtzaun und betrachten dieses Schauspiel. Die Leute machen ein richtiges Fest mit Essen und Trinken, Singen und Lachen. Omas und Opas, Frauen und Kinder schleppen Säcke voll Mitbringsel an. Alle scheinen glücklich und zufrieden zu sein. –

Für uns ist es diesmal besonders hart, weil wir total pleite sind. Wir können uns nicht einmal mit Hotdogs und Fruchtsaft trösten.

Die Konsulin sahen wir vor 32 Tagen; sie hatte nur 50 Dollar bei sich und auch nicht viel für uns eingekauft. Sie versprach in spätestens zehn Tagen wieder zu kommen. Wir machen uns große Sorgen um sie. Hoffentlich ist ihr nichts passiert, schließlich sind wir in Panama! Außerdem ist es ziemlich besch… ganz ohne Geld zu sein. Zum Glück habe ich Geld von meiner Mutter bekommen, aber ich habe alles für meine Zähne, einen Tisch und für Bestechungsgelder zur Unterbringung in eine Zelle im sichereren oberen Trakt ausgegeben. Womöglich hat die Konsulin bei einem Anruf aus Österreich erfahren, dass ich Geld bekommen habe und glaubt nun, wir seien ohnehin bestens versorgt. Nun Schluss mit der Jammerei! Sie wird sicher bald kommen.

Wie ich schon berichtet habe, bin ich jetzt in den besseren Teil dieses KZs übersiedelt. Zu dritt bewohnen wir eine Zelle. Alles ist hier besser, ruhiger, sauberer und vor allem gibt es weniger Messer. Mehr als die Hälfte der Häftlinge sind Ausländer, also Drogenfälle, das heißt: Weniger Mörder, Triebtäter und Diebe. Automatisch hat man hier den ganzen Tag Patio.

Einer unserer Wächter wollte gerade einen Dollar schnorren. Ich musste aber nein sagen und das kling so: „Sopa blood estoy limpio", was wörtlich übersetzt heißt: „Suppe Blut, ich bin sauber", und eigentlich bedeutet: „Was ist los Bruder, ich bin pleite!" Das ist panamaischer Englisch-Spanisch-Knast-Slang.

24. August

Sonntag, dasselbe Besuchertheater. Panamaer und andere Latinos, frisch gewaschen, Haare geschnitten, saubere adrette Kleidung und natürlich parfümiert – Europäer und Amis hinterm Zaun in kurzen Hosen, verschwitzt, unrasiert bis bärtig mit neidischen Blicken – Besuch und kein Besuch …

Barry, einer meiner Freunde aus Jamaika hat einen Brief aus La Hoya (dem größten Knast in Panama) erhalten und mir zum Lesen gegeben. In La Hoya gibt es Massenzellen mit bis zu 100 Häftlingen. Jede Woche gibt es mindestens eine Messerstecherei, danach Gas und Prügel von den Polizisten. Jamaikaner leben im Krieg mit den Kolumbianern und beide kämpfen gegen die Panamaer. Wie geht es uns hier doch gut!

Ein Ex-Häftling hatte gestern, am Besuchstag, Freunde besucht. (Er wurde vor zwei Monaten entlassen.) Nach dem Verlassen des Besuchertrakts wurde er von einem Major blöd angeredet. Daraufhin musste der unvorsichtige Mann zwei Zähne ausspucken, ein blaues Auge einstecken und Nierenschmerzen hinnehmen. So wurde der Ex-Häftling wieder zum Gefangenen; wegen Körperverletzung bekam er zwei Monate. Fünf Polizisten verprügelten ihn mit Schlagstöcken ganz fürchterlich. Wir haben natürlich sehr gelacht, als wir den Major sahen. Dafür bekamen wir TV-Verbot, „Ausgangssperre" und ab 17.00 Uhr wurden wir in unsere Zellen gesperrt. Wirklich schlecht geschlafen hat aber, glaube ich, nur der Major!

25. August

Ben hat am frühen Morgen den Generalkonsul und die Konsulin angerufen. Beide haben gemeint, die Ablehnung unseres „Habeas Corpus" sei eine Sauerei. Der Generalkonsul vermutete, schuld daran sei nur die US-DEA, sie wolle uns unbedingt schwer bestrafen. Es sollte ein Bericht im Miami Herold erschienen sein, in dem man schrieb, dass man uns nicht freilassen könne, ganz gleich, ob wir schuldig seien oder nicht. 5.000 Pfund Kokain würden alles aussagen.

Die Konsulin kam am Nachmittag und brachte uns endlich Geld und Essen – gerettet. Auch sie sagte, es sei schlimm, was die Amis mit den Panamaern als Werkzeug mit uns aufführten. Niemand schien sich dafür zu interessieren, warum und wie wir in die Sache hineingeraten waren. Am 5. September kommt angeblich der österreichische Botschafter aus Bogotá, um mit uns zu sprechen und um gemeinsam mit dem Konsul Druck zu machen. Das sollte bewirken, dass wir endlich vor Gericht kämen und nach Hause geschickt würden. Die Herren möchten erreichen, dass wir noch in diesem Jahr zu einem Urteil kommen.

In La Hoya wurden heute zwei Häftlinge erstochen und vier schwer verwundet, berichtete das Fernsehen.

26. August

Eine unglaubliche aber durchaus mögliche Geschichte:

Unser Freund Funes, der in Russland geboren wurde, in den USA aufgewachsen ist, in Kolumbien gewohnt hat, eigentlich Avila heißt, mit falschem Pass in Guatemala verhaftet wurde, bekommt nun Papiere aus San Salvador. Er wurde zur gleichen Zeit wie wir verhaftet, weil er der Boss einer internationalen Drogen- und Autoschieberbande war. Acht Leute haben gegen ihn ausgesagt und es gab etliche schlagkräftige Beweise. Nachdem der Fiscal und der Richter je 50.000 Dollar bekommen haben und der Anwalt mit einem gestohlenen BMW MS belohnt wurde, ist Funes frei. Sollte diese Geschichte wahr sein, wird er uns nächste Weihnachten einen Truthahn spendieren.

Im Moment werden vierzehn Häftlinge auf eine Überstellung vorbereitet. Sie kommen nach La Hoya. Acht von ihnen haben vorige Woche einen 19jährigen Jungen zwei Stunden lang vergewaltigt und ihn dabei fast umgebracht. Er liegt jetzt im Krankenhaus. Die Sache ist nur deswegen aufgeflogen, weil Zeugen zwei Tage später die Täter verraten haben. All das passiert unten im Aislamiento, wo inzwischen bis zu 17 Leute in eine Zelle gepfercht werden. Zum Glück werden diese Schweine überstellt, sonst würde es mit Sicherheit wieder zu einem Aufstand kommen.

Vergangene Nacht wurde angeblich schon wieder jemand vergewaltigt. Ich bin wirklich froh, im oberen, ruhigeren Gebäude untergebracht zu sein, sonst müsste ich mir auch ein Messer zulegen. Wenn diese Perverslinge über mich herfallen würden, könnte ich glatt zum Mörder werden.

Ben hat heute ebenfalls mit dem Training begonnen, und so gehen wir gemeinsam in die Kraftkammer. Zwei muskelbepackte Kolumbianer, Gustavo und Danielo, die schon jahrelang trainieren, helfen uns bei der fachgerechten Handhabung der Gewichte. Heute war Beintraining dran, danach gibt es besonders schmerzhaften Muskelkater.

1. September

In den letzten Tagen war nichts Besonderes los. Die Konsulin ist auch nicht gekommen, daher haben wir keine Post von zu Hause erhalten. Auch der Anwalt ist nicht aufgetaucht. Er hätte wichtige Papiere für den Botschafter bringen sollen. – Dafür ist der Muskelkater übers Wochenende verschwunden.

2. September

Heute war endlich die Konsulin mit dem Botschafter hier. Der verfluchte Anwalt hat die Papiere über unseren Fall nicht gebracht und so konnten wir sie auch dem Botschafter nicht mitgeben. Aber dieser kann ohnehin nicht viel machen. Er kann auf das Verfahren keinen Einfluss nehmen, er könnte nur mit Ministern oder dem Präsidenten sprechen. So wie sich die Situation nun darstellt, können wir nach einer Verhandlung nur durch ein Überstellungsabkommen zwischen Panama und Österreich nach Hause geschickt werden. Die Spanier haben ein solches Abkommen gemacht und trotzdem gibt es Schwierigkeiten.

Der Botschafter ist ein netter älterer Herr, der kurz vor der Pensionierung steht. Er versprach uns, alles Mögliche zu unternehmen, um uns zu helfen.

9. September

Aus La Hoya haben sie alle Ausländer weggebracht. In den vergangenen Monaten gab es sieben Tote und 60 Schwerverletzte. Ausländer gibt es nur mehr in La Hoijita und hier bei uns. Nach Renacer hat man alle Spanier gebracht.

Unser Freund Andreas aus den Niederlanden hat zurzeit große Probleme mit seinem Kopf. Vor zwei Jahren hat ihm ein Panamaer mit einer Eisenstange sieben Brüche im Gesicht verpasst. Er wurde schlecht operiert und hat nun Geschwüre an abgestorbenen Gesichtsnerven, dazu kommen starke Kopfschmerzen. Im Krankenhaus meinte man, er solle dringend operiert werden, aber leider könne er erst in zwei Jahren drankommen. In einem Privatkrankenhaus könne er für 20.000 Dollar sofort unters Messer!

Am 5. September habe ich die Faxe vom August bekommen. Herzlichen Dank dafür. Die Konsulin ist sehr beschäftigt und kommt daher sehr unregelmäßig, sie bleibt auch immer nur sehr kurz. Trotzdem sind wir dankbar, dass sie uns mit Post, Geld und Essen versorgt.

Wir warten geduldig auf einen Gerichtstermin. Sollten wir einen bekommen, kann die Verhandlung allerdings bis zu drei Jahre dauern. Der Grund dafür: Die große Menge Drogen und die vielen Beteiligten in diesem Fall. Ist das Urteil endlich gefällt, beginnen die Überstellungsversuche, das kann wieder zwei bis drei Jahre dauern. – Vor zwei Monaten wurde ein Italiener wegen AIDS begnadigt. Eine Woche nach seiner Überstellung ist er gestorben. So laufen hier die Dinge! Bei größtem Optimismus müssen wir mit mindestens drei Jahren Aufenthalt in diesem Tropenparadies rechnen.

Liebe Mutter, besuche mich vorerst nicht! Es ist zwar immer eine wunderbare Zeit, aber das Heimweh danach ist schrecklich. Außerdem kostet so eine Reise viel Geld und Nerven.

12. September

Heute Nacht hat sich im Aislamiento ein Häftling erhängt. Alle fragen sich, wie das möglich sein konnte, waren doch sechzehn weitere Personen in der Zelle. Für uns ist klar: Er wurde erhängt! Die Polizei sagt, sie würde den Fall untersuchen.

13. September

Der Erhängte ist natürlich Thema Nummer eins. Inzwischen weiß man, der Tote wurde zuerst erwürgt und kam dann an den Strick. Die Gefangenen versuchen nun auf eigene Faust den Mörder zu ermitteln. Die Polizei hat entschieden, diesen Fall als Selbstmord abzuschließen.

14. September

Im Fernsehen gab es den ganzen Tag Liveberichte über La Hoijita: Die Häftlinge haben vier Polizisten als Geiseln genommen, darunter auch einen Captain. Die Geiselnehmer fordern über TV und Presse besseres Essen, Einhaltung der Menschenrechte, Abschaffung der Folter und vor allem mehr Platz. Das Gefängnis ist von sechshundert Polizisten in militärischer Kampfausrüstung umstellt. Morgen soll ein Treffen zwischen Politikern, Polizei und Häftlingen stattfinden.

15. September

Bei dem Treffen wurde den Häftlingen alles Mögliche versprochen und ihnen versichert, die Lage zu verbessern. Die Geiseln wurden daraufhin freigelassen (unversehrt!). Die erste Änderung für die Häftlinge: Kein Abendessen und Besuchsverbot für lange Zeit!

17. September

Jetzt hat es auch in La Hoya gekracht: Zwei verletzte Polizisten und zwei Geiseln, dasselbe Spiel wie in La Hoijita, Forderungen und Versprechen vor TV und Presse. Die Geiseln werden freigelassen und die Häftlinge sitzen in derselben Sch...
Ich bekomme gerade eine wunderbare Grippe mit hohem Fieber, Halsschmerzen und bösem Husten. Ich sitze im Freien und rotze ein Stück Klopapier nach dem anderen voll. Ich würde gerne in

meinem Bett in der Zelle liegen. Da wäre es kühler und ruhiger, aber dafür braucht man einen Zettel vom Arzt, aber leider gibt es zurzeit keinen.

24. September

Mir geht es noch immer schlecht, meine Lymphknoten an Hals und Leisten sind dick geschwollen und schmerzen. Der Hals tut weh und ich kann kaum schlucken. Da es noch immer keinen Arzt gibt, gibt es keine Medikamente und ich muss jeden Tag ins Freie, in die Hitze.

Heute ist „Tag der Gefangenen" in Panama. Eigentlich sollten an diesem Tag viele Häftlinge frei gehen. Heuer ist niemand entlassen worden, nicht einmal unser 72jähriger, blinder Leidensgefährte und ein schon fast toter Tbc-Kranker.

26. September

Ben hat heute, da es noch immer keinen Arzt gibt, die Konsulin angerufen und ihr mitgeteilt, dass ich sehr krank sei und Medizin brauche. Sie versprach am Abend zu kommen mit Geld, Essen und Medizin. Wie es in Panama so üblich ist, ist sie natürlich nicht gekommen. Daraufhin habe ich mit einer Bactrin-Forte-Kur begonnen. Eigentlich wollte ich nicht schon wieder Antibiotika nehmen, da ich von diesem Zeug heuer schon genug gespritzt bekommen habe. Ich habe aber keine Wahl und kann nur hoffen, dass diese Kur hilft und nicht schadet.

28. September

Zum Wochenende hat die Polizei die Rechnung mit den Häftlingen in La Hoya und La Hoijita beglichen. Es wurde eine große Razzia durchgeführt und den Leuten so gut wie alles abgenommen, was das Leben ein wenig erleichtert. So wurden zum Beispiel 800

Walkman-Geräte, 120 Fernsehapparate, 80 Radios und 1.200 Ventilatoren konfisziert, allerdings auch 2.800 Messer, 1,7 Kilo Kokain und eine Menge Gras. Außerdem wurden 113 Gefangene auf die Gefängnisinsel Coiba gebracht, angeblich die Verantwortlichen für die Geiselnahme. Auf Coiba soll es ganz schrecklich sein, Zwangsarbeit in Reis- und Bananenplantagen und jeden Monat ein paar Tote.

29. September

Bens Geburtstag! Wir haben gehofft, dass die Konsulin wenigstens an diesem Tag kommt. Wenn wir kein Geld mehr haben, gibt es für uns nur Gefängnisfraß, eine nicht sehr kräftige Nahrung. Ich konnte mir zum Glück ein paar Dollar borgen, und so gab es wenigstens Kaffee und Kuchen zur Feier des Tages. Hoffentlich ist der Konsulin nichts zugestoßen.

Mir geht es übrigens wieder viel besser. Die Halsschmerzen sind weg und die Lymphknoten haben sich beruhigt. Ich fühle mich noch etwas schwach, aber morgen werde ich wieder vorsichtig mit dem Gewichtheben beginnen. Unkraut vergeht nicht.

31. September

Die Konsulin ist heute gekommen und hat eine Torte für Ben, Essen, Geld und auch Medizin (fürs nächste Mal!) mitgebracht. Die größte Freude waren die Pakete und Briefe! Am Freitag hatte die Konsulin kein Auto, am Montag keine Zeit und gestern wäre sie hier gewesen, durfte aber nicht herein, weil gerade zweiundzwanzig neue Häftlinge eingeliefert wurden. Gott sei Dank ist alles in Ordnung und unserem Schutzengel nichts passiert!

Sie nahm sich sogar zwei Stunden Zeit, um die Ungereimtheiten in unseren Papieren durchzuschauen. Wir überlegten, ob man unseren

Fall nicht vor den Internationalen Gerichtshof bringen sollte. Sie versprach, bei der Botschaft nachzufragen.

2. Oktober

Seit Tagen wird in den Medien berichtet, dass bei den Politikern und im Parlament die Hölle los sei. Die überfüllten Gefängnisse sind ein riesiges Problem für das Land. Angeblich werden eine Menge neue Gesetze verabschiedet. Gerüchte sagen, man möchte alle Ausländer nach Hause schicken, alle Schwerkranken und Alten sollten entlassen werden und auf bestehende Strafen sollte es bis zu einem Viertel Nachlass geben. Was wirklich gemacht werden wird, erfahren wir in zwei bis drei Monaten. Vielleicht gibt es auch für uns eine gute Lösung.

8. Oktober

Die Diskussionen gehen weiter und wie es ausschaut, haben die Alten und Kranken die größten Chancen. Also werde ich bald sehr krank werden! Mit meinem HIV könnte das funktionieren.
In den vergangenen Tagen gab es zwei Ausbrüche, einen in La Hoya und einen bei uns. Beide Flüchtlinge wurden gleich wieder geschnappt und schlimm misshandelt, worauf Kirche und Menschenrechtskommissionen protestierten. Wir wurden natürlich gleich mitbestraft: Einen Tag kein Patio, kein TV und am Tag der Flucht bekamen wir kein Abendessen (hat mich nicht gestört).
Es gibt auch wieder einen Skandal. Ein wegen Mordes angeklagter Mann, wurde nach zehn Jahren Untersuchungshaft (!) endlich vor Gericht gebracht. Es stellte sich heraus, dass er unschuldig ist. Er ist Vater von drei Kindern. Als Trost hatte ihm der Präsident die Hand geschüttelt und als Entschädigung für zehn Jahre verpfuschte Lebenszeit ein altes Taxi geschenkt.

9. Oktober

Die gute Nachricht: Die Regierung hat wirklich ein Gesetz beschlossen, demzufolge alle Ausländer mit Urteil nach Hause geschickt werden sollten. Alle, die es hier betreffen könnte, sind total überdreht und machen sich große Hoffnungen. Angeblich könnten die Ersten in zwei Monaten das Land verlassen.

Die schlechte Nachricht: Wir haben kein Urteil! Der Anwalt war heute bei uns. Er glaubt nicht, dass diese Gesetze vollzogen werden. Abgesehen davon will der Fiscal unseren Fall gar nicht verhandeln, weil er von angeklagten Mitgliedern des Kartells Geld genommen hat. Froilan behauptet auch, die Polizei überwache alle Anwälte, die diese Sache vertreten, und dass der Fiscal über jeden Schritt Informationen erhält. Seiner Meinung nach wäre der Internationale Gerichtshof eine Chance, aber dieser könne nur von einem Staat und nicht von Privatpersonen angerufen werden.

12. Oktober

Heute scheint wieder die Sonne! Gestern stand in den Zeitungen, das Parlament habe beschlossen, alle zurzeit in Panama eingesperrten Ausländer einfach zu deportieren, egal ob sie verurteilt seien oder nicht. Das aus sieben Artikeln bestehende Gesetz müsste bis Ende des Monats vom Präsidenten unterzeichnet werden. Danach sollten noch ein bis zwei Monate vergehen, bis wir aus diesem gelobten Land hinausgeworfen würden. – Wir wollen nun abwarten, was wirklich passiert. Für den Fiscal wäre das die eleganteste Lösung. Er könnte der DEA, die uns verurteilt und eingesperrt sehen will, sagen, die Politiker hätten mit ihrem neuen Gesetz anders entschieden. So würden auch kaum seine Bestechungsgeschichten auffliegen. Das Ganze klingt so irre!

Nun noch Neuigkeiten von La Hoya und La Hoijita. Dort haben sich alle Häftlinge Glatzen geschoren.

Auf der Gefängnisinsel Coiba ist, wie erwartet, nach den vielen Überstellungen, der Krieg ausgebrochen: Zehn Tote, fünfzehn Schwerverletzte! Eine Bande, namens „Dogs", die angeblich den Teufel anbetet, hat die Auseinandersetzung begonnen.

Seit der Flucht eines Häftlings, der einfach am Besuchstag mit der Menschenmenge aus dem Gefängnis marschiert ist, dürfen nur mehr Leute mit einem hellblauen T-Shirt, auf dem in großen Buchstaben RENACER steht, Besuche empfangen. Diese T-Shirts sind sehr schwer zu organisieren, da ist es wieder gut, keinen Besuch zu bekommen.

20. Oktober

In der Gerüchteküche brodelt es über. Die einen sagen, alle Ausländer kommen noch vor Weihnachten nach Hause. Das behauptet sogar die spanische Botschaft. Andere, wie auch unser Anwalt, meinen, es hängt vom Urteil ab. Aber er will noch Geld mit uns verdienen. Ben, der ewige Pessimist, glaubt, es wird überhaupt nichts passieren. Ich denke, wir müssen das Urteil abwarten und dann geht's in Richtung Heimat.

Froilan sagte, unser Fall sei abgeschlossen und sollte demnächst dem Gericht übergeben werden. Wenn das stimmt, müssten in zwei bis drei Monaten die Verhandlungen beginnen. Wie lange das dauern kann, habe ich schon geschrieben. Wenn alles problemlos läuft, haben wir die Chance, irgendwann im nächsten Jahr nach Hause zu kommen. Ben arbeitet fleißig an einer Richtigstellung unseres Aktes.

24. Oktober

Im Frauengefängnis hat sich eine 25jährige Schwedin mit Hilfe von Schlaftabletten das Leben genommen.

Die Medien berichten: Dem Fiscal, der für die Verbrennung der konfiszierten Drogen zuständig ist, wurde bewiesen, dass er nur Milchpulver vernichten ließ. Er wurde auch öffentlich beschuldigt, bei den Verhandlungen gefälschte Papiere verwendet zu haben.

Noch etwas Lustiges: Der Polizeichef von Panama soll ein Rundschreiben an seine Polizisten verteilt haben, in dem sinngemäß stand: Wegen der überfüllten Gefängnisse dürften an Samstagen, Sonn- und Feiertagen keine Verhaftungen vorgenommen werden.

Michael

Kolumbien

*B*en brachte aus der Heimat eine Menge Neuigkeiten und auch Geld mit. Leider war die Summe für einen neuen Motor knapp bemessen, daher beschlossen wir gleich nach Cartagena aufzubrechen. Wir wussten von unseren Bekannten, dass es dort große Marinas gab und somit auch lohnende Arbeitsmöglichkeiten für uns. – Ben reparierte den Motor, so gut es ging mit Flüssig-Alu und einer neuen Dichtung. Wir verabschiedeten uns von den neuen Freunden und folgten der Küste Richtung Südwest.

Bei gutem Wind kamen wir flott voran und erreichten das berüchtigte Flussdelta des Rios Magdalena genau bei Einbruch der Dunkelheit. Schon in Curaçao hatten wir von diesem gigantischen Fluss gehört. Mit seinen 1.530 Kilometern Länge ist er der größte Fluss Kolumbiens und der Hauptverkehrsweg in das Landesinnere. Fast 1.000 Kilometer sind angeblich schiffbar. Das Gefährliche am Delta waren die Sandbänke, die weit ins Meer hinausragten und sich ständig durch neue Ablagerungen veränderten. Die Wälder entlang des Flusses wurden im Laufe der Jahrhunderte abgeholzt und immer mehr Erdreich wurde mitgerissen. Sehr gefährlich war auch das Treibgut. Nicht nur Baumriesen, Äste und Wurzelstöcke fanden den Weg ins Meer, aus der Millionenstadt Barranquilla kamen Plastikmüll, Kisten und sogar ganze Container angeschwommen. Unter den Yachties kursierte die Geschichte, dass jemand beobachtet hatte, wie eine kleine, schwimmende Insel mit einer laut brüllenden Kuh darauf ins offene Meer hinaustrieb.

Da wir nicht zur ängstlichen Sorte gehörten, fuhren wir einfach durch die Nacht und ließen uns von dem ab und zu an den Rumpf klopfenden Treibgut nicht stören. Sogar Barranquilla, die schmutzige, rauchende Industriestadt, sah beleuchtet wunderschön aus. Am Morgen erinnerte uns nur noch das braune, verschlammte Wasser an den Fluss und die Stadt.

Es folgte ein herrlicher Segeltag, nur der immer stärker werdende Schiffsverkehr störte uns. Bei diesen günstigen Windverhältnissen müssten wir am folgenden Tag unser Ziel erreichen.

In der Nacht saß ich am Ruder und steuerte unter stark auflandigem Wind, mit gut sechs Knoten, parallel zur Küste. Laut GPS waren wir fünf bis sechs Meilen vom Festland entfernt. Meine Hauptaufgabe bestand darin, die Lichter zu beobachten und zu unterscheiden, welches Objekt eine fixe Position hatte und welches sich bewegte. Hatte ich ein bewegliches Licht ausgemacht, konnte ich mit Hilfe eines kleinen Peilkompasses die Fahrtrichtung des jeweiligen Schiffes bestimmen und beurteilen, ob es eventuell auf Kollisionskurs war oder nicht. Seit gut einer halben Stunde hatte ich zwei schwimmende Objekte unter Beobachtung. Das eine kam direkt von hinten und fuhr ziemlich genau auf demselben Kurs wie wir, das andere war ebenfalls hinter uns vom Land aus gestartet und kam nun auf uns zu, schräg aufs Meer hinaus. Lange grübelte ich darüber nach, wie ich meine Position ändern könnte, um aus der Gefahrenzone zu kommen. Mit dem Wind Kurs in Richtung Land zu halten und noch dazu in der Nacht war mir einfach zu gefährlich; gegen den Wind nach Steuerbord auszuweichen wäre nur mit dem Motor wirklich effektiv gewesen. Wegen des zweifelhaften Zustandes der Maschine verwarf ich jedoch diese Möglichkeit. Schließlich entschloss ich mich dazu, den Kurs zu halten und darauf zu vertrauen, dass man uns auf den Radargeräten entdecken würde.

Aus der Geschwindigkeit, mit der sich beide Fahrzeuge näherten, schloss ich, dass es sich nicht um Segelschiffe handelte. Jetzt erkannte ich das Schiff, welches mit uns auf Parallelkurs war, schon an den Umrissen. Für mich sah es so aus, als ob es direkt über uns drüberfahren würde, darum änderte ich den Kurs leicht nach Backbord. Das riesige Monster, ein gut 150 Meter langes Frachtschiff, rauschte sehr knapp an uns vorbei. Als wir in den Windschatten des Frachters gerieten, hingen die Segel schlaff herunter und gleichzeitig erwischte uns die gewaltige Bugwelle. Die wilde Schaukelei war bald vorbei, die Segel füllten sich und wir machten wieder Fahrt. Als ich aber einen Blick nach links, in die Richtung des zweiten Schiffes riskierte, blieb mir vor Schreck beinahe das Herz stehen. Der Bug dieses Ungetüms war nur mehr ungefähre 500 Meter von uns entfernt. Es würde uns genau in der Mitte des Rumpfes rammen, was mit Sicherheit die Zerstörung unseres Schiffes zur Folge haben musste.

„Ben!", brüllte ich, um ihn zu wecken, bevor wir sanken. Es gelang mir noch, unsere „Thing" auf Parallelkurs mit dem Frachter zu steuern. Ben erschien schlaftrunken im Wohnraum und starrte zu mir ins Cockpit herauf. Ich musste ihm nicht viel erklären, da auf dem haushohen Bug, der von seiner Sicht aus hinter mir auftauchte, gerade ein Scheinwerfer angemacht wurde, der unser Schiff hell beleuchtete. Nur eine Sekunde brauchte der Steuermann des Frachters, um die Ausweglosigkeit der Situation zu erkennen und sofort wurde das Licht wieder ausgeschaltet; anscheinend wollte er das, was nun geschehen würde, nicht sehen. Ben war mittlerweile im Motorraum verschwunden, um einen aussichtslosen Kampf mit der Maschine, für den ihm die Zeit fehlte, zu beginnen. In den letzten Sekunden vor dem Aufprall, erkannte ich Gott sei Dank noch die Gefahr, die vom backbords ausbaumenden Großsegel ausging. Der Frachter würde logischerweise in den Baum einfädeln und ihn mit

Sicherheit brechen. Ich sprang auf, umklammerte den Baum über mir und riss ihn mit aller Kraft zur Mitte des Schiffes. Das gelang mir nur deshalb, weil das auf Tuchfühlung nahe Schiff, in dessen Windschatten wir uns bereits befanden, uns den Wind aus den Segeln genommen hatte. Einen Bruchteil von Sekunden später folgte auch schon der gewaltige Aufprall, der die unfreiwillige Landung am Riff bei weitem übertraf. Während ich den Baum umschlungen hielt, mich außerdem so gut es ging mit einer Hand im Cockpit festkrallte, scheuerte und krachte die „Thing" funkensprühend die gesamte Länge des großen Schiffes entlang. Graue Lackschollen splitterten vom Rumpf des Frachters und prasselten auf unser Deck nieder. Zum Glück dauerte der Crash nur wenige Sekunden. Mit leisem Brummen entfernten sich die schwachen Lichter des Killers und ließen uns wild schaukelnd zurück. Vorsichtig gab ich den Baum frei. Der Wind füllte die Segel und wir fuhren auf unserem Kurs weiter. Alles funktionierte! Ben suchte fieberhaft nach einem Leck, fand aber zum Glück keines.

„Mit diesem Schiff haben wir einen Volltreffer gemacht!", rief mir Ben zu. „Es geht nichts über eine robuste Joshua-Konstruktion. Jetzt hat sich bestätigt, dass sich diese Bauweise auch als Eisbrecher eignet."

Der Schreck saß uns noch in den Gliedern und wir mussten uns erst erholen. Mir zitterten noch die Arme von der großen Anstrengung.

„Außer ein paar großen Dellen hat der Rumpf nichts abbekommen", redete Ben weiter. „Die Reling ist verbogen und natürlich ist auch der Lack weg. Aber das ist nicht so schlimm."

Ich konnte noch immer nicht sprechen. Nur langsam ließ das Zittern nach. Ben machte Tee und ich fühlte mich nach einer Tasse des kräftigen Gebräus wieder besser.

„Jetzt lohnt es sich erst richtig, das Schiff herauszuheben und gründlich zu reparieren", sagte Ben. Er sah mich prüfend an und fuhr fort: „Ich glaub' es ist besser, ich löse dich ab. Jetzt bin ich so aufgekratzt, dass an Schlafen ohnehin nicht mehr zu denken ist. Leg' dich hin und entspann' dich." Gehorsam kroch ich in meine Koje. Es dauerte lange, bis ich in dieser Nacht Schlaf fand, und als ich endlich aufwachte, war bereits heller Tag und unser neues Ziel in Sichtweite.

Schon in Curaçao hatten wir uns vorgenommen, längere Zeit in Cartagena zu bleiben, daher hatten wir uns über diese Gegend gut informiert. Nun sahen wir bereits die Skyline der Stadt und die vorgelagerte Insel. Schon im 16. Jahrhundert hatten die Spanier zum Schutz vor Piraten die linke Passage mit großen Felsbrocken zugeschüttet. So war man gezwungen, die ganze Insel entlangzufahren, bis zu den großen Festungsanlagen, die die Einfahrt zum Hafen schützten. Wir konnten, ohne den Motor starten zu müssen, direkt in das Hafenbecken hinter der Insel segeln. Die lange Fahrrinne war mit riesigen roten und grünen Bojen gekennzeichnet. Der Wind kam von hinten und wir fuhren unter Segel bis in die Nähe der Marina, in der wir schon vor einem Monat hätten eintreffen sollen.

Am nächsten Morgen suchten wir sofort die Marina auf, um uns nach den Freunden umzusehen. Als wir mit dem Dingi näher kamen, konnten wir gleich die zwei Jachten erkennen. Zwischen den zwei Stegen, an denen zu beiden Seiten so an die hundert Schiffe befestigt waren, fuhren wir zum Dingi-Anlegeplatz. An Land gab es außer dem Büro ein weitläufiges Restaurant mit Bar, einen Block mit Sanitäranlagen und ein Office für Immigrations-Abwicklungen.

Als erstes besuchten wir unsere Bekannten, die sich hier schon sehr häuslich niedergelassen hatten. Sie hatten Strom- und Wasser-Landanschluss und somit jeglichen Komfort an Bord. Wir wurden überschwänglich begrüßt und sogleich zu einem Willkommensdrink eingeladen. Da wir aber gleich alle Formalitäten erledigen wollten, verabredeten wir uns zu einem ausführlichen Tratsch im Restaurant.

Die Marina wurde von einem Australier und seiner resoluten kolumbianischen Frau geführt. Er war vor zwanzig Jahren mit einem Holzschiff in Cartagena angekommen und hatte sich bald darauf in Frau und Land verliebt. Im Laufe der Zeit hatten sie hier einen äußerst gemütlichen Platz für Meeresvagabunden geschaffen. Auch die Preise waren fair, was für uns wichtig war, da wir unbedingt an unserer wieder angeschlagenen „Thing" weiterarbeiten mussten und dazu natürlich Strom und Wasser brauchten.

Wir nahmen an einem der Tische im luftigen, heimelig eingerichteten Restaurant Platz und bestellten Kaffee. Bald erschienen unsere Freunde und bis zum Mittagessen tauschten wir unsere Erlebnisse aus. Wie üblich, hatten wir wieder einmal am meisten zu erzählen, die anderen waren ohne Zwischenfälle von unserem letzten Treffpunkt direkt bis hierher gesegelt. Unser Bericht über den Crash mit dem Frachter empörte sie sehr, traf er doch die Urängste des kleinen Seglers. Jeder hatte gleich mehrere ähnliche Geschichten auf Lager.

Da es gerade so schön passte, nahmen wir auch noch das Mittagessen in der Marina ein, bevor wir uns auf einen Nachmittagsspaziergang in die nähere Umgebung machten. Unser erster Eindruck von dem Stadtteil Manga, in dem wir uns befanden, war recht positiv. Es gab hier anscheinend eine gut entwickelte Wirtschaft. Vom Riesensupermarkt Magali-Paris bis hin zu den verschiedensten Läden und Handwerksbetrieben entdeckten wir eine Menge für uns interessante Geschäfte. Im Gegensatz zu Venezuela war hier alles sauber, die Menschen schienen Arbeit zu haben und somit war ein gewisser Wohlstand zu spüren. Auf den Straßen sahen wir kaum Bettler, dafür umso mehr Uniformierte.

Am Abend, an Bord machten wir Pläne für die nächste Zeit. Als erstes wollten wir am grünen Brett in der Marina unsere Dienste als geschickte Techniker anbieten. In den nächsten Wochen würden wir sicher ein paar brauchbare Jobs finden und dann auch genügend Geld haben, um mit unserer „Thing" einen Platz am Steg einnehmen zu können. Schon am Nachmittag bemerkten wir ein etwa vierzig Meter langes Frachtschiff, das halb gesunken am Ende eines Steges lag. Das verbaute Oberdeck ragte zur Gänze aus dem Wasser und bildete somit eine Verlängerung des Steges. Neben diesem Wrack wollten wir anlegen, da wir es als Werkstätte verwenden konnten. Hier müsste es möglich sein, Arbeiten wie Schweißen und Flexen nach Herzenslust auszuführen.

In den nächsten Tagen sahen wir uns Cartagena an. Wir bewunderten die Altstadt und die Festungsanlagen, die die Spanier zum Schutz gegen Piraten errichtet hatten. Ben, der gebildetere von uns beiden, erzählte mir von der wechselhaften und abenteuerlichen Geschichte der Stadt und den sagenhaften Schätzen, die die Eroberer in Cartagena zwischengelagert hatten, bevor sie diese nach Spanien verschifften.

Nach diesem Ausflug sahen wir uns auch in der zweiten Marina um, in der Jachten der gehobeneren Preisklasse lagen. Wir hofften auch dort Arbeitsmöglichkeiten zu finden. Besonders wichtig für uns war, einen neuen Motor für unser Schiff zu beschaffen. Im Moment hatten wir 3.000 Dollar zur Verfügung, der Motor würde mindestens 2.000 Dollar kosten, für das Herausheben, Sandstrahlen und Lackieren des Schiffes mussten wir sicher noch einmal soviel auslegen. Natürlich wollten wir auch ein Echolot und weiche

Sitzbezüge für den Wohnraum haben, aber davon konnten wir vorerst nur träumen.

Ben fand gleich eine Arbeit, die ihm Spaß machte und die gut bezahlt wurde. So konnten wir zum Steg siedeln, Strom und Wasser beziehen und WC und Dusche der Marina benützen. Das Wrack neben uns eignete sich wirklich vortrefflich als Werkstatt und der Besitzer erlaubte uns ohne weiteres, darauf zu arbeiten. Natürlich war es sehr wichtig und absolut vorrangig, die neuen Wunden und Narben am Rumpf der „Thing" vor Korrosion zu schützen. Ben entwarf ein neues Dingi aus einem alten Hobby-Cat, während ich mit viel Geduld die Rostschäden an unserem Schiff ausbesserte. Zwischendurch nahmen wir kleinere Aufträge an und lernten dabei eine Menge Leute kennen. – Wie fast in jedem Jachthafen gab es auch hier eine interessante Mischung der verschiedensten Weltenbummler. Rudolf, der Schweizer, zum Beispiel lebte schon lange in dieser Marina. In seiner Heimat war er ein erfolgreicher Geschäftsmann, er hatte aus gesundheitlichen Gründen alles hingeworfen, seine stählerne „Diamat" gekauft und segelte mit ihr in Richtung Karibik. Fasziniert von der schönen Stadt Cartagena ankerte er hier schon seit zwei Jahren. Sein Schiff lag etwas abseits von den belebten Marinastegen, da er den Lärm und die vielen „Quatschköpfe" nicht vertrug. Ein gut erzogener Irisch-Setter war sein ständiger Begleiter. Rudolf war ein netter, gebildeter Zeitgenosse, der leider ein riesiges Alkoholproblem hatte. Abends kam er regelmäßig an Land und kaufte zwei Liter Rotwein und meistens einen halben Liter Kazike-Rum.

Egon, ein ehemaliger Porschevertreter aus Deutschland, der sich in der Heimat durch seinen ungesunden Lebenswandel soweit ruiniert hatte, dass ihm der Arzt nur mehr ein halbes Jahr gab, beschloss mit 58 sein Leben grundlegend zu ändern. Er verkaufte Haus, Porsche und Rolex und erfüllte sich seinen Jugendtraum von einer eigenen

Jacht. Von Italien aus startete er mit einem Zehnmeter-Knick-Spanter in Richtung Westen; bei Gibraltar waren die entsetzlichen Schmerzen in den Beinen bereits verschwunden und bis Brasilien war er so gut drauf, dass er sich in Rio eine Zwanzigjährige anlachte. Als wir ihn hier in der Marina kennen lernten, hatte er gerade ein paar Probleme mit den Damen, da er sie anscheinend zu oft wechselte.

Auch ein paar äußerst lebenslustige Amerikaner in unserem Alter hatten sich hier angesiedelt und verdienten ihren Lebensunterhalt mit Gelegenheitsjobs. Der Auffälligste von allen war aber Hank. Mit seinem schulterlangen Haar und dem riesigen Vollbart war er nicht zu übersehen. Er bewohnte eine schöne, klassische Holzjacht und lag am Steg gegenüber von uns. Sein Geld verdiente er mit Import-Export-Geschäften zwischen Kolumbien und Venezuela. So holte er zum Beispiel die unter den Yachties sehr beliebten Caribe-Dingis, die in Venezuela in sehr guter Qualität hergestellt wurden, und verkaufte sie mit Aufschlag weiter. Es grassierte jedoch auch das Gerücht, dass man ihn schon vor Jahren beim Transport von einigen hundert Kilo Haschisch aus Marokko erwischt hätte und ihn nun die US-Drogenfahnder in Cartagena als Spitzel einsetzten. Wie auch immer, er führte ein bewegtes Leben, frei nach dem Motto: Sex, Drugs und Rock and Roll, sozusagen ein typisches DEA-Agenten-Dasein.

Sein bester Freund, George, Schwarm aller kolumbianischen Mädchen, gab das Geld, das er mit dem Verkauf seines Trimarans eingenommen hatte, gemeinsam mit Hank mit vollen Händen aus. Jeden zweiten Tag gab es eine Party, dazwischen brauchten sie immer einen Ruhetag, an dem sie sich von der Eroberung des Vortages aufpäppeln ließen. Nur äußerst selten nahmen wir eine Einladung an, da wir wenig Lust auf Katerstimmung oder sonstige Probleme hatten.

Eines Abends, wir leisteten uns gerade den Luxus, das Abendessen im Marinarestaurant einzunehmen, gesellte sich ein junger, auffallend gut gekleideter Kolumbianer zu uns. Wir hatten ihn schon öfters hier gesehen, doch immer nur als Gast des Restaurants, woraus wir schlossen, dass er selbst kein Schiff hatte. Höflich fragte er, ob er an unserem Tisch Platz nehmen dürfe. Wir hatten nichts dagegen und waren neugierig, was er von uns wollte. Er nannte uns seinen Namen, der endlos lang und wohlklingend war.

„Meine Freunde nennen mich Juan", sagte er, als er merkte, dass wir Europäer mit seinem langen Namen nichts anfangen konnten. Nun stellten auch wir uns vor. Juan bestellte eine Flasche Wein.

„Ich darf euch doch zu einem Glas einladen?", fragte er. Während wir den Wein kosteten, fragte Juan nach unseren Plänen.

„Soweit haben wir nichts Besonderes vor", begann ich. „Wir wollen unser Schiff reparieren und fertig bauen."

„Und um das zu ermöglichen", fuhr Ben fort, „müssen wir noch mit ein paar guten Jobs Geld verdienen."

„Wollt ihr in Kolumbien bleiben?", fragte Juan.

„Es gefällt uns ganz gut hier", antwortete ich. „Aber es gibt überall Probleme mit der Aufenthaltsgenehmigung. Wir werden wohl bald weiterziehen müssen."

„Mit der Aufenthaltsgenehmigung könnte ich euch behilflich sein", meinte der Kolumbianer. Das wäre natürlich eine feine Sache, dachte ich bei mir. Cartagena war eine nette Stadt, nicht so riesig und verkommen wie andere lateinamerikanische Städte; mit ungefähr einer Million Einwohnern hatte sie genau die richtige Größe, um alle Annehmlichkeiten zu bieten, die wir uns wünschten. Außerdem gefiel uns der neue, äußerst bunte Bekanntenkreis. Irgendwie fühlten wir uns hier schon sehr zu Hause.

„Ich hätte auch interessante Arbeit für euch", sagte Juan.

Interessante Arbeiten waren Bens Spezialgebiet, vor allem dann, wenn es sich um möglichst kniffelige Probleme technischer Natur handelte.

„Welcher Job wäre das?", fragte er daher gleich neugierig. Juan lehnte sich zurück und musterte uns mit einem freundlich prüfenden Blick.

„Ich beobachte euch schon eine Weile", begann er. „Und was ich gesehen und gehört habe, hat mir gefallen. Ich beschäftige mich mit dem Tourismus in dieser Region. Da liegt noch vieles im Argen und manches wäre verbesserungswürdig." Juan machte eine Pause und nahm einen kräftigen Schluck aus seinem Glas.

„Vielleicht habt ihr schon von dem Unterwasser-Nationalpark bei den Inseln San Rosario gehört?", fragte er.

„Ja. In der Marina hat jemand von diesem Taucherparadies erzählt", antwortete ich.

„Zurzeit werden die Touristen auf Fischerbooten dorthin gebracht. Viele Leute, vor allem die besser situierten, würden sich mehr Komfort wünschen. Daher bin ich auf der Suche nach einer schönen, stabilen Segeljacht mit einem verlässlichen Kapitän", erklärte Juan. Das könnte tatsächlich eine Chance für uns sein, überlegte ich und an Bens Gesichtsausdruck konnte ich deutlich erkennen, dass ihn Juans Geschichte sehr interessierte. Wir sagten nichts und warteten darauf, dass der Kolumbianer weiterredete.

„Eure Jacht könnte für diesen Zweck passen, sobald sie fertig renoviert ist."

Ben beugte sich leicht vor und sah Juan direkt in die Augen, ein sicheres Zeichen, dass ihn sein Gesprächspartner faszinierte.

„Das wäre tatsächlich ein Job für uns", sagte er, „aber es wird noch einige Zeit dauern, bis wir fertig sind. Wir können immer nur soviel in unsere Jacht investieren, wie wir gerade verdienen."

„Aber in vier bis fünf Monaten sind wir sicher einsatzbereit", stimmte ich optimistisch zu.

„So lange möchte ich nicht mehr warten, daher habe ich einen anderen Vorschlag", meinte Juan. „Ich möchte eine Art Linienverkehr zwischen Cartagena und San Rosario einrichten. Dass ihr kein Kapital habt, ist mir klar. Ich beschaffe das Geld, das ihr für die Arbeiten am Schiff und für das Leben in dieser Zeit braucht – das wäre mein Anteil. Ihr bringt statt des Kapitals euer Schiff ein. Wir wären also gleichberechtigte Partner. Was meint ihr dazu?"

Das war eigentlich genau das, was wir uns wünschten! So könnten wir für längere Zeit hier Fuß fassen und locker unseren Lebensunterhalt bestreiten. Da wir nichts sagten, fuhr Juan fort: „Ich werde natürlich für die Aufenthaltsgenehmigungen und Arbeitserlaubnis sorgen. Ihr sagt mir, wie viel Geld ihr braucht und ich werde es herbeischaffen." Wir waren noch immer sprachlos. Sollte nun wirklich eine Glückssträhne beginnen?

„In drei Tagen möchte ich euch wieder hier, zur selben Zeit treffen und eure Entscheidung hören", sagte Juan, stand auf, winkte uns noch freundlich zu und verließ den Raum. Ich trank mit einem Zug das Glas leer und spürte die anregende Wirkung des alkoholischen Getränks.

„Das klingt alles sehr gut", meinte Ben.

„Aber?", fragte ich.

„Warum sucht er sich gerade uns aus?", rätselte Ben. Wir überlegten, warum seine Wahl gerade auf uns gefallen sein könnte. Da gab es sicher noch einige Jachtbesitzer, die nichts gegen einen gewinnbringenden Einsatz ihres Schiffes gehabt hätten.

„Er hat uns schon eine Zeitlang beobachtet. Also hat er bemerkt, dass wir tüchtige Arbeiter, geschickte Handwerker und vor allem ehrliche Österreicher sind", gab ich zu bedenken.

„Vielleicht will er uns auch nur die ‚Thing' abluchsen", meinte Ben misstrauisch.

„Juan gibt uns Geld, um das Schiff herzurichten, wir erledigen dafür den Linienverkehr und er braucht uns nur die Touristen zu verschaffen. Die Einnahmen teilen wir uns", versuchte ich den Plan zu durchschauen. Wir schwiegen eine Weile und dachten nach, wo der Haken liegen könnte.

„Wenn uns Juan Geld gibt, ist er Miteigentümer des Schiffes", stellte Ben schließlich fest. Dieser Gedanke erschien uns nicht sehr vorteilhaft und wir wollten die drei Tage nützen, um alles gut durchzudenken und Juan dann unsererseits mit Vorschlägen zu konfrontieren.

Wir erkundigten uns in den nächsten Tagen, wie in Kolumbien die Rechte für Ausländer wären. Wir fragten auch den Chef der Marina um Rat. Er meinte, prinzipiell klinge Juans Vorschlag nicht schlecht und wenn er es ehrlich meinte, könnte dieser Linienverkehr ein lohnendes Geschäft werden. Der Tourismus nehme ständig zu, daher wäre auf längere Sicht mit einem guten Einkommen zu rechnen.

„Vielleicht geht das Geschäft sogar so gut, dass ihr bald mehrere Schiffe im Tümpel vor Cartagena liegen habt. Aber ein guter Vertrag kann nicht schaden", war die Meinung unseres Wirtes.

Wir konnten an nichts anderes mehr denken. Der Gedanke, Teilhaber eines gut florierenden Geschäftes zu sein, war verlockend.

„Wir müssen aber aufpassen, dass wir nicht wie Sklaven schuften und der hübsche Juan dreht nur Däumchen", gab ich zu bedenken. Der Mann sah nicht nach körperlicher Arbeit aus, er wirkte auf uns wie ein erfolgreicher Geschäftsmann oder Banker.

Am vereinbarten Abend saßen wir bereits an unserem Tisch, als Juan mit der hier üblichen halben Stunde Verspätung kam. Er begrüßte uns freundlich und nahm Platz.

„Na, wie habt ihr euch entschieden?", fragte er gleich. Nun bombardierten wir ihn mit einer Menge Fragen, die er geduldig und zu unserer Zufriedenheit beantwortete. Zum Schluss meinte er noch: „Ich kann mir vorstellen, dass ihr euch gefragt habt, warum meine Wahl ausgerechnet auf euch gefallen ist. Ihr habt sicher schon bemerkt, dass sich Kolumbianer gerne europäische Geschäftspartner nehmen. Nord- und Mitteleuropäer sind von ihrer Mentalität her ehrlicher als meine Landsleute. Vereinbarungen werden in der Regel korrekt eingehalten und der Fleiß dieser Menschen ist bekannt. Wer sich bei uns niederlässt, bringt es meistens zu Wohlstand, oft sogar zu Reichtum. Auch ein Onkel von mir arbeitet erfolgreich mit einem Österreicher zusammen." Die gute Meinung, die Juan von unseren Landsleuten hatte, freute uns natürlich und unser Misstrauen schwand. Er versprach uns auch, sich um unsere Papiere zu kümmern, und sobald wir uns in allen Punkten einig wären, würde er einen Anwalt veranlassen, einen Vertrag für unser Vorhaben aufzustellen.

Wir beschlossen schließlich Juans Angebot anzunehmen und bekräftigten unsere Zustimmung mit einem Händedruck.

„Ihr werdet eure Entscheidung nicht bereuen!", sagte Juan erfreut und bestellte zur Feier des Abschlusses eine Flasche Champagner. Wir plauderten noch angeregt bis Mitternacht und machten Pläne für die nächsten Arbeitsschritte.

„Ihr macht so bald wie möglich einen Kostenvoranschlag, damit ich das Geld besorgen kann", meinte unser neuer Geschäftspartner zum Abschied.

Wir wollten nun unsere „Thing" piekfein herrichten. Ein neuer Motor musste angeschafft werden, neue Segel wären auch kein Luxus. Den Rumpf wollten wir von innen isolieren und verkleiden, außen sollte er sandgestrahlt und neu lackiert werden. Für unseren Lebensunterhalt mussten wir auch einen Betrag einkalkulieren. Das alles würde an die 20.000 Dollar kosten, schätzten wir. Juan schien von dieser Summe nicht überrascht zu sein. Er überreichte uns bei seinem nächsten Besuch ein Kuvert, in dem sich 3.000 Dollar befanden.

„Das ist eine kleine Anzahlung, damit ihr gleich mit der Arbeit beginnen könnt", meinte er. Wir sollten alle Rechnungen sammeln und ein Kassabuch führen. Er würde uns in nächster Zeit ohnehin oft besuchen, dann könnten wir ihm gleich mitteilen, wenn wir Nachschub brauchten. Juan gab Ben auch eine Adresse, wo er einen guten, auch gebrauchten Motor kaufen könnte. Ben wollte sich am folgenden Tag dort umsehen. Ich kümmerte mich in der Zwischenzeit um Materialien für den Innenausbau und um schon längst benötigte Werkzeuge.

An den nächsten Abenden saßen wir lange beisammen und planten und rechneten. Einerseits wollten wir das Schiff perfekt renovieren und ausstatten, andererseits wollten wir nicht unnötig Geld ausgeben.

„Wir müssen auch genau aufschreiben, wie viel Zeit wir in die Arbeit investieren", schlug ich vor. „Auch die Arbeit stellt einen Wert dar."

„Unser Anteil an diesem Unternehmen kann sich ohnehin sehen lassen. Schließlich haben wir schon viel an unserem Schiff gemacht, ich würde sage, so wie es im Moment dasteht, ist es sicher 50.000 Dollar wert", stellte Ben fest. Sollten wir wirklich noch 20.000 Dollar von Juans Geld investieren, gehörte der größere Teil immer noch uns.

„Wenn alles so klappt, wie wir es besprochen haben, passt es perfekt", sagte ich. „Wir sind die Skipper, die die Touristen befördern und Juan macht den organisatorischen Kram. Ich kann mir vorstellen, dass er sich dafür sehr gut eignet. Uns liegt das sowieso nicht. Wir müssen nur aufpassen, dass er uns nicht betrügt, schließlich ist er ein Latino."

„Du wirst sehen, das ist unsere große Chance!", rief Ben und hielt mir einen Vortrag über die Zustände in Österreich: „Denk nur an diese umständliche Bürokratie daheim. So viele gute Ideen kann man einfach nicht umsetzten, weil irgendwelche Gesetzte dagegensprechen oder der Staat dich ausplündert, bevor du noch richtig verdient hast. Es war ganz richtig, dass wir von zu Hause weg sind. Vielleicht kann ich in einem Jahr schon meine Familie nachkommen lassen. Das Glück ist endlich auf unserer Seite."

Am nächsten Tag durchstreifte ich die Stadt, um zu erkunden, wo ich gut einkaufen konnte. Cartagena war wirklich eine tolle Stadt, es gab hier so gut wie alles. Am Abend kam ich müde, aber bestens informiert zurück. Alles, was ich erstanden hatte, war ein Sack voll mit Inox-Schrauben. Ben war ebenfalls noch nicht fündig geworden. Er hatte zwei weitere Geschäfte entdeckt, die für ihn in Frage kamen und wollte das Angebot noch gründlich prüfen.

„Schau, was ich gefunden habe!", rief er mir schon von weitem zu. Er hielt die rechte Hand schützend über eine runde Ausbuchtung seines Hemdes. Ich sah ihn fragend an. Da zog er behutsam ein kleines, ängstlich miauendes Kätzchen hervor.

„Ich geh an einer Mülltonne vorbei und höre ein klägliches Miauen", berichtete er. „Zwischen stinkenden Plastiktüten habe ich diesen kleinen Tiger gefunden."

„Super!", sagte ich. „Auf ein Schiff gehört ohnehin eine Katze."
Wir sind beide große Tierliebhaber und waren sofort verliebt in das kleine Wesen. Ben leerte eine Werkzeugkiste aus und legte sein bestes Handtuch hinein, damit das Kätzchen ein kuscheliges Nest hatte. Ich holte Milch, verdünnte sie und freute mich, als unser neuer Mitbewohner gierig trank. Zufrieden stellten wir fest, dass er männlichen Geschlechts war.

„Wir brauchen einen Namen", sagte ich.

„Juan", schlug Ben vor.

„Ich weiß nicht, vielleicht ist unser Geschäftspartner beleidigt, wenn wir den Schiffskater nach ihm benennen", gab ich zu bedenken.

„Wir waren schon mit unserer ‚Thing' so erfinderisch", schmunzelte Ben, „nennen wir den kleinen Kater einfach Gato." Da mir nichts Besseres einfiel, war ich einverstanden.

Die nächste Zeit verbrachte ich damit, die Freiräume zwischen den Spanten mit Polystyrol-Platten zu isolieren und danach mit Sperrholz zu verkleiden. Auch Ben hatte inzwischen Erfolg mit dem Kauf eines neuwertigen Detroit-Dreizylinder-Zweitakt-Dieselmotors gehabt. Der preiswerte Motor hatte eine interessante Geschichte: Er befand sich angeblich in einem US-Army-Lkw, der im Golfkrieg mehr oder weniger seinen Einsatz hatte. Weniger deshalb, weil es sich um einen nagelneuen Motor handelte. Die Amerikaner hatten, wie ein Gerücht behauptete, große Mengen veraltetes, aber noch nie benütztes Kriegsmaterial einfach nach Kuwait verfrachtet und dort in die Wüste gestellt. So wurden sie ihre veraltete Rüstung los und konnten diese als verbrauchte Kriegsware auf die Rechnung der Kuwaitis setzen. Kolumbianer, die die Araber mit Bananen oder ähnlichem belieferten, hörten davon und machten sich auf die Suche nach den versteckten Objekten und schlachteten sie aus. Für uns war die Sache perfekt: Bananen für die Araber, Öl für die Amis, Geld für die Kolumbianer und einen neuen, billigen Motor für uns. Laut Bens Bericht war durch die unsachgemäße Behandlung des schweren Teiles die Ölwanne leck und verbeult. Ansonsten war er militärgrün gestrichen und alle Kabel waren einfach abgeschnitten worden, was ganz gut zur Geschichte passte. Der Preis von 2.500 Dollar war unserer Ansicht nach absolut korrekt und Juan beglich die Rechnung ohne Einwand.

Drei Tage später hatten wir den Detroit neben dem Schiff auf dem Steg stehen. Während sich Ben in den folgenden Wochen ganz und gar dem Motor und den dazugehörigen Einbauarbeiten widmete, arbeitete ich am Innenausbau weiter. Ben hatte so einiges im Motorraum fundamental zu ändern, da das neue Stück ganz andere Dimensionen hatte als das alte. Die neue Maschine musste genau in Achse mit der Schraubenwelle gebracht werden und sollte zusätzlich auf vibrationsschluckenden Gummidämpfern stehen. Alle diese Arbeiten mussten vor dem Einbau erledigt werden, da es nicht möglich war, die gut 500 Kilo schwere Maschine nur zum Probieren ein- und auszubauen. Der Einbau machte uns ohnehin größeres Kopfzerbrechen. Da wir keinen Kran hatten, mussten wir das schwere Ding vom Steg auf das Schiff schieben, was natürlich durch das Schaukeln gefährlich war. – Aber ohne Zwischenfall schoben wir zu fünft den Motor bis zum Rand des Motorraumes. Hier montierte Ben das Getriebe auf die Maschine. Nach langem Herumrechnen hatte er herausgefunden, dass ein 1:1-Getriebe genau das Richtige für unsere Motor-Schrauben-Kombination wäre. Wir konstruierten eine tipiähnliche Kranvorrichtung im Cockpit über der Motorraumluke und hievten mittels Seilzug Motor samt Getriebe langsam auf den dafür vorgesehenen Platz. Nun konnten wir die Schraubenwelle an die Kupplung flanschen und mit dem Anschließen der verschiedenen Kreisläufe beginnen. Wir waren sehr erleichtert, als die neue Maschine an ihrem Platz stand und waren äußerst gespannt auf ihre Arbeitsleistung.

Tagelang hatte sich Ben mit allen möglichen technischen Problemen herumgeschlagen, um das Schiff fahrbereit zu machen. Ich arbeitete in dieser Zeit an der Inneneinrichtung und langsam, aber sicher wurde alles sehr wohnlich; die Holzverkleidung strich ich weiß, die Küchenzeile hellgrau und dunkelblau. Der kardanisch aufgehängte Gasherd funktionierte bestens und sah optisch sehr gut aus. Als Ballast montierte ich ein monströses Kugelventil mit 25 Zentimetern Durchmesser unter den Herd. Dieses zusätzliche Gewicht sorgte mit äußerster Präzision dafür, dass, wie wir später feststellen konnten, auch bei stärkstem Seegang problemlos gekocht werden konnte. Den Fußboden legte ich mit einem dunkelblauen, rutschsicheren Gummibelag aus, die Sitzecke polsterte ich mit Schaumstoff und bespannte sie anschließend mit grauem Stoff.

Wir freuten uns schon auf die Fahrt zur Werft. Ben machte es motortechnisch so aufregend wie nur möglich. Nach einem Probelauf am Steg legten wir ab. Ich rief meinem Freund ein lautes „Gratuliere!" zu. Aber der Motor verreckte mit einem schluchzenden Geräusch bereits nach den ersten zehn Metern. Es herrschte schon tagelang eine lähmende Flaute und so war auch nicht an den Einsatz der Segel zu denken. Wir trieben nun sehr langsam durch das riesige Hafenbecken auf ein wunderschönes Kreuzfahrtschiff zu. Ben hantierte hektisch am Motor, um ihn wieder in Betrieb zu setzen. Unser Nachbar Rudolf, der unseren Aufbruch vom Steg aus beobachtete, hatte mittlerweile sein Caribe-Dingi gestartet und kam uns zu Hilfe. Über eine lange Strecke schubste und zog er uns aus den verschiedensten Gefahrenbereichen, bis Ben endlich soweit war, den Motor wieder in Gang zu bringen. Rudolf kam zu uns an Bord und wir befestigten sein Dingi am Heck unseres Schiffes. Den Rest der Strecke legten wir bis auf die letzten Meter problemlos zurück. Als wir schon durch die Einfahrt des großen Werftbeckens tuckerten und nur mehr 500 Meter vor uns hatten, ging der Motor plötzlich von selbst auf Vollgas und mit unerwarteter Geschwindigkeit schossen wir auf die beiden Schiffe zu, die am Werftsteg festgemacht waren. Fluchend zerrte Ben am Steuerhebel herum.

„Rudolf, übernimm bitte das Steuer!", rief er aufgeregt und verschwand im Motorraum.

„Versuche vor den beiden Booten schräg zum Steg zu steuern", bat ich unseren Freund. Ich begab mich hurtig an den Bug unseres Schiffes, um den Aufprall mit bloßen Händen etwas abzufangen. Rudolf schaffte es, dass wir nun fast parallel zum Steg in Richtung Land fuhren. Mit der linken Hand hielt ich mich an der Reling fest, während ich mit der rechten nach dem nächsten Poller griff, der am Steg montiert war. Bevor ich das Gefühl hatte, dass mein Arm abriss, ließ ich los und griff zum nächsten. Ich quälte mich sechs Poller weiter, bis ich endlich unser 15 Tonnen schweres Schiff, das mit fünf Knoten unterwegs war, auf null gebremst hatte. Gott sei Dank hatte auch Ben endlich den Motor zum Schweigen gebracht. Die Werftarbeiter beobachteten mit offenem Mund unser eigenwilliges Anlegemanöver.

„Die anderen zwei Schiffe waren vor euch da", sagte einer der Männer. „Das Vordrängen nützt euch gar nichts!"

Ich rieb mir die schmerzende, fast ausgerenkte Schulter und rief ihnen nur einen freundlichen Gruß zu.

Auf dem Weg zum Office bestaunten wir das Treiben im Werftgelände. Hier wurden gigantische, schwimmende Objekte aller Art gewartet und repariert. Um die teilweise tausend Tonnen wiegenden Ungeheuer zu bewegen, wurde ein Schienensystem, ähnlich wie auf einem Rangierbahnhof, verwendet. Zum Herausheben führten Geleise den Strand hinunter ins Wasser, so dass mit speziellen Tiefladern unter ein Schiff gefahren, es darauf fixiert und dann an Land gezogen werden konnte.

Im Büro hatte man uns schon erwartet und wir besprachen die zu erledigenden Arbeiten. Wir wollten den gesamten Außenrumpf ohne Deck gründlich Sandstrahlen lassen. Danach sollten zwei Schichten Rostschutzfarbe vor zwei Schichten knallrotem Lack im

Überwasserbereich und hellblaues Antifouling im Unterwasserbereich aufgetragen werden.

Zwischen den Verhandlungen und dem Liften unseres Schiffes hatten wir ein paar Stunden Zeit, die wir für ein Mittagessen nützten, zu dem wir Rudolf einluden.

„Du warst uns eine große Hilfe", stellte ich dankbar fest. Rudolf machte eine abwehrende Geste.

„Das war eine tolle Aktion!", lachte er. Ben schwieg beharrlich und schaufelte mit gutem Appetit das Essen in sich hinein. Mein rechter Arm zitterte noch von der großen Anstrengung und ich hatte Mühe die Gabel zu halten.

„Egon soll dir eine seiner Damen schicken, damit sie dir den lädierten Arm samt Schulter massiert", meinte Rudolf.

„Nein danke", wehrte ich ab. „Mir geht es gleich wieder besser."

Unser Freund machte sich mit seinem Dingi auf die nicht ungefährliche Rückfahrt zur Marina. Das Fahrwasser war stark verschmutzt und eine Menge Unrat schwamm darin herum, der sich leicht in der Schraube verfangen konnte. Ein Kentern in dieser grauslich schlammigen Kloake war nicht ungefährlich.

„Wird schon gut gehen!", rief uns Rudolf beruhigend zu, als wir ihn baten, ja gut Acht zu geben.

Am frühen Nachmittag wurde unser Boot herausgehoben und zum Arbeitsplatz gefahren. Wir lagen nun im Schatten eines riesigen Stahlfloßes, das normalerweise als Arbeitsplattform für Baggerarbeiten zur Freihaltung der Fahrrinne nach Cartagena diente. Den Rest des Tages waren wir damit beschäftigt, das ganze Deck mit Folie abzudecken, damit wir während der Sandstrahlarbeiten möglichst wenig Sand in das Innere des Schiffes bekamen.

Am Abend besuchte uns Juan. Er hatte Bier und ein köstliches Abendessen mitgebracht. Wir waren inzwischen gute Freunde geworden und er besuchte uns mindestens zwei- bis dreimal in der Woche. Meistens kam er am Abend und wir plauderten bis tief in die Nacht hinein. Wir erzählten ihm von unseren Familien und dem oft recht komplizierten Leben in Österreich. Ben zeigte voll Stolz die Fotos von seiner Freundin und dem gemeinsamen Töchterchen her. Juan wiederum erzählte uns von Kolumbien und den schwierigen politischen Verhältnissen. Aber er verstand es auch, uns auf dieses große Land neugierig zu machen.

„Es ist ein wundervolles Land, ein Land der Superlative und der unbegrenzten Möglichkeiten. Tüchtige Menschen haben hier alle Chancen", schwärmte er von seiner Heimat. Es fiel uns damals nicht auf, dass er nie von sich selbst berichtete, sondern bestrebt war, uns auszuhorchen.

Da die Arbeiten mit dem Schiff fast abgeschlossen waren, gab es viel über unsere zukünftigen Tätigkeiten zu besprechen. Juan versicherte, dass wir, sobald das Schiff einsatzfähig wäre, alle benötigten Papiere für Aufenthalt und Arbeit bekommen würden. Die Verträge für eine Firmengründung, in denen wir als gleichberechtigte Geschäftspartner aufschienen, lägen schon bereit. Mit seinen guten Beziehungen würde alles reibungslos klappen.

„Das ist der Vorteil einer Großfamilie", meinte Juan selbstgefällig. „Irgendein Familienmitglied sitzt immer an der richtigen Stelle."

Wir stellten gemeinsam mit ihm eine Liste der noch fehlenden Einrichtungsgegenstände und Geräte zusammen und kalkulierten die Kosten durch. Juan betonte abermals, dass wir uns keine Sorgen um die Finanzierung machen sollten, wichtig wäre nur ein schönes, repräsentables Schiff.

„Unser geplantes Unternehmen kann nur gelingen, wenn wir den Touristen von Anfang an besten Komfort bieten. Das ist auch eine Prestigesache", meinte Juan und wir nickten zustimmend.

„Natürlich sollten wir möglichst sparsam einkaufen, aber trotzdem nicht an der Qualität sparen. Technische Geräte, wie Echolot, Instrumente, Funkgerät und Beleuchtung könnten wir vielleicht recht günstig im San Andresito von Barranquilla finden. Ihr könntet euch dort umsehen", schlug Juan vor. San Andresito war ein riesiger basarähnlicher Markt auf dem Schmuggelware vom Zollfreihafen der Insel San André angeboten wurde. Da wir in den nächsten Tagen nicht viel tun konnten, beschlossen wir, dass Ben auf dem Schiff die Stellung halten und ich mich auf die Reise nach Barranquilla machen würde.

Nachdem ich mich mit Juan in der Stadt getroffen hatte, um mir von ihm das Geld für den Einkauf geben zu lassen, fuhr ich mit einem Taxi zum Busterminal. Nach gut einer Stunde erreichte ich mit dem vollklimatisierten Luxusbus den Busbahnhof von Barranquilla und mit einem Taxi ließ ich mich gleich nach San Andresito bringen. Hier reihte sich Bretterbude an Bretterbude, die enge finstere Gassen bildeten. Viele Menschen drängten sich an die Stände und ich konnte mir vorstellen, dass die Taschendiebe viel zu tun hatten. Auf engstem Raum wurden die unglaublichsten Waren angeboten. Ich streifte durch die winkeligen Gassen und suchte nach Ständen, die technische Geräte anboten. Ein etwas unheimlicher Mann bot mir zwei nicht mehr ganz neue Motorola-Funkgeräte an, die einen sehr guten, professionellen Eindruck machten. Sie schienen mir für unsere Zwecke gut geeignet und nach kurzem Handeln erstand ich sie. Alle anderen Sachen, die wir noch brauchten, wollte ich in den Marina-Shops in Cartagena kaufen.

Ich saß bereits im Bus nach Cartagena, als bewaffnete Polizisten erschienen und den Fahrgästen befahlen, sich mit dem Handgepäck vor dem Fahrzeug aufzustellen. Es gab eine Leibesvisitation und die Papiere wurden kontrolliert. Mit Entsetzen stellte ich fest, dass mein Reisepass verschwunden war. Hatte ich ihn auf dem Schiff vergessen oder hatte ihn mir jemand in San Andresito geklaut? Verdammt, das konnte unangenehm werden! Als ich dem Polizisten meinen Verdacht mitteilte, wurde er sehr unfreundlich und befahl mir, die Tasche zu öffnen. Als er die Funkgeräte sah, rief er seine Kollegen und ließ mich zur nächsten Wachstube abführen. Meine persönlichen Daten wurden aufgenommen und anschließend interessierten sie sich für die Funkgeräte. Geduldig erklärte ich den Männern, wo ich die Dinger gekauft hatte und wofür ich sie brauchte. Als ich meine Geschichte mindestens fünfmal erzählt hatte, wurde ich doch ungehalten und erkundigte mich, was sie mit mir vorhätten. Ich müsste auf ihren Vorgesetzten warten, den sie schon vor einer Stunde verständigt hätten, war die Antwort. Na gut, dachte ich, der wird wohl dem Spuk ein Ende machen. Nach einer endlosen weiteren Stunde erschien der von mir sehnlichst erwartete Mann. Ich musste ihm meine Geschichte wieder erzählen und er sagte ganz freundlich, ich solle mir keine Sorgen mache, alles würde sich in Kürze aufklären. Zwei Polizisten brachten mich in eine kleine, absolut leere Zelle, in der ich die Nacht verbringen musste. Ich konnte lange nicht einschlafen, da mich die Moskitos quälten und ich natürlich Angst vor der unberechenbaren Polizei hatte. Mir kam das schreckliche Gefängnis von Margarita in den Sinn, in dem Tom eingesperrt war. Ich befand mich in einer unangenehmen Situation, da ich nicht genau wusste, wo meine Papiere waren und warten musste, bis meine Identität geklärt worden war. Am Morgen sperrte zu meiner Erleichterung ein freundlicher Polizist meine Zelle auf und ich durfte mir sogar in seiner Begleitung am Busbahnhof ein Frühstück kaufen. Den ganzen Vormittag verbrachte ich wieder auf der Wachstube. Bald kannte ich die Namen aller Männer. Als ich um 13.00 Uhr von einem Wagen abgeholt wurde, verabschiedete sich die ganze Besatzung mit Handschlag von mir und wünschte mir alles Gute.

Wir durchquerten die Stadt und gelangten schließlich zu einem Gebäude auf einer Anhöhe, in dem sich die Spezialabteilung für Drogen und Ausländerprobleme befand. Natürlich durfte ich wieder stundenlang warten, bis ich zum Chef gerufen wurde. Das ganze Büro war vollgehängt mit eingerahmten Zeitungsartikeln, Ehrungen und Orden. In einer Glasvitrine waren Pokale und schöne Waffen ausgestellt. Das einzige, was noch fehlte, waren ein paar präparierte Verbrecherköpfe. Der Held hinter dem Schreibtisch musterte mich mit freundlichem Gesichtsausdruck und ließ mich zum x-ten Mal dieselben Fragen beantworten. Da er recht umgänglich wirkte, wagte ich es, nun meinerseits ein paar Fragen zu stellen. In erster Linie wollte ich wissen, ob endlich meine Identität festgestellt worden sei. Er lächelte nur freundlich, sagte aber nichts. Ich erzählte ihm wieder wahrheitsgetreu, wo ich die Funkgeräte erstanden hatte. Er musterte mich aufmerksam um herauszufinden, ob ich die Wahrheit sagte. Endlich berichtete er mir, was es mit diesen verdammten Geräten auf sich hatte: Bei den Funkgeräten handelte es sich um registrierte, ehemalige Polizeigeräte und noch nicht genug damit – die Polizisten, die mit ihnen unterwegs gewesen waren, saßen in einem Hubschrauber, der von Terroristen abgeschossen worden war. Ganz unschuldig war ich hier in eine heiße Geschichte geraten und konnte nun die Aufregung verstehen. Der Chef der Abteilung war anscheinend mit mir fertig, und ich hatte das Gefühl, dass er mich als harmlose Person einstufte. Trotzdem wurde ich wieder von zwei jungen Polizisten zu einer Zelle gebracht. Als sie die Türe öffneten und ich in den mit Häftlingen überfüllten Raum blicken konnte, protestierte ich energisch. Die Insassen machten keinen vertrauenserweckenden Eindruck auf mich und da man mir, bis auf die Funkgeräte und das Taschenmesser, alles gelassen hatte, fürchtete ich um mein Eigentum. Ich hatte schließlich einen größeren Geldbetrag für die geplanten Einkäufe bei mir. Zum Glück war meinen Bewachern mein Schicksal nicht ganz gleichgültig, und sie versprachen, sich nach einer anderen Möglichkeit zu erkundigen. Der eine Polizist verschwand für kurze Zeit und als er zurückkam, hatte er einen Schlüssel bei sich, mit dem er eine Zelle aufsperrte, die mit Gerümpel angefüllt war.

„Da bist du in Sicherheit", sagte er und schob mich in den Raum. Ich war mit der Lösung zufrieden und machte es mir zwischen den Kisten und Möbeln bequem. Aus zwei Bänken, die ich zusammenstellte, richtete ich mir ein notdürftiges Lager. Die beiden Wagenheber in der Ecke, mit denen ich mühelos das Gitterfenster in die Freiheit öffnen hätte können, beruhigten mich so, dass ich nach einer Weile sogar einschlief. Als ich geweckt wurde, war es bereits dunkel und schlaftrunken wurde ich abermals in ein Auto verfrachtet und wieder in die Stadt zurück gefahren. Ein Polizist erklärte mir, dass ich nun zur Immigration gebracht würde, wo man sich um das Problem der fehlenden Papiere kümmern wolle. Da das Büro nicht mehr besetzt war, wurde ich in das Gefängnis dieses Hauses gesperrt. Hier hatte ich die Auswahl zwischen fünf leerstehenden Zellen, offensichtlich war ich der einzige Gast. Mit Mühe brachte ich den griesgrämigen Wächter dazu, mir für ein gutes Trinkgeld Essen und Trinken von der Straße zu besorgen. In der Nacht hatte ich alle Moskitos für mich allein und daher war ich schon früh wach und äußerst schlecht gelaunt. Bis neun Uhr konnte ich mich beherrschen, danach begann ich gegen das Blechtor zu treten und laut zu brüllen, dass hier ein unschuldiger Ausländer eingesperrt sei. Schon nach kurzer Zeit erschien ein gut gekleideter Mann, dem der Krach auf die Nerven zu gehen schien. Sehr ungehalten fragte er mich, was denn hier los sei. Ich bemühte mich, ihm meine Situation zu erklären, aber durch die Aufregung und mein schlechtes Spanisch gelang mir das nicht so recht. Auch roch ich nach zwei Tagen und zwei Nächten bei dieser Hitze nicht gerade gut und machte keinen gepflegten Eindruck mehr. Der Kerl beschimpfte mich zornig und erklärte mich für verrückt. Nun flippte ich vollends aus und begann noch wilder gegen die Türe zu treten. Endlich wurde ich geholt und in eine ganz normale Amtsstube gebracht, wo mehrere Männer hinter Schreibtischen saßen. Der junge Beamte, der mich an seinen Tisch bat, rümpfte die Nase, holte einen Ventilator aus dem Nebenraum und stellte ihn mit voller Leistung in meine Richtung. Nun folgte wieder eine endlos lange Befragung, bei der ich feststellte, dass sich noch niemand um die Klärung meiner Identität gekümmert hatte. Anschließend saß ich mit einer kleinen dunklen Wolke über dem Kopf auf einer Bank in der Ecke und kam mir sehr vergessen vor.

Kurz darauf betrat ein Ehepaar mit zwei kleinen Kindern den Raum. Der schlanke, elegante Mann hatte amerikanische Pässe und bemühte sich um eine Verlängerung des Visums für seine Familie. Auch er musste einige Zeit warten und ich begann sogleich ein Gespräch mit ihm. Sein Äußeres und sein selbstbewusstes Auftreten ließen darauf schließen, dass er eine wichtige Position bekleidete und sicher auch Einfluss hatte. Ich erzählte ihm von meinem Missgeschick und der trägen Behandlung meines Falles. Diesmal war ich an den richtigen Mann geraten, denn er machte den Beamten energisch Vorhaltungen und – welch Wunder – eine halbe Stunde später stand ich stinkend und schwitzend, aber frei, mitten in Barranquilla. Mit einem Taxi fuhr ich sogleich zum Busterminal, wo ich mir in der Zeit bis zur Abfahrt den Bauch mit allen möglichen Köstlichkeiten füllte und mich in der Toilette, so gut es ging, frisch machte.

In Cartagena fuhr ich sogleich zur Werft. Dort hatte sich einiges geändert, das Schiff war nicht mehr an seinem Platz. Ich nahm an, dass inzwischen alle Arbeiten abgeschlossen sein würden und die „Thing" wieder irgendwo im Wasser stand. Es war Sonntag und nur sehr wenige Leute auf dem Gelände. Keiner konnte mir sagen, wo ich unser Schiff finden könnte. In der Marina traf ich einen befreundeten Australier, der mir endlich Auskunft geben konnte.

„Wir haben uns schon Sorgen um dich gemacht", empfing er mich.

„Ich habe gestern Ben in der Werft besucht. Wir saßen gerade beim Kaffee, als mehrere Polizisten die ‚Thing' stürmten und besetzten."

„Wie bitte?", fragte ich ungläubig.

„Ja, wir waren nicht schlecht erschrocken, als die Bullen den ganzen Nachmittag das Schiff durchsuchten. Sogar einen Hund hatten sie mit. Schließlich fragten sie Ben nach deinen Papieren."

„Die hätten sie auch ohne diesen Aufwand haben können", sagte ich verärgert, aber erleichtert, weil mein Pass doch am Schiff war.

„An Razzien musst du dich in diesem Land gewöhnen. Erst wenn du ein wohlhabender, einflussreicher Mann geworden bist, lassen sie dich in Ruhe", klärte mich der Australier auf.

Gemeinsam fuhren wir zur Werft zurück, wo er mich durch das Gewirr von hunderten kleineren und größeren Booten zu unserem neuen Liegeplatz führte. Die meisten Schiffe waren nicht am Steg befestigt, sondern nur aneinander gebunden und wir mussten über einige hinwegklettern, bis wir unser Ziel erreichten.

„Da bist du ja endlich!", rief mir Ben erleichtert entgegen.

„Ja, das war ein aufregender Ausflug", sagte ich, ebenfalls froh, den Freund wieder zu sehen.

In meiner Abwesenheit war das Schiff neu lackiert worden und Ben hatte das falsch berechnete Getriebe ausgewechselt und noch etwas am Schraubenwinkel verändert. Zu diesem Zweck hatte er die Antriebswelle entfernt und das Schiff konnte in dieser Zeit nicht ins Wasser gelassen werden. Die Handwerker hatten den letzten Anstrich am Vormittag gemacht und gegen Mittag begannen sie einfach den Waggon in Bewegung zu setzen. Ben, der gerade im Motorraum arbeitete, kam sofort heraus und versuchte den frühzeitigen Aufbruch zu stoppen. Gerade noch rechtzeitig konnte er an dem bereits fahrenden Vehikel die Schraubenwelle montieren und die Schraube aufsetzen. Als die „Thing" ins Wasser tauchte, dichtete Ben eilig die Stopfbuchse im Motorraum neu ab. Natürlich war der Motor noch nicht einsatzbereit, aber immerhin, das Schiff war dicht.

Nachdem wir in der Werft alles erledigt hatten, fuhren wir wieder zurück zur Marina. Der Motor lief nun mit dem neuen Getriebe einwandfrei und auch der Gashebel, der bei unserer Ankunft für Aufregung gesorgt hatte, war nun so montiert, dass er sich nicht mehr von selbst aushängen konnte. In der Marina bestaunten natürlich alle unseren schmucken Oldtimer. Die „Thing" sah jetzt wirklich sehr gut aus und wir konnten uns vorstellen, sie bald für Gästetransporte einzusetzen.

Beim nächsten Besuch bewunderte Juan das schöne Schiff und wir feierten die gut gelungene Renovierung. Als ich ihm mein Barranquilla-Abenteuer erzählte, wurde er sehr ungehalten.

„Diese unnötigen Polizeiaktionen sind genau das, was mich an Kolumbien stört!", schimpfte er. „Auf diese Weise vertreibt man devisenbringende Touristen."

„Mit Sicherheit passiert mir das als Tourist nur einmal. Ein zweites Mal würde ich so ein Land nie mehr besuchen", sagte Ben. Und ich, noch verärgert von dem Erlebten, gab auch meinen Senf dazu.

„Du hättest mich gleich anrufen sollen!", wetterte Juan weiter. „Ein Onkel von mir ist ein hoher Polizeibeamter in Barranquilla. Der hätte diese dummen Kerle schon zur Vernunft gebracht."

Das wäre natürlich ein Hit gewesen, wenn so ein Polizeionkel mich da rausgeholt hätte. Aber was soll's, diese Geschichte war ausgestanden und vorbei.

Die groben Arbeiten waren alle erledigt und wir konnten uns der technischen Ausstattung und der komfortableren Ausgestaltung des Schiffes widmen. Ich war sehr stolz auf unseren eleganten Wohnraum und achtete darauf, dass er immer schön aufgeräumt war. So hatten wir bereits kleinere Konflikte mit der Auffassung von Ordnung. Ben war der absolute Praktiker, und wenn er eine Idee hatte, musste sie sofort umgesetzt werden und dabei vergaß er alles um sich herum, auch den schönen neuen Bodenbelag. So war es für ihn ganz normal, in der Mitte des Wohnraumes auf dem Boden zu sitzen und irgendein Gerät zu basteln. Er sägte, bohrte, klebte, schnitt und beschädigte damit die neue Einrichtung. Wenn ich empört rief: „Pass doch auf! Leg ein Brett unter deine Arbeit!", schaute er mich nur verständnislos an. Natürlich war mir klar, dass es nicht einfach war, auf so engem Raum beim Basteln nichts zu ruinieren. Zum Glück sind wir friedliche Menschen und es kam nie zu gröberen Auseinandersetzungen.

Wir waren sehr zufrieden mit unserer Arbeit und stolz auf das schöne Schiff. Ben schwärmte von seinem Motor und ich streichelte die lackierten Flächen der Inneneinrichtung. Auch Gato entwickelte sich prächtig. Er ging brav auf sein Kistchen und machte auch sonst keinen Unfug. Ben hatte Spielzeug für ihn gebastelt und der Kater tobte damit durch den Wohnraum. Sogar Juan brachte hin und wieder eine Dose teures Katzenfutter mit.

Eines Tages saßen Ben und ich im Cockpit und überlegten, wie wir den Geber des gerade erworbenen Echolots einbauen sollten, als uns Juan besuchte. Er war sehr schweigsam und scheinbar in Gedanken versunken.

„Was ist los mit dir?", fragte ich besorgt. Er sah mich mit seltsam flackerndem Blick an, sagte aber noch immer nichts.

„Liebeskummer?", fragte nun Ben scherzend.

„Nein, viel schlimmer. Ich habe eine schlechte Nachricht für euch", sagte er schließlich. Wir sahen ihn erstaunt an.

„Na, dann spuck' sie endlich aus!", forderte ich ihn nervös auf.
„Ihr müsst mir das Geld zurückgeben, das ich euch für die Schiffs-
renovierung gegeben habe", stieß er hervor und wagte nicht, uns
ins Gesicht zu blicken. Ben war aufgesprungen und dicht an ihn
herangetreten.

„Sag das noch einmal!", rief er, und ich merkte, dass die Farbe aus
seinem sonnengebräunten Gesicht gewichen war.

„Ihr müsst mir das Geld sofort geben, ich brauche es ganz dringend", wiederholte Juan seine Forderung.

„Aber du weißt doch, dass wir kein Geld haben", sagte ich. Juan
wusste doch, dass bei uns nichts zu holen war. Das war gegen unsere Vereinbarung. Wir starrten ihn fassungslos an.

„Ich habe es ursprünglich wirklich gut gemeint", begann Juan mit
beinahe weinerlicher Stimme. „Ich habe mir selbst das Geld von
Freunden ausgeborgt und die wollen es jetzt auf der Stelle zurückhaben, weil ich mit den Rückzahlungsraten in Verzug geraten bin.
Mit einem Teil des geborgten Kapitals habe ich mit Aktien speku-
liert und damit Pech gehabt. Mit dem letzten Geld habe ich ge-
spielt, in der Hoffnung, mit einem Gewinn meine Probleme lösen
zu können. Aber auch das ging daneben, ich hab' sogar eine ziemlich große Summe verloren." Er stand vor uns wie ein Häufchen
Elend. Spielte er uns ein Theater vor oder hatte er wirklich soviel
Mist gebaut? Ben ging einen Schritt auf ihn zu und packte ihn an
den Schultern. Sein vorher blasses Gesicht war rot angelaufen. Er
schüttelte Juan und schrie ihn an:

„Sag, dass das nicht wahr ist!"

„Es ist leider so", stammelte der Kolumbianer. Ben ließ in los.

„Wie kannst du nur so dämlich sein und uns in diese Sch… hin-
einziehen! Verträge muss man einhalten!", brüllte mein Freund.
Sein Gesicht hatte einen furchterregenden Ausdruck angenommen.
So hatte ich ihn noch nie erlebt. Auch in mir kochte die Wut und

ich hätte den verdammten Kerl mit Wonne verprügelt. Ben warf Juan alle möglichen Schimpfworte, leider in Deutsch, an den Kopf. Aber das war in dieser Situation nicht wichtig, die Lautstärke und der Gesichtsausdruck sprachen für sich. Juan hielt sich schützend die Arme vor das Gesicht.

„Können wir nicht vernünftig miteinander sprechen?", piepste er, als Ben kurz Luft schnappte. Mein Freund hielt inne, atmete tief durch und sagte sehr beherrscht: „Okay, reden wir!"

„Wie stellst du dir vor, dass wir das Geld auftreiben?", fragte ich.

„Ach, Mike, ich weiß es ja auch nicht. Ich dachte mir …".

Juan stockte.

„Was dachtest du?", fragte Ben ungeduldig.

„Ich dachte mir, ich biete den Gläubigern meinen Anteil am Schiff an. Das sind immerhin rund 20.000 Dollar."

Nun stieg in mir siedend heiß die Wut hoch. Ich schielte schon zur schweren Bratpfanne.

„So, dachtest du", sagte Ben eisig.

„Oder ihr verkauft das Schiff. Dann bleibt euch sogar noch Geld", säuselte Juan. Seine Stimme war wieder gewohnt freundlich und verbindlich. Hatte der dämliche Kerl noch immer nicht begriffen, dass die „Thing" unser Lebenstraum war, unsere Vorstellung von Freiheit? Wir hatten ihm doch erzählt, unter welchen Opfern wir sie fahrbereit gemacht und wie wir sie aus dem Riff geholt hatten. Wir hatten jeden Cent, den wir auftreiben konnten, in sie gesteckt. Dieses Schiff war kein lebloses Ding mehr, das war unser Heim, unser Besitz, unsere große Liebe!

„Du bist verrückt, wenn du meinst, wir verkaufen das Schiff!", stellte ich ganz entschieden fest.

„Vielleicht bringe ich die Leute, denen ich das Geld schulde dazu, sich an dem geplanten Unternehmen zu beteiligen", schlug Juan in versöhnlichem Ton vor. „Ich werde mit ihnen reden und melde mich dann wieder." Er hatte es plötzlich sehr eilig wegzukommen. Wir saßen noch lange schweigend beisammen und dachten nach. Gato schlich um uns herum, auch er schien unsere schlechte Stimmung zu spüren.

„Wie konnten wir nur so dämlich sein und diesem verdammten Latino vertrauen", sagte Ben nach einer Weile. Ich nickte. Ja, wir waren ganz schön blauäugig gewesen. Juan gehörte mit Sicherheit zu den jungen Männern, die noch nie in ihrem Leben richtig gearbeitet hatten. Wahrscheinlich stammte er aus einer wohlhabenden Familie und war für nichts zu gebrauchen. Da lernte er uns kennen und dachte sich – die lass ich für mich schuften!

„Es hat keinen Sinn herumzujammern", meinte ich schließlich. „Vielleicht sind die Gläubiger nicht ganz so schräge Vögel und sehen ein, dass unsere Geschäftsidee nicht schlecht ist."

„Du hast Recht, warten wir ab!", pflichtete mir Ben bei. „Und ganz so schlecht sind unsere Karten auch wieder nicht. So wie unser Schiff jetzt dasteht, ist es mindestens 80.000 Dollar wert. Wir werden es mit Sicherheit nicht wegen Juans 20.000 Dollar verschenken."

Ich hatte ein eigenartiges Gefühl im Magen. Waren das der Ärger und die Wut, die noch an mir nagten? Trotz der Hitze kroch mir eisige Kälte über den Rücken. Ich holte eine Decke aus meiner Koje und wickelte mich darin ein.

„He, was ist mit dir los? Es hat mindestens 30 Grad Celsius!", sagte Ben und schaute mich erstaunt an. Ein Schüttelfrost hatte mich gepackt. Meine Zähne klapperten.

„Du bist krank, du hast Fieber", stellte er fest. Er kramte das Fieberthermometer aus der Reiseapotheke und gab es mir. Ich steckte es in die Achselhöhle und wartete gehorsam, bis es mein Freund an sich nahm und ablas.

„Verdammt, 40,2 Grad!", rief er aufgeregt.

In den nächsten Tagen lag ich fiebernd in der Koje. Mein Magen rebellierte und ich fühlte mich hundeelend. Im Moment war mir alles egal, sollten diese Gauner doch machen, was sie wollten. Als ich nur mehr Galle kotzen konnte, ging das Fieber zurück.

Nach drei Tagen tauchte Juan wieder bei uns auf. Er versuchte, locker und fröhlich zu wirken. Wir sahen ihn misstrauisch an. Als er merkte, dass ich krank war, erkundigte er sich besorgt nach meinem Befinden.

„Brauchst du einen Arzt?", fragte er.

„Danke, es geht mir schon wieder besser", sagte ich abweisend.

„Was hast du uns zu berichten?", fragte Ben.

„Es schaut nicht so schlecht aus. Ich hab den Leuten von euch und unserer Geschäftsidee erzählt. Sie wirkten interessiert, wollen euch aber persönlich kennen lernen, um eine vernünftige Lösung zu finden", sagte Juan und nahm den Kater auf den Arm. Gato war aber nicht nach Streicheln zumute, er wehrte sich fauchend und sprang auf den Boden. Er hielt anscheinend loyal zu uns.

„Sobald es Mike besser geht, können wir die Herren besuchen", fuhr Juan fort. „Bist du in zwei Tagen wieder okay?"

Noch fühlte ich mich etwas schwach auf den Beinen, aber das Fieber war beinahe weg.

„Ich denke, es wird gehen", stimmte ich zu.

Zwei Tage später saßen wir tatsächlich bei Juan im Jeep und fuhren über Barranquilla noch gut zwei Stunden weiter ins Hinterland. Auf einer mit großen Bäumen gesäumten Zufahrt kamen wir zu einer schönen Finca. Die gepflegten, weiß getünchten Gebäude und der üppige Blumenschmuck ließen auf einen wohlhabenden Besitzer schließen. Zwei gut gekleidete, kräftige Männer mit Sonnenbrille empfingen uns. Sie waren offensichtlich die Bodyguards des Chefs dieses Anwesens. Juan wechselte mit ihnen ein paar

Worte und daraufhin wurden wir zu einer schattigen Terrasse gebracht. Ein etwa fünfzigjähriger, korpulenter Kolumbianer hieß uns freundlich willkommen. Er machte einen guten Eindruck auf uns und wir unterhielten uns über alles Mögliche. In dieser lockeren Atmosphäre erzählten wir von unseren Abenteuern in der Karibik und natürlich auch von unserem Schiff. Don Felipe, wie er sich nannte, erzählte uns nun in vertraulichem Ton, wie schwierig und unsicher es wäre, in Kolumbien Geschäfte zu machen. In letzter Zeit hätte er viel Pech gehabt und müsse nun alle Außenstände eintreiben.

„Leider hat auch Juan bei mir Schulden", sagte er schließlich. „Und da er euch das Geld gegeben hat, muss ich mich wohl an euch halten."

Mir lief es wieder kalt über den Rücken und der Mann war mir plötzlich nicht mehr sympathisch.

„Juan hat Ihnen sicher erzählt, dass wir mit unserem Schiff Touristen nach San Rosario bringen wollen. Jetzt ist das Schiff fertig restauriert. Wir können mit den Fahrten beginnen", erklärte Ben.

„Ich weiß", sagte Don Felipe, „aber bis euer Unternehmen soviel abwirft, dass ihr die Schulden zurückbezahlen könnt, kann ich nicht warten. Für mich als Geschäftsmann gibt es zwei Möglichkeiten: Entweder ihr bezahlt eure Schulden sofort oder ihr arbeitet sie nach meinen Vorschlägen ab."

Don Felipe sah uns prüfend an und sagte dann mit einem schlauen Grinsen: „Es gibt eine Möglichkeit, rasch Geld zu verdienen."

„Und die wäre?", fragte Ben interessiert. Ich rutschte unruhig auf meinem Sessel hin und her. Schnelle Geldbeschaffungen in diesen Breiten sind immer verdächtig, dachte ich bei mir.

„Ihr fahrt ganz einfach nach San Andrés statt nach San Rosario."

Wir sahen den Mann gespannt an. – Was sollte der Grund dieser Reise sein?

„Ihr bekommt ein paar Pakete mit, die ihr für mich in San Andrés abliefert", sagte der Don. Uns war sofort klar, welche Pakete das sein sollten. Es verschlug uns kurz die Sprache und bevor wir uns von dem Schreck erholten, meinte unser Gastgeber: „Bis zum Mittagessen habt ihr noch zwei Stunden Zeit. Überlegt euch mein Angebot in Ruhe." Er stand auf und ging ins Haus. Wir saßen wie betäubt auf unseren bequemen Stühlen. Ich fühlte mich ziemlich elend von der noch nicht ganz überstandenen Krankheit. Die Sorgen und die Angst vor dem drohenden Unheil verbesserten meinen Zustand auch nicht.

„Komm, machen wir einen Spaziergang", forderte mich Ben auf. Wir schlenderten durch den gepflegten Park.

„Schau dich doch um", sagte ich zu meinem Freund. „Alles hier stinkt nach Geld und ausgerechnet aus uns armen Würstchen wollen sie auf der Stelle die 20.000 Dollar herauspressen."

„Na klar, mit uns können sie machen, was sie wollen, wir sind ihnen ausgeliefert. Aber was können wir wirklich tun?" Wir überlegten hin und her, kamen aber zu keiner brauchbaren Lösung.

„Ich habe absolut keine Lust für diese Gauner Drogen zu transportieren und dafür womöglich in einem dieser elenden Gefängnisse zu landen", sagte ich trotzig.

„Wir schenken ihnen die ‚Thing' und beginnen in einer anderen Gegend wieder von vorne", schlug Ben vor und sah mich prüfend an.

„Möchtest du das wirklich?", fragte ich betroffen. „Willst du wirklich kampflos aufgeben?"

„Natürlich nicht. Wir werden abhauen!" Dieser Gedanke war mir auch schon gekommen.

„Wir werden jetzt abwarten, was der Kerl wirklich von uns will und wie das alles ablaufen sollte", schlug ich vor. „Erst dann können wir konkrete Fluchtpläne machen."

„Du hast Recht. Wir müssen äußerst vorsichtig sein, sonst lassen sie uns einfach verschwinden", gab Ben zu bedenken. „Wenn sie nur hinter unserem Schiff her wären, böte sich jetzt die beste Gelegenheit uns zu ermorden. Aber ich vermute, sie wollen noch mehr von uns."

„Ist anzunehmen! Ich denke, Juan hat von Anfang an ein falsches Spiel mit uns getrieben und wir sind prompt in die Falle getappt. Aber wir werden alles daran setzen, sie auszutricksen."

„Zur Polizei zu gehen wäre Selbstmord", überlegte Ben. „Dem guten Don Felipe zu sagen: ‚Leck mich am A…', wäre wahrscheinlich ebenso gefährlich…" Er hörte mitten im Satz auf und gab mir mit der Schulter einen leichten Stoß.

„Schau dich nicht um", raunte er mir zu. „Die Bodyguards folgen uns. Das ist sicher kein Zufall." Mir wurde etwas mulmig zumute. Wollten sie uns tatsächlich schon hier in diesem weitläufigen Park eliminieren?

„Wir drehen uns jetzt um, gehen zurück und schauen sie recht freundlich an. Ich hoffe, in der unmittelbaren Nähe des Hauses sind wir sicherer", schlug ich vor. Wir taten so, als bewunderten wir einen blühenden Strauch und schlenderten, anscheinend im Gespräch vertieft zurück.

„Ein wundervoller Park!", sagte Ben freundlich lächelnd, als wir bei den Muskelmännern ankamen. Sie verzogen keine Miene und gingen schweigend an uns vorbei.

„Ich glaub', das sind Zombies", flüsterte ich. Ben lachte etwas gequält.

„Dann sind sie umso gefährlicher!"

Da mein Magen noch nicht ganz in Ordnung war, aß ich nur wenig von dem köstlichen Mittagessen. Auch Ben, der sonst einen beneidenswert guten Appetit besaß, hielt sich zurück. Nach dem Dessert gab es Kaffee und Don Felipe erklärte uns die Einzelheiten seines

Auftrages. In zehn Tagen wollte er uns 150 Kilo Kokain, als Lebensmittel getarnt, zum Schiff bringen. Auf San Andrés würde ein Mann die Ware übernehmen. Sollte der Deal zur allgemeinen Zufriedenheit ausfallen, würde er darüber nachdenken, wie der Rest unserer Schulden getilgt werden könnte. Wir sagten zu allem Ja und Amen.

Nach der Siesta durften wir im Pool schwimmen. Wir versuchten die Gastfreundschaft zu genießen. Am Abend lernten wir auch die Damen des Hauses kennen. Don Felipes Frau war eine elegante Lady, gab sich aber steif und unzugänglich. Besser gefielen uns die beiden Töchter im Teenageralter, die sich über unser holpriges Spanisch amüsierten. Sie mussten ständig kichern, schließlich wies sie Don Felipe zurecht und schickte sie weg. Auch die Frau Mama verließ nach einer Weile die Tafel und somit waren wir Männer wieder unter uns. Es gab einen guten Tropfen zu trinken und Don Felipe erzählte uns heitere Anekdoten über die Politiker, das Militär und die Polizei. Wir lachten höflich über seine Witze. Ein Bediensteter brachte auf einem kleinen Silbertablett ein Döschen herein.

„Bedient euch bitte", sagte Don Felipe, öffnete den Deckel und schob mir das kleine Gefäß zu. Aha, das ist ein Test, dachte ich, als ich das weiße Pulver sah.

„Danke, ich nehme keine Drogen", sagte ich. Auch Ben machte eine abweisende Geste. Juan zuckte die Achseln und lehnte auch ab.

„Sehr vernünftig!", meinte Don Felipe. Wir unterhielten uns nun über die Gefährlichkeit der Drogen im Allgemeinen und Don Felipe hielt uns einen Vortrag über die in seinen Augen scheinheilige Drogenpolitik der USA. Da wir ihn nicht gegen uns aufbringen wollten, gaben wir ihm in allem Recht. Kurz nach Mitternacht zeigte uns ein Hausmädchen das Gästezimmer. Wir waren sehr müde und schliefen bald ein. Gegen acht Uhr weckte uns Juan.

„In einer halben Stunde gibt es Frühstück und dann fahren wir gleich zurück", sagte er. Er wirkte fröhlich und schien mit der Entwicklung der Ereignisse zufrieden zu sein.

Wir beschlossen, nach Curaçao zu flüchten, dafür gab es mehrere Gründe. Zum Ersten hatte es uns dort gut gefallen und wir hatten dort viele Freunde, zum Zweiten war es nicht die übliche Route, auf der man Cartagena verließ. Nicht nur die starke Gegenströmung von teilweise vier Knoten, sondern auch der fast ständig aus Osten wehende Gegenwind und der starke Seegang machten diese Reise gefährlich und anstrengend. Angeblich versuchten jedes Jahr an die fünfzig Jachten diese Route, aber nur wenige erreichten ihr Ziel. Rudolf hatte uns einmal gesagt, dass nur Wahnsinnige dieses Wagnis auf sich nehmen würden. So gesehen war das der Fluchtweg, den uns kaum jemand zutraute.

In den nächsten Tagen waren wir eifrig damit beschäftigt, das Schiff seetauglich zu machen. Wir bemühten uns, möglichst unauffällig Proviant und andere wichtige Dinge an Bord zu bringen. Am Tag vor unserer Abreise gingen wir zum Immigrationsbüro, um unsere Papiere ordnungsgemäß abstempeln zu lassen. Wir wollten am frühen Morgen, noch vor Sonnenaufgang, in See stechen. Aber als wir noch schlaftrunken das Cockpit betraten, erwartete uns dort bereits ein uniformierter Gast.

„Wir haben gehört, ihr wollt abreisen? Vorher möchten wir aber das Schiff nach Drogen durchsuchen. Meine Kollegen kommen gleich", sagte der Mann. Wir waren nicht schlecht erschrocken! Hoffentlich tauchte nicht auch noch Juan auf, dann wäre es vorbei mit unserer Flucht. Nach einer halben Stunde, in der wir unsere Nervosität nur schwer beherrschen konnten, kamen noch zwei weitere Polizisten mit einem Hund. Ben nahm den kleinen Kater auf die Schulter, der aus sicherer Höhe den Hund anfauchte. Die Männer durchwühlten gründlich alle Schränke und Winkel und machten sich wieder davon. Zwei Stunden später waren wir endlich unterwegs und verließen die Bucht von Cartagena, in der wir fast ein Jahr gelebt und eine schöne Zeit verbracht hatten.

„Wie gut, dass wir Don Felipes Pakete nicht an Bord hatten", sagte ich. Ben war seltsam blass und hatte einen harten Zug um den Mund.

„Ich habe das Gefühl, die Polizei hat uns schon länger im Visier", meinte er. „Wahrscheinlich ist Juan kein Unbekannter und sie haben beobachtet, dass wir mit ihm Kontakt hatten."

Im selben Tempo wie wir uns von der Küste entfernten, begann sich Bens Gesundheitszustand zu verschlechtern. Er schien, mit einigen Tagen Verspätung, denselben Virus auszubrüten, der mich vor kurzem gequält hatte. Bis zum Abend stieg das Fieber und er konnte nur mehr schweißüberströmt in seiner Koje liegen. Der gute Wind und der kräftige Seegang beschäftigten mich vollauf. Bei jeder Wende war ich ziemlich überfordert und ich hatte Glück, dass nichts passierte. Die „Thing" war nicht unbedingt das ideale Einhand-Schiff. Nach fünf harten Tagen war Ben endlich so weit, dass er die Koje verlassen und mir bei der Seemannsarbeit beistehen konnte. Das war genau der richtige Zeitpunkt, denn wir passierten gerade die Ecke bei La Guajira und ab hier ging es direkt nach Osten gegen Strömung und Wind. Nach drei weiteren, nicht sehr abwechslungsreichen, dafür umso anstrengenderen Tagen, hatten wir nicht mehr als 100 Seemeilen hinter uns gebracht.

Damit keine Langeweile aufkommen konnte, bekamen wir Besuch von einem US-Navy-Kriegsschiff, das hinter uns auftauchte und auf Parallelkurs zu uns ging. Wir begrüßten die Leute höflich und fragten, ob wir ihnen helfen könnten. Sie baten uns, das Schiff anzuhalten, weil sie mit uns Plaudern wollten. Die Spaßvögel wussten wohl nicht, dass man ein Segelschiff nicht einfach „anhalten" konnte, noch dazu bei hohen Wellen, starkem Wind und vollen Segeln. Wir boten den Leuten einen ruhigen Nordkurs am Wind an, so konnten wir langsam und relativ ruhig fahren. Nun kam über Funk das übliche Verhör über Woher, Wohin und unsere persönlichen Daten. Wir hatten nichts zu verbergen und gaben bereitwillig die gewünschten Auskünfte. Schließlich teilte uns die Stimme am Funkgerät mit, dass sie eine Drogenkontrolle machen wollten. Und wieder freuten wir uns über die Entscheidung, Kolumbien hinter uns gelassen zu haben. Wir ersuchten die Männer noch, keinen Hund mitzubringen, da wir einen Kater an Bord hätten. Eine halbe Stunde später legte das Beiboot mit acht Soldaten und unglaublich viel Gepäck bei uns an. Die Show, die uns nun geboten wurde, war ein echtes High-Tech-Spektakel und wir genossen die Abwechslung. Staunend saßen wir mit Gato im Cockpit, während die Mannschaft ihre Geräte aufstellte und betriebsbereit machte. Da gab es verschiedene Sonden, mit denen sie Hohlräume aufspüren und betrachten konnte, sowie allerlei auf Drogen reagierende Instrumente. Drei Uniformierte wischten unser gesamtes Schiff mit Wattepads Stück für Stück ab. Die Pads wurden mit Zetteln beschriftet und in eine Plastiktüte gegeben. Nach vier endlosen Stunden kehrten fünf Männer zum Schiff zurück.

„Die Wattepads werden im Labor untersucht. Ist alles okay, dann könnt ihr sofort weitersegeln", sagte einer der Männer.

„Untersucht nur!", sagte ich fröhlich. Wir führten ein belangloses Gespräch und die Soldaten begannen anzügliche Bemerkungen über uns zu machen. Sie hatten anscheinend Probleme damit, dass zwei Männer auf einem Segelschiff fuhren, ohne schwul zu sein. Es dauerte nicht lange und der erwartete Funkspruch kam.

„Ergebnis negativ! Sorry, dass wir euch belästigt haben, aber wir taten nur unsere Pflicht", sagte einer der Soldaten. Kurz darauf wurden sie abgeholt.

„Durch diesen Blödsinn haben wir einen halben Tag vertan und sind keinen Meter weitergekommen", schimpfte ich. Dafür hielten wir die ganze Nacht, hart gegen den Wind kreuzend unseren Kurs. Früh morgens, mit dem ersten Sonnenlicht, sorgte eine viermotorige Maschine der Königlichen Niederländischen Luftwaffe für Abwechslung. Zweimal donnerte sie im absoluten Tiefflug über unsere „Thing", so dass wir mühelos die Gesichter der Besatzung sehen konnten. Beim zweiten Mal begrüßten wir sie mit einem freundlichen Winken. Diese Maschine besuchte uns nun drei bis vier Mal am Tag und wir waren überrascht über den tollen Begleitschutz.

Wie meistens auf offener See, hatten wir eine Schleppangel ausgelegt. Im Gegensatz zur US-Navy war uns ein Fisch ins „Netz" gegangen. Nach längerem Kampf gelang es uns einen ungefähr 20 Kilo schweren Dorado an Bord zu hieven. Wir bestaunten den farbenprächtigen Fang und waren froh, Abwechslung in unseren Speiseplan zu bekommen. Auch Gato war außer sich vor Begeisterung. Er sprang wie verrückt herum und schlug seine Krallen in den noch zuckenden Körper. Fisch war seine Lieblingsspeise und bei diesem Überangebot an Futter drehte er fast durch.

In der folgenden Nacht nahm der Schiffsverkehr stark zu, ein sicheres Zeichen, dass wir uns der Insel Aruba näherten. Im Westen ankerten etliche große Öltanker, die Erdöl anlieferten und die raffinierten Produkte wieder abholten. Vorsichtig schlängelten wir uns zwischen den hellbeleuchteten Ungetümen durch. Wir saßen im Cockpit und betrachteten hochkonzentriert die Vorgänge um uns. Es galt herauszufinden, welche Schiffe sich in Fahrt befanden und welche nicht. Das Lichtermeer verlagerte sich langsam an das

Heck unseres Schiffes und wir waren froh, als bei Morgengrauen Aruba hinter uns lag. Die nächsten zwei Tage gab es, abgesehen von der Königlichen Luftwaffe, kaum eine Abwechslung und wir waren sehr froh, als Curaçao vor uns auftauchte. Je näher wir auf unser Ziel zukamen, desto schlechter wurden die Windverhältnisse, da wir mehr und mehr in das Lee der Insel eintauchten. Schließlich beschlossen wir, die letzten Seemeilen zu motoren, um Spanish Waters möglichst noch bei Tageslicht zu erreichen. Wir waren sehr erleichtert, als wir endlich an der uns vertrauten Stelle den Anker ins Wasser werfen konnten. Nach dieser anstrengenden Reise hatten wir großes Verlangen nach einem gut gekühlten Bier, und das möglichst auf festem Boden. – Bis spät in die Nacht saßen wir in Sarafundis Marina und plauderten mit alten Bekannten.

Am nächsten Morgen, wir lagen noch in unseren Kojen, wurden wir durch lautes Klopfen an die Bordwand geweckt. Schlaftrunken steckte ich den Kopf durch die Luke, um zu sehen, wer schon am ersten Tag von uns etwas wollte. Ich war gar nicht sehr überrascht, schon wieder Uniformierte, diesmal von der Zollbehörde, vorzufinden. Ich zog mich rasch an und kletterte an Deck, um mich um den Besuch zu kümmern. Nicht sehr höflich forderten sie uns auf, sie mit dem Schiff zu begleiten, da sie es durchsuchen wollten. Nun steckte auch Ben seinen Kopf durch die Luke. Er griff sich stöhnend an die Stirn und brummte missmutig: „Nicht schon wieder! Ich habe diese Kontrollen schon so satt. Wir sind noch müde, kommt doch gegen Mittag wieder!" Dem Chef der Zollmannschaft schien das nicht zu gefallen, er fühlte sich in seiner Autorität verletzt und in einem unangenehmen Befehlston sagte er: „Machen Sie sofort das Schiff startklar und folgen Sie uns!"
Wir wussten nur zu gut, wie unangenehm Amtspersonen in diesen Breiten (und auch anderswo) werden konnten, daher weigerten wir

uns nicht länger. Ohne die geringste Eile machten wir unser Schiff klar und nach zwei Stunden waren wir so weit, dass wir den Anker lichten und dem Zollboot folgen konnten. Zwei Beamte kamen zu uns an Bord und schauten sich neugierig um. Wir fuhren in den Hafen von Willemstad, an der Schwenkbrücke vorbei bis zur Zollbehörde, die sich am Ende des großen Hafenbeckens befand. Als wir angelegt hatten, kam wieder der Chef dieses Kommandos zu uns und schnauzte uns an, wir sollten unser Schiff ja nicht verlassen. Während der Stunde, die sie uns warten ließen, kochten wir Kaffee und frühstückten gemütlich. Nun tauchte der Drogensuchtrupp mit Hund auf. Ben war noch immer schlechter Laune und hinderte sofort die Männer am Betreten des Schiffes.

„Wir haben einen Kater an Bord. Ich glaube nicht, dass euer Hund dann noch Interesse an Drogen hat." Die Herren berieten sich kurz und sagten zu Ben, er solle mit Gato am Steg warten. Der schöne Schäferhund äugte zu unserem Vierbeiner und der fauchte ihn böse aus seiner sicheren Position an. Als der Hund nach einer Stunde noch immer nichts erschnüffelt hatte, wurde auch ich ungeduldig. Also begann ich langsam aber sicher den Beamten auf die Nerven zu gehen und sie zu drängen, endlich ihre Arbeit abzuschließen. Aber sie beachteten mich gar nicht. Ich beobachtete einen Zöllner, wie er eifrig Mast und Baum abklopfte.

„Hey, Mister", sagte ich gereizt, „das ist ein Mast und keine Gegensprechanlage. Sie können stundenlang klopfen und werden vergebens auf Antwort warten." Er warf mir einen giftigen Blick zu. Ich nahm nun den Akkubohrer und bohrte ein Loch in den Mast. „Schauen Sie in das Loch, da wohnt höchstens ein Holzwurm!", forderte ich ihn auf. Er wandte sich von mir ab und bestrafte mich durch Nichtbeachtung. Nach einer Weile waren sie mit der Durchsucherei fertig, stellten uns eine Bestätigung über ihren Misserfolg aus und verließen grußlos unser Schiff.

Wir nützten den Gratisparkplatz vor dem Zollamt und machten einen ausgiebigen Lebensmitteleinkauf in der Stadt. Am frühen Nachmittag kehrten wir wieder nach Spanish Waters zurück.

In den folgenden zwei Wochen hatten wir verschiedene Jobs. Es schien fast so, als hätten einige Leute schon auf unsere Rückkehr aus Cartagena gewartet. Häufig arbeiteten wir für Phil auf der „Insulinde". Phil hatte während der Zeit unserer Abwesenheit gute Geschäfte gemacht und sich einiges angeschafft. Er fuhr einen nagelneuen Jeep und in Willemstad besaß er inzwischen ein nettes kleines Haus. Im Norden der Insel hatte er ein weitläufiges Strandgrundstück mit einem großen Haus gemietet. Einmal pro Woche fuhr er mit der „Insulinde", voll mit Touristen, zu diesem Arcal. Die Leute vertrieben sich den Tag mit Schnorcheln, Windsurfen und Baden. Zu Mittag gab es ein tolles Barbecue am Strand und am Abend wurden die Gäste wieder zurückgebracht. Am nächsten Tag fuhr die „Insulinde" am Vormittag, ohne Fahrgäste, zur unbewohnten Insel Klein-Curaçao. Dort warteten bereits Touristen, die mit einem Helikopter einen Inselrundflug absolviert hatten. Beinahe stündlich brachte der Helikopter neue Menschen. Auf der „Insulinde" konnten sie Schnorcheln, Taucherbrillen und Surfbretter ausborgen. Die Crew des Schiffes bereitete ein üppiges Grillmenü am Strand, und am Abend, beim romantischen Sonnenuntergang, fuhr der ganze Haufen mit der nicht minder romantischen „Insulinde" zurück nach Willemstad.
Um die „Insulinde" segeln zu können, war ein Dutzend Männer als Crew vonnöten und wir waren froh, Phil bei dieser gut bezahlten Tätigkeit unterstützen zu können. Dieser Job machte außerdem großen Spaß, da sich die Gelegenheit bot, etwas von der alten traditionellen Segelkunst zu lernen. So manches Manöver aus der guten alten Zeit erforderte den vollen Einsatz der gesamten Mann-

schaft. Zum Beispiel war das Bergen der Vorsegel eine höllische, nicht ungefährliche Aktion: Mehrere Männer mussten sich für diese Arbeit rittlings hintereinander auf den Baum setzen, der den Bugspriet bildete und an ihm vorsichtig entlang rutschen, bis sie eine Position erreicht hatten, in der es möglich war, nach dem Unterliek des Segels zu greifen. Während wir diese Position einnahmen, steuerte der Kapitän direkt gegen den Wind, um den Druck aus den Segeln zu nehmen. In dieser Stellung begann das Schiff stark mit den Wellen vor und zurück zu schaukeln. Die Matrosen, die ganz vorne am Bugspriet saßen, wurden nun bis zu sieben Meter in die Höhe gehoben und sausten im nächsten Moment wieder in die Tiefe, durchschlugen die Wasseroberfläche, tauchten beinahe zwei Meter tief ein und kamen triefend wieder zum Vorschein. Diese feuchtfröhliche Aktion dauerte so lange, bis die Crew die Segel geborgen hatte. Bei diesem Manöver bestand stets die Gefahr, dass die Fahrgäste seekrank wurden und das schöne Essen wieder ins Meer kotzten.

Neben diesen beiden Touristikveranstaltungen, fuhr die „Insulinde" auch noch wie ein Linienschiff einmal pro Woche nach Bonaire und nach Venezuela. Am Festland füllte Phil die Fronträume mit Getränken und Lebensmitteln, die er dann wieder an seine Gäste verkaufte.

In der Marina in Spanish Waters gab es für uns genug zu tun. Nicht immer verdienten wir Geld für unsere Arbeit, häufig machten wir interessante Tauschgeschäfte.

Nach drei Wochen, in denen wir uns bereits gut eingelebt und schon gehofft hatten, unser kolumbianisches Problem durch den Umzug gelöst zu haben, holte uns das Unheil wieder ein. Wir bastelten gerade im Schiffsinneren an den Batterien herum, als wir hörten, dass ein Boot bei uns anlegte. Wir dachten uns nichts dabei, weil wir häufig Besuch bekamen. Erschrocken war ich erst, als ich einen Mann über die Leiter herunterklettern sah und bemerkte, dass er eine ziemlich große Automatikpistole auf mich richtete.

„Juan!", rief ich erschrocken.

„Olá amigos, comes das?", zischte er mir entgegen. Ein zweiter Mann kletterte herunter und stellte sich ebenfalls mit gezückter Waffe auf. Auch er war kein Unbekannter. Wir hatten ihn auf der Finca Don Felipes gesehen, er war einer der unheimlichen Bodyguards.

„Ich glaube, wir sollten uns setzen", sagte Juan, nun in freundlicherem Ton. Wir setzten uns gehorsam. Gato strich schmeichelnd um Juans Beine, um den alten Freund auf seine Art zu begrüßen. Der Kolumbianer gab dem kleinen Tier mit der Fußspitze einen kräftigen Stoß, dass es einige Meter weit flog. Kläglich maunzend verzog sich der Kater in den hintersten Winkel. Ich spürte, wie Ben neben mir aufspringen wollte, aber ich drückte ihn unsanft auf seinen Sitz zurück.

„Ich möchte euch an den Auftrag erinnern, den ihr für Don Felipe erledigen hättet sollen", begann Juan. „Einen wichtigen Mann des Cali-Kartells führt man nicht an der Nase herum." Mir fiel das Herz buchstäblich in die Hose.

„Wir mussten sofort von Cartagena weg. Die Polizei hatte uns gründlich durchsucht. Alles deutete darauf hin, dass wir unter Beobachtung standen", sagte ich. Warum klang meine Stimme nur so unsicher und hoch? Juan schaute mich erstaunt an, machte dann aber eine verächtliche Handbewegung.

„Eine schlechte Ausrede", meinte er. Nun meldete sich aber auch Ben zu Wort: „Wir wurden auch noch von den Amis auf See gründlich durchsucht und ständig begleitete uns ein Flugzeug. Und als wir hier ankamen, war gleich die nächste Durchsuchung. Ist doch klar, dass das Ganze eine verpfiffene Aktion war."

„Wahrscheinlich bist du als Dealer bekannt, und wir hatten die Schwierigkeiten nur deshalb, weil auch du unter Beobachtung stehst und wir mit dir gesehen worden sind", sagte ich mutig. Wir spürten, dass Juan unsicher wurde und ich hatte nun das Gefühl, dass nicht nur wir von dem Killer an seiner Seite bedroht wurden, sondern auch er.

„Mag sein, dass da etwas nicht ganz so lief", gab Juan schließlich zu. „Aber eure Schulden sind trotzdem nicht beglichen."

„Gebt uns etwas Zeit. Wir haben hier gut bezahlte Arbeit und in drei Monaten können wir schon einen Teil zurückbezahlen. Schließlich bist du vertragsbrüchig geworden, nicht wir", sagte ich und stellte befriedigt fest, dass meine Stimme wieder ihren gewohnten Klang hatte.

„Zur Sache!", zischte der Killer und Juan atmete tief durch, lehnte sich zurück und sagte: „Ratenzahlungen sind bei uns nicht üblich. Aber ich habe einen neuen Auftrag für euch. Ihr dürft auf unsere Kosten nach Panama fliegen und von dort aus eine interessante Reise machen."

Ben erhob sich mit steifen Beinen und pflanzte sich unmittelbar vor Juan auf.

„Nein, wir machen keine Reise", sagte er entschlossen.

Der Killer knallte seine Automatic auf den Tisch und umschlang blitzschnell von hinten mit der Linken Bens Schultern und hielt ihm mit der Rechten ein Messer an die Kehle.

„Nicht!", rief ich erschrocken.

„Ihr habt sicher schon von der Corbata Columbiana gehört, oder?", fragte Juan böse grinsend. Ja, davon hatten wir schon gehört, das war eine der grausamen Hinrichtungsmethoden der Mafia.

„Also, Amigos. Don Felipe ist sehr böse auf euch und hat uns den Auftrag gegeben, euch auf der Stelle zu töten." Er machte eine Pause und ich hörte in dieser Stille mein Herz laut klopfen.

„Aber das würde nicht viel bringen. Ihr erledigt noch den Job in Panama und wenn der zu unserer Zufriedenheit ausfällt, ist die Sache für euch ausgestanden." Der Killer ließ wieder von Ben ab und stieß ihn auf die Sitzbank zurück. Er steckte sein Messer ein, ergriff die Automatic und richtete sie von neuem auf uns. Nun war klar, nur eine falsche Reaktion und wir konnten uns den Meeresgrund mit den Fischen teilen.

„Es könnte natürlich sein, dass ihr wieder die Flucht ergreift, aber wir haben vorgesorgt." Juan zog einen Briefumschlag hervor und reichte ihn Ben.

„Schau dir den Inhalt an, Amigo", sagte Juan. Ben öffnete das Kuvert und zog ein Foto heraus. Er wurde blass und seine Hände begannen zu zittern.

„Du kennst die Dame?", fragte Juan. „Dreh das Foto um." Ben drehte gehorsam das Foto um.

„Ihr Schweine", flüsterte mein Freund mit versagender Stimme.

„Sei vorsichtig mit deiner Wortwahl!", mahnte der Kolumbianer. „Übrigens haben wir bereits die Fotos von deiner Freundin mit Kind, samt Adresse, an unsere Mittelsmänner in Europa verteilt. Und für dich, Mike, habe ich auch etwas." Juan zog aus seiner Tasche ein kleines Kärtchen und hielt es mir unter die Nase, es war eine Visitenkarte meiner Mutter. Foto und Visitenkarte musste unser sauberer Freund schon in Cartagena geklaut haben.

„Solltet ihr versuchen, Don Felipe wieder zu hintergehen oder euch irgendwohin abzusetzen, werden wir uns bei euren Familien melden." Wir starrten diesen abgefeimten Mafioso wütend an, wagten aber nichts mehr zu sagen.

„So und jetzt noch zu eurem Auftrag", fuhr er fort, „ich werde euch die Flugtickets nach Panama und pro Person 1.000 Dollar demnächst mit einem Boten zukommen lassen. In Panama quartiert ihr euch im Continental ein und wartet auf weitere Instruktionen.

Macht keine Fehler, wir werden über jeden eurer Schritte informiert sein. Adios!" Die zwei miesen Typen kletterten die steile Treppe hinauf und bald darauf hörten wir das Boot abfahren. Wir saßen wie betäubt auf unseren Plätzen.

„Dieses Schwein hat mir das Foto von Lilli mit dem Baby geklaut", stieß Ben schließlich wütend hervor. „Und die Adresse hat er auch! Wir waren so grenzenlos blöd und haben ihm vertraut. Dabei hatte der Gangster nichts anderes im Sinn, als uns auszuhorchen."

Er rappelte sich hoch und sah nach Gato, der noch immer total verstört in einer Ecke saß. Während er das Tier vorsichtig nach Verletzungen untersuchte, schimpfte er weiter: „Nicht einmal vor einem kleinen, hilflosen Tier machen diese Monster halt."

„Wir müssen überlegen, wie wir aus dieser Situation herauskommen", sagte ich nach einer Weile. Ich hatte plötzlich schlimme Kopfschmerzen bekommen, das war wohl eine Auswirkung des Schocks.

„Wie wir aus dieser Situation herauskommen?", äffte mich Ben wütend nach. „Denk' nach, du Blödmann! Wenn wir abhauen, vergreifen sie sich an meiner Familie. Und die Adresse von deiner Mutter haben sie auch. Wir sind ihnen ausgeliefert. Hörst du, ausgeliefert!" Er schrie in seiner Wut und Verzweiflung auf mich ein und ich ließ ihn toben. Als dieses Gewitter vorüber war, versuchte ich, vernünftig mit ihm zu reden. Wir wussten ja nichts über den Auftrag, den wir erledigen sollten, aber eines war klar, wenn das Cali-Kartell etwas von uns wollte, war das mit Sicherheit eine ganz heiße Sache.

„Ich befürchte das Schlimmste", gestand ich.

Der Tag war für uns gelaufen. Wir schlichen wie betäubt auf dem Schiff herum und streichelten abwechselnd den glücklicherweise unverletzten Kater. Bis tief in die Nacht versuchten wir einen Ausweg zu finden – vergeblich. So beschlossen wir wieder einmal abzuwarten und darauf zu vertrauen, dass alles gut ausgehen würde. Schon am nächsten Vormittag kam ein Junge mit einem Motorboot und brachte uns einen großen Umschlag, in dem sich die Tickets, das versprochene Geld und ein Zettel mit einer Telefonnummer für „Notfälle" befanden. In den drei Tagen, die uns bis zum Abflug blieben, bereiteten wir unser Schiff darauf vor, für eine Weile ohne Besatzung zu sein. Wir stellten fest, dass wir unsere „Thing" zum ersten Mal für längere Zeit alleine lassen würden und eigentlich nicht dafür gerüstet waren. So mussten wir noch einige Luken versperrbar machen und Schlösser dafür besorgen. Unseren Bekannten erklärten wir, dass wir für eine Weile verreisen müssten und baten sie, das Schiff im Auge zu behalten. Gato brachten wir bei Imke unter, der versprach, gut für ihn zu sorgen. Einen Tag vor dcm Abflug kauften wir uns noch etwas bessere Klamotten zum Anzichen. Auf dem Schiff trugen wir ja nur T-Shirts und kurze Hosen oder alte, abgewetzte Jeans. Der Abschied fiel uns sehr schwer und wir merkten, wie sehr die „Thing" unser Zuhause, unser Lebensmittelpunkt geworden war.

„Mir kommt diese Aktion so unreal vor", sagte Ben zu mir, als wir im Landeanflug auf Panama waren.

„Wir dürfen uns nicht selbst verrückt machen, es wird sich ein Ausweg finden", versuchte ich meinem Freund und mir selbst Mut zu machen.

„Vielleicht ist es nur ein schlechter Film und wir sind die Hauptdarsteller?"

„Da haben wir aber ein Scheißdrehbuch erwischt", sagte ich schief grinsend.

Die erste Panne erlebten wir, als wir am Flughafen fragten, wo das Hotel Continental zu finden wäre. Es gab namlich zwei mit demselben Namen, eines direkt neben dem Flughafen und eines im

Zentrum von Panama City. Wir entschieden uns für das Stadthotel und fuhren mit dem Taxi hin. Der Vier-Sterne-Luxus, der uns plötzlich umgab, passte zur unwirklichen Situation. Von unserer kleinen Jacht waren wir nun in diesem Beton-Glas-Palast, in einem vollklimatisierten Appartement, im 10. Stock gelandet. Wir fragten täglich mehrmals an der Rezeption, ob eine Nachricht für uns abgegeben worden sei. Als sich nach einer Woche noch niemand gemeldet hatte, beschlossen wir die Notfallsnummer anzurufen, die uns Juan gegeben hatte. Nach mehreren Versuchen erreichten wir ihn schließlich. Er war richtig ungehalten, weil er uns im Hotel beim Flughafen vermutet hatte und wir dort nicht auffindbar waren. Da unsere Geldreserven in dieser feinen Herberge rapide dahinschmolzen, schlugen wir vor, in ein billiges Hotel in der Altstadt zu ziehen. Juan war damit einverstanden und sagte, in den nächsten Tagen würde eine Kontaktperson auftauchen.

Wir verbrachten wieder eine ganze Woche im nächsten Hotel, leider ohne Aircondition, dafür mit einem klappernden Ventilator. Das Zimmer war relativ sauber, auch das Frühstück war annehmbar. Abwechselnd verließen wir das Haus und durchstreiften die Stadt. Einer blieb immer im Hotel, damit wir den Kontaktmann nicht verpassten. Am sechsten Tag begann sich unsere Laune zu verbessern und wir begannen leise zu hoffen, dass dieser Albtraum sich in Wohlgefallen auflösen würde.
„Ich vermute, die haben einfach auf uns vergessen!", frohlockte ich bereits. Ben teilte meine Freude noch nicht.
„Vielleicht findet uns der Kerl wieder nicht und Juan glaubt, wir sind über alle Berge."
„Vielleicht sollten wir uns das auch wirklich überlegen", sagte ich.
„Endlos möchte ich hier nicht warten."
„Wenn ich nur wüsste, wie ernst die Drohung gegen unsere Fami-

lien gemeint war. Vielleicht war es nur ein Einschüchterungsversuch", rätselte Ben.

„Ja, wenn wir das wüssten!"

Und wieder quälten uns die Angst und die Ungewissheit.

„Wir warten noch drei Tage, dann kümmern wir uns um den Rückflug nach Curaçao. Wenn sie es bis dahin nicht geschafft haben, mit uns Kontakt aufzunehmen, ist die Sache wahrscheinlich im Sand verlaufen", schlug ich vor. Ben war damit einverstanden und wir wollten dann mit der „Thing" den Atlantik überqueren und wieder einige Zeit in Österreich bleiben.

„Dann werden wir schon dahinter kommen, ob sie einen Anschlag auf unsere Leute vorhaben oder nicht. Auf alle Fälle könnten wir die Frauen schützen und uns auch, wenn notwendig, mit der Polizei in Verbindung setzen." Plötzlich kam uns wieder alles ganz einfach vor, das Glück hatte uns doch nicht ganz verlassen.

Am nächsten Abend nahmen wir das Abendessen im Hotel ein. Als wir gerade fertig waren, erschien die Rezeptionistin und teilte uns mit, dass ein Besucher auf uns wartete. Mein Herz setzte vor Aufregung einige Takte aus und Ben wurde vor Schreck ganz blass.

Im Foyer, wenn man diesen schmuddeligen Vorraum so nennen konnte, stand ein junger Mann und lächelte uns freundlich zu.

„Ihr seid also die zwei Senores, die für Don Felipe arbeiten?", begrüßte er uns und schüttelte unsere Hände.

„Ich bin Ricardo und werde euch weiterhelfen", fuhr er fort. Weiterhelfen! Das war der richtige Ausdruck. Ricardo war nicht sehr groß, hatte eine rundliche Figur und einen ebenso runden Kopf. Hinter einer goldgerandeten Brille funkelten lebhafte, fröhliche Augen. Sah so ein gefährlicher Mafioso aus? Mit Sicherheit nicht! Der Kerl wirkte wie ein kleiner Büroangestellter, der harmlos in den Tag hineinlebte. Nach ein paar belanglosen Höflichkeitsfloskeln kam er schließlich zur Sache.

„Ich hole euch morgen um acht Uhr ab", begann er. „Wir fliegen gemeinsam zur Insel Contadora. Dort liegt der Katamaran, mit dem ihr euren Auftrag ausführen müsst. Also macht euch bis dahin reisefertig." Wir plauderten noch einige Minuten über die Reize von Panama City und dann verabschiedete er sich.

„Die Atlantiküberquerung muss also noch warten", stellte ich enttäuscht fest.

„Wir haben doch festgestellt, wir befinden uns in einem Film. Das Drehbuch verspricht doch noch spannend zu werden", sagte Ben und sah dabei alles eher als glücklich drein.

Ungewohnt pünktlich fuhr Ricardo mit einem Taxi vor und brachte uns zum National Airport. Dort warteten zwei weitere Männer auf uns, die in ihrem Aussehen auch nicht unseren Vorstellungen von Mitarbeitern des Cali-Kartells entsprachen. Mit einer kleinen Maschine flogen wir über die malerische tropische Küstenlandschaft und landeten kurze Zeit später auf der Insel. Contadora war für Luxustourismus ausgestattet, es gab hier zwei große Hotelanlagen mit höchstem Komfort und sogar einen Golfplatz. Neben den einfachen Häusern der Ortsansässigen hatten sich an den schönsten Küstenstreifen reiche Leute in Luxusvillen inmitten traumhafter Gärten niedergelassen. Nach fünfzehn Minuten Fußweg erreichten wir eine kleine Bucht, in der ein wunderschöner, sechzehn Meter langer Katamaran vor Anker lag.

„Mike, unser Traumschiff!", raunte mir Ben zu. Ich nickte nur und dachte traurig an unsere fehlgeschlagenen Pläne auf Margarita. Wäre damals nicht schon alles schief gelaufen, hätten wir sicher einen fast so schönen Kat wie diesen gebaut.

Ricardo bat einen Fischer, uns zum Katamaran hinaus zu bringen. Im Moment waren alle Ängste verschwunden, so fasziniert waren wir. Staunend begutachteten wir das tolle Schiff. Die „Michelangelo", wie die Schöne hieß, war ziemlich genau das, wovon wir seit Jahren geträumt hatten. Es gab vier luxuriös eingerichtete Doppelbettkabinen mit je einem Bad, eine gut ausgestattete Küche, sowie eine Bar und einen großen Wohnraum. Auch technisch ließ die „Michelangelo" keine Wünsche offen: Kartenplotter mit CD, Radar, GPS und sogar ein Satellitentelefon waren in bester Qualität vorhanden. Zwei fünfzig PS-Dieselmotoren waren als zusätzlicher Antrieb zu den Segeln installiert.

„Du kannst dich gleich an die Arbeit machen, Silva", sagte Ricardo zu einem unserer Begleiter. Er war offensichtlich Mechaniker und ersetzte die ruinierte Backbord-Schraubenwelle durch eine neue.

Ricardo und der zweite Mann, namens Dino, erklärten uns die Geräte an Bord. Das war sehr interessant und wir konnten einiges dazulernen.

„Ich habe gehört, ihr seid exzellente Segler", sagte Ricardo zu uns. Wir sahen ihn erstaunt an. Wer hatte ihm das erzählt? Er musterte uns freundlich.

„Es ist eine Auszeichnung, wenn einem so ein Luxuskat anvertraut wird", fuhr er fort.

Ich hätte gerne darauf geantwortet, dass wir mit Freuden auf diese Auszeichnung verzichten würden.

Am Abend lud uns Ricardo in ein feines Restaurant zum Essen ein. Es war ein netter Abend und es wurden alle unangenehmen Themen vermieden. Mit der letzten Maschine flogen Ricardo und Dino in die Stadt zurück. Sie wollten noch einige Ersatzteile für den Generator besorgen. Silva und wir beide blieben auf der „Michelangelo".

In den nächsten zwei Tagen ließen wir es uns so richtig gut gehen. Wir schwammen, tauchten und erkundeten die Insel. Bei dieser Gelegenheit lernten wir ein paar Deutsche kennen, die sich auf Contadora niedergelassen hatten. Sie verdienten ihre Brötchen mit einer Tauch- und Segelschule.

Als Ricardo mit den Ersatzteilen zurückgekehrt war, konnte Silva seine Arbeit beenden und wir fuhren mit der „Michelangelo" nach Panama City in eine Marina. Wir mussten uns mit Proviant für drei Wochen eindecken und durften nach Herzenslust einkaufen.

Ricardo und Ben erledigten den ganzen Papierkram auf der Immigration für eine Reise zu den Galapagosinseln. Ben sollte den Kapitän spielen und ich war sozusagen die Crew. Als alles erledigt war, fuhren wir zurück nach Contadora.

Wir saßen mit Ricardo im Wohnraum und genehmigten uns einen Drink.

„So Amigos, jetzt hört mir gut zu", begann er und ich merkte, wie mein Blutdruck stieg. Er breitete die Karte aus und zeigte uns den vorgesehenen Kurs. Von Contadora aus sollten wir bis dreißig Meilen vor die kolumbianische Hafenstadt Buenaventura fahren. Ricardo gab uns die genauen Koordinaten für den Zielpunkt und eine Zeitangabe.

„Hier werdet ihr auf ein Schiff des Cali-Kartells treffen und Ware übernehmen", sagte Ricardo. Obwohl wir von Anfang an befürchtet hatten, dass es sich um einen Kokaintransport handeln würde, war dies bisher noch nie klar ausgesprochen worden.

„Und mit welcher Ware müssen wir rechnen?", fragte ich ängstlich.

„Amigos, ihr werdet es schon sehen", schmunzelte Ricardo. „Es ist nicht meine Aufgabe über die Ware zu reden. Ich bin nur für die reibungslose Übergabe der ‚Michelangelo' an euch zuständig. Meinen Job habe ich gemacht, jetzt seid ihr dran!" Wir brachten ihn mit dem Beiboot zum Strand und verabschiedeten uns von ihm.

„Kapitän Ben, pass auf das Schiff gut auf und lass dir nichts Unüberlegtes einfallen", mahnte Ricardo zum Abschied und hielt meinem Freund ein Foto unter die Nase. Ich sah, wie Ben blass wurde und schwankte.

„He, was ist los?", fragte ich.

„Ich erzähl es dir auf dem Schiff", sagte er mit seltsam belegter Stimme.

Gefährliches Spiel

Nach den vielen Unruhen in den Gefängnissen Panamas wurde uns so richtig bewusst, wie gefährlich das Leben für uns inzwischen geworden war. Von der Regierung wurden ständig neue Gesetze beschlossen, aber nie vollzogen. Auch der Anwalt machte uns keine Hoffnungen auf eine vorzeitige Entlassung. Inzwischen war es für uns nur wichtig, endlich zu einem rechtsgültigen Urteil zu kommen, damit einer Überstellung in die Heimat nichts mehr im Wege stünde. In keinem Fall war ich bereit, noch mehr als ein Jahr in Panama zu verbringen. Ich wollte die HIV-Infektion gezielt für meine Befreiung einsetzen. Im Moment fühlte ich mich zwar fit und vom regelmäßigen Training in der Kraftkammer hatten sich meine Muskeln gut entwickelt. Um glaubwürdig zu sein, musste ich einige Kilo abnehmen und sichtbar leidend wirken. Als ich Ben in meinen Plan einweihte, war er empört.

„Du bist ja verrückt!", rief er. „Wenn du nicht aufpasst, kannst du bald wirklich an AIDS erkranken. Es grenzt ohnehin an ein Wunder, dass du Modello so gut überstanden hast." Das war mir natürlich klar und ich wusste, dass ich ein nicht unerhebliches Risiko einging.

„Ich werd' mit einer Abmagerungskur beginnen. Wenn ich klapprig genug aussehe, werden sie mich wahrscheinlich in ein Krankenhaus einliefern."

„Wenn du dich da nur nicht irrst", meinte mein Freund. „Die lassen dich wie einen Hund verrecken. Schau dir doch die Tbc-Kranken hier an. Denen hilft auch kein Mensch." Bens Pessimismus war richtig aufbauend. Aber ich war so überzeugt von meiner Strategie, dass mich nichts mehr davon abbringen konnte. Als nächstes beriet ich mich mit dem Anwalt. Er sagte mir seine Hilfe zu, machte aber keine Versprechungen. Haftuntauglichkeit war hier ein Begriff, der sehr selten bis nie umgesetzt wurde.

„Aber die neuen Gesetze, von denen in letzter Zeit soviel geredet wird!", gab ich zu bedenken.

„Vergessen Sie diese Gesetze", sagte Froilan.

Wenn ich mir einmal etwas in den Kopf gesetzt habe, führe ich es auch beinhart durch. Daher war mein erster Weg zum Gefängnisarzt, mit dem man ganz vernünftig reden konnte. Er veranlasste brav eine Blutabnahme, die die HIV-Infektion bestätigen sollte. Gegen 100 Dollar bekam ich das Ergebnis sogar schriftlich. Im November besuchten uns wieder unsere Mütter und so konnte dieses Attest gleich über den Konsul an den Generalstaatsanwalt weitergeleitet werden. Meine Abmagerungskur verschob ich natürlich auf die Zeit nach dem Besuch. Zwei Wochen mit bester Verpflegung wollte ich mir nicht entgehen lassen. Wir hatten wieder eine Menge Briefe und Geschenke von den Freunden aus Österreich bekommen.

Diesmal konnten die Frauen auch die negativen Seiten unseres Alltages miterleben. An einem der Besuchstage hatte eine sehr religiöse Gruppe Panamaer in der Kirche Platz genommen. Anfangs hörten wir nicht viel von ihnen, außer einer lauten Männerstimme, die offensichtlich eine Predigt hielt. Bald aber begannen die Versammelten mit einem rhythmischen Singsang, der nicht enden wollte. Dieses Geräusch ging uns allen sehr auf die Nerven, weil der Rhythmus langsam aber sicher den Herzschlag erhöhte.

„Was ist da los?", fragte Bens Mutter nervös.

„Die Schwarzen haben irgendeine Teufelei im Sinn", antwortete

Ben. Wir versuchten uns zu unterhalten, horchten aber immer wieder auf die Stimmen, die aus der Kirche drangen. Das Wachpersonal näherte sich dem Gebäude, die Männer zogen die Schlagstöcke. Der Rhythmus steigerte sich und uns brach bereits der Schweiß aus allen Poren.

„Jetzt geht es gleich los", prophezeite ich und packte die Mitbringsel rasch in die Plastiktaschen. Da ertönte auch schon ein lauter Schrei aus der Kirche.

„Die bringen schon wieder einen um", sagte Ben gelassen, da wir eine Aktion dieser Art nicht zum ersten Mal erlebten. Wir warteten auf das Eingreifen der Wachen. Die standen aber noch immer reglos herum, wahrscheinlich hatten sie Angst vor dem aufgepeitschten Haufen Sektierer. Dann ging alles sehr schnell. Die Kirchentür wurde aufgerissen und einige Männer rannten heraus. Sirenen heulten. Binnen kürzester Zeit waren ein Ambulanzwagen und einige Militärfahrzeuge da. Sanitäter trugen einen blutüberströmten Mann aus dem Gebäude, Uniformierte prügelten auf die Umstehenden ein. Ein Polizist forderte unsere Mütter barsch auf, sofort das Gelände zu verlassen. Im Eilschritt liefen die geschockten Frauen zum Schranken hinauf. – Sie waren Zeugen der Folgen einer Teufelsaustreibung geworden.

Kurze Zeit nach der Abreise unserer Mütter begann ich mit meiner „Befreiungsaktion". Ich trank jeden zweiten Tag auf nüchternen Magen einen Spezialcocktail aus Bittersalz. Die Folge war ein prächtiger Durchfall. Ich nahm ziemlich rasch ab. Natürlich stellte ich auch mein Training ein und wurde bald schlapp und dünn und fühlte mich wirklich nicht gut.

Um wieder Leben in den Gefängnisalltag zu bekommen, fiel der Direktion ein, eine groß angelegte Häftlingsumsiedelung durchzuführen. Sie wollte die Panamaer total von den Ausländern trennen.

Für Ben war das ein Glück, er erwischte eine gute Zelle mit angenehmen Leuten, mich wollte man aber in eine enge Sechs-Mann-Zelle stecken. Flaco, mein ebenfalls mit HIV infizierter Zellengenosse und ich weigerten uns vehement mit der Begründung, dass wir sehr krank seien und nicht mit so vielen Menschen in einem Raum sein könnten. Da sich alle um unsere Superzelle rissen, gab es einen riesigen Krach. Wir wurden bedroht und beschimpft, aber nach zwei Tagen erteilte uns der Direktor eine schriftliche Genehmigung, die vom Arzt und vom Major unterschrieben worden war. Bald hatten sich die Wogen wieder geglättet, unsere Zelle wurde offiziell zur „Krankenzelle" erklärt und man quartierte noch einen alten, kränklichen Mann bei uns ein.

Ich lag die meiste Zeit auf meiner Pritsche und döste vor mich hin. Nun hatte ich Gelegenheit über alles Mögliche nachzudenken, und so kam mir auch mein verstorbener Freund Alex in den Sinn. Er hatte sich mit mir zur gleichen Zeit den HIV-Virus geholt und war nach wenigen Jahren an Toxoplasmose gestorben. Die Anfangssymptome dieser Krankheit waren damals Lähmungserscheinungen und ich begann diese zu simulieren, indem ich ein kleines Steinchen in den rechten Schuh gab – um nicht auf das Hinken zu vergessen und immer das rechte Bein steif zu halten. Es gab natürlich kein Attest für diese spezielle Krankheit, aber ich behauptete beharrlich, dieses sei bei all den Schlampereien verloren gegangen. So half mir mein armer Freund noch in diesen schwierigen Zeiten und ich dachte oft an ihn, wenn ich mir humpelnd die Post holte oder den Arzt aufsuchte. Inzwischen hatte man mir schon zum dritten Mal Blut abgenommen, bis Mitte Jänner sollten die Untersuchungen abgeschlossen sein.

Ein HIV-positiver Spanier wurde vor ein paar Tagen entlassen, er wurde begnadigt und war frei. Der Tag seiner Abreise war allerdings sehr aufregend. Die Leute von der Fiscalia wollten ihn nicht weglassen, bis der spanische Botschafter empört den Staatspräsidenten informierte. Im letzten Augenblick wurde er mit einem Helikopter zum Flugplatz gebracht. Für mich war das der Beweis, dass es doch funktionieren konnte. Unsere couragierte Konsulin würde sich für mich bestimmt auch so energisch einsetzen.

Mitte Jänner hätte ein Gerichtstermin für uns stattfinden sollen, aber der Pflichtverteidiger des mitangeklagten Kolumbianers erschien nicht. Unser Anwalt meinte, dass der Fiscal den Auftrag dazu gegeben hätte, um einen weiteren Aufschub zu erreichen. Der neue Termin wurde für den 30. Jänner festgesetzt.

Wir hatten inzwischen festgestellt, dass es gar nicht notwendig war, die Konsulin mit der Post aus Österreich zu belasten, denn die Briefe und Karten kamen innerhalb einer Woche in Renacer an. Einige Wachhabende nützten natürlich die Gelegenheit und kassierten eine Aushändigungsgebühr, und außerdem mussten wir den Inhalt des Umschlages kontrollieren lassen. Meine Mutter legte immer eine kleinere Dollarnote bei, die ich natürlich schnell verschwinden ließ, da wir sonst nie mehr einen ungeöffneten Brief in die Hand bekommen hätten. Die von uns geschriebenen Briefe mussten wir nach wie vor der Konsulin zum Weiterleiten geben; sie schickte diese inzwischen auch mit der Post ab, da das Faxen mit der Zeit zu teuer kam. Einmal bat ich einen Polizisten, einen Brief für mich aufzugeben. Für seine Mühe schenkte ich ihm fünf Dollar. Natürlich steckte er die fünf Dollar und das Geld für das Porto ein und warf den Umschlag weg. Eigentlich hätte ich das schon wissen müssen, aber ich hoffte noch immer, einmal auf einen ehrlichen Panamaer zu stoßen.

Unserem niederländischen Freund Andi ging es inzwischen sehr schlecht. Er litt unter unerträglichen Schmerzen und war schrecklich abgemagert. Bei einer Körpergröße von beinahe zwei Metern wog er nur mehr sechzig Kilo. Auch die Niederlande hatten in Panama keine Botschaft, sondern nur ein Konsulat. Die zuständige Dame kümmerte sich so gut wie gar nicht um den armen Kerl. Da die konsularische Tätigkeit ehrenamtlich und freiwillig ausgeübt wird, konnte ihr auch niemand einen Vorwurf machen. Meine Mutter hatte versprochen, sich bei der niederländischen Botschaft in Wien zu erkundigen, ob es nicht über das zuständige Außenministerium Hilfe für ihn geben könnte. Andi war in einer viel schlechteren Verfassung als ich.

Der vereinbarte Termin für die letzte Vorverhandlung am 30. Jänner wurde tatsächlich eingehalten. Die Konsulin hörte bei dieser Veranstaltung zu. Wir waren sehr froh darüber, denn nun bekam sie von offizieller Seite die Ungereimtheiten in unserem Fall bestätigt. Die Anwälte deckten die Machenschaften des Staatsanwaltes auf und sogar der Richter empörte sich über die Lügen und Fälschungen in den Unterlagen. Der Generalstaatsanwalt erschien natürlich nicht, er ließ sich vertreten. Feiger Wicht!

Bens Familie war es gelungen beim österreichischen Außenminister für uns zu intervenieren. Meine Mutter schrieb mir, dass demnächst die zuständige Staatssekretärin höchstpersönlich nach Panama reisen und mit dem Präsidenten sprechen wolle. Wir waren sehr erfreut über diese Nachricht. Dieser Besuch konnte sehr hilfreich für uns sein und Bewegung in die Sache bringen. Die Konsulin, die Beziehungen bis in die höchsten Kreise hatte, organisierte das Treffen. Auch der Botschafter kam aus Bogotá und besuchte uns im Gefängnis. Er war noch neu im Amt und vielleicht auch deswegen besonders engagiert, er versprach, ganz energisch für uns einzutreten. Leider konnten wir mit der Staatssekretärin nicht persönlich sprechen, aber es war sicher nicht ihre Aufgabe Häftlinge zu besuchen.

„Du wirst sehen, wir werden noch in diesem Jahr nach Hause kommen", sagte ich zuversichtlich zu meinem Freund.

„Dann lass dieses gefährlichen Spiel mit deiner Krankheit, wenn du so überzeugt davon bist", schlug Ben vor. Inzwischen dachte ich auch schon daran, aber ich hielt es für günstig, bis zur letzten Verhandlung meinen Plan durchzuziehen.

Ich verließ die Zelle nur mehr ganz selten. Die meiste Zeit lag ich im Bett, aß wenig und wurde immer schwächer. Eine grässliche Hitzewelle, ausgelöst durch das El-Niño-Phänomen, gab mir beinahe den Rest. Die überfällige Regenzeit setzte nicht ein, alles war trocken und die grünen Hügel nahmen eine gelbe Färbung an. In der Zelle hatte es mindestens vierzig Grad. Ich schlief viel und befand mich meistens in einem angenehmen Dämmerzustand. Inzwischen war auch der Gefängnisdirektor vom Ausbruch meiner Krankheit überzeugt. Um die letzten Zweifel auszuräumen, schickte er mich zu einer weiteren Blutabnahme in die Stadt.

Der Anwalt war sich sicher, dass man mich nicht vorzeitig entlassen würde. Nach dem neuen Gesetz und meinen ärztlichen Zeugnissen müsste ich allerdings schon frei sein, gab er zu. Aber der Fiscal wollte meine Entlassung so lange wie möglich hinauszögern. Der nächste und letzte Verhandlungstermin sollte im April stattfinden, aber es stand noch kein fixes Datum fest. Wir konnten nur hoffen, dass nicht der April nächsten Jahres gemeint war.

Unsere vielbeschäftigte Konsulin hatte uns schon längere Zeit nicht besucht, so litten wir Mangel an Geld und auch die Medikamente waren fast aufgebraucht. Wir wussten, dass Pakete von den Freunden unterwegs waren und wahrscheinlich auf einem heißen Postamt vor sich hin schmorten.

Eines Tages wurde ich zum Telefon gerufen. Die Konsulin meldete sich mit aufgeregter Stimme:

„Was ist los mit Ihnen? Ihre Mutter hat bei mir angerufen und mir mitgeteilt, dass es Ihnen sehr schlecht ginge und Sie im Spital lägen."

Ich fragte sie, wie meine Mutter an diese Information gekommen war. Wieder einmal stellte sich heraus, wie klein die Welt doch war. Senor S., der von uns so geschätzte Generalstaatsanwalt, hielt sich anlässlich einer internationalen Drogenkonferenz in Wien auf. Dort lief er der Staatssekretärin in die Arme und wurde sofort zu einer kleinen Besprechung ins Ministerium gebeten. Mit seinem Latinocharme gab er eine seiner Lügengeschichten zum Besten: „Senor Jansenberger geht es sehr schlecht und er wird zurzeit im Krankenhaus behandelt. Es wird bestens für ihn gesorgt."

Da meine Mutter regelmäßigen Kontakt zu einem Beamten des Außenamtes pflegte, erhielt sie sofort diese Nachricht. In ihrer Angst um mich, rief sie gleich die Konsulin an. Für mich bestätigte sich von neuem der seltsame Charakter dieses Herrn. Wenn nur ein Körnchen der Gerüchte, die über ihn im Umlauf waren stimmte, war er selbst in üble Machenschaften verstrickt und konnte sich nur mehr durch Lügen in seiner Stellung halten. In Europa spielte er sich als großer Drogenfahndungsexperte auf, dabei wusste in Lateinamerika jedes Kind, wie korrupt und verbrecherisch die gesamte Polizei und Justiz war.

Wir hatten mehrmals beobachtet, wie sich verhaftete Mitglieder der Mafia ohne weiteres freikauften. Ich konnte die Konsulin beruhigen, mir ginge es zwar nicht gut und nach Meinung der Ärzte sollte ich im Krankenhaus behandelt werden, aber die Fiscalia und der ehrenwerte Generalstaatsanwalt, Senor S. verhinderten es. Sie versprach, uns noch in dieser Woche zu besuchen und das lange ersehnte Paket mitzubringen.

Wieder ein paar Tage später wurde ich zur Verwaltung gerufen, weil Besuch für mich da sei. Ich zog mich vorschriftsmäßig an und hinkte langsam hinunter.

Als ich über den heißen Platz ging, spürte ich, wie schwach ich bereits geworden war. Der Schweiß lief mir über Gesicht und Körper, meine Beine zitterten vor Anstrengung. Mit letzter Kraft kletterte ich die steile Treppe zu den Büros hinauf. Die diensthabenden Polizisten sahen mich erstaunt an, sie wussten nichts von einem Besuch. Entweder war ein Irrtum passiert oder jemand hatte sich mit mir einen üblen Scherz erlaubt. Mühsam ging ich zurück und machte mich auf die Suche nach einem Wärter, der mir die Zelle aufsperren sollte. Da keiner der Burschen zu sehen war, humpelte ich zu deren Aufenthaltsraum neben der Küche. Die Türe stand weit offen. Ich fragte höflich, wie es nun meine Art ist, ob mich jemand in die Zelle lassen könnte. Da sprang einer der Kerle auf und schwang seinen Schlagstock:

„Hau ab, du hässlicher Gringo!", schrie er. Ich stand vor der Tür und erklärte noch immer höflich, dass ich die Erlaubnis vom Major hätte, mich in der Zelle aufzuhalten. Der Kerl schrie weitere Unflätigkeiten und jetzt platzte mir der Kragen. Ich machte einen entschlossenen Schritt auf ihn zu und brüllte zornig:

„Du verdammter Clown in Uniform! Wenn du noch eine weitere Frechheit von dir gibst, prügle ich dir mit deinem eigenen Schlagstock die Dummheit aus dem Schädel!" Nun kamen die anderen Polizisten und hielten mich zurück.

„Komm, ich bringe dich zur Zelle", sagte der Besonnenere der Gruppe und begleitete mich. Etwas später erschien der Vorgesetzte der Männer und entschuldigte sich für die Entgleisungen seines Untergebenen.

Was da passiert war, war die typische Situation, in die ein Aidskranker kommen konnte. Diese unaufgeklärten Menschen fürchteten sich vor einer Ansteckung und reagierten aggressiv. Auch mit den Mitgefangenen konnte es zu Schwierigkeiten kommen. Das war mir natürlich bewusst und das war auch einer der Gründe, warum ich meine Krankheit nicht früher bekannt gegeben hatte.

Und schon wieder beschloss die Regierung ein neues Gesetz: Alle Ausländer, die fünfzig Prozent ihrer Strafe verbüßt hatten, sollten in ihre Heimat abgeschoben werden. Wenn wir mit einer Strafe von fünf Jahren davon kamen, müssten wir gleich nach der Verhandlung nach Hause geschickt werden. Aber inzwischen glaubten wir nicht mehr an diese Ankündigungen. Wir hofften nun, dass die Regierung endlich ein Gesetz bastelte, das dafür zuständig war, beschlossene Gesetze zu vollziehen.

Trotzdem dachte ich an nichts anderes mehr als an meine Rückkehr und das Leben danach. Die Auskünfte, die meine Mutter bei Behörden und Rechtsanwälten in Österreich einholte, waren sehr widersprüchlich. Niemand wusste genau, was mit einem schwerkranken Mann, der in der Heimat nichts verbrochen hatte, geschehen sollte. Ich träumte davon, wieder nach Curaçao zu reisen und mit der „Thing" in andere Weltgegenden zu segeln. Wenn ich im leichten Dämmerzustand meinen Gedanken nachhing, spürte ich das Schaukeln des Schiffes und hörte das Rauschen des Meeres.

Ende März besuchten uns die Konsulin und der Botschafter. Sie hatten inzwischen mit einflussreichen Leuten gesprochen und auch anscheinend sehr wichtige Papiere abgegeben. Die panamaische Regierung wollte uns schon loswerden, aber Senor S. verzögerte alle Bemühungen. Alle meine ärztlichen Atteste landeten bei der Fiscalia. Ein Amtsarzt untersuchte mich und schickte einen Brief direkt an das Gericht, in dem er von meinem, immer schlechter werdenden Gesundheitszustand berichtete und eine Einweisung in das Krankenhaus empfahl. So wollten wir Senor S. austricksen, aber er erfuhr davon und schickte mir nun seinerseits einen Arzt. Er glaubte wahrscheinlich, ich hätte mir alle Bestätigungen erschwindelt. Aber auch sein Mediziner stellte meinen schlechten Zustand fest. Bald darauf kam die Antwort: Ich sollte am 13. April einen Spezialisten für HIV aufsuchen. Das war eine Chance für mich. Jetzt musste nur noch dieser Arzt mitspielen, was er für eine kleine Spende sicher tun würde. Bis zu diesem Termin wollte ich noch ein paar Kilo abnehmen.

Nach sechs Wochen brachte uns die Konsulin endlich das ersehnte Paket. Wie ich befürchtet hatte, waren einige Sachen in der Hitze zerflossen, aber da alles gut verpackt war, konnten wir das meiste retten. Die Schokolade aßen wir mit dem Löffel aus dem Stanniolpapier. Beim letzten Besuch hatte sie auf das Taschengeld vergessen, auch diesmal hatte sie nichts mit. Ohne Geld zu sein war äußerst unangenehm, da wir für jede Kleinigkeit zur Kasse gebeten wurden.

Am 1. April wurde ich zu einer ärztlichen Untersuchung im Krankenhaus aufgerufen. „Heute schon?", dachte ich überrascht. Ich zog mich an, passierte die Kontrolle beim Tor und ließ mir die Handschellen anlegen. Es war extrem heiß und ich fühlte mich ziemlich mies. Im Auto saßen sechs Polizisten und bewachten vier kranke Häftlinge. Nach einer Stunde Fahrt in der nicht klimatisierten, schlecht gefederten Klapperkiste, erreichten wir das Krankenhaus. Der für mich zuständige Wärter führte mich in das Gebäude, ließ mich auf einer Betonbank Platz nehmen und hängte mich mit den Handschellen der Einfachheit halber an das nächstliegende Leitungsrohr. So konnte er in Ruhe einen Arzt für mich suchen. Nach einer Stunde kam er wieder und meinte:

„Im Moment hat niemand Zeit für dich. Aber sie wissen, dass du hier wartest." Er ließ mich allein zurück. Inzwischen fühlte sich die Betonbank ekelhaft kalt an und außerdem war dieser Platz äußerst zugig. Trotz der Hitze spürte ich, wie die Kälte in meinen Körper kroch. Nach einer weiteren Stunde bekam ich Durst, mein Magen knurrte laut, weil ich kein Frühstück bekommen hatte. Als endlich eine Krankenschwester vorbeihuschte, bat ich sie um ein Glas Wasser. Sie schien mich aber gar nicht zu sehen und eilte, ohne mich anzublicken, weiter. Auch alle weiteren Versuche, mich bemerkbar zu machen, schlugen fehl. Inzwischen klebte meine Zunge am Gaumen und mir war vor Hunger und Durst übel. Ich hatte mich mit meinem Schicksal, unsichtbar zu sein, abgefunden und versuchte zu schlafen oder zumindest in meinen oft geübten Dämmerzustand zu versinken, aber die Bank fühlte sich inzwischen wie ein Eisblock an und ein Kälteschauer nach dem anderen jagte über meinen Rücken; das hielt mich wach. Nach einer Ewigkeit erschien wieder mein Polizist.

„Heute gibt es keinen Arzt für dich, Austríaco", sagte er. Ich hatte Sehnsucht nach dem Schutz meiner Zelle, meiner Pritsche, einem kräftigen Schluck lauwarmen Mineralwassers und ein paar trockenen Keksen. Nichts wie weg von hier! Ich fragte meinen Begleiter nach der Uhrzeit und stellte fest, dass sie mich sechs Stunden lang auf der kalten Bank hatten sitzen lassen. Ich war wütend über diese Behandlung und auch erbost darüber, dass wahrscheinlich nicht so schnell ein neuer Arzttermin zustande kommen würde.

Im Gefängnis erfuhr ich, dass Ben mit drei Männern der DEA im Büro des Gefängnisdirektors saß. Was sollte das nun wieder? Dieser Besuch bedeutete nichts Gutes, aber schlimmer konnte es ohnehin nicht werden. Ich fühlte ein schmerzhaftes Ziehen in der Nierengegend, eine Kolik kündigte sich an. Nervös suchte ich unter meinen Medikamenten nach Schmerztabletten. Endlich fand ich sie, leider waren sie in der Hitze geschmolzen. Drei dieser klebrigen Dinger kratzte ich aus der Verpackung und spülte sie mit einem Liter Wasser hinunter. Nach einer Weile verebbten die Schmerzen und ich dachte voll Sorge an das neue Unheil, das sich mit dem Erscheinen der DEA-Leute anzukündigen drohte. Als Ben zurückkam und nach mir sah, wirkte er ganz fröhlich.

„Na, wie war's beim Arzt?", fragte er. Ich erzählte im kurz meinen schlimmen Tag.

„Die haben dich schwerkranken Mann tatsächlich sechs Stunden lang auf einer kalten Betonbank sitzend und an ein Leitungsrohr gefesselt, warten lassen? Da frag' ich mich wirklich, ob wir hier noch unter Menschen sind", empörte sich mein Freund.

„Was wollten die DEA-Männer?", fragte ich nervös.

„Das ist eine eigenartige Geschichte", begann er. „Die Herren ließen sich von mir noch einmal unseren Fall genau schildern. Anscheinend ermitteln sie jetzt gegen ihre eigenen Leute und auch gegen die panamaische Justiz. Ein hoher Beamter der Coastguard fordert vehement, dass man uns schnellstens vor ein ordentliches Gericht bringen soll. Das klingt nicht so schlecht!" Erleichtert atmete ich auf. Dass in der DEA nicht alles mit rechten Dingen zuging, wussten wir inzwischen aus vielen Berichten und dass sich die Coastguard für eine rasche Verhandlung einsetzte, schien mir auch positiv. Aber ich traute niemandem mehr. Ich hatte meine eigene Strategie und die würde funktionieren, davon war ich überzeugt.

In den nächsten Wochen bekamen wir zu spüren, wie es war, wenn die Versorgung von außen nicht funktionierte. Wir hatten uns bis jetzt auf die mehr oder weniger regelmäßigen Besuche der Konsulin verlassen können. Zurzeit war sie jedoch verreist und wenn sie im Land war, gab es für sie wieder viel aufzuarbeiten. Der Generalkonsul war Geschäftsmann und hatte Wichtigeres zu tun, als uns im Knast zu besuchen. Leider hatte ich zu viel Geld für die ärztlichen Atteste ausgegeben und war nun pleite. Ich hatte schon Schulden und die stiegen rapide an, da es üblich war, pro Woche zwanzig Prozent Zinsen zu verrechnen. Ben ging es auch nicht besser und wir wurden beschimpft und bereits bedroht. Für meinen Freund war die spärliche Gefängniskost nicht ausreichend und ich konnte mir die Sonderdiät, die ich beim Koch kaufen konnte, nicht mehr leisten. Auch bei ihm hatte ich schon Schulden. Sogar auf das ans Konsulat gefaxte Rezept für wichtige Medikamente reagierte niemand. Wir steckten ganz schön in der Klemme.

Der einzige Lichtblick war eine Karte von Goody, also ein Zeichen, dass wenigstens in der Heimat jemand an mich dachte.

Auch Andi, der Niederländer, hatte Post von daheim bekommen. Nachdem meine Mutter bei der Niederländischen Botschaft in Wien nachgefragt hatte und man ihr dort nur mit einem kurzen Satz mitteilte, dass Andi ohnehin vom zuständigen Konsulat betreut würde, wandte sie sich empört an Bens Freundin. Diese leitete die Briefe von Andi und den Bericht über seinen schlechten Gesundheitszustand an Amnesty International weiter. Diese Organisation nahm Andis Leidensgeschichte zum Anlass, eine groß angelegte Kampagne zu starten. Im lokalen Fernsehen lief eine Sendung zum Thema „Vergessene Niederländer", die von kranken Häftlingen in verschiedenen Ländern berichtete. Offensichtlich war Andi nicht allein mit seinem tragischen Schicksal. Auch in einer namhaften Zeitung stand ein Bericht, dass Österreicherinnen (meine Mutter und Bens Freundin!) die Niederlande anklagten, ihren Landsleuten nicht ausreichend zu helfen. Sogar im Parlament hatte es zu diesem Thema eine Diskussion gegeben, schrieb die Redaktion. Die Königin ließ Andis Eltern mitteilen, dass sie höchstpersönlich für Hilfe sorgen würde. Eine Reporterin schrieb in einem netten Brief aufmunternde Worte an Andi, er solle durchhalten, bald würde ihm geholfen werden. Der gute Mann war ganz aufgeregt und alleine das Wissen, dass Hilfe unterwegs war, in welcher Form auch immer, verbesserte seinen Gesundheitszustand. Er schrieb einen langen Dankesbrief an meine Mutter und Lilli und malte einen schönen Blumenstrauß für sie. Die beiden haben sich sicher sehr darüber gefreut. Auch ich war froh, dass die Zustände in Panama wieder einmal an die Öffentlichkeit gelangt waren und hoffte auf entsprechende Maßnahmen der niederländischen Regierung.

Die guten Nachrichten entschädigten mich für den missglückten Krankenhausbesuch. Es schien wieder Bewegung in den eintönigen Gefängnisalltag zu kommen.

Am Abend des nächsten Tages fragte mich ein Kolumbianer aus der Nachbarzelle, ob ich der Österreicher namens Michel Hannesberger, oder so ähnlich, wäre.

„Ich hab' da einen Artikel in der Zeitung gelesen", meinte er so beiläufig.

„Was stand in diesem Artikel?", fragte ich interessiert. Er zuckte mit den Achseln und wollte weitergehen. Da packte ich den kleinen Kerl an den Schultern und schüttelte ihn kräftig.

„He, Amigo! Was stand in der Zeitung?", rief ich. Er sah mich erschrocken an.

„Ich hab's vergessen", stammelte er. Die verdammte Hitze hatte anscheinend sein Gehirn vertrocknen lassen.

„Verschaff' mir die Zeitung und du bekommst dafür eine ganze Flasche österreichisches Haarshampoo", versuchte ich ihn zu ködern. Seine Augen leuchteten kurz auf, dieses extravagante Angebot klang für ihn sehr verlockend. Die Latinos liebten dieses duftende Zeug und wuschen damit nicht nur die Haare, sie seiften sich beim Duschen gleich den ganzen Körper damit ein. Ich hatte noch ein leeres Fläschchen und füllte dieses mit der milchigen, parfümierten Flüssigkeit aus meinem Vorrat. Und wirklich, nach einer halben Stunde kam der Kolumbianer mit der Zeitung und wedelte damit vor meinem Gesicht herum.

„Erst das Shampoo!", forderte er. Ich reichte ihm das Fläschchen, das er sofort öffnete. Er schnupperte daran und verdrehte begeistert die Augen.

Aufgeregt blätterte ich die Zeitung durch und fand tatsächlich einen Artikel über mich. Da stand: „Der österreichische Drogendealer Michel Hannesberger, Kapitän der Michelangelo, ist an AIDS erkrankt. Er hat nicht mehr lange zu leben, daher wird er demnächst begnadigt und nach Österreich deportiert, damit er in seiner Heimat sterben kann."

Wenn auch mein Name falsch geschrieben war, betrafen diese Zeilen eindeutig meine Person. Nun war ich endgültig davon überzeugt, dass mir die nächste ärztliche Untersuchung die Freiheit bringen würde. Inzwischen war mir ein großer Lymphknoten über der rechten Brustwarze gewachsen, mein Körpergewicht war auf fünfundsechzig Kilo gesunken, meine Haut war schmutzig grau, Moskitostiche und Hitzepickel hatten sich entzündet und bedeckten Gesicht und Arme, mit einem Wort, der nächste halbwegs vernünftige Arzt musste mir den „Totenschein" für den Heimtransport ausstellen. Ich zeigte Ben den Artikel, er schüttelte nur den Kopf.

„Ich wünsche mir nur, dass es nicht so kommt, wie es in der Zeitung steht", meinte er.

„Aber genau das will ich ja", entgegnete ich. „Sie müssen glauben, ich sei so krank, dass es bald aus ist mit mir." Ich wusste nur zu gut, wie besorgt mein Freund um mich war.

„Ohne rechtskräftiges Urteil kommst du hier nicht raus. Das hat uns der Anwalt oft genug erklärt. Er sagt die Wahrheit." Ben redete auf mich ein, mein gefährliches Vorhaben zu beenden.

„Und wann wird endlich die Verhandlung sein?", fragte ich ihn ironisch. „Vielleicht im nächsten Jahr? Und wer garantiert mir, dass wir dann gleich nach Hause geschickt werden?"

„Hier gibt es keine Garantien", sagte Ben, „aber wenn man auf seine Gesundheit achtet, kann man alles überstehen." Da sprach wieder der weise Mediziner aus ihm. Sicher hatte er Recht, aber das konnte und wollte ich nicht zugeben. Ich grub mich gerade durch mein persönliches Korallenriff und war schon bei der Sandbank angelangt. Um ihn zu beruhigen, versuchte ich ihm meine Gedanken zu erklären:

„Die Zeitungen schreiben schon von mir, die Regierung weiß Bescheid, Menschenrechtsorganisationen sind informiert, das österreichische Außenamt und das Konsulat passen auf, dass wir nicht vergessen werden", zählte ich auf. „Allmählich kommt unser guter Generalstaatsanwalt Senor S. unter Druck. Er kann sich inzwischen nicht mehr erlauben, mich einfach krepieren zu lassen. Wie stünde er da? Ich bin überzeugt davon, dass demnächst ein Arzttermin klappen wird und ich das Attest für den Heimflug bekomme."

„Du hast kein Geld mehr, um nachzuhelfen", sagte Ben und holte mich in die Realität zurück. „Wenn du Pech hast, stirbst du an einem Messerstich in den Rücken wegen deiner Schulden und nicht an AIDS in Österreich." Das saß. Deprimiert starrte ich auf den Boden.

„Wir müssen versuchen die Konsulin zu erreichen", versuchte mich Ben wieder aufzurichten.

Ich hatte anscheinend doch richtig kalkuliert! Am 13. April brachte man mich wieder ins Krankenhaus und diesmal hatte ich das Glück zu einem richtigen Mediziner vorgeladen zu werden. Der Mann sprach sogar Englisch und machte einen sehr kompetenten Eindruck auf mich. Er untersuchte mich genau und stellte fest, dass ich zwar ernstlich krank sei, aber mein Zustand noch nicht lebensbedrohend wäre.

„Können Sie mich nicht in ein Krankenhaus einweisen?", fragte ich ihn.

„Nach meinen Informationen haben Sie noch kein Urteil", sagte er, „und somit müsste der Generalstaatsanwalt Senor S. seine Einwilligung geben."

„Das wird er sicher nicht tun", meinte ich.

„Wahrscheinlich", bestätigte der Arzt. „Aber ich werde versuchen Ihnen auf andere Weise zu helfen." So schrieb er mir vier Überweisungen für diverse Untersuchungen, die nicht in der Krankenstation des Gefängnisses gemacht werden konnten. Er faxte die Überweisungen auch gleich an das Gericht.

„Jetzt müsste der Richter veranlassen, dass Sie für die Untersuchungen wenigstens zwei bis drei Tage ins Krankenhaus kommen", sagte der Arzt und entließ mich mit einem freundlichen Händedruck.

Ben hatte inzwischen die Konsulin telefonisch erreicht und sie auf unsere verzweifelte Lage aufmerksam gemacht. Leider war sie selber krank. Sie versprach aber, sobald wie möglich zu kommen und alles mitzubringen, was wir schon so lange vermissten. Von meiner Mutter kam ein Brief mit einem Billett, in dem 20 Dollar versteckt waren. Das war viel zu wenig, um unsere Geldprobleme zu lösen. Ich hatte schon meinen Walkman und meine Uhr hergeben müssen. Unser Ruf als wohlhabende Europäer war ruiniert und der Kolumbianer, bei dem ich die meisten Schulden hatte, drohte mir mit bösen Worten. Ich ging ihm aus dem Weg, so gut ich konnte, aber bei den Essensausgaben stellte er sich beharrlich neben mich und erinnerte mich an das ausständige Geld. Eines Tages, ich ging gerade in Richtung Galeria, hielten mich zwei Schwarze an. Sie verdienten sich ihr Taschengeld damit, Leute gegen Bezahlung zu verprügeln.

„He Austríaco, miese Ratte", sagte der größere der beiden. Mein Herz begann etwas schneller zu schlagen. Ich sah mich um, leider war weit und breit kein Wärter zu sehen, der das Unvermeidliche hätte verhindern können. Mir war klar, dass sie mich erst provozieren wollten und dann zuschlagen würden.

„Hallo", sagte ich und sah ihm ins Gesicht, was Herausforderung genug war.

„Wir sollten dich von Sebio grüßen", sagte nun der Zweite und trat ganz nahe an mich heran. Ich gab keine Antwort.

„Hast du mich nicht gehört?", fragte er und gab mir einen leichten Schlag in die Magengrube.

„Was wollt ihr von mir?", fragte ich.

„Wir wollen eigentlich nichts von dir. Aber Sebio möchte sein Geld und wir sollten dich daran erinnern", sagte der Mann und schlug wieder zu. Ich krümmte mich vor Schmerz und versuchte mich mit den Armen so gut es ging zu schützen. Die Kerle waren zu zweit und ich war viel zu schwach, um mich wehren zu können. Als ich am Boden lag, trat mir der Größere der beiden noch kräftig in den Hintern.

„Für heute ist es genug, aber in einer Woche bringen wir dich um", knurrte er. Sie gingen wieder und ich hörte ein paar Zeugen des Vorfalles schadenfroh lachen. Ich rappelte mich hoch und wankte in meine Zelle. Wütend und verzweifelt heulte ich in mein Kissen. Diese feige Bande, sie vergriffen sich ohne Skrupel an einem kranken, vor Schwäche wehrlosen Mann.

Nach diesem Vorfall war meine Stimmung am Tiefpunkt angelangt. Meine Freunde Ben, Andi und Jerry, der Jamaikaner, versuchten mich wieder aufzurichten. Sie brachten mir das Essen, damit ich nicht mehr aus der Zelle musste. So verging die Woche und mein Leben war nicht mehr viel wert. Wenn die Konsulin nicht bald zu Besuch kam und Geld mitbrachte, musste ich damit rechnen, von Sebios Leuten hingerichtet zu werden.

Inzwischen schien auch Senor S. in größeren Schwierigkeiten zu stecken. In den Zeitungen standen Berichte, in denen alle sein Schandtaten, wie Fälschung von Papieren, Erpressung von Richtern und Anwälten, und Korruption aufgezählt wurden. Ein Volksanwalt forderte seine Entlassung und Verhaftung. Dieser mächtige Mann schien kurz vor dem Fall zu stehen.

Am 25. April, an meinem Geburtstag, kam endlich die Konsulin. Sie sah noch blass und angegriffen aus, fühlte sich aber schon besser und versprach wieder mit aller Kraft für meine Freilassung zu kämpfen. Ein großes Geburtstagspaket von zu Hause, Lebensmittel, Medikamente und vor allem ausreichend Geld, ließen die Welt wieder freundlicher erscheinen.
Die Konsulin erzählte uns, dass es momentan keinen Botschafter in Bogotá gab.
„Er wollte in Schwierigkeiten geratenen Österreichern helfen und wurde bei dieser Aktion von Guerilleros mit Mord bedroht. Das ist ihm zu gefährlich geworden, er hat seinen Job aufgegeben", erzählte sie. Ich konnte den Mann gut verstehen, aber für uns war das ganz schlecht. Ein guter Botschafter hätte gerade jetzt sehr nützlich sein können.

Anfang Mai besuchte uns wieder einmal der Anwalt. Er erkundigte sich eingehend nach meinem Gesundheitszustand und um die ärztliche Betreuung.
„Wir dürfen keine Zeit mehr verlieren", sagte Froilan. „Der Staatsanwalt hat mir bei der letzten Unterredung gesagt, dass dieser Fall

wahrscheinlich nie verhandelt wird, weil Panama dafür nicht zuständig ist." Er lehnte sich zurück und betrachtete uns prüfend.

„Dann soll er uns doch laufen lassen", meinte Ben.

„Das geht leider nicht, da euch die Amis hinter Gittern sehen wollen." Ich war müde und dieses Gespräch ging mir auf die Nerven. Das wussten wir doch alles! Fiel den Leuten denn keine vernünftige Lösung ein?

„Wir haben allerdings eine Möglichkeit gefunden, mit der alle leben könnten", fuhr der dicke Mann fort.

„Und die wäre?", fragte ich ungeduldig.

„Wir müssen einen Fall konstruieren, der in Panama stattgefunden hat und auch die USA betrifft. Allerdings müsst ihr damit einverstanden sein."

„Ich hasse Lügen", sagte Ben. Er hatte in mühsamer Kleinarbeit die ganze Anklageschrift richtig gestellt.

„Wie sollte dieses Konstrukt aussehen?", fragte ich. Ich wollte gerne von der Wahrheit abweichen, wenn es zu unserem Nutzen wäre und nicht neue Schwierigkeiten brächte.

„Ihr müsstet angeben, das Kokain in Panama auf das Schiff geladen zu haben. Somit wäre Panama für den Fall zuständig. Weiters müsstet ihr aussagen, dass der Transport direkt in die USA hätte gehen sollen, so könnten die Amis sagen, durch die Verhaftung sei eine große Gefahr abgewendet worden und sie hätten eine Rechtfertigung für ihr illegales Handeln." Der Anwalt ließ seine Worte wirken. Inzwischen kannte er uns gut und konnte sich vorstellen, was in uns vorging.

„Was würde uns dieser Deal bringen?", fragte Ben.

„Man hat mir zugesichert, dass ihr eine Haftstrafe von höchstens fünf Jahren bekommt", sagte Froilan. Als wir enttäuscht schwiegen, fuhr er fort: „Das ist auf alle Fälle ein brauchbares Angebot, wenn ich bedenke, wie lang sonst die U-Haft hinausgezogen werden kann, womöglich acht bis zehn Jahre. Außerdem ließ der Staatsanwalt durchblicken, eure Sache gemeinsam mit dem großen Cali-Kartell-Fall zu verhandeln, wenn ihr nicht kooperieren solltet. Das würde wieder Jahre dauern. Ich würde an eurer Stelle einwilligen."

„Wenn uns dann auch noch ein Drittel der Strafe nachgelassen wird, könnten wir bald frei sein", sagte Ben hoffungsvoll.

„Da würde ich mir nicht zu große Hoffnungen machen. Drogendelikte sind von dieser Regelung ausgenommen", klärte uns Froilan auf. „Aber die neuen Gesetze werden bald angewendet werden. Da sehe ich eine Chance."

Schließlich stimmten wir dem Vorschlag der Fiscalia zu. Im Grunde hatten wir keine Wahl, wir waren Opfer einer behördlichen Erpressung und die zuständigen Herren hatten damit bald wieder blütenweiße Westen. Der Anwalt ging mit uns alle Fragen durch, die man uns bei der nächsten Verhandlung stellen würde.

Der nächste Gerichtstermin war schon zwei Wochen später. Wir wurden in die Stadt gebracht und mit Häftlingen aus anderen Gefängnissen in eine heiße Zelle gesperrt. Den ganzen Vormittag ließen sie uns warten. Während die anderen Männer nach und nach abgeholt und mit Essen und Trinken versorgt wurden, hatte man auf uns einfach vergessen. Ich fühlte mich ziemlich elend und Ben war entsprechend wütend. Am frühen Nachmittag wurden wir wieder ins Renacer gebracht.

„Diese verdammten Ratten!", schimpfte ich. „Wozu brauchen wir noch dieses Theater einer Verhandlung? Es ist doch alles abgesprochen."

„Ich habe trotzdem ein schlechtes Gefühl", erwiderte Ben. „Unser Anwalt mag ja in Ordnung sein, aber diesem verdammten Staatsanwalt traue ich nicht!"

Als wir eine Woche später zu einem neuen Termin vorgeladen wurden, weigerte ich mich dorthin zu gehen. Meiner Meinung nach reichte es vollkommen, wenn Ben erschien, ich konnte ohnehin nichts anderes aussagen als er. Der Polizist, der mich am frühen Morgen abholen kam, war ganz verzweifelt.

„Hombre, lass den Quatsch und komm mit", versuchte er mich zu überreden.

„Wenn du willst, dass ich mitkomme, dann musst du mich hinaustragen", sagte ich und blieb auf meiner Pritsche liegen. Da ich gut einen Kopf größer war als er, wäre das ein Problem für ihn gewesen.

„Wenn du ein Panamaer wärst, würde ich dich rausprügeln", erklärte er und sah mich böse an.

„Du gehst jetzt einfach zum Direktor und sagst ihm, ich sei so krank, dass ich nicht aufstehen kann", sagte ich.

Nachdem er kurze Zeit nachgedacht hatte, ging er tatsächlich.

Ich starrte auf die Decke der Zelle und malte mir aus, was passieren würde: „Vielleicht kommt jemand und bringt mich ins Krankenhaus. Dort stellen sie fest, dass eine wirksame Behandlung viel zu teuer ist. Nachdem ich kein Geld habe und auch der Staat Panama nicht bereit ist für die Kosten aufzukommen, müssen sie mich nach Hause schicken. Um mich einfach krepieren zu lassen, ist der Fall schon viel zu bekannt. Zeitungen in Miami, Panama und Europa haben über uns geschrieben. Sie haben keine Wahl mehr, ich habe mein Spiel gewonnen."

Während ich meinen Träumen nachhing, war Ben schon vier Stunden weg. Es war bereits 11.00 Uhr und ich spürte ein leichtes Hungergefühl. Ich wollte gerade ein paar Kekse aus meinen Vorräten kramen, als der Polizist von vorhin wieder erschien. Aufgeregt zappelte er vor mir herum und rief: „Schnell, mach dich fertig! Das ganze Gericht ist wegen dir ins Gefängnis gekommen. Das hat es noch nie gegeben. Alles wegen dir! Du scheinst gute Karten zu haben."

„Tatsächlich?", fragte ich erstaunt. Rasch fuhr ich in meine Jeans und in ein sauberes Hemd. Um einen halbwegs gepflegten Eindruck zu machen, kämmte ich mein langes Haar straff nach hinten und band es zusammen.

„Mach schon! Die Leute warten bereits", mahnte mich der Polizist ungeduldig. Ich grinste ihn freundlich an und genoss meinen Triumph.

Diesmal humpelte ich besonders jämmerlich und stützte mich auf meinen Begleiter. Ich machte mich sehr schwer und der kleine Mann schwitzte und keuchte unter meinem Gewicht. Die Treppe zum Verwaltungsbüro war eine große Hürde.

„Da komm' ich nie rauf!", stöhnte ich, aber da kam schon ein weiterer Polizist und zu zweit schleppten sie mich nach oben.

In dem geräumigen, luftigen Vorraum waren schon alle versammelt. Sie saßen auf Stühlen und Hockern im Kreis und sahen mir teilnahmsvoll entgegen. Ich durfte auf einem bequemen Sessel, der sogar Armlehnen hatte, Platz nehmen. Der Richter erklärte mit feierlichen Worten, dass zum ersten Mal in der Geschichte Panamas, aus humanitären Gründen eine Gerichtsverhandlung im Gefängnis abgehalten wurde. In einer Ecke stand ein Kassettenrekorder um diese historische Aktion aufzunehmen.

Die Verhandlung ging überraschend schnell über die Bühne. Wir bekamen genau dieselben Fragen gestellt, die wir mit dem Anwalt vor einigen Wochen besprochen hatten. Der Richter fällte, sichtbar erleichtert, das vereinbarte Urteil für ein Delikt, das wir so nie begangen hatten. Schlimm könnte es allerdings noch kommen, wenn der Generalstaatsanwalt Senor S. einen Einspruch erheben würde. Das könnte uns einige Jahre mehr bringen. Wir hatten also noch ein paar aufregende Wochen vor uns, bis das Urteil endgültig bestätigt und rechtskräftig geworden war.

Die Tage plätscherten gleichförmig dahin, die Hitze wurde immer unerträglicher. In der Zelle hatte es bereits 45 Grad Celsius und wir saßen oder lagen wie gelähmt herum. Auch Andi hatte inzwischen von seinem Botschafter Besuch bekommen. Leider wollte niemand für die kostspieligen Operationen aufkommen, die er so dringend brauchte, und so blieb es nur bei einer Schmerzbehandlung. Aber trotzdem schien sich sein Zustand etwas zu verbessern. Er führte einen regen Schriftwechsel mit einem jungen Mädchen in einem Frauengefängnis. Auf diese Weise erfuhren wir, wie es dort zuging. Andi war richtiggehend verliebt in diese Jany und sie schmiedeten sogar Zukunftspläne; beide hatten noch ungefähr vier Jahre Haft vor sich. Über seine neuen Kontakte zur Heimat war es ihm möglich, einen Fernkurs für Buchhaltung zu machen. Diese Ziele gaben ihm neuen Lebensmut und wir bestärkten ihn natürlich in seinen Hoffnungen.

Außenamt, Botschaft und Konsulat arbeiteten, als das Urteil endlich rechtskräftig erklärt worden war, eifrig an meiner Überstellung. Die Konsulin erzählte deprimiert von der krankhaften Bürokratie in Panama. Kaum hatte sie alle geforderten Papiere eingereicht, verlangten die Behörden wieder ein neues Schriftstück. Endlich war auch klar, dass ich nicht auf Grund der neuen Gesetze überstellt werden sollte, sondern nach den Vereinbarungen der Genfer Konvention, die auch Panama unterzeichnet hatte. Mir war das völlig egal, mir war nur wichtig von hier wegzukommen.
Ab Juli gab es auch wieder einen neuen Botschafter. Er besuchte uns kurz nach seinem Amtsantritt im Gefängnis. Voll Optimismus erklärte er, dass ich spätestens in drei Wochen nach Österreich rei-

sen könnte. Es fehlten nur noch einige Unterschriften auf wichtigen Papieren, dann wäre es so weit. Der Mann war noch zu kurz im Amt um zu wissen, wie lange in Panama alles dauern konnte. Außerdem hatte vor kurzem die Regierung gewechselt, das konnte alles Mögliche bedeuten. Ich rechnete damit, im besten Fall Weihnachten mit meiner Familie zu feiern.

Da mein Gesundheitszustand so schlecht war, überlegte man, ob mich nicht ein Krankenpfleger und ein Polizist beim Heimflug begleiten sollten. Der Krankenpfleger sollte von Österreich eingeflogen werden. Am Flugplatz in Wien müsste mich ein Sanitätsfahrzeug gleich in ein Krankenhaus bringen. Das wollten die Panamaer natürlich auch schriftlich haben. Als ich das alles hörte, wusste ich, dass sich mein Zustand leicht bessern musste, da dieser Krankenpfleger wiederum eine Stange Geld kosten würde. Ich begann wieder mehr zu essen und lag nicht mehr so viel im Bett.

Anfang September kam Bens Mutter zu Besuch. Sie versorgte uns eine Woche lang mit gutem Essen. Der Botschafter kam wieder kurz aus Bogotá, um in meiner Angelegenheit Druck zu machen und die beiden konnten ausführlich miteinander sprechen. Auch für Ben würde es sicher eine Möglichkeit geben, früher nach Hause zu kommen. Irgendwann mussten die neuen Gesetze ja vollzogen werden. Ben hatte sich allerdings damit abgefunden, die vollen fünf Jahre abzusitzen und versuchte sich das Leben im Gefängnis so erträglich wie nur möglich zu gestalten. Ich bewunderte seine Fähigkeit, aus allerlei Technikschrott neue Geräte zu basteln. So konstruierte er eine kleine Dampfmaschine und freute sich, als diese tatsächlich funktionierte und die Mitgefangenen bei der ersten Vorführung begeistert Beifall klatschten. Später sorgte er sogar dafür, dass die gesamte Elektroinstallation im Gefängnis verbessert wurde. Das brachte ihm viel Anerkennung und ständig neue Reparaturaufträge, auch von den Herren der Gefängnisleitung.

Ende September forderten die Panamaer noch eine Unterschrift des österreichischen Außenamtes auf ein scheinbar wichtiges Dokument.

„Jetzt reicht es aber wirklich!", schimpfte die Konsulin. „Dieser perverse Papierkram geht mir schon gewaltig auf die Nerven. Wenn Sie endlich in Österreich gelandet sind, singe ich ein lautes Halleluja."

Ich konnte sie nur zu gut verstehen und bewundere noch heute ihren selbstlosen Einsatz.

Da sich mein Gesundheitszustand leicht besserte und ich wieder außerhalb meiner Zelle herumhumpelte, kam man von der Idee ab, mir einen Krankenpfleger aufzwingen zu wollen.

Eines Tages rief mich einer der leitenden Wachebeamten zu sich ins Büro.

„Ich muss dich auf deinem Flug begleiten", sagte er.

„Schlimm?", fragte ich ihn, da ich annahm, dass er noch nie so weit gereist war und sich womöglich vor dem Fliegen fürchtete.

„Nein, im Gegenteil, ich freue mich auf diese Reise."

Meine Mutter hatte schriftlich bestätigen müssen, für meine und die Reisekosten der Begleitperson aufzukommen. Moody, so hieß der Mann, erkundigte sich, was er alles an Kleidung mitnehmen müsse.

„Das hängt von der Jahreszeit ab", erklärte ich. „Jetzt ist noch Sommer in Österreich und da ist es angenehm warm. Aber wenn wir im Winter reisen, musst du dich auf Eis und Schnee gefasst machen."

„Tatsächlich Eis und Schnee?", fragte er ungläubig. Ich lachte und begann zu übertreiben: „Oft schneit es in einer Nacht bis zu einem Meter und mehr und da kann es passieren, dass kein Verkehrsmittel fahren kann. Wer nicht warm angezogen ist erfriert jämmerlich. Es ist häufig so kalt wie in einem Tiefkühlschrank. Im Gebirge liegt der Schnee so hoch, dass man Tunnels gräbt um zu den entlegenen Dörfern zu kommen. Seen und Flüsse frieren zu und man sieht sie nicht mehr unter der hohen Schneedecke."

„Hoffentlich fliegen wir bald. Die Kälte möchte ich nicht unbedingt erleben", gestand Moody schaudernd.

Für mich war dieser Besuch bei Moody ein sicheres Zeichen, dass ich nicht mehr lange hier sein würde. Als auch noch die Konsulin und der Botschafter auftauchten und mir sagten, in spätestens zwei Wochen sei es soweit, wurde ich nervös.

„Ich habe die Vollmacht bekommen, auf alle panamaischen Forderungen einzugehen", erzählte der Botschafter.

„Welche Forderungen?", fragte ich beunruhigt.

„Die Leute hier wollen nicht, dass Sie nach Hause fliegen, sich gesund pflegen lassen und dann als freier Mann herumspazieren. Also musste ich ihnen eine Fortsetzung der Haftstrafe zusichern."

„Mit meiner Krankheit wollen sie mich wieder einsperren lassen?", fragte ich empört. Na, hoffentlich kam da nicht noch einiges auf mich zu. Die österreichischen Gefängnisse waren wohl auch nicht gerade Erholungsheime.

„Es wird nicht so schlimm kommen", versuchte mich der Mann zu beruhigen, „aber Sie müssen sofort in ein Krankenhaus. Diese Forderung stellt auch mein Ministerium."

„Soviel ich weiß, hat meine Mutter schon alles organisiert", sagte ich.

„Ich habe Ihre Mutter schon angerufen und ihr mitgeteilt, dass Sie in ungefähr zwei Wochen in Wien landen", sagte die Konsulin.

Allerdings vergingen noch vier Wochen, aber dann war es tatsächlich so weit. Nach einer schlaflosen Nacht wartete ich mit meiner Reisetasche auf Moody, der mich abholen sollte. Um vier Uhr tauchte er auf und sagte, es gäbe Probleme mit dem Transport zum

Flugplatz. Verdammt, dachte ich, wollten sie nun das gleiche Theater wie mit dem Spanier aufführen? Aber schließlich schafften sie es doch, uns mit einem klapprigen Militärfahrzeug abzuholen.

Endlich hob das Flugzeug ab. Mein Panamaabenteuer, das auf den Tag genau drei Jahre gedauert hatte, war zu Ende. Ich versuchte mich zu entspannen, aber mein Herz klopfte noch immer wie rasend und ich fühlte eine Schwäche in den Beinen. Moody hatte sich offensichtlich auch noch nicht beruhigt, er rutschte nervös auf seinem Sitz hin und her. Ich half ihm sich anzuschnallen, da er mit dem Verschluss des Sicherheitsgurtes nicht zu Rande kam. Er flog zum ersten Mal in seinem Leben und diese Reise war bestimmt das größte Abenteuer, das er bis dahin erlebt hatte.

„Nervös?", fragte ich ihn. Er wusste nicht recht, wie er sich mir gegenüber verhalten sollte. Am liebsten hätte er mir auch im Flugzeug, für alle sichtbar, Handschellen angelegt, damit man die Wichtigkeit seiner Person richtig erkennen konnte. Er gab mir keine Antwort.

Ich schloss die Augen und rief mir die vergangenen Tage und Stunden ins Gedächtnis. Schon vor einer Woche, als mir der Direktor mitteilte, dass meiner Heimkehr nichts mehr im Wege stünde, hatte ich begonnen, meine Reisetasche zu packen, ich hatte von meinem Besitz alles aussortiert, was ich nicht mehr brauchen konnte. Das meiste bekam natürlich Ben, ein paar Sachen schenkte ich den anderen Freunden, ein paar Erinnerungsstücke an denen ich besonders hing, stopfte ich in meine Reisetasche. Meine Leidensgenossen beneideten mich, aber sie gönnten mir die baldige Freiheit, von der ich noch nicht genau wusste, wie sie aussehen würde. Wir umarmten uns zum Abschied und klopften uns aufmunternd auf die Schultern. Ich versprach, sie nicht zu vergessen und bald zu schreiben.

„Jetzt kann es auch für uns nicht mehr lange dauern", meinte Andi, der Niederländer. „Irgendwann müssen die Panamesen ihre neuen Gesetze einhalten. Ich sage dir, in spätestens einem Jahr bin auch ich wieder im alten Europa. Dann besuche ich dich."

Ben sagte nicht viel, ich spürte, wie schwer für ihn der Abschied war. Alles hatten wir gemeinsam durchgekämpft und jetzt verschwand ich plötzlich.

Die Fahrt zum Flugplatz erschien mir endlos. Ich spürte ein nervöses Kribbeln im Magen. Endlich waren wir angelangt. Einige elegant gekleidete Herren von der Regierung und die Konsulin erwarteten uns. Sie überreichte mir eine große Plastiktasche mit meiner Reisegarderobe.

„In Österreich ist es schon ziemlich kühl. Ich habe Hose, Jacke und einen warmen Pullover besorgt", sagte sie. Mit Moody ging ich auf die Toilette und zog mich um. In den chicen neuen Klamotten fühlte ich mich gut, die Größe passte genau.

Endlich waren alle Formalitäten erfüllt, die Konsulin hatte sich persönlich um unser Gepäck gekümmert. Ich zeigte bei der Passkontrolle meinen reichlich abgegriffenen Pass her und wurde von einem freundlich lächelnden Beamten durchgewinkt; schließlich war ich der Star des Tages, der verruchte Drogendealer, der nun aus humanitären Gründen zum Sterben nach Hause geschickt wurde. Moody, der kleine stämmige Schwarze, lief hinter mir her und ließ mich keine Sekunde aus den Augen.

„Entspann dich, Mann!", sagte ich zu ihm. „Ich flieg' heim, ich lauf dir nicht weg."

Er sah mich bedeutungsvoll an und meinte: „Und ich muss dafür sorgen, dass du dort auch ankommst und gleich den Behörden übergeben wirst."

Wir flogen nach Curaçao und von dort sollten wir mit einem Anschlussflugzeug über den Atlantik nach Amsterdam reisen. Der Flugplatz in Curaçao war mir vertraut.

Als ich meine Flugpapiere durchsah, bemerkte ich, dass unser Gepäck nur bis Curaçao mitfliegen sollte. Ich machte Moody darauf aufmerksam.

„Wir müssen jetzt auschecken und unser Gepäck holen. Dann checken wir wieder neu ein", versuchte ich ihm zu erklären. Er war völlig ratlos und schaute sich hilfesuchend um.

„Das dürfen wir nicht", sagte er trotzig.

„He, Amigo", redete ich auf ihn ein, „du hast sicher wichtige Sachen in deiner Tasche. Die sind weg, wenn wir nichts unternehmen."

Es war ein schweres Stück Arbeit ihn zu überzeugen, aber schließlich gelang es mir doch. Wir bekamen unsere Taschen wieder und konnten von neuem einchecken. Unser Anschlussflugzeug hatte ohnehin ein paar Stunden Verspätung, so ging sich alles ohne Stress aus.

Natürlich dachte ich an unser Schiff, das gar nicht weit weg in Spanish Waters noch immer auf uns wartete. Bens Mutter war es gelungen mit Imke Verbindung aufzunehmen. Er hatte ihr erzählt, dass es noch immer in gutem Zustand sei, aber inzwischen von Dieben völlig ausgeräumt worden war. Auch der Kater lebte noch und hatte sich zu einem prächtigen Tier entwickelt. Ich hätte gerne nachgeschaut, aber es wäre Unsinn gewesen, meine Rückreise zu verzögern. Wer weiß, wer in Wien auf mich wartete. Womöglich gab es dort einen Medienrummel, nachdem die heimischen Zeitungen doch schon einige Berichte über uns gebracht hatten.

Während des langen Fluges über den Atlantik gelang es mir nicht zu schlafen. Ich ging einige Male im Gang auf und ab, um mir die schmerzenden Beine zu vertreten. Das Steinchen in meinem Schuh hatte ich in Panama bereits entfernt, aber ich war an das Hinken inzwischen so gewöhnt, dass ich die ersten Schritte mein „krankes" Bein noch immer steif nachzog.

Auch Moody konnte nicht schlafen, unruhig beobachtete er mich.

„Ich kann dir nicht davonlaufen", versuchte ich ihn zu beruhigen. Ich hatte keine Lust mich mit ihm zu unterhalten. Einerseits ging mir der Kerl auf die Nerven, andererseits tat er mir Leid.

In Amsterdam wollte er mir wieder Handschellen anlegen.

„Lass den Unsinn! Kein Mensch wird glauben, dass du ein Polizist bist und ich dein Gefangener", wehrte ich mich.

Wir hatten durch die Verspätung unseren Anschlussflug nach Wien verpasst, daher musste ich mich nach einer neuen Möglichkeit um schauen. Moody stand hilflos neben mir, da er kein Englisch verstand. Spätestens jetzt merkte er, wie sehr er auf mich angewiesen war.

Ich war schon sehr neugierig darauf, wer von meinen Freunden mich abholen würde. In Gedanken legte ich mir einige Antworten zurecht, die ich neugierigen Reportern geben wollte. Ich starrte zum Fenster hinaus – unter mir war schon Wien zu sehen. Es war ein schöner, sonniger Herbsttag mit leichten Nebelschleiern. Als das Flugzeug aufsetzte, begann mein Herz wieder aufgeregt zu klopfen.

„Wir steigen als Letzte aus", sagte Moody und zückte wieder die Handschellen. Wenn er diesen Auftritt zum Abschluss unbedingt noch brauchte, bitte!

„Ich werde dich gleich der Polizei übergeben", kündigte mein Begleiter an. Seine Stimme klang aber etwas unsicher.

„Wir werden sehen", meinte ich.

Alle Passagiere waren bereits ausgestiegen. Die Flugbegleiterin sah sich erstaunt nach uns um. Ich hielt meine gefesselten Hände hoch und lachte sie an. Wir stiegen endlich aus, ich ging voran und Moody folgte mit unserem Handgepäck. Zwei Flughafenpolizisten kamen uns entgegen.

„Sind Sie Michael Jansenberger?", fragte mich der eine und ich bejahte.

„Was soll der Unsinn?", fragte er, als er meine gefesselten Hände sah und befahl Moody, die Handschellen sofort aufzuschließen. Enttäuscht und eingeschüchtert machte er sich ans Werk. Wir durften unser Gepäck holen und wurden gleich in ein Büro gebracht; dort mussten wir auf die Leute warten, die die offizielle Übernahme bewerkstelligen sollten. Auf dem Weg dorthin fragte mich ein Polizist über Panama und Kolumbien aus, da er vorhatte, dorthin zu reisen. Ich klärte ihn ein wenig über die Verhältnisse und Gefahren auf, und sein Gesicht nahm daraufhin einen besorgten Ausdruck an.

Endlich kamen zwei Männer und meine Mutter. Der eine Herr im dunklen Anzug war der panamaische Botschafter und der andere, im flatternden hellen Staubmantel, ein höherer Beamter des Außenamtes. Während ich meine Mutter umarmte und mit ihr plauderte, tauschten sie ein paar Dokumente aus, unterschrieben sie und somit war ich offiziell überstellt. Der Botschafter verabschiedete sich sehr schnell. Moody war sichtlich enttäuscht, da er der Meinung gewesen war, der feine Herr würde sich um ihn kümmern.

„Ach, der gibt sich nicht mit einem kleinen schwarzen Polizisten ab", erklärte uns der Amtsdirektor. Lachend wandte er sich dann an meine Mutter und meinte mit einem Blick auf Moody: „Der gehört jetzt Ihnen. Sorgen Sie dafür, dass er mit der richtigen Maschine wieder abfliegt." – Wir sahen uns ratlos an.

In der Ankunftshalle warteten meine treuen Freunde Karl und Socki auf mich. Ich atmete erleichtert auf, als ich sonst niemanden sah, der an mir Interesse haben könnte. Wir setzten uns zu einem gemütlichen Willkommensbier zusammen und besprachen das Problem „Moody". Socki, der zurzeit in Wien wohnte, erklärte sich bereit für ihn zu sorgen und ihn verlässlich einen Tag später wieder zum Flughafen zu bringen. Es war wichtig, dass es ihm bei uns gut ging und dass er gute Erinnerungen an diese Reise mitnahm. Da er als Wachebeamter in Renacer arbeitete, konnte das für Ben nur von Vorteil sein. Socki bereitete dem Panamaer tatsächlich eine unvergessliche Zeit in Wien, und als er wieder abreiste, stellte er glücklich fest, dass er froh sei, so gute Freunde in Österreich zu haben.

Karl, Mutter und ich fuhren mit dem Auto Richtung Westen nach Wels, direkt in einen wunderschönen Sonnenuntergang hinein.

Erst jetzt löste sich die Spannung in mir. Ich hatte seit mindestens 36 Stunden nicht mehr richtig geschlafen und spürte nun eine bleierne Müdigkeit. Ganz benommen begrüßte ich noch meine Großmutter und fiel dann in mein Bett und schlief bis nächsten Vormittag durch. Am folgenden Tag hatte meine Großmutter Geburtstag und die Verwandtschaft traf ein, um zu gratulieren und wohl auch um den verlorenen Sohn zu begutachten. Ich war müde und erschöpft und mir war nicht nach neugieriger Fragerei zumute. Karl rettete mich, indem er mich zu sich nach Hause einlud.

Am 27. Oktober, also drei Tage nach meiner Rückkehr, brachte mich meine Mutter nach Linz ins Krankenhaus. Ich war schon angemeldet und wurde bereits erwartet.

„Mach dir keine Sorgen", sagte ich zu ihr. „Ich fühle mich gut und werde sicher nach einer gründlichen Untersuchung gleich entlassen."

Zufrieden stellte ich fest, dass das Krankenzimmer schön und sauber und die Schwester jung, hübsch und freundlich war. Mir wurde sogleich eine Speisekarte vorgelegt, aus der ich mir für eine ganze Woche unglaublich gut klingende Menüs auswählen durfte.

Nach zwei Wochen waren alle Untersuchungen abgeschlossen und der Arzt rief mich zu einem abschließenden Gespräch.

„Sie haben mir erzählt, dass Sie die Panamaer zum Sterben heimgeschickt haben", begann er. Ich hatte ihm ein paar Geschichten von meinem Gefängnisaufenthalt erzählt, er hatte mir interessiert zugehört. „Es hätte nicht mehr lange gedauert, und es wäre tatsächlich so weit gewesen. Ihre Reserven sind alle aufgebraucht, Ihre Werte sind sehr schlecht, das heißt, Sie haben AIDS in einem fortgeschrittenen Stadium. Wussten Sie, dass Sie sich auch mit Hepatitis C angesteckt haben?"

Ich sah ihn erschrocken an. Was redete er da? Ich fühlte mich doch gar nicht so schlecht. Die Hepatitis hatte ich mir mit ziemlicher Sicherheit in der Krankenstation von Renacer geholt.

„Aber als Erstes müssen wir die Lungentuberkulose ausheilen. Sie werden auf die Lungenabteilung gebracht." Na, das reichte fürs erste!

„Und wie sind meine Chancen?", fragte ich ziemlich niedergeschlagen.

„Na, nicht so schlecht", versuchte mich der Arzt aufzumuntern. „Sie bekommen jetzt jeden Tag Infusionen, die Sie wieder aufbauen und kräftiger machen. Die TBC wird in sechs bis acht Wochen so weit ausgeheilt sein, dass Sie nach Hause können. Danach werden wir mit einer gezielten Therapie gegen AIDS ankämpfen. Sollten Sie gut darauf ansprechen, können Sie ein ganz normales Lebensalter erlangen."

„Und was ist mit der Hepatitis?", fragte ich. Von dieser Krankheit wusste ich nicht viel.

„Momentan konnten wir nur Antikörper feststellen. Es muss nicht sein, dass die Krankheit ausbricht. Wenn Sie gesund leben, Drogen und vor allem Alkohol meiden, kann es möglich sein, dass sie verschont bleiben. Aber da ist noch etwas."

„Kann man noch mehr Krankheiten haben?", fragte ich. Der Arzt sah mich prüfend an. Wollte er testen wie viele schlechte Nachrichten ich vertrug?

„Ihr Blutbild ist sehr schlecht. Sie leiden an einer Thrombopenie, das heißt, Sie haben zu wenig Blutplättchen, die für die Blutgerinnung zuständig sind. Wir können zurzeit nicht daran denken, den vereiterten Kiefer zu operieren."

„Na ja, alles muss ja nicht auf einmal gemacht werden", versuchte ich zu scherzen.

Ich wurde in die Lungenabteilung verlegt. Meine Mutter und Karl besuchten mich abwechselnd beinahe jeden Tag und sorgten dafür, dass ich ständig beschäftigt war. Nach sechs Wochen wurde ich entlassen und konnte gleich in die kleine Mansardenwohnung ziehen, die meine Mutter besorgt hatte. Ein Jahr brauchte ich, bis ich mich wieder halbwegs gesund fühlte.

***

Wenn es auch noch viele Schwierigkeiten zu meistern gab, so verläuft mein Leben doch wieder in geordneten Bahnen. Meinen Traum vom eigenen Katamaran habe ich noch immer nicht ganz aufgegeben. Meine Großmutter schenkte mir einen Computer, in dem nun die vollständigen Konstruktionspläne gespeichert sind und nur darauf warten verwirklicht zu werden.

***

Übrigens, Ben wurde ein Jahr später entlassen und kam gesund zurück. Auch er träumt noch von Abenteuern auf unserer „Thing". Aber der Alltag hat uns eingeholt und es wird wohl nur bei den Träumen bleiben.

Nachwort

Die Idee dieses Buch zu schreiben, kam mir schon in Modello, dem schrecklichen Gefängnis in Panama. Alles, was ich dort erlebt habe, war so unfassbar für mich. Hätte mir jemand diese Geschichte erzählt, hätte meine Antwort sicher gelautet: „Du schaust dir zu viele Horrorgeschichten an!" Fünf endlos lange Jahre habe ich für dieses Manuskript gebraucht. Zwischendurch kamen mir Zweifel am Sinn meines Vorhabens und ich war häufig nahe daran, alle Skripten zu vernichten. Aber mit meiner ausdauernden Mutter an meiner Seite hatte ich doch die Kraft. Beharrlich setzte sie sich an den Computer und ließ sich meine Erlebnisse diktieren. So konnten wir all das Schreckliche noch einmal durchdenken und aufarbeiten.

„Und wenn niemand dieses Manuskript drucken will?", fragte ich oft verzagt. – „Das wird gedruckt und wenn wir 100 Verlage anschreiben müssen", lautete die zuversichtliche Antwort.

Viele Leser werden vielleicht nicht verstehen, warum ich mich mit meinen Krankheiten oute. Aber ich habe sie nun einmal und muss mit ihnen leben; ehrlich und offen geht es leichter. Inzwischen habe ich begriffen, dass Dummheit und Intoleranz viel gefährlicher sind als jedes körperliche Leiden.

Im Rückblick bin ich zur Erkenntnis gekommen, dass alles, was ich durchlitten und genossen habe, für meine persönliche Entwicklung wichtig war. Ich erlebe nun jeden Tag viel bewusster, die Wertigkeiten haben sich verändert – ich glaube, dass ich nun endgültig erwachsen geworden bin.